全米史上最長の子ども性的虐待事件裁判

マクマーチン裁判の深層

E・W・バトラー
H・フクライ
J‐E・ディミトリウス
R・クルース 著

黒沢　香
庭山英雄　編訳

北大路書房

本書は，不当に刑事責任を追及されたバージニア・マクマーチン氏らに献呈される。彼らは人間としての尊厳と基本的人権とを守るために戦いぬいたのであった。

ANATOMY OF THE McMARTIN CHILD MOLESTATION CASE
by
Edgar W. Butler, Hiroshi Fukurai, Jo-Ellan Dimitrius and Richard Krooth
Copyright © 2001 by University Press of America,®Inc.

Japanese translation published by arrangement with University Press of America, Inc. through The English Agency (Japan) Ltd.

原著者からのメッセージ──日本語版に寄せて

　マクマーチン裁判は2年6か月に及んだ世界一長い刑事陪審裁判である。そして1983年以降，児童性的虐待というセンシティブでデリケートなテーマをアメリカ人の茶の間の話題に直接持ち込んだ社会事件でもある。マクマーチンの名前は，マクマーチン幼稚園の名前に由来するが，事件発覚以後，児童虐待行為と同意語として全米マスコミに大々的に報道された。

　私たちは1983年当初からマクマーチン事件をモニターし，公判以前のLA住民の意見調査や陪審員選択，公判では被告側証拠提示のサポート，および検察側証拠の検証や調査等に携わった。さらに第一次公判での評決不成立の訴因について再審理することになった第二次公判でも，陪審員選択や被告側証拠提示のサポートに携わった。この本は，ほぼ10年間この事件に実際に関わった私たちの経験と記録に基づいている。

　私たちがマクマーチン事件で得た教訓は，刑事事件の背後には，検察・警察を含めた政府機関の権力抗争と政治的画策が存在することである。また，マスコミや公共機関，そして時には知的団体としての大学機関との政治的なつながりを通して，検察・警察は意図的に一般市民の意見操作や意識構成，証拠隠蔽や捏造に関与することである。そしてこれらの行為の背景には組織内の権力者の地位保持や野心に基づく非倫理的行為や決断が垣間見えるのである。

　私たちのマクマーチン事件への直接の関わりは，1985年のLA住民意識調査に始まる。私たちは，公判前の過剰なマスコミ報道の影響を調べるため，LA住民にアンケート調査を実施した。そして住民の大多数が公判以前に，すでに被告有罪を確信しているという結果を得た。弁護側はこの調査結果に基づき，LAでは公平・公正な陪審裁判は困難であるとして裁判地変更を申請したが，それは却下された。その代わり陪審員を個別に質問し選出する陪審選択方式（ヴォア・ディール）を要請し許可された。これは個別に陪審員候補者を質問することで，強い偏見や予断を有する候補者を排除するシステムである。

　マクマーチン事件は，国際地下組織による児童売春や児童ポルノ写真・映画製作と密売が，マクマーチン幼稚園を舞台にして行なわれているというショッ

i

キングなニュースで始まる。この地元のKABC-TV局の独占報道がヒステリックな社会現象を引き起こし，児童虐待ニュースをますますエスカレートさせていくのである。あとで判明するのだが，児童をインタビューした女性は正式な資格もなしに数百人の児童を取調べ，検察と親密な関係にあったKABC-TV局のレポーターが，機密調査内容をスクープ報道したのである。その年が低支持率に悩むLA検事正の再選の年であり，また時期がテレビ局の年間視聴率を決める週間とも重なり，検事正の選挙運動を含めた政治的駆け引きとテレビ局の戦略的画策がこの事件の背景に存在したことは否めない事実である。当初起訴に関わった地方検察庁の検事は，事件は政治的に構築されたとして，のちには弁護側に加わり，弁護側証人として証言した。つまり，報道・警察・検察機関が1つの権力団体となり，児童性的虐待という犯罪イベントを構築したのである。事件発覚後20年経た今でも，児童のヌード写真・映画，売春の目撃者を含む物的・人的証拠はいっさい発見されていない。

　まず発端となる，2歳の息子への性的いたずらを警察に通告した精神病経歴を持つ女性だが，彼女は事実と幻想が区別できないという内容の手紙も警察に送っていた。公判では検察側が彼女のインタビュー内容や手紙の存在を被告側から意図的に隠蔽したことが明らかにされたが，彼女は公判以前にアルコール依存症による肝臓障害で死亡しており，彼女の当時の精神状態の尋問や鑑定が不可能となっていた。さらにLA検察は，被告が留置されていた房に他の囚人を投獄し，被告の自白をその囚人に法廷証言させている。しかし，この囚人は他の陪審裁判でも同房者の自白証言をしていることや，その囚人の名前がLA検察の給料支払い簿に数年にわたって記載されていることもわかった。さらには同様な証言で，LA検察は1980年代だけで約120の裁判で有罪を勝ち取っていたことが判明した。検察側によるこれらの証拠隠蔽や捏造の疑惑は弁護側によって暴露されることになり，その数年後，LA警察・検察庁の不正な行為はロドニーキング裁判で，さらに明らかなものとなる。

　警察・検察・マスコミ間の緊密な権力構造関係はアメリカだけではなく，おそらく日本にも存在するだろう。公判以前に，すでにほとんどの住民が被告有罪を確信していた事実においても，いかに検察側の情報だけが，一部のマスコミを通じて報じられていたか理解できる。

これらの大きな権力に対し，一般市民から無作為抽出された12人の陪審員と4人の補充陪審員は，2年6か月もの間，LA刑事法廷で連日証言に耳を傾け，法廷で提示された証言・証拠だけに基づいて「有罪にあらず」の全員一致評決を出した。この裁判をきっかけに被告や児童の人権を無視した児童保護団体や福祉団体の横暴や権力乱用が浮き彫りになり，LA住民から選出された大陪審は，LAの児童社会福祉局の大解剖・組織改革を要求し，それらが実施された。

　本書のテーマの1つは，市民の裁判評決が法的拘束力を持ち，シビック・サーベイランス（市民監視団体）という役目を果たすことができるこの陪審制度についてである。マクマーチン事件は，こうした一般市民の司法参加について本来の社会的な意義と効用をシンボリックに提示するものであった。つまり，一般人の直接司法参加は，警察・検察・マスコミが形成する社会政治的権力構造をダイレクトにチェックできるのである。日本でも，21世紀初頭において，一般人の直接司法参加を可能にする「裁判員制度」が導入されると聞く。私たちは，アメリカよりもさらに優れた市民の直接司法参加制度が日本において創設されることを願っている。

　今回，日本語に翻訳されるについていろいろな関係者にお世話になった。特に，庭山英雄弁護士には，翻訳プロジェクトについてご尽力いただいた。また東洋大学の黒沢香教授には，本メッセージの翻訳から校正までお世話になり，原本にも丁寧に目を通していただいた。その他の翻訳者の皆様や出版社関係者に，心からお礼を申し上げたい。

　最後に，一貫して無罪を主張し法的無罪を獲得したにもかかわらず，社会的疑惑を払拭できずに亡くなったバージニア・マクマーチンと娘のペギー・マクマーチン・バッキーの冥福を心から祈る。

　　　　　　　　　　　　エドガー・W・バトラー
　　　　　　　　　　　　ヒロシ・フクライ
　　　　　　　　　　　　ジョー＝エラン・ヒューブナー＝ディミトリウス
　　　　　　　　　　　　リチャード・クルース

編訳者まえがき

　本書の企画が持ち上がったのは，2001年の夏,「陪審裁判を考える会」の例会の折であった。来日していた福来さんが，開会前の歓談の合間に,「今度こういう本を出しました」と言って，原著を私に手渡した。その内容についての説明を聞き終わったとき，私は同書の翻訳を決意し，同席していた黒沢さんを世話人として誘った。

　共訳者は黒沢さんと相談して決めた。みなよくわれわれの意を体し，制度の違いからくる困難を克服して，わかりやすい訳文を提供してくれた。共訳者のなかには，日本有数の刑事弁護士や心理学者がいた。彼らの協力がなかったら，本書が「法と心理学会叢書」に加えられることもなかったであろう。

　マクマーチン事件は7年の歳月と1,600万ドルの経費とを必要とした。結局，同事件は1人の有罪者も出すことがなかった。しかしながら，7人の被告人の人生を破滅させた。このとんでもない事件がなぜ起きたのであろうか。実は，1人の病的な母親の告訴を，捜査・訴追官憲が妄信し，似非セラピストに診断を託したことによる。裁判官の訴訟指揮のまずさにも一因があったといえよう。

　わが国でもこの種の事件が発生する可能性がないではない。警察・検察が情報をリークし，視聴率第一主義のマスコミがこれに乗れば，たちどころに本件と同様の結果となるであろう。われわれは本件の真相を他山の石としなければならない。その意味で，裁判関係者のみならず，マスコミ関係者にも本書をぜひ読んでいただきたい。

　終わりに，日本語版の序文を寄せてくれた福来さん，ならびに終始親身になってお世話してくれた北大路書房の関一明さんに深甚の謝意を表わしたい。

　　2003年12月

渋谷の研究所にて

庭山英雄

原著者まえがき

　歴史の経過をたどると，子どもと女性とが最も傷つけられやすい人間であることがわかる。彼らはこれまでずっと肉体的暴力や性的暴力，飢餓や困窮，法的な搾取やごまかしの対象とされてきた。近代にいたっても，ヨーロッパやセイラムの魔女裁判のように，どの民族や国家でも似たような恐ろしい悪夢のごとき事件が，かよわい女性や子どもを対象にして定期的に発生している。

　1980年代と1990年代とにおけるアメリカの有名な裁判事件は，マクマーチン性的虐待事件であった。その事件は子どもたちの心理学的な不確実性やあいまいな法的地位といった悪条件を伴っていた。子どもたちは，巧妙に強制されて性的虐待の徴候を得るための治療専門家の診断や医学的・組織的な検査を受けさせられた。その結果，心ならずも被疑者・被告人に不利な証言をさせられた。一方，性的虐待で身柄拘束された人たちは，世間一般から非難され，報道機関によって糾弾された。疑いをかけられた人たちの生き残りの道は危殆に瀕した。性的な虐待を裏づけるだけの大人の証言や決定的な法科学的ないし実質的証拠がないにもかかわらず，である。

　本書は，マクマーチン事件における痛ましい，拷問的な，しかもしばしば信じがたい展開を示す経過を詳述する。そして同事件について批判的に見る視点を提供する。それらは次の事実を明らかにするであろう。市民社会や刑事司法制度が，正義や公平を追求する名目のもとに子どもたちや彼らの両親，被告人らとその家族をいかに思いやりなく，かつ野蛮に扱ったか。

　マクマーチン事件についての詳細な説明は，刑事司法制度，刑事裁判手続き，マスメディアの行動，治療産業・更正事業ならびにそれらサービスの効果について，多くの重要かつ深刻な問題を提起している。具体的問題には次のようなものが含まれる。誤った検察権行使についての逃げを打った乱暴な発表（準検察的かつ糾問的機能を果たす治療・更生施設を巧妙に利用する地方検事とそれら組織とは政治的に連動している），検察官とローカルメディア記者とのぐるになった助け合い，そして検察官の無制限の裁量，ならびに起訴前後の犯罪情報について自由に公表・隠匿できる権能。

ほかにも大いに詮索すべき重要な問題が存在する。子どもたちへの性的虐待が疑われるとき、地域社会はどう対応すべきか。警察その他の地方政府、ならびに報道機関は子どもがからむ要注意の事件をどう扱うべきか。子どもの被害者から虐待事件の証拠を収集するとき、私的な治療機関はどんな役割を果たすべきか。傷つきやすい子どもが対象である性犯罪について両親その他の利害関係者や一般大衆にはどのような知る権利があるのか。被疑者・被告人の基本的人権（財産的権利を含む）はいかに保護されるべきか。彼らの権利が侵害されたとき、どんな救済手段が考えられるか。

　本件にわれわれが最初にかかわりをもったのは、1985年に公判と陪審とについての弁護側コンサルタントとしてであった。われわれは公判準備で弁護人を助け、最終陪審の選定や弁護側の異議申し立てでも助力したが、他方、本事件の全貌を批判的・客観的にも明らかにしようと努めた。そのような外からの視点や第三者的評価は次のような理由で確かに必要であった。われわれは南カルフォルニアの住民であったが、その地域でマクマーチン事件は、われわれの日常生活や地域の学校の運営、教会、教会学校、その他のクラブやボランティア組織の運営に大きな影響を与えていた。児童虐待や悪魔儀式が行なわれていたとの噂が広まっていたからであった。

　われわれが本件公判にかかわりをもつことによって、われわれはメディア、検察官、裁判官、鑑定人、弁護人、その他法廷の内外で重要な役割を演じる人たちを批判的に考察するたくさんの機会をもつことができた。われわれの全面的分析によれば、本件被告人と被害者の親たちとの間の対立的緊張関係にもかかわらず、本事件全体（すべてのエピソードを含む）もまた、子どもたち、その親たち、マクマーチン7、被告人の家族を等しく「疫病にかからせ」、彼らに犠牲を払わせていた、と言うことができる。

　どうか、われわれとともに本事件の批判的評価を行ない、この悪夢のような事件を囲む条件や、訴追や弁護に対し公正な判断を下していただきたい。

謝　辞

　本書の完成にはほぼ10年の歳月を要した。その間初めから，本書はわれわれの関心と精力とを完全に「とりこ」にした。
　長年にわたってわれわれは，刑事問題についての学問的研究に興味をいだいてきており，社会科学者として多くの刑事公判を観察し，陪審顧問として協力してきた。けれども，その顕著なねじれ，魅力的な事実関係，そして情報の混乱といった点で本件に匹敵するものはこれまでなかった。確かに，本件の細部の一部にはなお不明の部分があり，究明を継続しているが，われわれは本件の研究が将来，社会的にも裁判上も意義があると認められると考えている。
　その将来の問題について触れよう。本件公判の2つにおいてマクマーチン被告（複数）は無罪となったけれども，われわれはこれで一件落着とは思っていない。われわれは本件にかかわるに際して，一定の不安をもっていなかったわけではない。われわれはいわゆる刑事司法に対しては，いい意味での懐疑主義をいだいていた。すなわち，ある種の人たちは自分たちの政治的力量や社会的影響力を使って事件の輪郭を変えてしまうと……。われわれはその動機を明らかにし，その権力依存の正統性の根拠を問題にしようという志を捨てきれなかったのである。
　この研究を成功させるために，われわれはこれまでかなりの努力をはらってきたけれども，われわれ以外の人たちの協力に依存した部分も多い。それゆえわれわれはここで，この研究に協力してくれた人たちに対し心からの謝意を表したい。
　本書の完成にいたるまでのいろいろな段階において，われわれは，カリフォルニア大学社会学部のジョン・I・キツセ，ジョン・ブラウン・チャイルズ，デイン・アーチャーの各教授と本書の原稿について議論することができた。われわれはまた，同学部のビル・デンホフ，ダナ・タカギ，パム・ロビー，ダナ・ハグラー各教授，スーザン・カーティス，リン・ワイヤーズ，クリスティーナ・チコレッティほかの事務職員に感謝する。カリフォルニア大学サンタクルズ校社会科学部のビル・ハイダー，ケン・ガージェス，ジョージ・シソン，ジェイ

ン・ナイバーグについても同様である。

　カリフォルニア大学リバーサイド校においては，原稿の完成促進を大いに助けてくれたキャシー・カールソン，ロビン・ウイティントン，その他の事務職員に特に感謝する。また同校のラリー・サウター（故人）ならびに彼のスタッフ（アカデミック・コンピューティング・オフィス）にも謝意を表する。カリフォルニア大学バークレー校は，研究施設の利用を許してくれたし，サンフランシスコのゴールデンゲート大学公的サービス学部（その責任者はラリー・ブルスター主任教授）も同様の便宜をはかってくれた。

　この特別の原稿が形をなすまでにもいく人かの人がその専門的知識で貢献してくれた。ここで逸することができないのは，ロサンゼルスにおける本件公判の弁護人，ディーン・ギッツ氏とダニエル・デイビス氏とである。映画「刑事訴追―マクマーチン事件―」（日本ではDVD公開,オリバー・ストーン制作「誘導尋問」1995年）の脚本を書いて受賞したアビー・マン，マイラ・マン両氏もこの中に入る。加えて，ロサンゼルス郡の陪審委員会前委員長のレイ・アース氏は，何年にもわたってわれわれに非常に協力的であった。ロサンゼルス刑事裁判所の多数の事務職員もいろいろと便宜をはかってくれた。おかげで本件の記録に目を通すことができた。彼らの礼節と助力とに感謝したい。

　理論面について言えば，われわれは2人の同僚の著作によって少なからず啓発された。その1人はソノマ州立大学司法学部のホメロ・ヤーウッド博士であり，もう1人はジョージワシントン大学のウイリアム・J・チャンブリス教授である。

　この研究の資金は多くの機関から得られた。とりわけわれわれは，カリフォルニア大学リバーサイド校の学内研究計画，同大学サンタクルズ校の社会科学部と評議会研究助成委員会，そして特にロサンゼルス郡上位裁判所に感謝の意を表したい。

　われわれはまた，アメリカ大学出版協会の編集長，ロバート・ウエスト博士，副編集長のダイアナ・ラベリ両氏の助力に感謝したい。われわれの感謝の意は，さらにハーバード大学出版会の行動科学担当前上級編集員，アンジェラ・フォン・デア・リッペ，および彼女の助手でわれわれの初期の原稿にくまなく目を通してくれたキム・ネルソン両氏に広げられる。有益なコメントを寄せてくれ

た無名の閲読者の助言も本書の改善に役立っていることは言うまでもない。

　最後になったが，次の人たちのすばらしい努力と絶えざる励ましとがなかったら，本書が日の目を見ることはなかったであろう。カリフォルニア大学バークレー校教育学部のミリー・アルミ名誉教授，バークレー在住の口述歴史家兼随筆家であるアン・バクサンダル・クルース氏，サンタクルズのロビン・チェイニン氏，カリフォルニア大学サンタクルズ校書類公刊編集センターのゾエ・ソージャ，チェリル・バンデベアの両氏。この２人はすばらしい編集構成を成し遂げてくれた。

　言うまでもないことであるが，本書の内容についての責任はわれわれにある。それらの内容は，われわれが公判に参加して観察し，公判記録を読み，新聞やテレビから情報を仕入れ，個人面接を行なって得た資料に基づいている。終わりに繰り返すが，アメリカ大学出版協会スタッフの誠意ある支援がなかったら，本書が完成にいたることはなかったであろう。

　　　　　　　　　　　エドガー・W・バトラー
　　　　　　　　　　　ヒロシ・フクライ
　　　　　　　　　　　ジョー＝エラン・ヒューブナー＝ディミトリウス
　　　　　　　　　　　リチャード・クルース

目　次

原著者からのメッセージ　　i
編訳者まえがき　　iv
原著者まえがき　　v
謝　辞　　vii
目　次　　x
本書の翻訳にあたって　　xiv
おもな登場人物　　xvi

第1章　概　観　　1
1. 本書の目標と目的　　4
2. 本書の構成　　8
3. 結　語　　11

第2章　告発の展開　　13
1. 最初の刑事訴追　　16
2. 当初の逮捕と証拠の欠如　　17
3. 刑事訴追の展開　　18
4. 捜査の拡大　　19
5. 勾留と保釈　　27
6. 結　語　　29

第3章　公判前の報道―メディアの動向―　　31
1. テレビとマクマーチン事件　　33
2. 印刷メディアとマクマーチン事件　　41
3. 政治的宣伝　　44
4. メディア報道の影響　　47
5. 結　語　　48

第 4 章　公判前の報道——一般市民の見方—— 　　　51
1. ロサンゼルス・タイムズ紙による世論調査　52
2. 公判前報道と世論に関する弁護側の分析　56
3. ロサンゼルス中央上位裁判所管轄区で陪審員になる可能性がある人たちの調査　57
4. 結　語　73

第 5 章　予備審問 　　　75
1. 積極的弁護　76
2. 裁判官と他の法廷出演者　77
3. 公開か非公開か　80
4. 親たちの証言　83
5. セラピストの証言　86
6. 子どもたちの証言　90
7. 医学的証拠と医学専門家　109
8. CII 職員の潜在的予断偏見　112
9. 検察官の誤り　113
10. 保　釈　116
11. 告発の取り下げ　117
12. 被告人の除外　119
13. 結　語　120

第 6 章　第一次公判前の出来事 　　　123
1. 差別的な警察と検察による起訴　124
2. 公訴棄却の申し立てと検察側の不正行為の問題　126
3. 第一告訴者ジュディー・ジョンソンの死　132
4. 公判前の弁護側申し立て　132
5. 陪審構成に対する異議申し立て　140
6. 結　語　143

第 7 章　陪審の選定——弁護側による科学的な陪審選定—— 　　　147
1. 陪審選定——地域代表性と偏見——　150
2. 科学的な陪審選定　152
3. マクマーチン事件での陪審員の選定——ヴォア・ディールと専断的忌避の研究——　154
4. 最終選定陪審員と補充員　169
5. 最終選定陪審員の経歴　171
6. 科学的な陪審選定のアメリカの法廷での受けとめられ方　175
7. 結　語　177

第 8 章　マクマーチン裁判——第一次公判—— 　　　179
1. 冒頭陳述　181

2. 親たちの証言　185
3. 子どもの証言　190
4. 証言のビデオ録画　197
5. セラピストによる証言　198
6. 医学的証拠　204
7. 弁護側の専門家証人　206
8. 拘置所の情報提供者の証言　208
9. ダニエル・デイビスの証言　212
10. ペギー・アン・バッキーの証言　213
11. バージニア・マクマーチンの証言　214
12. ペギー・マクマーチン・バッキーの証言　215
13. レイモンド・バッキーの証言　216
14. その他の未完の証言　219
15. 最終弁論　221
16. マクマーチン被告人 vs. 親たち　223
17. レイモンド・バッキーの保釈　224
18. 結　語　227

第 9 章　陪審員と評決―第一次公判―　231
1. 陪審評決　233
2. 証拠の評価　234
3. 結　語　238

第 10 章　裁判の余波　243
1. 一般市民の反応　245
2. マスメディアの自己批判　248
3. 不十分な証拠―訴追の脆弱性―　254
4. 金銭的コスト　257
5. 個人的損失　259
6. 社会的コスト　268
7. 結　語　276

第 11 章　マクマーチン裁判―第二次公判―　279
1. 再公判の決断　280
2. これは正当な訴追であったか？　282
3. 陪審選定　283
4. 公　判　283
5. 陪審に対する裁判官の説示　297
6. 陪審評議　297
7. 評　決　299
8. 第二次公判の余波　300

 9.　結　語　305
第12章　憲法上の権利―児童虐待の被害者と被疑者・被告人― 307
 1.　憲法上の問題　310
 2.　検察官の権限濫用　316
 3.　基本的人権の侵害　321
 4.　子どもたちと刑事司法過程　325
 5.　マスメディア　326
 6.　予断をもたらす資料の影響を遮断するための裁判所の措置　327
 7.　結　語　332

第13章　被害者と犯人とされる人の権利―可能な改革への処方箋― 335
 1.　反　訴　337
 2.　改革への処方箋　344
 3.　結　語　347

第14章　エピローグ 351
 1.　終結後　351
 2.　政府側の権限濫用と非違行為　354
 3.　厳罰的な検察官　355
 4.　憂鬱な前途　356
 5.　危機に立つ公正な裁判―O・J・シンプソン裁判とロサンゼルス地方検察庁― 363
 6.　結　語　370

Notes　373
事項索引　411
人名索引　415
編訳者あとがき　417

本書の翻訳にあたって

（1）「事件？」が起きたのはカリフォルニア州ロサンゼルス郡マンハッタン・ビーチ市にあった McMartin Preschool で，本書ではこれをマクマーチン幼稚園と訳した。Preschool は未就学児童が通う「学校」で，日本の幼稚園にあたる。英語で幼稚園は多くの場合，kindergarten と呼ばれ，保育園（nursery school）と区別されるが，米国にはその他にデイ・ケア・センター（day care center）と呼ばれる保育所もある。幼稚園も地区教育委員会（school boards）が管轄する義務教育の一部で，多くは公立であるが，マクマーチン幼稚園は私立であった。被告人たちは教員資格を持っており，原著では teacher と表現されていることが多く，わが国でいうなら教員と職員との中間的存在。それゆえ本書では状況に応じて，職員，教職員，教師，先生と訳し分けている。

（2）カリフォルニア州には 58 の郡があるが，それぞれに District Attorney がいる。この役職を本書では「地方検事正」，その役所（District Attorney's Office）を「地方検察庁」と訳した。原著では，D. A. と略されることもあり，小文字での表記もある。だから，district attorney は，地方検事正の役職を意味することも検事正個人を意味することもあり，その役所である地方検察庁を意味することもよくある。さらに，deputy district attorney（本書では「地方検事」と訳した）も deputy を落として，頻繁にこのように表記されている。後者には「地方検事補」という訳をよく見かけるが，本書では，assistant district attorney というロースクールを出たばかりの見習い検事にこの訳をあてることにした。

　裁判官や保安官，「州司法長官（Attorney General）」と同様に，カリフォルニア州の地方検事正は選挙によって選ばれる。そして，本書を読むとわかるが，彼らは頻繁に落選する。それが地方検事正の責任の取り方・取らされ方なのである。政治的野心がある弁護士（資格者）は一般に，地方検事補から始め，地方検事→地方検事正→州司法長官→州知事ないしは連邦上院議員→合衆国司法長官→大統領という転身・出世を，若い時に夢見るものである。地方検事・検事補は地方検事正に雇われるが，もちろん公務員である。また，証拠隠しなどの司法妨害や裁判所侮辱で検察官が裁判官から処罰を受けると，弁護士会（わが国の弁護士会と違い，裁判官も検察官も所属する。したがって「法曹協会」という訳も考えられる）が資格停止や除名の処分を行なう。これが米国流の法曹一元である。

（3）カリフォルニア州の「郡（county）」は，日本での都道府県に対応させて考えるとわかりやすい。日本の郡は地名でしかないが，カリフォルニアでは選挙による郡議会（定員 5 人が多い）があり，互選された議長が郡を代表する。郡裁判所というのは，州の「上位裁判所（superior courts）」のことで，わが国の地方裁判所に相当し，刑事では重罪の第 1 審を行ない民事事件も扱う。上位裁判所判事は選挙で選ばれる。この裁判所の下に「市裁判所（municipal courts）」があり，軽罪や令状などを扱っている。

　また郡の最高法執行官として「保安官（sheriff）」が選挙によって選ばれる。保安官が雇っている部下が sheriff's deputy で，よく保安官助手と訳されるが，本書では「保安官補」とした。市の警察は，市議会（選挙で選ばれ，定員 5 人が多く，市長は議員の互選が多い）によって任命された警察本部長あるいは警察署長（police chief）によって運営・指揮されている。保安官と警察本部長の関係は協調・協働的であり，上下

関係ではない。これは地方検事正と州司法長官との関係でも同じである。この関係を理解するには地方自治や，中央集権と官僚組織を嫌う米国流の考え方を知る必要があるだろう。
（4）脚注の有用性を高めるため，新聞記事については記者名のカナ表記をつけ，見出しを訳した。その他の文献資料（書籍と論文）は，原著のままとした。
（5）日本には予備審問が存在しないので，その位置づけがむずかしい。弁護人も出廷して論争したりするので，日本流にいえば，起訴後の段階とみる人がいる（したがって被疑者はすでに被告人）。これに対して，公判付託前なので起訴前の段階とみる人もいる（この場合，被告人ではなく身分は被疑者のまま）。学問的な対立なので統一できない。告発と起訴との両訳語が出てくるのはそのためである。いずれにしても陪審公判以前と解して読み進めて欲しい。
（6）child の訳については，「子ども」と「児童」を併用した。

（編訳者）

おもな登場人物

レイモンド・バッキー（愛称レイ）	被告人，マクマーチン幼稚園教職員，事件の中心
ペギー・マクマーチン・バッキー	被告人，マクマーチン幼稚園園長，レイモンドの母親
ベッテ・エバンス・レイダー	被告人，マクマーチン幼稚園教職員。子どもたちの証言ではベティーとされていることが多い
バベット・ジェーン・スピットラー	被告人，マクマーチン幼稚園教職員
マリー・アン・ジャクソン	被告人，マクマーチン幼稚園教職員
ペギー・アン・バッキー	被告人，高校教員。マクマーチン幼稚園元教職員でレイモンドの姉
バージニア・マクマーチン	被告人，マクマーチン幼稚園創設者，レイモンドの祖母
ジュディー・ジョンソン	マクマーチン幼稚園園児の母親。事件の最初の告訴者
ダニエル・デイビス	レイモンド・バッキーの弁護人
ディーン・ギッツ	ペギー・マクマーチン・バッキーの弁護人
ウォルター・アーバン	ベッテ・エバンス・レイダーの弁護人
エリセオ・グアナ（愛称エリ）	バベット・ジェーン・スピットラーの弁護人
ウイリアム・パウエル・ジュニア	マリー・アン・ジャクソンの弁護人
フォレスト・ラティナー	ペギー・アン・バッキーの弁護人
ブラドレー・ブルノン	バージニア・マクマーチンの弁護人
ジャン・マトシンカ	検事，初期の捜査担当
ロバート・フィリボジアン	レイモンド逮捕時の検事正，選挙でライナーに敗れる
ラエル・ルビン	本件担当の主任検事，いろいろと物議をかもす
アイラ・ライナー	本件継続中に就任した新検事正
グレン・スチーブンス	検事，1986年に辞任して本件弁護団に参加
クリスティン・ジョンソン	検事，児童性的虐待事件経験者
ジル・ガルセッティ	検事，のちにO・J・シンプソン事件時の検事正
ロジャー・ガンソン	検事
アビバ・ボブ	市裁判所判事，予備審問担当
ロナルド・ジョージ	上位裁判所判事，のちに州司法長官
ウィリアム・パウンダース	第一次公判担当判事
スタンレー・ワイスバーグ	第二次公判担当判事
ルイス・チャン	陪審員長，最高点で選ばれた
カスリーン・マクファーレン（愛称キー）	CII（国際子ども研究所）の診断部長
ショーン・コナリー	社会福祉司兼心理療法士
ジェーン・マコード	心理療法士，リッチストン家族センター
ローランド・サミット博士	UCLA医療センター，順応症候群の理論で有名
マイケル・マロニー博士	臨床心理学者，USC医学部の精神医学教授
アストリッド・ヒーガー博士	南カリフォルニア大学医療センター関係の小児科医
ウェイン・ザッツ	ロサンゼルスKABC-TV記者
ロイス・チムニック	ロサンゼルス・タイムズ紙記者

第1章 概　　観

　アメリカの歴史上，最も長く，かつ最もコストのかかった公判であるマクマーチン事件は，最初の告発がなされて7年後の1990年にようやくその幕を閉じた。2つの別々の公判における2つの陪審は，有罪評決を下すことはなかったが，これで事件が実際に終わったと考えるのは早計である。無罪釈放された人たちは，最初の告発を行なった人たちに対し民事訴訟を提起している。

　本件はひどく感情的に告発され，メディア（検察官兼裁判官の役割を果たした）によって複雑化された事件として記憶されるであろう。嵐のような批判において，容疑者は社会から見捨てられた人として描写された。社会的評価は歯止めのないメディアの行動によって破壊された。単なる憶測が事実として報道され，子どもたちの話が甘言によって引き出されて，それが啓示のように扱われた。そこには無罪の推定はどこにもなかった。

　振り返って見ると，同事件はロサンゼルスにおける社会的変調の火付け役であった。この地方はすでに無力と嫌悪とによって支配されていた。マクマーチンという法律劇は，薬物中毒，エイズの発生，人種問題，ギャングの抗争，車の走行中の発砲，そして警察による暴行といったエスカレート一方の社会的病弊を背景にして生まれたものであった。

　ひどい性的広告，少年による売春，そして個人犯罪（残忍な暴行，強姦，児童虐待を含む）はすでに爆発的に発生していた。この攻撃的で暴力的な社会的風潮はロサンゼルス地区に世間の注目を集めた。その地区では，若い世代はしばしば社会的伝統に対して軽侮の念を示し，法律の無視を誇示した。

　このような状況の中で1983年の夏に，アルコール依存症の1人の母親が，

彼女の2歳半の息子が学校の教職員に男色行為をされたと警察に通報した。その男の名はレイモンド・バッキーで，行為が行なわれたのはマンハッタン・ビーチ市にあるマクマーチン幼稚園の執務時間だ，ということであった。そのような事件が起きる可能性がないにもかかわらず，バッキーは逮捕された。被害者とされる子どもは，過去7か月間に10数回しか出席しておらず，彼が世話したのはそのうち数回にしかすぎなかった。

訴えた母親は，異様な告発を続けた。その中には，彼女の息子と飼い犬とが彼女の夫で無断欠勤中の海兵隊員に男色行為をされた，というのも含まれていた。地方検事正宛の手紙では，レイモンドの母親ペギー（幼稚園の経営者）は，「山羊男」と教会とを特徴づける儀式にかかわっていると主張していた。彼女のいうところでは，「レイは空中を飛び，ペギーは子どもの脇の下に錐で穴をあけた」のであった。

これらの新しい告発にしたがって，警察は200人の親に対し，容疑者レイモンド・バッキーの名前をあげて問い合わせの手紙を出した。それには大胆にも，幼稚園と他の教職員とを本件に結びつける証拠はないと記されていた。警察の捜査は引き続き6か月間行なわれた。登校したことのある約400人の子どもたちが国際子ども研究所（CII：私的組織である）で面接を受けた。そこでは被害者の子どもへの治療と問診とが行なわれた。地方検察庁のリストには被害者候補として41人の子どもの名前があげられていた。

メディアは早速そのことを報道した。彼らは被告人候補者を糾弾して，麻薬，強姦，そして男色の疑いありとした。さらに馬や兎の殺害，死体損壊，吸血，そして教会に通う子どもにはいけにえの疑いさえあるとした。州当局と連邦当局とは，捜索令状を出して近隣の郡や州外の特定場所を調べたが，写真，録音テープ，その他の確実な証拠を見つけることができなかった。

最初の告発に続く大量の報道や集団的狂騒，そして病理学的所見の公表の結果，一連の疑惑は発展して地域の他の幼稚園をも巻き込んだ。正式の告発はなかったけれども，検察からメディアに名前が漏らされた後，ある者は容疑者として調べられた。その結果，サウスベイ地区の他の7つの幼稚園が閉鎖に追い込まれた。しかしこれらの学校のうちの1つでたった1人が訴追されただけで，公判の結果も評決不能であった。

さりながら，大陪審は証拠不十分にもかかわらず，レイモンド・バッキー，彼の母親ペギー，彼女の母親バージニア，そのほか4人の教師を10年以上にわたる児童虐待の罪で起訴した。彼らはそれぞれ無罪を申し立てたが，レイモンドとペギーとは保釈の可能性さえ与えられなかった。

予備審問は18か月も続いたが，それは延長された拷問であった。7人の弁護人はそれぞれ13人の子どもの証人を反対尋問した。証言はいわゆる「裸の遊戯」，悪魔儀式，秘密のトンネル，墓地の訪問，いけにえの動物，ボートや車，飛行機で連れて行かれた後の性的虐待，そして洞窟，車の洗い場等における虐待と，広範囲にわたっていた。しかしこの時点では，子どもの証言を補強するものはなにもなかった。子どもたちが思い出せる秘密のトンネルや部屋はなく，悪魔儀式の証拠もなく，飛行機の搭乗券もなかった。大人の証人は1人もおらず，写真もなく，被告人の中で答弁取引をして，罪の免除や軽減を求めて他の被告人に不利な証言をしようとする者もいなかった。しかしながら，予備審問の終了までに裁判官は，7人全員が135の訴因について裁判を受けるべきだと決定した。

それから重要な転機が訪れた。新たに選挙された地方検事正のアイラ・ライナーは，不十分な証拠を引用して7人の被告人のうち5人について起訴の取り消しを決定した。これらの5人は，事件が起きた時，学校と不規則な接触しか保っておらず，「集団的虐待」が起きたとの「可能性はない」と判断した。残り2人の被告人については，公判が遂にロサンゼルス中央上位裁判所[訳注]で始まった。

<small>訳注：日本の地裁相当。</small>

その間に，本件の主要人物の個人的な犠牲は頂点に達した。最初の告発を行なった女性は証言台に立つ前に亡くなった。弁護側の調査員は証言の前夜に自殺した。ガールフレンドの家を捜索された若い男も自殺した。マクマーチン幼稚園は何回も放火された。ペギーの頭髪は同房者によって焼かれた。被告人らは困窮にあえいだ。そして弁護人の1人は，「悪魔」を弁護するとの理由でテレビクルーからの襲撃を受けた。

州や連邦からの研究助成金の提供打ち切りを恐れて，著名な医学鑑定人は弁

護側の証言辞退を余儀なくされた。地方検察庁と州司法長官とが彼の大学の学科主任に連絡をとったからであった。アメリカの医学専門家で証言できる者はいないとわかったので，弁護人は外国の医学者の証言に頼るほかなかった。

　検察側はまったく異なった一連の問題に悩まされていた。訴追側の中心となった子ども心理療法士と本件をスクープしたテレビ記者との恋愛事件はさておくとして，より深刻なのは，検察官と地方新聞編集長と上位裁判所裁判官との間のロマンスの噂であった。重要人物たちの私生活が時に法廷の場に持ち込まれた。これは明らかに専門職の職業倫理の問題であり，検察官の起訴の客観性，遂行可能性の問題であった。

　裁判はほぼ3年続いたので，経費は1,500万ドルを超え，アメリカ刑事裁判史上最長と評された。その裁判の結果は，1人の被告人について無罪，もう1人の被告人については，ほとんどの訴因について無罪，残りも陪審評決不能であった。レイモンド・バッキーの第二次公判においても結果は評決不能であった。

1. 本書の目標と目的

　本件はアメリカの歴史上で最重要の法律事件の1つとされるかもしれない。本件は広範な領域における多くの専門家を夢中にさせ魅了した。ある者は法廷で証言し，他の者は被害者や両親や訴追側に協力した。むろん被告弁護側を応援する専門家や支援者もいた。本件は刑事司法制度や刑事訴訟手続きが児童性的虐待事件をどう扱うべきかについて影響を及ぼした。そのことが法廷の内外において性的に虐待を受けた子どもたちの保護を強化する立法をもたらしたと言えよう。

　本書の著者らは社会調査担当，陪審関係の顧問，陪審選定に際しての弁護側助言者，裁判進行中における専門家や子どもの証言の観察者として本件に関与した。こうして本書は本件におけるわれわれの集団的体験に基づいている。弁護についていえば，ロサンゼルス中央上位裁判所管区における社会調査にしたがって予想される陪審構成を示した。陪審員候補者によって記入された調査票を参照したことは言うまでもない。またわれわれは弁護人や裁判官による尋問に際しての陪審員の反応（口頭と行動）を分析した。

さらにわれわれは，弁護人を助けて公判における戦術を練った。その中で，評判のよくない被告人たちを裁判する「偏見のない」市民一般を選ぶ条件について検討した。いつもメディアの詮索や裁判所の最終決定（再公判のための裁判地変更の否決）を受けていたので，弁護人にとってはヴォア・ディール（陪審選定）手続きを個別化し，被告人や訴因に対する陪審員の予断偏見を見つけだすことが最大の仕事であった。われわれは陪審選定手続き関係書類を利用して統計学的に分析し，陪審員と補充員との選別を助けた。

われわれは第二次マクマーチン公判においても弁護人を助けた。同様な分析を行なって，１人残されたレイモンド・バッキーを審理する陪審を選んだ。本件公判が進行するにつれて，われわれは多くの法廷に出席して陪審公判の実際を観察した。

われわれの意見では，マクマーチン事件は，適切な捜査が行なわれずに有罪が推定されてしまう時，刑事司法や刑事手続きの原則を無視して，なにが行なわれるかを端的に示している。無責任で偏見に満ちたメディアの報道が公衆を圧倒し，検察官は故意にそれらを利用して事実を歪曲する。

また検察官は予備審問および公判の継続中に決定的な証拠を隠した。その中には事実と幻覚との区別がつかないことを示す最初の告発人の手紙や，彼女の息子がレイモンド・バッキーについて写真による同一性確認ができず，実際ほかの人を指摘していた事実が含まれていた。さらに検察官はレイモンドと同房にいて，訴追側から特別の好意を受けていた密告者という信頼のできない人物の偽証に依存していた。その検察官らはすでに10年以上も地方検察庁に勤めている人たちであったし，地方検事正も被告人の憲法上の権利を無視してまでも，政治目的で自分の名声をあげようと周到に計画していた。

本件は数多くの社会的，法律的，そして司法的な問題を提起した。それらは疑いなくこれから先，裁判所に解明が求められている問題である。公判中に多くの憲法問題も提起された。しかしそれらは憲法問題としては議論されなかった。もしも被告人のうちの誰かが有罪となっていたなら，たとえそれが一訴因であったとしても，控訴審で問題提起されていたことであろう。

他に議論の可能性のある問題としては，検察官の誤り，法適用が反動的か展望的か，裁判所の決定の朝令暮改（明確な法的理由なしというよりは，メディ

アの関心ないし政治的圧力の影響による）がある。

　当初からかかわっている検事の1人，グレン・スチーブンスは公判では訴追側を離れ，弁護側に参加した。彼は，マクマーチン一家に対する訴追は嘘ではないにしろ非常に薄弱な証拠に基づいている，と主張した。こうして不当起訴の問題が弁護側から提起され，続いて訴訟の乱用の問題が法廷で主張された。しかしただちに却下された。完全無罪の被告人もこうして救済の道を絶たれてしまった。明らかな憲法違反があったにもかかわらず，である。

　法廷の外では，メディアが早くから大きな役割を演じた。はっきりと予断偏見に基づいた報道を広範に行なった。彼らの無制約の犯罪調査と要求とが検察からの情報獲得を成功させた。その情報が事件を広く知らせるのに利用された。マスコミによる攻撃的で偏見に満ちた報道は，弁護人に裁判地の変更の要求を余儀なくさせた。できるだけ外部からの影響を受けずに判断できる陪審を得ようとしたのである。さらにマスコミは，弁護側に有利な証拠でも，それが関係が薄ければ報道しなかった。

　集団的狂騒状態に火をつけるメディアの威力も特別の関心の的であった。児童性的虐待となると，ロサンゼルスでもどこでも同じであった。小さな地方新聞と全国的メディアの一部のみが公平な報道をした。それゆえ報道について議論されるべき倫理的基準があることは明白であった。このことはこれからの事件報道について批判的に検討する必要のあることを示していた。

　訴追側に採用された捜査技術も十分な詮索を必要とした。彼らの技術は混乱や採用されない証拠，汚染された証拠を生み出し，2つの別々の陪審がそれぞれ，その価値を否定した。やがて法廷に立つであろう子どもたちから証言を引き出したセラピスト（心理療法士）の役割も特別に重要であった。たとえば被害者と目される子どもに面接し，後に訴追のもととなった証拠を引き出した中心的専門家は免許を持っていなかった。このことは深刻な問題を提起した。「専門的」知識の欠如が子どもたちに，そして結果的に証拠そのものに影響しているのではないか，ということであった[*1]。

　子ども保護の見地からいえば，たとえばカリフォルニア刑事法は14歳以下の子どもに対する「みだらな行為」に関し，具体的に裁判所は子どもの置かれた状態を考え，何が必要であってもそれが憲法上許され，子どもへの心理学的

害悪を予防するに足るものでなければならない，と規定する*2。だが，専門家面接と公判との間，この規定が無視されていたとの多くの疑問の提起が可能であろう。

　さらに本件では医学的証拠の信頼性や有効性についても議論がなされた。公判中に示されたように，医学的証拠の解釈の違いが性的虐待の存在を肯定したり，否定したりする。そのような解釈に際しての普遍的な基準は明らかに存在しない。意見の一致をみたときでさえ，より確かな証拠なしにはいつどこで何がおき，誰がやったかを確定する糸口さえつかめない。

　確実な法医学的証拠がないとき，他の問題も発生する。本件においては医学的証拠について解釈が対立し，補強する実質的証拠もなかった。こうして公判は年少の子どもたちの証言の評価をめぐって展開された。ある者は特に性的虐待については，子どもは嘘をつかないと言い，他の者は年少の子ども（大人も同様）は加害者（および／または），捜査官，セラピスト，両親，もしくは他の権威者によって操作されやすいと確言する。

　本件公判は子どもたちの記憶維持の限界や後発的事実の干渉，そしていかにこれらが当事者双方の証言に影響を与えているかに対してはほとんど関心を寄せなかった*3。この分野では新しい研究や調査が生まれているけれども，さらなる調査が必要なことは明白である*4。

　本事件のいかなる段階においても，社会的に孤立し精神的にもおかしい母親によって提起された告発の明白な意味合いや，メディアがみずから作り出した集団的狂騒状態のもたらす結果について探究した人はいない。批判を好まない（マスコミに同調して動いた）マンハッタン・ビーチ警察に対して疑問が提起されたこともない。

　もう少し高いレベルに移れば，合衆国憲法の本文と修正5条とは次のように規定する。「すべての刑事手続きにおいて，被疑者・被告人は公平な陪審による，迅速な公開裁判を受ける権利を有する。……また告発の事由を伝えられ，自己に不利な証人を審問し，自己に有利な証人を強制手続きにより，呼んでもらう権利を有する」。

　弁護側と検察側とは公判の間中，これらの問題について格闘した。迅速な裁判は確実に否定された。告発の意味と正当性とについていえば，公開の程度が

公判の間中, 議論の対象となった。

　本件は次のような領域における問題も提起した。虐待事件における被疑者・被告人の経済的困窮（納税者にとっても不当な負担），被害者の子どもやその親たち（検察の有利な方向に引き込まれている）を診断するセラピストや診断機関への継続的な公費の支出，訴追側と親密な関係にある，いわゆる児童性的虐待の治療回復産業（間違った診断と施療とで犯人と被害者とを作り出したとして告発されている）。

　いろいろな資料を用いてわれわれが本事件の詳細を記録しようとしたのは以上のような関心からであった。多くの時間を割いて数千ページに目を通し，われわれは訴訟記録を引用する。われわれがこのような仕事をするのは，そうしなければ本書の信頼性が疑われるかもしれないし，ここで引用したものの多くがメディアによって報道されていないからである。

　われわれは必要と思われるときは学問的文献も引用する。本件におけるメディアの重要性を考えて，われわれはしばしばテレビ番組，新聞，雑誌をも引用した。メディアの介入がなかったら，また地方検事と何人かの親たちを含む重要人物の突出がなかったら，本件はこのような大事件にはいたらなかったであろう。

2. 本書の構成

　こうして本書は，本事件の発端から2000年半ばに本書の最終頁が書かれるまで，本件のいろいろな段階を追跡している。われわれは本件公判の参加者として，当初からの本事件への批判的観察者として，さらには大きな影響を受けた地域社会の住民として，本件のみならず他の児童性的虐待事件の抱える憲法，法律，社会的問題を慎重に取り上げ，批判的に分析する。これらの問題は検討を要するだけでなく，被害者，容疑者双方にとっても重要性を失わないであろう。

　まず第1章において，われわれは本件の歴史的背景について素描する。また本件の展開について記述する。次に第2章においては，われわれは本件の告発をめぐる社会的経過を分析し，第一の告発について説明し，最初の逮捕と証拠の欠除について議論し，警察の捜索や手入れによっていかに捜査が拡大された

かを示し，事件の進行につれて被告人が増えた理由を分析し，予備審問で出された情報の価値を判断し，そして最後に被告人に対する公訴事実をあげる。

第3章はメディアの取り組みの結果としての本件について叙述し，メディアの役割（彼らが被告人を公判に持ち込んだ）について検討する。検察官とメディアとの結託によって作られた予断偏見の程度を調べ，公判前の報道が被告人に及ぼした影響と公正な裁判を受けられる可能性とについて検証する。

第4章の焦点は，公衆の視点からの有罪・無罪についてである。新聞への投書，ラジオのトークショー，およびテレビ番組に基づく。加えて，われわれは公衆感覚についての調査結果を報告し，合わせて彼らの刑事司法制度に対する見解，とくに性犯罪事件におけるそれを披露する。

続くいくつかの章は本件の手続きの色合いを取り上げる。第5章は当事者双方の証言を含む予備審問について検討し，証拠を紹介し，検察官の誤りを明らかにし，数多くの告発の否定，被告人5人の起訴の取り下げに言及する。

第6章は本件陪審の選定に先立って行なわれた種々の作業について述べる。告発の妥当性についての検察官の疑問，最初に告発した母親の死亡，レイモンド・バッキーに対する保釈の否定，裁判地の変更および陪審の変更の申し立て，その他の公判前手続き（検察のミスに対する種々の弁護側の申し立てやこれからの公判に対するミスの影響）がそれには含まれる。

第7章は本件陪審の構成の仕方に焦点が当てられる。検察，弁護双方の希望する陪審，専断的忌避の利用，および陪審員とその代理の最終決定に重点が置かれる。陪審選定に際して採用された弁護側の戦術（科学的法廷サービスの活用）がかなり詳しく説明される。そこには裁判地の変更要求，陪審の選定条件，および陪審忌避が含まれる。陪審候補者の中から最も予断偏見のない人をどうやって選ぶか，すなわち社会調査，行動観察，そして心理学的な評価技術の活用についても述べられる。

第8章は証言について詳述し，子ども，親，セラピスト，鑑定人，捜査官その他によって提供された証拠を検討する。そこには予備審問における子どもの証言と公判におけるそれとの比較が含まれる。本章はまた医学的証拠の信頼性とビデオテープ証言のそれ（子どもの証言が陪審の判断において大きな役割を果たした）についても検討する。

第9章は陪審の評決に関してより多くの情報を提供する。それはまたいかに陪審が証拠を解釈したか，そして種々の証拠がどのような影響を評決に与えたか，について叙述する。この章は評決自体についても述べる。いかに裁判官が説示によって評決に影響を与えたか，証拠評価の仕方についての彼の説示においてはどうか，が検討される。陪審の評議の分析や評議室における全員一致にいたる過程も紹介される。

第一次公判後の混乱が第10章の焦点である。メディアの反応，その自己反省，公衆のデモや叫び，そして陪審によって報告された証拠評価が強調される。本章はまたマクマーチン7，子どもたちとその親がこうむった損失について検討する。社会がこうむった損害についても検討する。そこには刑事司法制度や陪審制度の負担だけでなく，児童性的虐待についての治療回復産業の経済的成功も含まれる。

第11章は第二次公判，つまり1人残された被告人，レイモンド・バッキーに焦点を当てる。この叙述には検察官の再公判決定，陪審選定，裁判官の説示，評決そして公判後の騒ぎが含まれる。本章はまた子ども証人の経験についての詳細な分析をも扱う。

第12章は本件の幅広い意義に関連する。本章は一転して，被害者の憲法上の権利と被疑者の憲法上の権利とに焦点を当てる。子どもたちの経験がどのようにして虐待の被害者のみでなく，刑事司法制度の被害者に彼らを仕立てることができたのかについて詳しい説明がなされる。メディア裁判，破壊された社会的評価，そして未決拘禁期間の意味するところは真犯人と目される者との関係で憲法上でもいくつかの領域において解明されなければならない。

第12章はまた検察官の権限乱用，被疑者と被害者とに対する人権侵害，子どもの証言のビデオテープの使用，そして本件における伝聞証拠の許容性についても検討する。ビデオにとられた証言の使用と伝聞証拠の許容性とについてのカリフォルニア州と連邦との最高裁判所判決が討論され検討される。本章はまた，裁判所が言い出したことであるが，陪審評決に影響を及ぼすメディアの報道と偏った取材とを制限する方策を検討する。

第13章は公判で提起された次のいくつかの問題を検討する。(1) 被害者と被疑者との人権を保護する救済手続き，(2) マクマーチン7によって提起され

た民事訴訟とこれらに対する裁判所の判断，(3) 児童性的虐待事件と他の広く世間に知られた裁判とにおける手続き改善策。

最後に第14章は，マクマーチン現象のその後を総括する。まずバージニアが亡くなった。彼女は最初の7人の1人であり，2人の被告人の祖母であり，マクマーチン幼稚園の共同経営者でもあった。彼女は1995年12月に88歳で逝った。本件の報道に最初に手をつけたテレビ記者も1992年に死んだ。第14章はまた，最初に検察官によって訴追された2人に対し補償を行なった民事の判決について議論する。

最後にわれわれは，検察官の誤りと地方検察庁の誤りとをめぐって今なお続いている議論のその後をまとめたい。とくにシンプソン事件で失敗したあとのことについてである。われわれは同事件の陪審選定と弁護人の公判準備にも協力したのである。

3. 結　語

娘と孫の最初の公判における陪審選定の初期において，70代後半のバージニアは編物をしながら法廷の外で待ち，時にベンチで物思いにふけっていた。一方われわれは弁護団と共に公判対策や弁護方針を廷内で議論していた。バージニアは厳格で意思の強い女性であった。献身的なクリスチャン・サイエンスの信者で，弁護側の戦闘的証人の役割をする中心的存在であった。彼女は法廷で告発を激しく批判し，娘と孫の釈放を求めてひるむことなく戦った。彼女の爆発はしばしば裁判官や訴追側を怒らせた。しかし彼女の一族の難局が彼女の信念をより強固にしていた。われわれは彼女が完全に無実と裁判で認められることはないだろうと予測していたので悲壮であった。

本書は，正義は必ず勝つとの信念のもとに作られている。しかしながら，司法の道はけわしく，法律の道は長い。だから本書は，本件発生の社会的・政治的な仕組みを明らかにしようとしている。そのために本件の特別な局面（メディア，テレビ向け映画や研究者たちが触れていない）を洞察して分析・検討する。

本件には社会学的で法律的な争点が多いので，法律家，社会科学者，社会福祉司，人権活動家（子どもの権利を含む），政治学や哲学の学生，そして児童

性的虐待事件の第一線で働く人たちの興味を惹くものとわれわれは期待する。長年大きな影響を与えてきたロサンゼルスの住人の興味を惹くとももちろん考える。

　さらにわれわれが望むのは，本書が誤判を防ぐ方法論的・実践的枠組みを提供できたら，ということである。それに基づけば，個別の事件を批判的に検討し，検察官の誤りの原因を除去し，研究者による現在の調査についての熱心な議論（本件のような事件におけるより公平な刑事手続きが求められている）に貢献できるであろう。

第2章　告発の展開

　1983年，飲酒癖と精神障害の前歴をもつ39歳のパート店員，ジュディー・ジョンソンが警察に苦情を申し立て，カリフォルニア州マンハッタン・ビーチ市のマクマーチン幼稚園は警察の監視下におかれることになった。評判のよかったバージニア・マクマーチン幼稚園で，彼女の2歳半の息子が，補助職員であるレイモンド・バッキーにより虐待を受けたというのである。1か月もたたないうちに，警察は200人の保護者に，レイモンド・バッキーを名指しで児童虐待容疑者として注意を喚起する，以下のような手紙を送った。

1983年9月8日

保護者各位

　本警察署は現在，州刑法288条にかかわる児童虐待事件の捜査を行なっています。バージニア・マクマーチン幼稚園の職員である，レイ（レイモンド）・バッキーは，本警察署によって9月7日に逮捕されました。
　以下に述べることは，明らかに皆さんをご不快にさせる内容を含んでいますが，あなた方の子どもの権利と容疑者の権利を守るため，この照会は十全な捜査のために必要となります。
　記録によれば，あなたの子どもはこの幼稚園に通っていたか，現在も通っていることになっています。この継続中の捜査のため，皆さんのご協力をお願いします。どのような犯罪であれ，目撃しているか，あるいは自分自身が被害者であったことはないか，お子さんに質問してみてください。私たちの捜査は，以下のような犯罪行為の可能性があることを

> 示しています。子どもの体温を調べるという名目での肛門性交，口唇性交，性器・お尻・胸への接触。着衣をとった子どもの写真が取られているかもしれません。そして，お昼寝の時間に子どもの1人をレイ・バッキーが連れ出すのを見たとか，レイ・バッキーが子どもを縛っているのを見たといった情報は，どのようなものでも重要です。
> 　同封した情報用紙にご記入のうえ，切手が貼られた同封の返信用封筒に入れ，本警察署にできるだけ早く返送してください。状況により必要な場合，改めてこちらから連絡させていただきます。
> 　この捜査については，厳格に極秘扱いとしておくようお願いします。それはこの犯罪の性質と，私たちの地域社会に与える，非常に感情的な悪影響を考慮してのことです。同居している家族以外とは，この事件捜査に関して，話すことがないようにお願いします。レイモンド・バッキーと彼の家族の誰とも，あるいはマクマーチン幼稚園の職員の誰とも，この捜査に関して話すことはしないでください。
> 　本事件の捜査に関連して，バージニア・マクマーチン幼稚園の経営者たちがこの状況について知識があったということも，幼稚園の運営自体に問題があったということも，いかなる情報・証拠もまったく見つかっていません。また，同幼稚園のその他の職員は，どのような刑事事件であれ，捜査の対象になっていません。
> 　この依頼に速やかに対処され，1983年9月16日までにご返事がいただけたら幸甚です。
>
> 　　　　　　　　　　警察本部長
> 　　　　　　　　　　　　ハリー・L・クルマイヤー・ジュニア
> 　　　　　　　　　　捜査担当　警部
> 　　　　　　　　　　　　ジョン・ウェナー　（同署名）

　ここに述べられているように，レイモンド・バッキーは一度逮捕され，証拠がないので釈放されている。地方検事正への手紙の中で，告発した母親は，ペギー・バッキーも悪魔儀式の実行にかかわっていると申し立てた。彼女の息子がある教会に連れて行かれ，そこで赤ん坊の首が切られるのを目撃し，その血を飲まされたというのである。後に判明したことであるが，ジョンソンの息子がマクマーチン幼稚園に通ったのは，3か月の間にたったの14回であり，バッキーの受け持つクラスにいたのは，2日間の午後だけだった。

1983年に児童虐待の告発が最初になされたとき、マクマーチン幼稚園はマンハッタン・ビーチ市で30年以上の歴史があった。その時まで、この幼稚園も経営者も、悪い評判はまったくなく、市内で最高の教育施設と見なされていた。事実、マンハッタン・ビーチ市の上流階級の息子・娘の多くがこの幼稚園に通ったのである。この幼稚園では問題のある児童も受け入れていた。長年にわたって、この幼稚園では子どもを通わせたい親の「空き待ち」リストが長くなっていて、この告発があったとき、空き待ちは、6か月だったほどである。

　ある幼稚園児の父親は後に、子どもを食い物にしているのに、まじめな市民のふりができたのは、マクマーチン一家と職員たちが「大嘘つき」だったからに違いないと述懐している[*1]。

　それでは、どんなタイプの人たちが告発されたのだろうか。1977年、地元の商工会議所は幼稚園の創立者であるバージニア・マクマーチンに、マンハッタン・ビーチ市の最高栄誉である「バラとスクロール賞」を授与し、「この年を代表する市民」とした。この幼稚園の職員たちは、クリスチャン・サイエンス教会の敬虔な信者であり、彼らの家族・親戚も友人も、飲酒・喫煙・悪態などを是認しなかったと言われる。告発された1人であるバベット・スピットラーは以前、虐待された子どもの保護施設で働いたことがある。ベッテ・レイダーはかつて自分自身の息子が大麻を栽培していたとき警察に通報したし、マリー・アン・ジャクソンは、1週間のうち3日も教会で無料奉仕していた。

　彼らは悪事を働くような人たちに見えなかった。しかしながら、捜査が拡大し、同幼稚園の別の職員たちに児童虐待の嫌疑がかけられるようになると、混乱状態からマンハッタン・ビーチ市は2つに裂かれてしまった。一方にマクマーチン支持者がいて、他方に幼稚園で子どもたちが虐待されたと信じる、数多くの保護者やその仲間たちがいた。ある地元住民は「みんな、ここの（児童虐待）問題を心配している」と述べたと報道された。「捜査が続く限り、事件が終わらない限り、誰も安心できない」[*2]。この住民は、準備手続きの結果が出されるまでに何年もかかるということも、7年後にまだ事件が終わっていないということも、まったく想像できなかっただろう。

1. 最初の刑事訴追

　最初の申し立てから6か月の間に，国際子ども研究所（CII）のカスリーン・マクファーレンによって，同幼稚園に通ったことのある子どもたち400人近くが面接を受けている。そのうち41人が，州が提出した起訴書類に，診断書がつけられたうえで被害者としてリストに載せられた。明らかに起訴状提出を急いだため，地方検事はおざなりの捜査をしただけで，子どもたちの3分の1が面接された時点で刑事訴追を行なった。そして，当局はマクマーチン幼稚園が幼児ポルノ犯罪組織に結びつきがあるとして捜査令状をとり，広く3つの郡内で，11か所を捜索した。

　1984年2月2日に，ロサンゼルスのテレビ局KABC-TV（7チャンネル）で，ウェイン・ザッツがこの容疑をレポートした。非難の口調で，これまでに60人以上の子どもが，幼稚園にいる間に性的に虐待され，幼児ポルノに出演させられたこと，そして子どもたちを脅して黙らせるため，動物を切り刻んだり殺したりするのを見せられていたというグロテスクな事実を秘密にしていたことを，それぞれ告白したと述べたのである。

　テレビニュースのキャスターたちは，幼稚園職員たちを有罪と断定しつつ，ザッツのレポートを紹介した。そしてこの報告は，殴打され一方の目がなくなり，詰め物がはみ出ているテディベア（クマの縫いぐるみ）という感情的小道具を写真に使った，7チャンネルの全面新聞広告で予告されたものだった。

　ロサンゼルスと南カリフォルニアで集中的に報道することで，マスメディアはすぐさま魔女狩りを始めた。1984年の5月24日，連邦大陪審が召集され，この事件の「諸側面」を取調べることになった。これはたぶん，ポルノ犯罪組織との関連であろう[*3]。大陪審による聴聞は7週間後の7月12日に始まった。しかし，地方検察庁のでっちあげを暗示させるような，興味深い展開を見せ，グレン・スチーブンス検事は，写真は存在しない，合衆国の捜査当局は写真を見つけることはできない，なぜなら写真は入手できないから，と述べたという[*4]。それでも大陪審による訴追は，18人の子どもを被害者として，マクマーチン幼稚園の職員7人を115件の虐待行為で起訴することになった。

　マスメディアに対し，グレン・スチーブンス検事は，子どもたちに虐待を

受けさせるため，薬物が使われた疑いがあるとした。新聞に書かれたことによると，子どもたちがぼんやりしたり眠くなったりして，性的な暴行に抵抗できないようにするため，注射や錠剤，飲み薬などが使われたと，彼は述べた[*5]。何人かの保護者は，子どもたちが非常に注射針を恐れていることを認め，それは子どもたちがマクマーチン幼稚園で薬物を使われたからに違いないと考えた。このような嫌疑がマスメディア中で何の歯止めもなく流されたものの，正式な公訴として，薬物に関する犯罪は，ただの一度も起訴されたことはなかった。

2. 当初の逮捕と証拠の欠如

　1984年の3月22日，大陪審がレイモンド・バッキー，彼の母親であるペギー・マクマーチン・バッキー，彼の祖母であるバージニア・マクマーチン，そしてマクマーチン幼稚園の職員3人を，過去10年の間，子どもたちを虐待していたとして起訴した。マリー・アン・ジャクソンは，旅行から戻ったところを自宅で逮捕された。彼女は壁のほうを向くように言われ，手錠をかけられ，連行されたと述べている[*6]。

　ベッテ・レイダーは娘の自宅で逮捕された。レイモンドと彼の母ペギー・マクマーチン・バッキーが逮捕されたのは，マンハッタン・ビーチ市のそれぞれの自宅である。バベット・スピットラーは彼女の2人の子どもが通っていた市立学校の本部近くで逮捕された。近隣のオレンジ郡では，レイモンドの姉ペギー・アン・バッキーが，耳の不自由な子どもたちに教えていたラパルマ高校の教室で，生徒たちの眼前で逮捕されている。

　事前の打ち合わせによって，被告人たちが自宅で逮捕されるとき，テレビカメラが自由に警察に同行することが許可されていた。身体に障害がある祖母バージニア・マクマーチンだけが，自分から出頭することを許された。主犯格の，レイモンド・バッキーとペギー・マクマーチン・バッキーは危険であるとして，保釈が認められず勾留された。

　4月2日にロサンゼルス・タイムズ紙は，子どもたちから強姦，肛門性交，口唇性交，接触などの虐待に関する話を聞き出すため，治療に用いられる人形が使われていることを報じた。その結果，脅して口止めするため，そして彼ら

と両親への脅しとして，動物が殺されるところを見せられ，ポルノ作りと売春を強制されたと子どもたちが述べたという*7。

何人かの子どもたちは，身体検査や肛門で体温を測定するなどの「お医者さんごっこ」で遊んだと説明した。検事たちは，同幼稚園で虐待されたと認めた子どもを389人も見つけることができたと述べた。

ロサンゼルス・タイムズ紙の記者カスリーン・デッカーは，彼女の記事は両親やソーシャルワーカーへの子どもたちの話だけに基づいていると言ったが，彼女の記述は感情的な表現によって潤色されていたし（「幼い被害者」「苦悩の秘密」「暴行犯」），「とされている」「と疑われている」といった，限定的表現を用いることもなかった。同様の表現方法を用いることで，ロサンゼルス地区の新聞のほとんどは，この事件をセンセーショナルに扱ったのである。

3. 刑事訴追の展開

1984年4月に，地方検察庁は正式に児童虐待の罪で起訴を行なった。バージニア・マクマーチンは1人の子どもに対する接触という1件の公訴事実で起訴された。彼女の孫娘ペギー・アン・バッキーは，1件の虐待であった。彼女の娘ペギー・マクマーチンは，口唇性交，接触，異物挿入の嫌疑で15件，マリー・アン・ジャクソンはわいせつ行為と接触で4件のほか，1件の口唇性交であった。バベット・スピットラーは6件の接触，ベッテ・レイダーは接触，口唇性交，異物を使った強姦の12件であった。レイモンド・バッキーの場合は，75件で起訴され，虐待，口唇性交，異物挿入であった。

5月になると，合計で100近くの児童虐待に関する追起訴が7人の被告人に対してあった*8。もともとの大陪審訴追は，マクマーチン幼稚園での18人の子どもに関する115件の児童虐待に関するものであったが，新しい起訴書類は42人の子どもを被害者として名指しし，208件の虐待を包括するものであった。もともとの起訴にあった2人の子どもは削除された。しかし，この時初めて，起訴された犯罪に共謀が加えられ，すべての被告人たちが一体となって犯罪を行なったとし，そのため同じ証拠を用いて一緒に裁かれるべきだという議論を補強する措置が取られた。

その時の起訴で，バージニア・マクマーチンは12件の虐待で，有罪になれば刑務所に96年ということになった。レイモンド・バッキーは97件で，776年の刑期の可能性があった。バージニアの娘ペギー・バッキーは49件の虐待で起訴され，孫娘は14件，バベット・スピットラーは22件，ベッテ・レイダーは32件，そしてマリー・アン・ジャクソンは15件の虐待であった。これに加えて，共謀犯罪を実行するにあたり，「力あるいは恐れ」を用いたという特別の訴追がなされ，もし有罪になれば，被告人たちがそれぞれの件につき，刑期を同時につとめるのではなく，連続して刑に服さなければならないようにできることになった。さらに，何人かの被告人は，個々の子どもたちを虐待する際に，力を合わせていたとされた[*9]。

　地方検察庁は休まずに仕事を続けた。訴追を担当した検事ラエル・R・ルビンは，1984年8月8日，7人の幼稚園職員たちは，すでに起訴があった115件に加えて，397件の子どもに関する性犯罪をおかしたと発表した。

　予備審問は1984年の8月中旬に予定された。メディアは「許し難い犯罪」を売り物にすることしか興味がなく，報道の結果，公平な陪審員たちを選ぶことが不可能でないにしてもきわめて困難になるとして，弁護側は審問を公開しないように求めた。地方検察庁はこの点について，賛成でも反対でもない立場をとった。しかし，ロサンゼルス・タイムズ紙といくつかの新聞・テレビ局を代理して，弁護士ジェフリー・S・クラインは，この事件はすでに広範な大衆の関心を呼び起こしているから，合衆国憲法修正1条のもとで，メディアが注目するのは必然であると議論した[*10]。予備尋問を担当したアビバ・K・ボブ判事は予備尋問を公開とすることを決定したが，彼女が被告人たちの権利を守るために必要と認めた場合，いつでも尋問を秘密会として閉ざす権利を保留することにした。しかし，尋問を写真撮影し，放映したいという要請には許可を与えなかった[*11]。

4. 捜査の拡大

　1984年7月に，30人の別の個人が捜査対象とされたことが公表された[*12]。検事たちはこれらの人の名前をあげることも，どんな犯罪で告発されるのか明

らかにすることも拒んだ。レイモンド・バッキーの父チャールズ・ヘンリー・バッキーは、グレン・スチーブンス検事から、彼も被疑者と考えられていることを教えられたが、スチーブンスは父親バッキーの逮捕が近いのかどうかについて、コメントすることを断った。このチャールズ・バッキーに関して、その後も訴追はまったくなかった。これらの「他の被疑者」は、誰も犯罪容疑で告発されることはなかったけれど、検察側は幼児ポルノと写真の存在の疑いをマスメディアにほのめかし続けた。

　この時、ロサンゼルスを中心とした広い地域で幼児の世話を専門とする人たちはみな、不安な気分にさせられていた。そこで突然、3月11日に、いくつかの場所が急に捜索を受けたが、得られた証拠に関しては、何も公表されることがなかった*13。4か月後、1984年7月に、サウスベイ地区で新たに9か所が警察の手入れを受けた。それに加え、2つのスーパーマーケットと被告人の友人宅を含む、いくつかの住居が捜索を受けた。連れて行かれ、虐待を受け、写真を撮られたところとして、子どもたちに指摘された場所に、捜査網が広げられたのである。写真を撮られたという子どもたちの断言に対応して、FBIが捜査に乗り出し、マクマーチン幼稚園の子どもが裸になった写真が売られていないか探し始めた。

　嫌疑がかけられた幼児虐待に関する証拠を発見するため、市裁判所判事マイケル・タイナンは捜索令状にどんどん署名した。レイモンド・バッキーの友人で、重量挙げをしていたケント・ウェルは、このように捜査対象として指さされ、自宅をガサ入れされた。この若者の両親であるフィリップとケイ・ウェル夫妻は、彼らの自宅と家族の車に対する、1984年3月11日の、まぐれ当たりを狙ったような証拠捜索について、後で述べている。マンハッタン・ビーチ警察は、家族の写真アルバムだけをいくつか押収したのである*14。そしてその他の被疑者に関して、魔女狩りが続いている間、名前を公表することにマスメディアは大きくスペースを割いたが、何の証拠を示すこともできず、他の人は誰も正式に告発されることがなかったのである。

　確実な証拠を見つけるため、地方検察庁の懸命な捜索はそこでさらに拡大された。幼稚園児たちがプロ写真家のスタジオで虐待され写真を撮られたと強く主張したため、警察は幼稚園出入りの写真家であるハンソン・ウィリアムズの

第2章　告発の展開

スタジオの捜査令状をとり，捜索を実施した。どのような嫌疑もかけられていなかったのに，警察はパロスベルデ市の彼の自宅に行って，30年分のネガと写真と子どもたちの記録が保管されている，彼のスタジオに強引に入り込んだ。ハンソン，妻，娘，息子の妻，3歳の孫娘，3か月の孫息子を居間に押し込め，家中を捜索して，欲しいものを押収したのである。しかし，裸の子どもの写真は見つからず，この写真家と家族に対し，何の告発もまったくなされなかった。

　FBIや警察がうまくできなかったところを市民団体が助けようとした。11月には，「児童虐待に反対する親の会」を代表して，ヘルモサ・ビーチの市議会議員ジョン・クロッフィが，マクマーチン幼稚園の子どもを使ったとされるポルノ写真に1万ドルの懸賞金を発表した。その写真は裸の子どもたちが，被告人たちと性的行為をしているはずであった。彼は次のように述べている。

　　　写真がどこかにあるということはわかっている。そして，これらの子どもたちが虐待を受けた事実もはっきりしている。私たちはこれらの被告人が確実に有罪になるようにしたい。だから，写真があれば，とても役に立つ[*15]。

　しかし，賞金が提供されたのに，ポルノはまったく見つからなかった。そして，1999年の現時点においても，そのような写真は見つかったことはなく，誰もその賞金を受け取りに現われることはなかった。
　犯人の嫌疑をかけられた，もう1人はマンハッタン・ビーチ市でハリーズ・マーケットを経営するレイ・ファデルであった。何人かの子どもたちが，連れ込まれて虐待を受けたのは，彼の店の奥の部屋だと指摘していたのである。レイモンド・バッキーはかつて，そこでアルバイトをしていたとされた。ファデルは刑事告発を受けたことも，正式に被疑者として名前が出たこともないが，これら根拠のない指摘を地方検察庁が公表してしまったところ，彼の店はボイコット運動の対象になり，客が誰も来なくなってしまった。地元の新聞「ビーチ・レポーター」は社説で次のように書いた。もしマクマーチン一族がよく使っていた店が疑わしいのなら，「30年間を考えれば，この地域社会の90％まで疑ってみることになる」。
　正式な犯罪捜査が進展するにつれ，マクマーチンに通っていた子どもたちの親は，そこらじゅうに被疑者が隠れているように思えてきた。警察の捜査手続

きが遅くて無能だと見て，業を煮やした親たちの何人かは，素人の探偵になろうとした。隣人の出したゴミを念入りに調べているのを見られた者は何人もいたし，スーパーマーケットやレストランに犯人がいないか探したり，自動車のナンバーを書き取ったり，怪しい車を追跡したり。中には子どもを車に乗せて，近隣の住宅地を巡回した者さえいた。小児性愛者，ポルノ業者，悪魔教のカルト信者による，広範に存在する共謀と彼らが信じることの証拠を手っ取り早く探すためである。

　この事件に，たとえ間接的にでも関連があると思われた者は誰であっても嫌がらせを受けた。刑事告発がなされていない人々についてさえも，情報が集められた。地方検察庁が提供したリストにあった40の場所のそれぞれを，車を運転しながら通りすぎ，子どもが何かに気づくかどうか調べることで何時間も費やした親がいた。子どもたちにしつこく質問し，被疑者の名前を引き出すことができたなら，子どもたちにご褒美をあげることもした。

　親たちは，近所に住んでいる人の名前を，ゴミ袋をあさることで知ろうとし，その人がどこでどんな仕事をしているのか，捨てられた古い郵便物の内容を手がかりにした。親たちが地方検察庁よりもずっと有能だった例もある。ある高級住宅に住むことが指摘された捜査対象が，実際には在住していないということを，マンハッタン・ビーチ警察の気の弱そうな刑事に認めさせたのである。

　多くの親たちは常識的な考え方ができなくなり，子どもたちの感情反応のそれぞれに，それがあたかも，まったく問題なく妥当性がある証拠のように，一喜一憂していた。ちょっとした印象が，魔女狩りを始めさせることになったのである。ある一家がレストランでブランチを食べていたとき，子どもがレストランにいた女性を「私を痛めつけた人」だと言った。父親は，妻と子どもたちをただちに店外に出し，レストランのオーナーからその女性の名前や住所を聞き出し，子どもを車に乗せて帰宅する女性を車で追いかけ，自宅を割り出した。子どもが，その家は写真を撮られ，虐待を受けた場所だと言ったので，父親はすぐにそれを警察に通報した。しかし，これもまたすぐ簡単に行き止まりにぶつかる話であった[*16]。

　この妄想症のるつぼにおいて，子どもたちは検察官のようになり，両親の感情をも左右するようになった。地域社会全体が，これらの告発に身動きできな

くなってしまったのである。リーダーシップをとるべき人たちは，うわさやばかげた告発が消えてなくなるようにする責任から逃れてしまった。そして，児童虐待という汚名がその醜い側面を広げ始めると，マクマーチン幼稚園に通っていた子どもをもつ親は，誰も公にそのことを議論したいと思わなくなった。マンハッタン・ビーチ市長ラッセル・F・レッサーが明らかにしたところによると，心配したある母親が地元の学校区教育委員会に，マクマーチン幼稚園に通っていた子どものリストを提出するように頼むということさえ起こった。自分の子どもが，そういう子どもと一緒になることがないようにしたいからという理由だった[*17]。

　1984年3月には，犯人探しが新たな頂点に達した。マクマーチン幼稚園の子どもたちが，脅して口止めするためと思われるが，動物が殺され埋められたのを見たと証言した空き地を，地元保安官事務所の犯罪捜査研究室の専門家が調べているとロサンゼルス・タイムズ紙が報道したのである[*18]。調査してほしいという自分たちの要請に，すぐに警察が応じなかったとき，親が自分たちで発掘作業を始めようと決めると，保安官事務所がその仕事を引き継いだのである[*19]。掘り始めたところ，途中で亀の甲羅の破片と，何匹かの小動物の骨と見られるものが出てきた。その空き地に子どもたちが言っていた地下道はなかったけれど，親の1人アーヴィン・コリンズは「見つからないからといって，ないと決まったわけではない」と主張した。もう1人の親ジョー・シポラは，まさにそこで，動物がいけにえにされ，悪魔崇拝が行なわれたのを彼の息子が目撃したと言った。その空き地のなかのアボガドの木の下で。そして，「そこは悪魔が住むところだ」と言うのであった[*20]。

　悪魔は時には通俗的な，時にはカーニバルの形をとると子どもたちは思った。ある7歳の男児は，遠足で牧場に連れて行かれ，そこでレイモンド・バッキーが素手で馬を殴って殺したのを見たこと，サーカスの家に連れて行かれ，そこではみんな象の着ぐるみの衣装をつけていたのを見たことを検察に話した。もう1人の10歳の男児は，どのように自分や他の子どもたちが，教会に何度か連れて行かれたかをお話にした。そこのロウソクを使った儀式では，フードをかぶり，黒衣をまとった人たちが，輪を作って立ち，うめき声をあげていた。レイモンドはそこで，「幼稚園で起きたこと，ここで起きたこと，それからど

こで起きたことについても，誰かに話したら，同じことがおまえにも起こる」と言って，兎を切り刻んだことにされたのである。

この話や，その他の兎が殺された話に関連して，ある訴追されていない被疑者ロバート・ウィンクラーの女友だちの家が捜索を受けた。何人かの子どもたちが，ウィンクラーが虐待をした人たちの 1 人だと指摘していたのである。ウィンクラーはすでに，トーランス市のモーテルが行なっていたベビーシッティング・サービスで，接触をもった子どもたちを虐待したという，以前からの告発に関連した予備審問のため，すでに郡の拘置所に入れられていた。

驚いたことには，この家の捜索によって，一対の兎の耳，黒いマント，そして黒いロウソクが見つかった。大人を使ったポルノ用品も見つかったが，幼児ポルノはなかった。ルビン検事は「ロバート・ウィンクラーとレイモンド・バッキーには，何かつながりがありそうだ」と主張した[*21]。しかし，この捜索に基づいて，ウィンクラーも，女友だちも，その他の誰も，刑事告発がなされたことはなかった。その後，理由は不詳だが，ウィンクラーは自殺してしまった。

1985 年 3 月，マクマーチン幼稚園児の保護者たちに追い立てられて，保安官事務所の犯罪捜査研究室が同幼稚園の周囲の土地を発掘し始めた。これまでにも何度となく発掘されていて，それは 1991 年に幼稚園舎が解体されるまで続けられたが，この児童虐待事件に結びつく証拠は，何も見つかったことはない。

マンハッタン・ビーチ市は夢中のまま，言うなれば，自分自身を生きたまま食いつくしつつあった。どんな「魔女」であっても，マクマーチン幼稚園の子どもが指さしたものは，即座に警察，検察庁，カリフォルニア州社会福祉事業部にとって，被疑者になった。マクマーチンの子どもたちが，彼らが虐待された場所の 1 つとしてマンハッタン・ランチ幼稚園をあげたとき，疑惑の範囲がさらに広がることになった。

1984 年 5 月に，ある親が，自分の 6 歳の娘がマンハッタン・ランチ幼稚園で虐待を受けたと警察に通報した。今やずっと有名になり，すでに閉校されていたマクマーチン幼稚園から，1 マイルほど離れているこの幼稚園は，この時にはすでに 14 年の歴史があり 130 人の生徒がいた。6 人の他の子どもたちの親も同様の問題を指摘したが，その中には自分の 4 歳半の息子が 2 年以上この学校に通っていたトーランス市住民が，子どもの裸を問題にしたことが含まれ

ていた。この母親は，ある日，息子を迎えにいったところ，息子がパンツをはいていなかったことから，特にショックを受けた。職員たちはその日が暑かったので，子どもたちがスプリンクラーの散水の中を走り回ってもよいように，脱がせたと説明した。「そこで私は言ってやった。もしうちの息子の着ているものを脱がせるなら，まず私に連絡してほしい」。彼女は息子を退園させなかったが，息子が見学遠足に連れて行かれることに同意する書面に署名しなかった*22。

いつ親が子どもを迎えに来るのか，ランチ幼稚園から事前に連絡するよう求められたことを，ある親は「おかしい」と思った。仕事のスケジュールを調整するためや，子どもがどこにいるのか責任をもつために，職員たちがこのような情報を必要としていることを理解できなかったのである*23。他の親は，この幼稚園が，ごくごくふつうの状況をとても特別な状況に仕立ててしまうと証言した。ある親は，自分の子どもが時どき，排便をとても苦しがると言い，性器の周りにぶつぶつができたことを問題にした。このような症状は，排便時に力を入れることから起こると，医者は説明する。彼女の息子はまた時どき，怒りまた抑うつの症状を見せ，その気持ちをベッドの柱にかみつくことで表わしたという。これらの問題は，ストレスやフラストレーションのいろいろな形態から，いくらでも発生し得ることであろう。

捜査が始まったけれど，ランチ幼稚園に対する証拠は弱く，裏づけが取れないものだった。取調べでは，ランチ幼稚園とマクマーチン幼稚園を結びつけることができなかったが，州の社会福祉事業部は活動を始め，ランチ幼稚園を一時的に休園させる命令を出した。そのため，大騒ぎになった。「とても感情的な場面だった」と，その直前に子どもたちを最後に迎えに来た親を見ていた男性職員は報告している。「子どもたちは悲しんでいたし，親は泣いていた。子どもたちは先生に抱きついてサヨウナラを言い，母親たちの顔には涙が流れていた」*24。州が閉鎖を命令したあと，警察と社会福祉事業部は，学校の活動と疑惑については，口を固く閉じてしまった。

何人かの親は，マスメディアから最初に聞いて，この休園を知ることになった。ジャン・スティンワルドという親は，彼の娘がその幼稚園に週3日通っているが，この告発問題をまったく信じられないと言った。娘が通うようになっ

て，その幼稚園に彼はたいへんに満足していたというのである。彼は娘が「幼稚園がとても好き」で，率直に言って，そこでそんな問題が起こるとはとても思えないとも言った。その幼稚園は「とても開放的でいつでも親が出入りできた。私たち夫婦は，サンタモニカ市からマンハッタン・ビーチ市の間をずっと探しまわってみたけれど，この幼稚園が一番だと思った」からである[*25]。

匿名の調査官が「子どもたちの健康と安全に対する実質的なおそれ」を見つけたとして，州は一時的休園措置を命じる書類を作成した。その中で州は次のように主張した。

> 1979年から，もう1つの幼稚園［マクマーチン幼稚園のこと］の児童が，マンハッタン・ランチの施設に連れてこられていた。この施設にいる間に，これらの子どもは身体的・性的に虐待を受けた。
> 同じ期間の一度あるいはもっと多くの機会に，マンハッタン・ランチ施設の子どもたちは授業時間中に，他の幼稚園［マクマーチン］に連れて行かれ，そこで身体的・性的に虐待を受けた[*26]。

州のスポークスマンだったリズ・ブレイディは，「この問題の規模はまだわからない。何人の子どもが関連しているか。しかし，どこまで発展していくのか，不安になってくる」と言った[*27]。その後，マンハッタン・ランチで逮捕されたのは，運動場で働いていた17歳の補助職員だけであり，それもその幼稚園の子どもの虐待に関する疑いだけであり，告発を受けたただ1人の職員であった。この17歳の補助職員に関して，警察は1か月かけて捜査し，7人の子どもを虐待したとして逮捕した。彼は未成年用の施設に勾留され，97件の虐待で起訴された。この告発でさえも根拠を欠くものだったように思われる。なぜなら，通常の子どもの世話や幼稚園の運動場での遊びと見えるものであっても，突然，疑わしいものに変質してしまうからである。

ロサンゼルス郡の地方検察庁と保安官事務所からの捜査官に助けられ，マンハッタン・ビーチ警察は，ランチ幼稚園職員にも疑いの目を向けた。応援の人員と一緒に，幼稚園と敷地を捜索して，記録書類を押収するとともに，9人の幼稚園職員の自宅を捜査している。しかしながら，マンハッタン・ビーチ警察の巡査部長ジム・ノーブルは，「たいしたものは，何も見つからなかった」と

発表している。そのうえ，捜索を受けた職員たちは被疑者と見なされていないこともつけ加えた[*28]。

うわさ，嫌疑，根拠のない共謀の疑い，そして，「やる気になりすぎた」警察が，明らかにマンハッタン・ランチ幼稚園を圧倒してしまった。性的に，そして身体的に虐待することを目的に，この幼稚園がマクマーチン幼稚園と子どもたちを交換していたという主張を裏づける証拠はまったく提出されなかった。それでも，これらの嫌疑から，州の社会福祉事業部は休園を命じたのである。しかし，幼稚園の経営者たちはその時までに，すでに休園を決めていた。なぜなら，幼稚園のそばを通行する車から聞くにたえない内容の叫び声がかけられ，同時に子どもたちの安全が心配されるようになったからである[*29]。

マンハッタン・ランチ幼稚園に対する告発のすべてが，とても強力で決定的であったように最初は聞こえたが，それを裏づける証拠は，その時もそれからも，1つも提出されていない。ヘルモサ市とマンハッタン・ビーチ市で幼稚園を運営することは，とても高リスクの「ビジネス」になってしまったのである。

5. 勾留と保釈

マクマーチン事件では，いくつかの裁判所の間で調整がされることなく，勾留と保釈に関する矛盾した裁判官決定が出され，この問題に関するあらゆる可能性をすべて提示することになった。その時，上位裁判所のロナルド・M・ジョージ判事は，保釈されると公共の安全に危険を生じるとして，すべての被告人に保釈を認めず，勾留されることを命じた[*30]。下のレベルにある市裁判所の判事は，4人の被告人に対し，いくつかの公訴事実に関して，保釈を認めて金額を決めたが，他の公訴事実については，上のレベルにある上位裁判所判事の保釈を認めないという命令を変更しなかった。ロサンゼルス保安官事務所は，どちらに決定権限があるかがはっきりするまで，誰も保釈されないだろうという立場をとった[*31]。

告発された人たちは勾留されたのだが，それは彼らが地域社会に対して危険であるとされたからである。この結論を正当化するだけの事実があったかどうか，裁判所は検証していない。地方検察庁のラエル・ルビン検事は，被告人た

ちを保釈することは，事件に関連した子どもたちや親に危険を生じさせると主張した*32。検察側の証人として，コリーン・ムーニィは，何人かの子どもたちは「ふるえあがっている」として，被告人たちが保釈されたら，彼らに害を与え，あるいは殺すかもしれないと恐れていると証言した*33。しかし，管轄権が重複した，これらの裁判所のすべてが，この議論に納得したわけではなかった。

裁判所判断での矛盾に加え，市裁判所や上位裁判所よりも上のレベルにあるカリフォルニア州の控訴裁判所は，最初は40万ドルの保釈金であったバベット・スピットラーを，条件つきですべての公訴事実について，自分自身の保証（保釈金なし）で保釈されることを命じた。児童虐待の起訴について，迅速な予備審問を受けさせられなかったからである*34。条件として，州内にとどまること，他州に出た場合には逮捕・引き渡し手続きで審査される権利を放棄すること，必要とされたときにはいつでも裁判所に出頭することとされた。しかしながら，州の最高裁判所は彼女の保釈金を再び40万ドルに戻してしまった。最高裁は州内のすべての裁判所の最上位に位置する。彼女の弁護士エリセオ・グアナは次に，保釈金を12万5千ドルに引き下げるように求めた。

管轄範囲の問題に加えて，保釈されたとき，バベット・スピットラーは上位裁判所が逮捕命令を出していることを知った。聴聞を無断欠席したという理由である。上位である控訴裁判所が保釈金なしにすることを認め，釈放されていたけれど，逮捕命令は保釈金を納入させるため出頭させることを目的にしていた*35。

この事件のその他のさまざまな側面にもあったが，いくつかの裁判所の意見の食い違いが，金銭的・個人的に付加的な損失をスピットラーにもたらした。裁判所間の議論がほぼ片づいたとき，ようやくスピットラーは40万ドルの保釈金を積んで，拘置所から解放された。その時，すべての事実において，無罪が証明されるであろうと主張した*36。

ベッテ・レイダーは，保釈金が75万ドルに決められたが，同様に軽減救済を求め，控訴裁判所の命令で，救済されることになった*37。州の控訴裁判所が命じたにもかかわらず，レイダーは釈放されなかった。彼女の弁護士ウォルター・R・アーバンが上位裁判所のロナルド・ジョージ判事に釈放するように

申し立てたが，釈放命令を実行するのが市裁判所か上位裁判所かはっきりしていないとの理由で，判事は要請を受け入れなかった。

バージニア・マクマーチンとマリー・アン・ジャクソンは，実際に保釈金を積んで解放された。しかしペギー・マクマーチン・バッキーの保釈金は百万ドルで，ペギー・アン・バッキーの保釈金は25万ドルであった。レイモンド・バッキーは保釈の可能性なしに勾留されていた*38。

6. 結　語

　いくつかの犯罪捜査組織による活動のはざまで，また地方，州，連邦という違いも含めた管轄権の混乱の中で，遅れが生じ，実際の裁判はずっと後のことになった。そして，裁判に関係しない，あるいは法とは特に関係しない要因が，一般市民がこの事件をどのように見たかということに影響を与えた。一般市民，検察側，それに陪審員になる可能性がある人たちが，マクマーチン事件をどのように評価するか，捜査についての事件前の報道，被害者とされた子どもたちの親の反応，その他のもろもろの影響が形作ったのである。

　検察側と弁護側の証人の証言のため，さらに数か月が費やされ，予備審問は被害者とされた子どもの親，セラピスト，子どもの証人，医学鑑定人，そして他の多数の人々を呼び込むことになった。それ自体がもう裁判のようであった。

　しかし実際の裁判はまだ始まっていなかった。実際の裁判の前に必要な一連の重要な段階があって，それは最初の裁判の間，判断するために陪審席に座った人たちを選任し任命するための手続きの展開を含んでいた。その他にも，やや面倒な法的手続きがあって，それはかなりの時間と資源を消費してしまったのである。

　それが起こる前にも，被告人と嫌疑をかけられた犯罪に関する裁判前の報道に，検察側の起訴前資料のマスメディア開示が加えられたことにより，言葉，音，絵の配給者たちを元気づけ，児童虐待の新しいストーリーが一般市民に伝えられるやり方を形作り，構成したりしていった。この際限のない影響力について，次の章で焦点を当てたい。

第3章　公判前の報道
―メディアの動向―

　事件の内容があまりにグロテスクで，被害者とされる人が多数にのぼるとき，詳細を知りたいという一般市民の要求は，他のさまざまな側面への配慮より，ずっと重要なものになる。そんな事件では，被疑者の権利を十分に守る方法はないのかもしれない。
　マクマーチン事件は，その告発された犯罪内容のひどさと，被害者だと主張する子どもたちの多さから，このカテゴリーに入れられるだろう。責任ある報道機関がこの事件を無視することはありえない。犠牲者となった子どもたちを思うと，とても心の痛むことであり，被告人たちが有罪だと仮定してしまうのは自然なことである。
　しかしながら，もしマクマーチン7の誰もが有罪でなかったらどうだろうか。あるいは，もし7人すべてが有罪と証明されなかったら？　この集中的な過熱報道は，無実の人間の人生であっても，崩壊させてしまうだろう。
（ハワード・ローゼンバーグ：「メディアの見せ物と化したマクマーチン事件」ロサンゼルス・タイムズ，1984年6月20日付記事）

　マクマーチン事件は最初から，センセーショナルな大規模報道により，メディアにおける一大事件として進展した。事件がよりセンセーショナルになり，より性的な内容に集中して展開するよう，テレビの解説者も新聞記者も，お互いに競って，他より一歩でも先に出ようとしたのである。マスメディアの大部分における有罪推定は一般市民の間にヒステリー状態を引き起こした。あるアカデミー賞とエミー賞の両方をとった人は，これはまさに「魔女狩り」映画にぴったりの事件であると思った[*1]。そして，マクマーチン幼稚園の子どもたちが出演したあるテレビ番組では，「性的恐怖の館」に焦点を当てた。ところで，

この出演した子どもたちだが，彼らは証人ではなく，被告人に対する地方検察庁の告発を支持するグループであった。

そのうえ，メディア人たちはマクマーチン事件の序盤から，狂乱したようにお互いに競争を繰り広げた。彼らの1人ひとりが，弁護側と検察側から，書類や録画されたインタビュー，その他のあらゆる資料を入手しようとしたのである。公判のための予備審問はメディアに公開され，次に秘密会とされ，また公開されたため，スクープと呼べるものを探すためのメディアによる活動は，時にはほとんど「死に物狂い」と言えるほどであった。

「ネタ」に飢えた報道陣をコントロールする目的で，検察側と弁護側は事件の詳細に「封をする」ことで同意した。検察側は，自分たちが持っているもので，有罪評決を確実にできる証拠はすべて保護しておきたいと考え，弁護側は公判採用が認められないような「証拠」がメディアに渡らないようにしたいと考えたのである[*2]。この事件の報道は，日本の東京の新聞でも読まれることになった。バベット・スピットラーの代理人である，エリセオ・D・W・グアナ弁護士は，マスメディアの報道によって汚染されていない陪審を見つけるため，「ボルネオで裁判をやることになるかも」と，冗談半分に言ったほどであった[*3]。

メディアに対して立てられた防御の壁は，絶え間なくたたかれ，また突き破られていた。予備審問における証言の間，アビバ・K・ボブ判事は，最初はTVカメラと写真機と録音機を法廷に入れさせなかったが，一般市民が傍聴する権利は制限しなかった[*4]。ラジオ・テレビ報道協会とロサンゼルス・タイムズ紙はすぐに攻勢に転じ，ABC，NBC，CBS，CNNの支持を得て，審問を自分たちにも開かれたものにするため，裁判所で法的な争いを始めることにした。一般市民の関心と利益のため，これらの手続きを放送すべきだと主張したのである[*5]。

その間もずっと，新聞，テレビ，ラジオの解説者たちは，事件の特別監視態勢にあった。事件の一番最初から，ずっとつきっきりだったのである。ニューヨーク・タイムズ紙のある記者は，その場面を次のように描写している。「（被告人と弁護人の）行列が7階にある法廷に出たり入ったりするたび，まぶしい照明が点灯される。待ち受けていたテレビ局の取材班は，まるで狩人のように飛び出して行って，カメラを突きつけるのである」[*6]。

しかし，このような報道の大波は，さらなる不正義を生み出すことにもなった。このような雰囲気の中では，子どもたちや熱意がありあまる検事によって作られた誤りや空想のため，無実の人であっても起訴され，取り返しがつかないほどに人生を破壊されてしまうと，少数の弁護士は心配した*7。このような可能性を検討することは，メディアが行なうべき批判的詮索から，すっぽり抜け落ちてしまったようだった。客観的・調査的ニュース報道はほとんど失われ，狂ったような「ブンヤ」と「写真トリ」の集団が，フラッシュが当たった映像，強調された形容詞，そして自明だとの確信とによって，彼ら自身による公判を開いた。発行部数を増やし，視聴率をあげる努力の一環として，読者の感情を刺激したのである。

1. テレビとマクマーチン事件

　メディアによる集中報道は，検察側が始めさせたものであるが，告発内容が信じられるとの幻想を作り上げてしまった。事件は1983年9月15日の，レイモンド・バッキーの逮捕と釈放から始まったのであるが，警察は1984年3月の下旬まで捜査を続けていた。この時，幼稚園の職員と経営者たち7人が逮捕され，大陪審により起訴されたのである。
　新聞はその時まで，一時的に事件報道をのばしていた。1か月ほど前から，この事件を部分的に報道する準備ができていた記者が何人かいたが，次の警察の動きを待っていた。そこで，逮捕という警察からの合図が出て，集中報道が始まったのである。小道具と，マクマーチン7に対するセンセーショナルな告発内容が，一般市民の耳目を集めた。その結果として，ニュースをほしがる人たちが増え，さらにそれが警察を元気づけ，より大胆にさせた。そういうことから，子どもの証人たち，その親たち，被告人たち，そして地域社会が，深く傷つけられる結果となったのである。
　確かに，どんな印刷あるいは電子メディアの報道機関であっても，この事件を無視することはできなかった。しかしながら，これらの大がかりな告発に対し，被疑者の権利を守るための楯も防壁もほとんど存在しなかった。なぜなら，被告人にも守りたい家族，名誉，勤め先，個人的資産，そして誇りがあることに，

メディアはほとんど配慮しなかったからである。被告人には個人的に，そして法廷で，自分たちの嫌疑をはらす権利があるということが，まったくといってよいほど理解されていなかった。メディアの多くにとって，公判が始まるのはまだ何年も先だったが，被告人はすでにどんな合理的な疑いも軽く超えて有罪だった。メディアにおけるこのような偏向は，事件の曲がりくねった進路に「地雷」をまき散らしたのである。これによって，広告主と一般市民を味方にして収入を増やし，自分たちのやり方に都合のよい状況を作り上げることになった。

KABC-TV（7チャンネル）

　1984年2月2日にマクマーチン事件の報道をKABC-TVで始めたウェイン・ザッツ記者は，虐待があったというのはまだ疑いであって事実ではないということがほとんどわかっていなかったかのように，センセーショナルにレポートし，自分自身の意見をつけ加えた。偏向がかかったセンセーショナリズムの最も極端な例はKABC-TVが出した新聞の全面広告で，子どものテディベアが，手荒く扱われ，一方の眼がなくなり，詰め物がはみ出ているものを中心にしていた[*8]。ここで使われた「小道具」はもちろん，実際の事件に関連したものでも，公判廷に提出されたものでもなかったのである。

　それでも，テディベア，兎の耳，ニワトリの骨，それにプレイボーイ誌は，マクマーチン事件の報道における「品質保証書」の役割を果たしたのである。KABC-TVによる例の広告は次のように宣言した。自分たちはこのニュースを他に先駆けて報道した。このニュースは犯罪防止運動の触媒役を果たすことになるだろう。1985年5月のKABC-TVによる新聞全面広告には次のように書かれている。

　　　誰よりも早くこのニュースを報道したけれど，この事件はあまりにひどいので，私たちは気分がよくない……これは，とても，とても，病的なストーリーである。

　ザッツは弁護士資格をもつレポーターだが，専門は警察による不正と暴力行為で，警察官が一般市民を撃った事件の報道でピーバディ賞を受賞し，マクマーチン事件ではゴールデン・マイク賞を2度受賞している[*9]。しかしながら，

ザッツによる報道とその新聞広告は，深刻な問題を提起する。正確な報道と一般市民（の感情）への迎合とのバランス，報道することと無実の人を守ることの葛藤などである[*10]。KABC局による広告が，同じように深刻な問題を指摘されるのは，偶然のことではない。この広告は，テレビ局の評価がなされる前日に掲載されたものであり，聴取者の注意を引きつけようという策略が明らかに見え見えで，評価を大幅に高めようとして，この事件を意図的に「活用」していたのである[*11]。

同様に，子どもたちを面接したソーシャルワーカーが，刑事手続きにおける秘密保護命令の対象である証言や書面による証拠を，KABC局と同局のレポーター，ザッツに渡していたことが後になって判明した[*12]。これ以降，ロサンゼルスのKABC（7チャンネル）は，予備審問の初期の段階において，事実と虚構を組み合わせて流布することにより，最も重要な役割を演じることになったのである。

「20/20」が報道したマクマーチン事件

マクマーチン事件に関する主要なTV報道の1つは「20/20」が行なったもので，これはおもにフリーのレポーター，ケン・ウッデンの仕事であった。この番組を計画する段階で，裁判所が制限していた国際子ども研究所（CII）のカウンセラーと自分のインタビューを放映できるように，検察側が同意するよう，ウッデンが圧力をかけたことが知られ批判された。CIIが撮っていた被害者の子どもたちとの面接のビデオを放映すると言って脅したというのである。妥協策がとられ，何人かの親たちと子どもたちが「20/20」に出演することになった。子どもが虐待される危険があることを，他の親たちに対し警鐘を鳴らす，というのが表向きの理由であった。個人的な保護のため，子どもたちも親たちも，後ろかあるいは逆光で撮影され，ピントをぼかしてあった。彼らの声もまた，電子機器を使って変えられ歪められて，誰かわからないようにされていた。

この番組が見せたのは，レイモンド・バッキーを嫌疑がかけられた小児性愛者として名指ししているという警察の報告書，子どもたちが話した「恐ろしい話」について語るラエル・ルビン検事の画像，話したがらない子どもたちから，

幼稚園での出来事に関する情報を引き出すため，どのように CII のセラピストたちが人形を用いたかの実演，マクマーチン幼稚園の職員たちを描いたという，何人かの子どもたちによる，奇怪な性的な絵であった。この絵を示しながら，ABC ネットワークのトム・ジャレル記者は，視聴者に話しかけた。「これらの絵から，彼らの先生がどんな人たちか，よくわかるでしょう」。

　子どもたちの感受性豊かな，周囲の世界の解釈は，信じるに値する。どこで，そんなことを考えるようになったかは関係ないと，ジャレルはほのめかした。出来事とそのイメージは，親たちに話された子どもたちのストーリーとして，また聞きの形で「20/20」の視聴者に伝えられた。親たちは，ジャレルが「性的恐怖の館」とよんだ場所に子どもたちがいた間に，とてもひどいことが起きたと，子どもたちが自分たちに話したというのである。このように，子どもたちが学校から連れ出され，売春させられたり，ポルノ映画に出演させられたりしたということを聞いた，大人たちの話が流されたのである。「嫌疑がかけられている」というジャーナリスト的な限定表現は 25 分間の放送の間に 6 回使われ，この事件の被告人たちも，有罪と証明されるまでは無罪と見なされるという戒めの言葉もあったが，放送内容からは，告発された者たちは有罪であるという結論以外は出せないようになっていた。

　親たちだけでなく，ジャレルも，「20/20」ホストのヒュー・ダウンズも，検察側のために特別な努力をはらって，疑われた出来事のまた聞きの，またさらにまた聞きの話を繰り返すことになった。子どもから親へ，それからジャレルへ，そして全国ネット「20/20」の視聴者たちへ伝わったことは（視聴者たちも，その後さらに何回も何回も，次々と伝えたであろう）。

　　ダウンズ：どのくらい深く，これらの子どもたちは傷ついているのでしょうか。彼らは回復することができるのでしょうか。
　　ジャレル：心理学的には，あるいは無理なのかもしれません。たとえば，ある小さな男の子は，母親にこう尋ねたそうです。「お母さん，死ぬ時には，この悪い記憶はなくなるの？」。
　　ダウンズ：マイゴッド（何ということだ）！

　「20/20」は意図的に，この事件を教訓として，子どもたちの世話をする施設

第3章　公判前の報道─メディアの動向─

における児童虐待から自分の子どもを守るために，どうしたらよいか，親にアドバイスするために提供しているとした。しかし，この教訓もマクマーチン幼稚園の子どもたちの親には役立たない。この情報が間に合わなかったから，とジャレルは言った。これらの親が言ったことに対してコメントすることで，ジャレルはさらに「有罪推定」を強めることになった。「彼らが学んだことを共有することで，他の子どもたちにこの種の悲劇が起こるのを防げるだろうと，この親たちは望んでいるのです」。

しかしながら，このメッセージを理解できない視聴者もいた。マクマーチン事件をもともとセンセーショナルなものにしたのは，KABC-TV における，ウェイン・ザッツの疑惑報道であったにもかかわらず，同局は「20/20」のマクマーチン報道をロサンゼルス地区で放映することを断った。その理由は，犠牲者とされる子どもたちの面接が入っていたからである[13]。CII で行なわれた面接のビデオテープを実際にこの番組制作者が入手したかどうかについては論争があり，一連の対抗的訴訟の理由になった。そこで，マイケル・A・タイナン判事はビデオテープを見ることができる者を制限し，それを公にすることを誰に対してでも禁止する命令を出した[14]。

ABC ネットワークの地元局である7チャンネルは，児童虐待の被害者とされる子どもたちの面接は放映しないという決断をすることで，それまでの内部方針を変えた。ほんとうの理由は，同局が裁判に訴えられるのを恐れたからかもしれない[15]。

しかし，ロサンゼルス・タイムズ紙の「20/20」報道に関する批評で，国内ニュース編集長ローゼンバーグは次のように結論づけた。マクマーチン幼稚園事件がマスメディアで公平に扱われるのを期待するのはたぶん無理であろう。「嫌疑がある」という言葉を，「20/20」番組中で何度繰り返しても，放送の究極的なメッセージである「有罪だ！」を弱めることはできないと，ローゼンバーグは議論した。彼の主張は，被告人たちの名前がはっきり出されている以上，「嫌疑がある」という表現を付け加えたとしても，それは「ヒロシマで，爆弾が落とされた疑いがある」と言っているようなものだというのである。

「20/20」報道の内容をさらに検討して，ローゼンバーグはこんなふうにまとめた。「ほとんどのテレビ・ニュースは，即席の劇のようなものだ。あるいは

ビデオで作られアルミホイルで包装された，一種の TV ディナーかもしれない。簡単に熱くでき，そうすると中身は蒸発してしまう。目的は心を刺激することではなく，感情を刺激することだ。ここで強調されるのは，何を見せるかで，何を学ばせ，何を吸収させるかではない」[*16]。彼は「20/20」の報道内容はあまりにも検察寄りで，弁護側の議論が実質的に何も入っていないことを批判したのである。この番組では，公判での証言に立たない3人の子どもたちが，マクマーチン幼稚園における，広範囲に行なわれた虐待と，身体的・精神的拷問の「疑い」について，詳細に述べていると，彼は書いた。

彼らの顔は見えなかったし，音声も変えられていたのだけれども，「20/20」番組に主演した親たちと子どもたちは，マンハッタン・ビーチ市では容易に誰かわかってしまい，子どもたちはいじめをうけることになった。このような被害を受ける危険性にショックを受けて，もうこれ以上，TV 局や裁判所に子どもたちが「利用」されることがないよう，何人かの家族は対応策をとった。

この種の侵害行為に対して，現代のメディアにはすぐ使える言い訳がある。すなわち，自分たちが直面する危険について，一般市民は知る権利があるということである。そのうえメディアは，自分たち自身の盲点を見逃している。偏向のない陪審を見つけることを，報道番組が実質的に不可能にすることで，被告人たちの公平な裁判を受ける権利を損なうかもしれないということである。また，ルビン検事がこの番組に出演して，子どもたちから聞いた「恐ろしい話」について話したことには，深刻な倫理上の問題が指摘される。視聴者たちを「同輩による陪審」にしようとして，この番組ではマクマーチン幼稚園の職員たちを描いた子どもたちの「奇妙な」絵を証拠として提出した。そして，子どもたちから性的虐待の話を聞き出すために，セラピストが人形をどのように使うのかを見せたのである。ローゼンバーグの批評が指摘したように，「数分前にジャレルは，この事件の被告人も有罪と証明されるまでは無罪と見なされると強調した。もちろん，彼は間違っている。彼らは全国放送のテレビ番組で有罪宣告を受けたのだ」[*17]。

なぜ虐待を受けている子どもたちの中に，そのことについて沈黙を守る子どもがたくさんいるのだろうかと「20/20」番組は尋ねる。その答は，子どもたちは職員たちによって「洗脳による口止め」を受けているということだった。

第3章　公判前の報道—メディアの動向—

最高の小道具として，戦闘服を着た陸軍の洗脳専門家が，洗脳というのはベトナムで起きた出来事と同様であると解説した。この陸軍の専門家は，ジャレルが行なった子どもたちの「20/20」面接だけを見て，そこからの結論だけに基づき，疑いもなくこれらの子どもたちは職員たちによって洗脳されていると発表した*18。公平なバランスをとるという理由で，ベッテ・レイダー被告人と彼女の弁護人ウォルター・アーバンは，番組中で短時間のインタビューを受けたが，もちろん彼らは，洗脳を使ったということを否定した。

　児童虐待を見逃さないため，この番組ではまた，5つの簡単な手順を提供した。それは被害を受けたとされた子どもたちの親からみても，あまりに単純すぎると思える代物であった。彼らは番組の信用性を疑い，そのことが自分たち自身の信用性にどのように反映され得るか，考えさせられることになったのである。

もう1つの視点：「60 MINUTES」番組での報道

　おそらく，マクマーチン事件に関して，偏向を避けようとした最初の全国報道は「60 MINUTES」番組でのレポートであった。この番組では，予備審問が行なわれ，5人の被告人の起訴が取り消された後で報道がなされた。それは，マクマーチン事件の被告人たちに対する刑事告発を最初に担当した前ロサンゼルス地方検事正ロバート・フィリボジアンの意見を中心にしていて，インタビュー担当のマイク・ワレスはこの法律専門家から，解放された5人の被告人に対して同情的ではないこと，子どもたちに対して悲しみを感じているということを引き出した。この5人に対する起訴を取りやめたのは，新しい地方検事正アイラ・ライナーの誤りであるとして，フィリボジアンは批判的であった。大陪審も予備審問の裁判官も，5人が児童虐待の犯罪で裁判を受けるべきだと判断していたというのである。前地方検事正はまた，大陪審も裁判官も，連日にわたり十分な証拠を見せられ，7人全員を裁判にかけるべきだという結論に達したのだと指摘した。彼はまた，幼稚園での性的虐待に関する情報を子どもたちから聞き出したことで，CIIがすぐれた仕事をしたと賞賛したのである。

　ワレスはまた，CIIの所長であるエヴァンズもインタビューしている。たとえば写真とか，動物の骨とか，トンネルとか，悪魔儀式とかに関して，1つで

も物的証拠が見つかっているのかと質問され,「何もない」と彼女は答えたが,医学的証拠から虐待があったということは証明されているとつけ加えた。彼女は,CIIは証拠を作り出そうとしていたのではなく,彼らの手続きは診断と治療が目的であり,刑事司法上の手続きではないとも言った。しかしながら,治療上の手続きはビデオで撮影されており,そして後ほどわかるが,そのビデオテープは公判に提出され,重要な証拠の一部となったのである。

ワレスによるインタビューの中で,主任検察官であったラエル・ルビンは,犯人として疑われた7人は全員,マクマーチン幼稚園での児童虐待で有罪であるという彼女の主張に関して,断固とした態度を示した。「子どもたちはそこで虐待を受けた」と彼女は断言し,虐待にはたくさんの証拠があり,適切な時期がきたら法廷に出すことができるとつけ加えた。何人かの子どもたちが性器あたりにかゆみや痛みを感じ,かぶれや感染があったということを再度述べ,それが幼稚園での性的虐待以外の原因で起こる可能性をまったく否定した。

同様の告発が,ティム・ウィーラーという名の親によってなされた。証言している子どもたちは先駆的な仕事をしているとも主張した。ロサンゼルス市内で仕事をしている弁護士であるウィーラーは,同幼稚園で虐待を受けたとき,彼の2人の子どもは7歳と8歳であったと言った。彼の上の子は2人の職員に対する不利な証言を行ない,下の子は「カウボーイとインディアンごっこ」を無理やりにやらされ,裸にされて他の人たちに触られたというのである。

細かい質問に対する子どもたちの証言については割り引くべきだとウィーラーは言ったが,子どもたちが幼稚園で虐待を受けたということは全体的に見れば,証明されるという考えを明らかにした。ウィーラーによれば,他の保護者たちも,5人に対する刑事告発が取り下げられるべきでなかったと考える点において,彼と同じ意見であるという。

インタビューの中で,新しい地方検事正アイラ・ライナーは,5人の元被告人の起訴を取り消した彼の決定を弁護した。弱い証拠しかなかったので,彼らに対する起訴は取り消されざるを得なかったと述べた。インタビューしていたワレスに,幼稚園で実際に起きたことに比べ,とてつもなく釣り合いがとれないほど,事件全体が誇大になってしまったと告げたのである。

自己を弁護する立場から,告発されたバージニア・マクマーチンはワレスに,

トンネルや写真，悪魔儀式などの証拠は何１つ見つからないだろう，なぜなら，そんなものはもともとなかったのだからと話した。その時の軽い気持ちからか，このインタビューに裏づけが欲しいのなら，悪魔が住んでいると子どもたちが言っていたアボガドの樹のところへ案内してもよいと言ったのである。

　たいへんにしっかりした態度をとりながら，レイモンド・バッキーは，それまで他の機会で断っていたのに，その時「60 MINUTES」番組のインタビューを受けることにしたのは，事件を最初包んでいたヒステリックな状態から，一般市民がようやく抜け出すことができるようになったと思うからだと説明した。「私は怪物なんかではない」と主張し，子どもたちの誰とも，一度たりとも性的な関係をもったことはないと，彼はワレスに対して否定してみせた。子どもたちは，何を言うか教えられ，それがセラピスト，両親，そして検察官によって強化されたのだと思うとワレスに話した。彼はまだ勾留されているが，その根拠とされるのと同じような証拠で，他の被告人のうち５人は釈放されたのだと言った。明らかに，権力者たちはスケープゴートが必要で，自分がそれにされたのだと結論づけた。くだらない政治的な理由によって「彼らは私と私の家族をぶち壊してしまった」と解説したのである。最後にペギー・マクマーチン・バッキーがより大きな枠組みから結論を述べた。すなわち，「これは魔女狩りである」と。

2. 印刷メディアとマクマーチン事件

　南カリフォルニアにおいて最も大きく，広範囲で読まれているロサンゼルス・タイムズ紙を先頭に，先行するテレビ局の後を追っていた印刷メディアもジャーナリズム的バランスを失ってしまったようで，マクマーチン事件に対する一般市民の大騒ぎの雰囲気を作り上げることを助長してしまった。KABC局のウェイン・ザッツによる報道から２か月ほどあとに，1984年４月２日付のロサンゼルス・タイムズ紙の記事は，この事件をさらに問題化した。タイムズ紙は大勢の記者たちを出動させ，この事件をセンセーショナルなものに仕立てた。彼らはより多くの読者という収穫を得て発行部数を増やしたが，しかしすでに知られていたことをさらに深く探るということを忘れ，おそらく客観性と

いうことを見失ってしまった。タイムズ紙は，裁判なしに，また弁護側の証拠に目を通すことなしに，被告人たちを裁き，有罪宣告をしてしまったのである。たったの6週間の間に，じつに25もの記事と，その他に児童虐待に関する記事を掲載することで，タイムズ紙は大小さまざまなライバル紙の上をいった。

感情丸出しのその他の新聞・テレビによる報道がタイムズ紙を後から追いかけ，時には，法廷の中で消え去ったかあるいは死んでしまった疑惑を生かし続けるための努力を続けていた。バッキー一族を中心に，地域社会内の他の幼稚園や保育園，住民などをマクマーチン施設と関連づけることによって，「連合による有罪」の論理で，すべてが児童虐待犯の一大組織における構成員であるという嫌疑を投げかけた。

そのころほんとうの共謀犯たちは別の場所で密議していたのかもしれない。主任検察官ラエル・ルビンと，ロサンゼルス・タイムズ紙のロイス・チムニック記者が「通じている」という批判が，ルビンが同記者にニュースのネタとして，法廷で用いられない「証拠」を提供していたことがわかったとき，浮上してきた。ルビンとチムニックは，児童虐待に強く反対することで，それまでもずっと共通する立場を取っていたのである。

マクマーチン幼稚園近くの町レドンド・ビーチにあったレリジャス・サイエンス教会の牧師であるフランク・リシュリュー博士とレイモンド・バッキーが，幼い子どもを相手にした「性的問題」について相談したことがあるという情報をチムニック記者に提供したとき，ルビンは倫理の範囲を超えてしまったのかもしれない。裁判所の内でも外でも，リシュリュー博士はそのような相談を受けたことはないと強固に否定した。「私は一度も，児童虐待についてレイモンド・バッキーにカウンセリングをしたことはない。彼自身に関することで相談を受けたことはある。飲酒の問題である。私たちは，性的虐待のことを話したことは一度もない。タイムズ紙の記事を読んだが，あれはばかげている。何を根拠にしているのか，私にはわからない」[*19]。リシュリュー博士はまた，カウンセリングがもし児童虐待に関することなら，彼は司法関係者に報告するよう，児童虐待通報法によって義務づけられているということも指摘した。チムニックの記事によって広めた彼女自身の嫌疑を裏づける証拠を，ルビン検事はまったく提出することができなかった。

第3章 公判前の報道—メディアの動向—

　チムニックについて少し述べると，その時すでに，記者として18年の経歴があり，そのうち7年はタイムズ紙で働いていた。子どもを片親で育てている母として，チムニックは児童虐待に対し，強い意見をもっていた。そして，もう1人のタイムズ紙記者デイビッド・ショーが書いたように，（児童性的虐待の問題で）明確な立場の意見を表明し，マクマーチン事件がニュースになる以前から，この問題への関心が強かった。マクマーチン事件が起こる前年に，彼女は児童虐待に関する9つの署名記事を書いており，それがそもそもこの事件に割り当てられることになった主要な理由であった。彼女はこの問題に詳しかったし，この問題は彼女にとって，とても重要だったのである[*20]。

　この事件が報道されていたほとんどの間，デイビッド・ローゼンウェイグは，ロサンゼルス・タイムズ紙のメトロポリタン（都市圏社会面）編集長をつとめていた。彼は，検察寄りの立場からの記事を掲載し続けることで，被告人に対して否定的な，同紙報道内容の論調を決める役割を果たした。これはまた，弁護側が公判において立証を始める少なくとも数か月前から始まったとされる，ルビン検事とローゼンウェイグの間の恋愛関係という議論ともうまく符合する。批判者たちは，このことがタイムズ紙の偏向と，弁護側証拠の報道を拒絶したことをうまく説明すると主張した。この議論には，信じざるを得ないような強い証拠があるわけではないが，ローゼンウェイグは圧力を感じ，後に自分の裁判報道に関する仕事の割り当てを変更した。

　ニュース報道の論調が，自分たちに向かって厳しくなり始めたことに気づくと，マクマーチン事件の親たちは，訴訟を起こそうとする試みをやめる者が多くなった。センセーショナルな見出しが出なくなり，主要な全国メディアであるニューズウィーク誌やタイム誌が，もともとの告発に実体があったのかどうかさえ疑うようになった。2, 3の発行部数の少ない印刷メディアが被告人たちの過去についての詳細な調査報道を行ない，彼らの幼稚園が，子どもたちに対する共有された愛情という基本的前提によって運営されていたということ，彼らは怪物ではないということを明らかにした。しかしながら，近くの海沿いの市トーランスで発行されていたデイリー・ブリーズ紙のような，弁護側に理解のある報道をした2, 3の新聞を除き，この事件を報道し続けた日刊紙はどれも一貫して，怒った保護者たちと検察側の支持者たちの仲間に入って煽動を

続けたのである。

　犯人の嫌疑をかけられた人たちに対する，メディアの影響に加え，集中報道は地域社会にも影響を与え，さらに別の告発を引き出し，子どもの世話をする施設を閉鎖させ，良心に反するような警察権力の悪用を許すようにしてしまった。マクマーチン幼稚園は，この頃はやじ馬たちの関心対象になっていた。そして何度か違法侵入を受け，放火された。「これはまだ，始まったばかりだ」とか「レイは死ね」というようなメッセージが，スプレーで幼稚園に落書きされた。ある者たちは，マンハッタン・ビーチ市を「海沿いのセイラム」と呼んでいた。そこは，熱心な私立探偵と個人的詮索の場所であり，悪事の証明なしに，そして裁判なしに有罪宣告することで，汚名を受けた者たちを告発し個人攻撃するということをした。このように，地域社会が恐怖に負け，警察の監視と一般市民のヒステリックな反応が強まっていったのである。

3. 政治的宣伝 ……………………………………………………

　個人崇拝の利用は，ハリウッド，映画スター，それにロサンゼルスに住む熱狂的ファンたちだけに関係することではない。ロサンゼルス地方検察庁にとっても少しも異質なものではないのである。ほとんどの地方検事正は，州の司法長官，そして州知事や上院議員へと「出世する」ための飛び石として，仕事をし，名前を売り込みたいのである。

　マクマーチン事件の当初から，地方検事が政治目的のため，この事件を利用しているという批判がつきまとっていた。そのような問題は，検察側が起訴する前の，被告人に関する秘密とされるべき情報を流すことにより，メディアが協力するよう操作していると，弁護人の1人であるフォレスト・ラティナーによって公的に指摘されたことで，裁判記録の一部として残ることになった。ラティナーはさらに，地方検事正フィリボジアンが被告人有罪を「つり上げる」ため，メディアに公的立場から話すことで，事件のセンセーショナルな側面を繰り返し悪用していたことをやんわりと指摘した。ラティナーは，事件のセンセーショナルな側面を自己宣伝のために利用しようとしたフィリボジアンの何度もの試みの後で，選挙の直前に被告人たちが起訴されるであろうと予測して

いた。上位裁判所のロナルド・ジョージ判事に対してさえも，自分自身の再選のために地方検事正を助けようとしており，したがって被告人たちに関する判断を行なう立場におかれるべきでないという批判が聞かれたのである[*21]。

　弁護人ダニエル・デイビスもまた，市裁判所において，書面による申し立てを行なっている。フィリボジアンは，自己の選挙運動の間に，自分の名前の認識度を高めるため，良心に反するようなやり方でマクマーチン事件を利用しようとし，事件についての声明を公判廷以外で出すことによって，捜査と起訴に関する手続きを促進しようとした。このことで，関係した子どもたちを心理的・社会的に傷つけ，倫理的な基準に反したと主張したのである。デイビスはまた，ジョージ判事には地方検察庁に味方する偏向があると告発した。裁判官としての自分自身のキャリアを有利にするため，フィリボジアン再選を助ける目的であったと説明した。事件を起訴に持ち込んだ根拠そのものを攻撃しつつ，デイビスはフィリボジアンと法的な側近たちであるルーベン・A・オテガ，ラエル・R・ルビン，ジャン・マトシンカ，そしてエレノア・E・バレットの各検事を，マクマーチン事件をどのように扱い，形作ったかについて，法廷で証言させるべきだと主張したのである。

　たとえば，ロサンゼルス地方検察庁の児童虐待担当主任ジャン・マトシンカ検事は，マクマーチン事件の捜査の初期段階を担当し，CIIのカスリーン・マクファーレンに接触して，400人近くの子どもたちを面接することにした。

　弁護人ダニエル・デイビスによって提出された，地方検事の資格を問題にするための申し立てには，次のように書かれている。

　　1983年9月のレイモンド・バッキーの逮捕後，臨時の地方検事正ロバート・H・フィリボジアンは，自分がその時に指名されていた地位を選挙で勝ち取る運動のため，自分を指導してくれる政治的アドバイザーを雇った。そのことへの対応として，フィリボジアンの政治的アドバイザーたちは調査を行ない，フィリボジアンの名前の認識度を上げる必要があると判断した。そして，彼は幼児虐待の告発に関した刑事事件での起訴と自分を公的に結びつけるべきだと決定したのである。
　　このアドバイスに従い，フィリボジアンはマクマーチン幼稚園事件のチャンスをつかみ，この事件を政治宣伝価値の点から利用しようと熱心で集中的な努力を始めたのである。そうする際に，フィリボジアンは直接的かつ間接的に，

自分の検察庁による事件の捜査活動によって作り上げた，小出しにしたうわさ，容疑，情報をメディアに広く流布することを助長したのである。そうするに当たり，フィリボジアンは一般市民に対し，自分がこの事件の起訴と密接に関係していることを暗示し，事件が広く報道されていた時期に，法廷の検察官席に一緒に座ることを実行したのである。そのような時には毎回，法廷では何も言わず，何もしなかったにもかかわらず，傍聴者やTVカメラの前にただ座ることだけを実践したのである。その後で法廷を出て，彼は非公式な記者会見を開くのが常であった。そこでは事件や被告人，証拠に関する，いろいろな意見と，事実らしく作られたことや嫌疑などを公開した。

　政治的なことと起訴に関することの間の利害衝突は，地方検事正の裁量が及ぶ，文字どおりすべての側面において，事実であり明白なことである。それは犯罪記録の公開，被告人の監視，被告人の逮捕，保釈に関する意見，証拠の発見，被告人と弁護スタッフへの威迫，起訴状提出の長期の遅れなどである。

　捜査の初期段階において，レイモンド・バッキーの逮捕歴記録が公開された。彼に対する最初の告発が却下されたとき，彼と彼の家族は，不必要に集中的な，しつこい監視の下におかれた。何人かの被告人は自発的に出頭すると，明示的に要請したのにもかかわらず，地方検事正はニュースメディアによって実質的取材が可能になるようにしたうえで，代わりに突然の身体的逮捕拘束を実施した。これは政治的な評判と有利な立場を獲得しようとする目的以外の何物でもない*22。

　弁護側は，地方検事正の判断に事件の客観的で公平な処理とは別の要素による偏向が生じているようだとして，彼の判断はそのような個人的問題に影響されるべきではないと論じた。

　予備審問担当のアビバ・ボブ判事は，州の司法省がロサンゼルス地方検察庁を資格停止にするかどうか決めるまでは，当事件の処理を同検察庁が担当できるかどうかの判断はできないとの立場を表明した。もしロサンゼルス地方検察庁がこの事件の公訴手続きから排除されることになれば，最終的には州の司法省が検察官の役割を担うことになる。しかし，マクマーチン事件での検察官を自分たちで担当することに，州司法省は反対であった。州は弁護人デイビスの議論に同意しなかったため，裁判所に対して何の反応も示さず，このような形で事件の検察側責任は地元の地方検察庁に残されたままになった。裁判所はまた，ジョージ判事の資格を停止する必要はないとの判断を示した*23。

　裁判所に提出した書類の中で，フィリボジアンは弁護側主張のすべてに対し

て否認する意見を述べた。しかしながら，彼は後にアイラ・ライナーとの厳しい選挙戦に破れ，1984年の12月にライナーが新しいロサンゼルス地方検事正に就任した。そして，ロナルド・ジョージ判事は後に，カリフォルニア州の最高裁判事として推薦され，任命されることになった[*24]。

4. メディア報道の影響

　マクマーチン幼稚園事件は，ものすごい量のメディアの注目を浴びることになり，そのことはこの事件が一般市民と地域社会にどのように見られるかということにとって，決定的に重要な焦点となった。過去の児童虐待事件の報道研究をみれば，一連の予測可能な要因がメディア報道のあり方と関連していることがわかっている。被害者が複数である事件においては，ほとんど例外なく広範なメディアの注目を集めており，性的虐待の期間が長い場合にも同様のことが言える。起訴された事件の88％がメディアによって注目され，有罪を認めたり有罪にされたりした場合には，100％の事例において，メディアの注目を受けている[*25]。メディアの注目を逃れた事例というのは，犯人が女性1人であるか，未成年1人であるか，被害者に白人がいないか，のいずれかという傾向がある。人種的・民族的に少数派である子どもたちが被害を受けた場合には，たいした事件ではないと判断され，一般市民の詮索もメディアの注目も引きつけないということが言われる[*26]。

　最盛期にあった時，マクマーチン幼稚園はマンハッタン・ビーチ市における最高の保育・幼稚園であると思われていた。人口学的に分類すれば，45.6％が白人，10.2％が黒人，33.3％がヒスパニック，そして10.3％がアジア太平洋諸島系というロサンゼルス郡において，同市は白人の比率が最も高い90.2％の白人住民集中地域であった[*27]。このように，同郡の住民は人種的・民族的少数派であったのに対し，マンハッタン・ビーチ市は黒人が0.6％，ヒスパニックが4.8％，アジア大平洋系が4.1％のみで，郡内における中流・上流階層住民たちの「飛び地」のようであった。

　マクマーチン事件の被告人たちは白人で，いずれもロサンゼルス郡内のサンタ・モニカ湾に面した風光明媚な海沿いの地域の南側にある町に住み，働いて

いた。金持ちのロサンゼルス住民に人気がある，砂浜と風景の良い環境に住む人たちと，被告人たちの個人的背景は同一のものであった。同様に，マクマーチン幼稚園では，郡内の政治的エリートであり，職業的に卓越した数多くの人たちの子どもたちが通園していた。被害を受けたとされる子どもたちのほとんどが白人であり，中流・上流階層に属しており，彼らの人種的・社会的階層における個人的背景が，同幼稚園における児童虐待の嫌疑に対する一般市民と地域社会のヒステリックな反応を説明することができるだろう。保護者たちと地元の警察は，州と連邦の刑事司法機関を事件の捜査に駆り出す力をもっていて，一般市民の注目もメディアの報道効果も，十分に引き出すことができたのである。

広範なメディア報道はまた，その他にも多数の重要で決定的な力をもつ人たちを事件に引き入れることになった。世間の集中的関心に敏感な政治家や政策立案者たちは，一般市民の間で増大する不安感に対し，強い懸念を表わすようになった。犯罪とたたかう施策を強めるようにという圧力に応じる形で，検察官たちはメディアによって暴露された，連続的性的虐待と悪魔儀式による礼拝を取り締まることになった。同様に広範なメディアによる報道が，被害を受けたとされる人たちとその家族を新たに見つけ出し，その結果，彼らは記者，検察官，捜査官，児童虐待事件を専門とする資格をもつ公務員，その協力者などに包囲されることになった。被害を受けたとされる子どもたちも親たちも，地元のTV番組や，時には全国放送などに出演するなど，どこへ行っても認識される公的人物という，慣れない役割を演じるはめになった。

5. 結 語

明らかに，マクマーチン事件は，カリフォルニア州においても，それ以外の地域においても，子どもたちの世話をする施設と児童性的虐待の危険性について，注目を集める役割を演じた[*28]。子どもたちに，児童性的虐待について教育するための，力を合わせた努力への扉が開かれたのである。

印刷と電子メディアによる，大量の報道効果はまた，別の扉を開けることになった。まったく無害で問題がない場所や行為さえも含めて，どこにでも児童

第3章 公判前の報道―メディアの動向―

虐待を見いだすよう，子どもたちに影響を与え，奨励するようにした，ヒステリックな現象である*29。これらの手続きのどちらの側にも，酌量されるべき事情の可能性があったのだから，メディアはもっと穏やかに，裁判所で事実がもっと集められ，ふるいにかけられ，評価されるのを待ってから報道するというように，自己規制が求められていた。しかし，慎重な法的手続きをへて，有罪と証明されるまでは告発された者も無罪が推定されるという原則に注意をはらうことも敬意をはらうこともしなかったのである。そのことは，被害を受けたとされた者と犯人であると疑われた者の両方に対する権利の侵害にあたる。

　裁判所は，不利な証言をする証人と対決できるという，嫌疑を受けた者の権利と，情報の自由な入手というメディアの権利の双方について，確かに保護しようとしたが，弁護側・検察側とともに，判事までをも法的見解の混乱の渦の中に巻き込んでしまった。詳細を知りたいという一般市民の要求は，この間ずっと重要なものとして扱われたが，それとまったく同等に重要なのは，人々の人生・生活が破綻させられるべきでないということである。嫌疑をかけられた行為は実際にはなかったかもしれないし，犯人と疑われた人は無実かもしれないのである。

　一般市民の知る権利と，被害を受けたとされる人たちや，犯人と疑われた人たちの権利の保護については，マクマーチン事件では明らかな境界はどこにもひかれることがなかった*30。このように，マクマーチン事件における一連の出来事に関するメディアの扱いは，解決されていない，広範な意義をもつ，焦眉の社会的問題を，白日の下にさらけだすことになった。児童虐待事件において，被害を受けて傷ついた者と，嫌疑をかけられた者を保護し，このようなとても感情的な問題において，印刷・電子メディアによる扱いによる恐慌状態を生じさせないためにはどうしたらよいのか。次の章において，マクマーチン事件と，これに関連した出来事に関し，われわれ著者によって実施された地域社会での調査結果に焦点を当てることにする。同時に，実証的な結果について，同じトピックにつきロサンゼルス・タイムズ紙によって実施された全国調査との，批判的な比較を提示するつもりである。

第4章　公判前の報道
―一般市民の見方―

　メディア報道がマクマーチン幼稚園事件を生み出し，ロサンゼルス都市近郊圏住民の意識にのぼらせ，全国のすみずみまで懸念の衝撃波を響かせた。公判前の報道は児童虐待という重大な犯罪の疑いをかけられた者たちの，有罪か無罪かという一般市民の知覚に強い影響を与えることになった。情報の公的開示は，起訴前の捜査資料を用いることで，熱心なメディアの協力と操作を可能にすることになり，検察側証拠を形作り，裁判結果を左右しようとする試みを助ける結果となった。

　マクマーチン事件から出てきた情報を報道する過程で，1985年にロサンゼルス・タイムズ紙は他社に先行して，児童性的虐待問題に関する全国的世論調査を実施した。長文の2回にわたる記事で，児童虐待に関する読者の関心に注目する調査結果を報告したのである。

　これに対し，弁護人チームは怒って反応した。公平な裁判を確保するのに必要とされる対策として，被告人たちがメディアに出演することと検察側証拠の公開を厳しく制限しようと試みた。防御壁を高めようとして，マクマーチン事件被告人に関する印刷と電子メディアの両方の報道の内容分析を実施するよう，弁護側は社会科学者に依頼した。裁判の結果の可能性に関する一般市民の意見に対して，メディアがどのような影響をもつのか，見きわめようとしたのである。

　この分析は，メディア報道と世間一般の被告人に対する見方を，ロサンゼルス郡に居住しマクマーチン事件の陪審員となる可能性がある人たちに判断させた裁判結果の選択肢と結びつけることを試みる，同地域における世論調査を含むものだった。結果は，公平な裁判は望みえないことを示唆して，弁護側に裁

判地の変更を求めることを余儀なくさせるものであった。ロサンゼルス郡から，マクマーチン疑惑に対する接触をもつ地域住民が最も少ないと思われる，どこか別の地に移そうというのである。

その時に取られた手続きをここに再録することで，本章では公判前の報道と，その結果がマクマーチン事件の被告人と，疑いをかけられた犯罪とに対する一般市民の意見に対して与えた影響について，焦点を当てたい。その概略として，以下の記述が明らかにするのは，(1) ロサンゼルス・タイムズ紙による世論調査結果の分析。(2) 偏向のない陪審員の選任を強調した，公平な裁判を被告人たちが受けられる可能性を評価するため，弁護側の依頼した社会科学者が用いた，実証的データ2種類の分析。そして (3) マクマーチン事件の被告人が裁判を受ける地域である，ロサンゼルス上位裁判所管轄区に居住する陪審員の可能性がある人々に対する世論調査である。世論調査結果の分析を強調することで，マクマーチン事件の被告人に対する，ロサンゼルス中央上位裁判所管轄区に住む，陪審員候補可能者たちがもつ偏向を明らかにしたのである。

1. ロサンゼルス・タイムズ紙による世論調査 ……………………

マスメディアは現代になって，様相を変えてきた。1980年代前半から，メディアは伝統的な叙述的報道記事から，より信頼される記事内容を求めて，調査的，客観的，さらには科学的とされる手法をより強調して，新しい報道スタイルへと変容したのである。メディアは，記事内容と調査報道レポートに強い正当性が付与されることを望んで，電話面接法や，構造化された客観的面接手法を含む，一連の科学的手法に頼るようになった。

ロサンゼルス・タイムズ紙も例外ではない。マクマーチン事件の最新の展開を報道しようとしているちょうどその時に，ロサンゼルス・タイムズ紙はうまく全国世論調査を実施することができた。児童虐待，性的虐待，そして幼児期経験の原因と結果という問題についての，一般市民の意見に関する情報を集めようとしたのである。1985年7月25日で終わる8日間に実施されたロサンゼルス・タイムズ紙の世論調査は，全国規模であり，ハワイ州とアラスカ州も調査対象になっていた[*1]。これに続き，8月25日と26日に2回の記事が掲載さ

れ，結果を報告して分析した。これらの記事で，性的虐待を受けたことがあると回答した者と被害者でない者を比較し，児童虐待を受けた者を，「挿入」された者とされなかった者とに分けていた。

　調査のもともとの目的は，児童虐待の詳細な分析を提供し，幼児期の性体験の原因と結果について，決定的に重要な洞察を得ようとしたものだった。しかしながら，マクマーチン事件の被告人に関しては，やる気あふれる検察官たちや，気ちがいじみたマスメディア，そして怒った親たちによって，無実の被告人も犠牲者にされてしまうという重大な問題を，調査も報告も問うていなかった。そういうことはしないで，2つの記事は，地域社会における児童性的虐待の危険性の考え方と，それに対する恐れを増大してしまうものだった。児童期の性的経験の破滅的結果を強調することで，性的虐待する可能性がある者と，物事にとらわれず自由な考え方をする者を同様に，一般市民の怒りの対象とする枠組みを作り上げたのである。

　この調査はまた，タイムズ紙の求めた視点を再確認する答を引き出すよう，初めから仕組まれていた。たとえば，「自分自身ではしなかった児童性的虐待の犯罪で，無実の人が裁判にかけられること」と反対に「悪人たちが裁きの場に引き出されないこと」との違いを検討することで，この記事は，回答者の3分の2が無実の人が児童虐待の疑いで裁判にかけられることよりも，有罪の者が裁判にかけられないことのほうが重大だと考えていることを強調した。結果の分析はまた，虐待の被害者であってもなくても，児童性的虐待の危険性と，この問題を取り締まる法の有効性についての議論に，自発的に参加する程度に違いがないとしていた。

　嫌疑をかけられた犯人の権利を尊重することと，被害を受けたとされる子どもたちを心理的なダメージから守るということを，回答者が比較するように質問したときの結果についても，同様の結果が得られている。虐待も広く定義されていた。ほとんどすべての回答者が，性的な行為が試みられた時点で，もしそれが完了しなくても，性的な虐待が成り立つと答えていた。さらに，被害者と被害者でない者のどちらも3分の2以上が，成人が子どもに性的な発言をしたり，みだらな提案をしたりするだけで，児童性的虐待の事例となると信じていた。より多くの割合の回答者が，子どもに裸の人の写真を見せることが性的

虐待を構成すると信じていたが，大人が露出することを児童虐待の事例と考える者は，いくらか割合が低かった。

これらのすべての回答において，割合の数字は，相対的にほとんど変わらず，典型的に同程度の標本エラー（±3％程度）であった。すべての質問において，被害者であったという人は，そうでない人よりも，児童性的虐待とされる割合をより高いものと見ると回答していた。

自分自身が性的虐待の被害者であると答えていた者は，ほとんどが虐待は露出行為に関連するものと答えていたが，口唇性交や肛門性交に関した経験を報告したものも多かった。性的虐待の報告されたものの約3分の1が自宅で起きていて，約半分の経験が権威・権力をもつ者との間で起きたことだった。ほとんどの性的虐待は，被害者が14歳になる前に起こり，3分の2以上のものが，一度だけの経験だった。多くの被害者は虐待を通報したことがなく，もし通報したとしても，その70％は何の対応も得られなかった。打ち明けた相手は，親が最も多く，次に兄弟姉妹，そして友人の順であった。

質問紙はまた，家族が引っ越しをしたり両親が離婚をしたりという経験と，ポルノ雑誌を見たときや他の子どもと性的ゲームをしたときなどを，大人による性的虐待と，どのくらいの苦しみであるかという点で比べることをしていた。回答者によれば，最もひどい経験は，大人による性的虐待（78〜81％）で，離婚（33〜34％），子ども時代の性的経験とポルノ雑誌の経験（13〜16％），そして家族の引っ越し（3％）という結果であった。これらの結果から，虐待の被害者とそうでない者たちによる回答の違いは，ほとんど存在していないことがわかった。

子ども時代の性的虐待の経験が，大人になってからの生活・人生に対してもつ影響の予測についても，同様の結果が見られている。最大のダメージは，身体的でも社会的でもなく，心理的なものであろうという点で，だいたいの合意がえられている。子どもたちが虐待を受けるのは，その子どもが知っている誰かであろうということについても，意見が一致していた。この点についても，被害者とそうでない者との意見の違いはほとんど見られなかった。しかし，被害者であった者は被害者でない者より，家族内での性的暴行はたいへんにありふれたものであるという見方をしやすいという違いが見られた。

第4章　公判前の報道――一般市民の見方――

　被害者でない者に比べ，被害者は性的暴行と児童虐待は深刻な問題であるとする程度がより高かったが，大多数の回答者は，自分たちの地域社会においては，性的犯罪は深刻な問題となっていないと答えていた。約3分の2の回答者は，子どもを性的に虐待する者は精神的に病んでいると考え，性的虐待を受けてしまった子どもは，恐かったからそうされたのだと思っていた。被害者が性的虐待を通報しなかった主要な理由として，恐れと罪悪感をあげていた。
　これらの回答者によれば，児童性的虐待の予防は，一般市民に対する教育と，犯人に対するより厳しい刑罰であり，治療を強調する考え方もいくらかあった。適切な刑罰のモデルとしては，刑務所に20年かそれ以上入れておくことであった。この種の犯罪者の矯正はいくらかの可能性があると，過半数が信じており，被害者と被害者以外の見解にほとんど違いが見られなかった。
　最後に，児童性的虐待の被害者と答えた者は，そうでない者よりも，児童性的虐待に関することについて，より頻繁に話したり読んだりする可能性が高かった。被害者はまた「権力側」が行なったマクマーチン事件の捜査に満足している程度がいくらか低かった。自分自身が児童性的虐待の被害者だと答えていた人たちは，そうでない人たちよりも，マクマーチン事件に巻き込まれた子どもたちが実際に被害にあっている可能性が高いと信じていた。
　残念なことに，このような一般的な調査では，子ども時代の性体験の社会的・心理的影響や，これらの初期の児童期体験が，大人になってからの被害者の後の生活・人生に違いをもたらすのかどうかについて，有用な情報はほとんど収集することはできない。
　児童虐待と児童性的虐待に関する全国世論調査は，この問題とその微妙な側面に関する，一般市民の意識を高揚させることはできたが，メディアは同時にマクマーチン事件の被告人と彼らに対する告発について，検討して詳細に調べることもしていた。そのような報道結果は，公判の前に，この社会問題に対して焦点を当て，告発された者の有罪・無罪に関する一般市民の見方に対して重大な影響を与えていたのである。

2. 公判前報道と世論に関する弁護側の分析 ....

　告発を受けた者たちに対する公判前の大量の報道がなされ，裁判結果への影響の可能性が生じ，起訴された者たちに対して，一般市民が圧倒的な偏向をもっているということをメディアが証明しているとき，弁護側はただじっとしていたわけではない。彼らはデューク大学の2人の教授から，これらの偏向を証明する証言を得ようとしていた。

　1985年から1987年の間の，数千ページにおよぶ新聞報道の内容を分析したロバート・M・エントマンは次のように結論した。(1) 初期の段階における，マクマーチン幼稚園事件の報道は，量，範囲，センセーショナリズム，被告人に対する否定的論調という点において，並はずれて異常であった。そして，(2) 後になってからの報道はよりバランスのとれたものに変わったものの，この報道の結果として，公平な陪審を構成できるということは，たいへんに可能性が低くなった[*2]。

　ジョン・B・マコナヘイは，ロサンゼルス地区の453人に対する電話調査も実施している。弁護側は彼の分析は重要で必要であると考えていた。なぜなら，1986年にこの地域で実施した調査が，裁判の結果に関する一般市民の見方が，公判前の報道によって，重要な影響を与えられていることを示していたからである。陪審員の可能性がある者たちの調査はまた，90%をはるかに超えて，レイモンド・バッキー（97.4%）とペギー・バッキー（92.7%）の両者が起訴されたとおりに有罪だと思っていた。

　その時の質問は，「レイ・バッキーは，間違いなく有罪，たぶん有罪，たぶん無罪，あるいは，間違いなく無罪のどれだと，あなたは思いますか」。ペギー・マクマーチン・バッキーについても，同様の質問がなされ，その結果はほんの少し低い割合の回答者たちが，起訴されたとおりに彼女が有罪だと信じているというものだった。

　これに加え，81.9%がレイモンド・バッキーは幼児ポルノ組織の一員だと思い，95%がペギー・マクマーチンは性犯罪を隠ぺいすることに加担したと考え，74.7%は起訴が取り消しになった5人の被告人たちは，やはり有罪だと思っていた。この調査はまた，この事件について知っていて，意見をもっている者の

第 4 章　公判前の報道——一般市民の見方——

うち，42.4％だけが，捜査をしている警察やソーシャルワーカーたちが，子どもたちの心の中に，誤った考えを植えつけてしまったかもしれない可能性を考えていたことを示している。22.0％だけが，悪魔儀式や，動物解体の話はあまりに馬鹿げていて，子どもたちの信用性に疑問があると思っていた。27.2％の回答者が，警察官，ソーシャルワーカー，そして検察官のキャリアに関する利害が，この事件が終わらない理由になっていると思っていた。それに比べ71.7％が，もし弁護人が子どもたちを脅すようなことをしなかったなら，被告人に対してほとんどの起訴事実がそのまま残されていたはずだと思っていた。

　同様に，ロサンゼルスには児童性的虐待に関する一般的な憂慮が広範囲に広がっていた。犯罪の中でも，コカインの不正取引に次いで，深刻な問題であると回答者に見られていた。そして，児童性的虐待について心配する者のうち何人かは，この犯罪で有罪とされたものについては，去勢や断頭という厳しく異常な処罰を唱道していた。さらに，この標本の15.2％だけが，幼児虐待を疑われた者はおそらく有罪ではないという意見に同意し，反対に71.5％の回答者が，児童虐待事件では，疑いをかけられた大人よりも，子どもの言葉を信じるという意見に賛成していた。

3. ロサンゼルス中央上位裁判所管轄区で陪審員になる可能性がある人たちの調査

　われわれ著者は，1986年に別の調査を実施して，マクマーチン裁判の陪審員が選ばれる地域である，ロサンゼルス中央上位裁判所管轄区に居住し，陪審員をつとめる可能性がある人たちの意見を調べた。陪審員の資格がある人たちのリストは，ロサンゼルス郡の陪審義務部から得られた。これら陪審員の資格がある人たちのすべては，陪審義務に呼び出される人たちの原本ファイルにすでに入れられていたが，われわれの接触を受け質問紙が送られる実際の回答者については，裁判所に呼び出してマクマーチン事件で勤務させることが許されないことになった。これは調査質問紙が郵送される前に，検察側と弁護側の双方が合意していた条件であった。この調査は結果的にとても重要なものになった。なぜなら，陪審員の資格がある人たちの標本は，マクマーチン事件の被告人たちの実際の裁判地である，中央上位裁判所管轄区の住民から得られていた

57

からである。

　われわれの調査は，マコナヘイ博士によって以前に行なわれたものと，いくつかの点において違いがあった。たとえば，第1にこの調査はすでに陪審に勤務する資格があると分類された人たちである住民を対象の母集団としていた。マコナヘイの調査では，陪審資格の有無で選ぶことをせず，18歳以上であることを条件にしていただけである。第2に，われわれのこれらの陪審員サンプルは，実際に裁判が行なわれた地域に住んでいた，陪審員の資格がある人たちの一般的母集団から選ばれたのに比べ，前の調査はロサンゼルス郡の一般的住民からえられた情報に基づいていた。

　第3に，前の調査は電話面接を用いて実施されたが，われわれの調査質問紙は郵送で送られ，返信も郵送であった。自分で記入する郵送による調査は，回答率に関してより価値のある情報を提供するし，陪審コミッショナー事務所が，個別の陪審員候補者に郵便で接触して呼び出そうとする「陪審召喚」に対して，陪審員がどのように反応するかの情報も得ることができる。郵送方法を用いた，自己記入式の質問紙の使用は，標本の回答者を3つの違ったタイプに定義するのを助ける。(1) 質問紙に実際に記入して返送した者，(2) 質問紙を受け取ることができなかった者（つまり，郵送が不可能な者），そして (3) 質問紙を受け取ったものの，返信する気がなかった者（非協力的な者）である[*3]。

　この調査は，陪審呼び出し手続きを「なぞった」ものであった。陪審選定のための段階的手続きにおける濾過的排除の仕組みを考えれば，陪審員となる資格がある人は全員，裁判所に出ては来ない。その理由の1つとして，陪審員の候補となる人への呼び出し状がまったく届かないかもしれない。たとえば，何人かの陪審員候補の資格のある人が，転送先の住所を届けずに引っ越しをするかもしれない。そのような候補者は，「配達不能」として分類され，自動的に陪審義務から除外されてしまう。明らかに呼び出し状を受け取っていないからである。同じような考え方から，呼び出し状に対して返事を出すことを拒む者は，「非協力的」あるいは返答なしと見なされ，陪審勤務から除外されることになる。ロサンゼルスの陪審コミッショナー事務所によって1983年に発表されたレポートによると，陪審員候補の可能性がある者全員の44%が応答なし集団として分類されている。すなわち，25%が配達不能，19%が非協力的であ

る*4。

　同様に，地理的移動の可能性の高低によって，配達不能住民の割合が変化する。たとえば，1990年の米国連邦国勢調査によれば，白人の17%は毎年引っ越している。同じ割合は，黒人では18%，ヒスパニックでは23%である。このように，少数派住民のほうが高い割合で，陪審準備のためのアンケートや，陪審呼び出し状そのものを受け取らない。それに，少数派人種の人たちは，伝統的に圧政にしいたげられた生活困窮者として，裁判制度を，自分たちを支配下におき差別する仕組みと見てきたため，司法への参加については，しばしば懐疑的な感覚をもつかもしれない。彼らは警察，裁判所，刑事司法制度，そして裁判制度に対して，強い不信感をもっている。したがって，彼らは陪審資格確認質問紙や呼び出し状に応じることに抵抗を感じるであろう。そういうことで，応答なし集団の大きな割合を占め，自分たちが陪審員として勤務することがないようにしてしまうのである*5。

　このような現実を考慮すれば，われわれの調査は意義深い。なぜなら，この調査はまず「ふるい」にかけることで，2つの集団に分けてしまうからである。1つは，応答なし集団で，実際の陪審に入って勤務する可能性がほとんどない者たちと，質問紙に回答して返送する，実際に勤務する可能性が高い者たちである。応答なし集団に比べると，この後者の集団の態度や意見はずっと重要である。なぜなら，この人たちの意見は，実際のマクマーチン裁判の陪審員をつとめる人たちを「代表する」可能性が高いからである。

　最後に，われわれの調査は，陪審コミッショナー事務所が追いかけることで，候補者となる可能性がある人たちとまったく同じリストを用いた。このようにして，ここから調査対象者をランダムにサンプルすることで，われわれは得られた結果をこの管轄区に住むふつうの住民に対して一般化することができ，彼らの態度や，どのくらい喜んで陪審勤務を行なうのかということについての評価を行なうことができた。

標本サイズと回答率

　1980年の国勢調査が，公判直前の中央上位裁判所管轄区に住む陪審員候補に関する基礎的な情報を提供していたのであるが，このデータは1987年にお

ける陪審員となる可能性がある人たちの，より最新で正確な内訳情報を与えてくれなかった。それに加え，国勢調査では住民たちの態度と思想のプロフィールに関する情報を収集していない。弁護団は，このような理由から，この管轄区で陪審員となる資格を有する人たちの，社会経済的階層と態度に関する特徴とを検討するために，ロサンゼルス郡の陪審コミッショナー事務所から，陪審員候補となる可能性のある人たちのリストを入手する手続きを取った。これらの候補者はすでに，1987年の陪審勤務用原簿に記載されていた。陪審員となる可能性のある人たちから無作為に抽出された調査対象群が選ばれた後で，ロサンゼルス中央上位裁判所管轄区の陪審員候補1,000人に調査質問紙が郵送された。407人の候補者がこの質問紙に回答を寄せたので，回答率は41％ということになる。これらの回答は次にコンピュータに入力され，注意深く検討されることになった。この回答率（41％）は，他の自己記入式質問紙調査における1回目の回答率と同程度である[6]。しかしこの数字は，ロサンゼルス陪審資格確認質問紙調査における回答率（56％）より低いものだった。この調査については，陪審コミッショナー事務所は資格確認質問紙に回答しなかったのは，陪審勤務の可能性のある人たちのたった44％であったと報告しているからである[7]。今回の調査での回答率は，もしわれわれが回答を寄せなかった陪審候補者たちに，再び質問紙を送って依頼していたなら，もっと高くなっていたと思われる。陪審コミッショナー事務所も回答しない人たちを追跡調査することをしていないので，われわれもまた，配達不能と非協力の人たちを追い求めることはしなかった。しかしながら，マスメディア報道と，被告人や児童虐待に関する一般市民の知覚との関連を検討することが目的だったので，地域住民対象の調査は，陪審プロフィールと，科学的陪審選定に使われる弁護側分析的戦術のため，重要な情報を提供することになったのである。

地域住民調査の結果

調査の結果は，この管轄区内で陪審員となる可能性がある人たちが，マクマーチン裁判に関連する公判前報道を十分に意識し知っていたことを示していた。98.5％の回答者が，1984年から1986年の期間に，児童性的虐待に関することを聞いたり読んだりしたことがあると答えていた。同様に，96.7％のこれら陪

第4章　公判前の報道——一般市民の見方——

審員候補が，同じ期間にマクマーチン幼稚園事件そのものについて，聞いたり読んだりしたことがあると答えた。

　この調査結果は，1986年にデューク大学の研究者たちによって行なわれた電話調査の結果とほぼ一致している。この1987年の地域住民調査はまた，ほとんどすべての回答者（97.9％）が，マクマーチン幼稚園事件に巻き込まれた子どもたちが，性的に虐待されたものと思っていた。「あなたは，マクマーチン幼稚園事件の子どもたちは，ほとんどが，そのうちの何人かが，少数が，性的に虐待を受けていると思いますか。それとも，誰も受けていないと思いますか」という質問に対し，ロサンゼルス中央管轄区の陪審員候補の2.1％だけが，問題の幼稚園では誰も虐待されていないと信じており，33.8％はほとんどが虐待され，51.8％が何人かいたと思い，12.8％が被害者は少数と思っていた。この結果は，とても重要なものだった。なぜなら，公判が始まるのは次の年であったので，注意深い陪審選定手続きの準備をすることができたからである。

　この調査結果はさらに，陪審員となる可能性がある人たちの一般的なものの見方に，大規模報道がすでに重大な影響を与えている程度を示していた。同様に，最初に起訴された被告人7人のうち，5人の公訴が取り下げられたのであるが，陪審員となる資格がある人たちの過半数（58.2％）が，それでも彼らが児童虐待の犯罪で有罪であると信じていた。中央管轄区におけるこの数字は，ロサンゼルス郡における類似の調査結果（74.7％）よりも，いくぶん低かったのであるが，この管轄区に住む陪審員候補の過半数がなお，例の5人の幼稚園職員たちが告発された児童虐待で有罪であると信じていたのである。同様に，多数の陪審員有資格者が，ペギー・マクマーチン・バッキーが有罪かどうか，確信がもてないと回答したのであるが，もうすでに裁判の結果について意見があるという人たちについて言えば，86％が彼女は児童虐待で有罪だと答えていた。

　もう1つの重大な結果は，回答者の3分の2以上（70.4％）が，マクマーチン一族が告発されたのと同様の性的虐待に対処するのに，現在のカリフォルニア州法は十分であると満足していないと答えていた。さらに，回答者の過半数は，子どもたちによる証言については，その信用性に疑問をもっていた。調査結果は，この管轄区内で陪審員となる可能性がある人たちの63.6％が，実際に

起こらなかったことを，たとえば性的虐待であるが，証言するように訓練することが可能であると考えていた。

以前の電話調査で，ロサンゼルス住民の71.5%が，児童虐待事件で，嫌疑をかけられた大人よりも，被害者とされる子どもの言うことを信じると答えていたのであるが，ロサンゼルス中央管轄区で陪審員の可能性がある人たちの過半数が，この同じ子どもたちが，性的虐待に関する虚偽の発言をするよう，教え込まれたり，強制されたりすることもあり得ると感じていた。今度の地域住民調査の細かい分析によって，マクマーチン事件に関連した報道によって生じた重要な影響を見いだすことができたのであるが，児童虐待における子どもによる証言の信用性と成立可能性については，この管轄区内で陪審員となる可能性がある人たちが，予想されるより慎重であることを示していた。公判において弁護側に可能な戦術について，貴重な情報を提供してくれたので，この調査結果は重要な意味をもった。さらに，もし被害者とされる子どもたちを最初に面接した人たちや心理療法士によって使われた疑いのある訓練法や強制方法を強調するよう，子どもたちの証言をとることができたなら，被告人に対する告発の正当性と信用性への深刻な疑問を生じさせることが可能であることを，調査結果が明らかにしたのである。

印刷と電子メディアによる郵送式調査への批判

われわれ著者による調査が実施されているとき，興味深い出来事が起こった。この世論調査がロサンゼルス・タイムズ紙の記者であるロイス・チムニックによって，11月11日付の紙面[8]で厳しく批判されたのである。すでに述べたように，児童性的虐待に関してタイムズ紙によって少し前に行なわれた調査をもとに，記事を何回か書いていたのにもかかわらず，彼女はそうしたのである[9]。同様に，KABC（7チャンネル）もまた，夕方のニュースで，われわれの調査の意図を問題にして，調査結果を弁護側が利用する可能性について批判した[10]。

マスメディアは，すでに述べた予断的バイアスの問題に関し，われわれが地域住民の意識調査を行ない，一般市民の態度と，陪審員の可能性がある人たちの見方を知ろうとする試みを批判した。一般市民の態度と物の見方を形づくっ

ている，自分たちの責任にもかかわらず，彼らはそうしたのである。

　チムニックの11月の記事は，われわれの調査について厳しく批判的であったが，それまでは回答するつもりがなかった少なくとも1人の回答者が，チムニックの記事が調査の論理を攻撃するのを見た後で，回答することにした。その人は，

　　　今日のタイムズを見るまで，この質問紙全体を疑っていました。しかし今は，回答しても大丈夫だということがわかりました。過去4年間に，陪審員として，そしてまた不正に訴えられた教職員の支援者として，このような問題に深く関与してきたのです。それで，被害妄想的だとは思っても，他者を疑わざるを得なかったのです[*11]。

　また，調査質問紙には自由回答方式の質問があって，マクマーチン事件に関する回答者のコメントをつけ加えることや，自分の意見を表明することができた[*12]。コメントはとても役立つ情報だったし，内容も多様だった。そのことは，子ども時代の性的な経験の，あらゆる側面についての広範な意見があり得ることを例証していた。ロサンゼルス中央管轄区で陪審員となる資格のある人たちの多数が，被告人たちは有罪だと感じていたが，彼らはまた，告発された人々に対する刑事訴追の信用性と成立可能性について，疑問と懐疑を表明した。子ども時代の性的な経験や，マクマーチン事件の被告人，あるいは刑事司法制度のその他の側面に関して，一般国民がどのように感じていたかを明らかにするため，いくつかのコメントをここに出すことにする。読者に判断してもらうため，これらの問題を明らかにしたい[*13]。

　何人かの回答者は，質問に答えることを断ったのは，調査質問紙は弁護側かあるいは検察側に偏っていると思ったからだと述べた。どちらかに偏っているという解釈は，児童性的虐待の問題における，その人の視点や意見によって決まっていた。質問紙には検察側に有利な偏向があると思い込んでいた例として，ある人は次のように回答していた。

　　　このような調査で，結果は期待されたものであるので，その意味をきちんと解釈することはできないと思う。あなた方の質問は，性的虐待で告発された人

たちの全員が有罪であるとの前提に立っているように思う。

別の人は，

> あなた方の質問は，明らかに被告人に対して不利な偏向を引き出すように作られていると思う。もし質問がもっとはっきりしたものなら，そういう偏向は出てこないだろう。

弁護側に味方していると思った人のコメントは，以下のような形になった。

> すでに決められた結論になる答が出てくるように質問が作られていることが明らかだ。児童虐待というのはとてもひどいことだと思う。この調査は，児童虐待をなくすのに，何の役にもたたない，とも思う。これはあまりに偏っている。

もう1人の回答者は，

> 私がこの質問紙に答えなかったのは，これはマクマーチン事件の被告側のためにあなた方が実施するもので，それで依頼してきたと感じたからだ。率直に言って，あんなやつらは地獄に落ちればいいんだ。

回答は，その他にも多様な反応を引き出していたが，回答したほとんどすべての人が，マクマーチン事件の被告人と，嫌疑をかけられた犯罪について，すでに確定した意見をもっていたことを確認するものであった。

メディアと公判前の報道

調査の結果は，一般市民の心の中での有罪・無罪の決定に，マスメディアが与える影響力について，明らかにするものであった。被告人たちにとって不幸なことには，この管轄区に住む陪審員になる可能性がある人たちは，有罪判断において，すでに考えが固まっていることを調査結果が示したのである。このように，調査結果が確認したのは，弁護側が主張していたように，集中的な公判前報道が同管轄区に住む陪審員の可能性がある人たちにすでに影響を与えていて，マスメディアの論調が全般的に，被告人に対して不利なものを中心にしていたということである。それでもなお，変則的な事例が浮上してきた。メデ

ィアに関する回答者のコメントは，ほとんどすべてが，否定的なものであった。ある人は次のように指摘している。

> 報道メディアはいつも大事件を探している。そうではないと主張してはいるが，ニュースには偏向があるし，不正確で表面的でしかない。どんな刑事裁判についても，一般国民はほんとうのありさまを知ることができなくなってしまっている。

もう1人は，

> メディア報道の対象になることによって，告発された人々の信用は完全にぶち壊されてしまう。有罪であっても無罪であっても。

もう1人の人は，もっと厳しい意見を述べた。

> 一般市民が偏見をもつことがないように，メディア報道を最小限にすることが賢明なのかもしれない。

マスメディアはまた，事実に基づいていないことを非難された。

> 報道メディアのために，一般市民がほんとうの事実を知ることができなくなっていると，私は強く感じている。

逆に，事実が多すぎるという意見もあった。

> 報道メディアは，裁判が始まる前に，事件についての情報を出しすぎないようにすべきであると思う。

ある回答者は，マクマーチン事件に関する「20/20」番組による報道についてコメントした。

> 多くの出来事が，解説者によって，釣り合いのとれないほど誇張されてしまっていたというのが私の意見だ。先週の7チャンネル（KABC）で「20/20」番組の報道を見たが，そこで行なわれた面接を聞いた。面接されていたのは，起訴が取り消された5人だった。彼らが話すのを聞いて，彼らは有罪ではないと私は納得できた。バッキーの2人については，そう思わなかった。特に息子の

場合だが。私はまた，マクマーチン事件に関係した子どもたちは，他の人たちが言うのと同じことをまねして繰り返す年代で，簡単に影響を受けてしまうと思う。すべての子どもがそうだとは言わないが，そういう子どもはとても多い。

　最後に，メディアがわれわれの知識を劣化させてしまうと指摘する声があった。

　　マクマーチン事件では，メディアによってあまりにセンセーショナルに扱われたおかげで，これから誰もほんとうのことを知ることがないと思う。

　そしてこのことが，まだ見つかっていない「真実」を探し求めて，陪審員をつとめる可能性がある人たちによる公正な検証が行なわれる可能性の扉を開くことになったのである。

性的虐待事件における子どもの証言

　この調査によって，マクマーチン裁判の陪審が到達すると期待された結論を予測することは可能だったのだろうか。陪審員の資格がある人たちの過半数は，性的虐待事件における子どもの証言の信用性について，明らかに疑問をもっていた。それにしても，実際に何が起きたかについて，かなりの程度（70.4％）信じられていた。このように，回答者は全般に，被告人たちは性的虐待で有罪だと信じていたのにもかかわらず，これらの陪審員の可能性のある人たちはまた，このような事件における子どもの証言については，その信用性に懐疑をいだいていたのである。この調査で明らかになった懐疑心は，後のマクマーチン裁判において，告発を受けた人たちの有罪か無罪かを決定づける，きわめて重要な要素であったことが示されることになる。

　子どもの証言の信頼性と妥当性を，無批判のまま受け入れる人たちもいた。子どもたちはそのような虐待を正確に報告できると信じている者の1人は，質問紙への回答として，次のようなコメントを書いた。

　　小さな子どもは，ふつう，話をおおげさにするし，時には嘘をつくこともある。しかし，性的虐待の場合には，子どもがそんな話を作り上げることができるとは思えない。注目を集めたいとか，他の人に負けてはいられないとか，そうい

う理由で話す子もいると思うが，子どもが話した虐待の99％は本物だと私は強く思う。けれども，圧力だとか，恐れだとか，そのことを心から消してしまいたいという本人の気持ちだとかの理由で，子どもの話が変わってしまうから，なかなか有罪判決が得られないのだ。マクマーチン事件に関して言えば，いったい何が起きたのか，誰に起きたのか，その他の気分が悪くなるような細かいことについて，私たちがほんとうに知ることはないだろう。でも，それがあったということは，私たちはもうみんな知っている。子どもたちがこの話のすべてを作り上げてしまうような，そんな恐ろしいことをたくらむことができるなんて，私には信じられない。もし仮にそんなことをするなら，子どもたちは私が考えているよりも，ずっと悪くて，病的であるに違いない。

もう1人は，法律と，過去の出来事に対する子どもの記憶力について，コメントした。

> 私は，現在の法律は，子どもの証言の問題に対処するには不十分だと思う。だから，子どもの権利は，虐待者より保護されていない。私は，子どもたちは閉回路テレビを用いた証言を許されるべきだと思うし，反対尋問も制限すべきだと思う。率直に言って，ソーシャルワーカーや心理学者が，実際には起こらなかった性的な出来事を子どもの記憶の中に植えつけることができるなんて話は，ばかばかしいと思う。陪審は子どもの証言と，医学的証拠と，ソーシャルワーカーの証言だけを聞き，弁護側の議論の後で評決を出せばよい。

反対に，法廷での質問に対して，子どもたちが正確に答えることができるかどうか，疑問に思う回答者もいた。たとえば，陪審義務を最近つとめたばかりの人は，

> 子どもたちは，長く集中していることができないし，何を証言すべきと期待されているのかわからないものだ。

もう1人の回答者は，

> 8歳になっても，子どもたちは空想するし，大人（親）の質問に誘導されてしまう。子どもたちは，親が言ったように自分も言うし，親の誘導に従ってしまう。それは，部分的には子どもが親を喜ばせたいということであろう。そういうときでも，親も子どもも，そこで何が起きているのか知らないものだ。

同様に，

> 誘導尋問によって引き出されるような証言を許容すべきでないという点で，裁判は厳密だ。証言が子どものものであるときは，より厳格でなくてはならない。そうでなければ，弁護士が自分たちの都合のよい答を得るため，暗示したり提案したりという傾向が手に負えないものになってしまう。子どもが証言するときには，質問は抽象的ではなく，具体的である必要がある。そして意見や憶測は避けられるべきだ。子どもたちの証言には，ビデオ録画を用いることが許されるべきで，証言のニュース報道は制限されるか禁止されるべきだ。少なくとも裁判が終わるまではそうすべきだと思う。すべての当事者にとっての公平な裁判の権利というのは，直接主義的な知る権利よりも，優先されるべきものである。

有罪と無罪

被告人の有罪と無罪について，詳細に議論したのは，ほんの数人の回答者だけであった。それらのコメントの中に，無実ということを暗示させただけでなく，他の教師たちに対するマクマーチン裁判の影響を指摘したものがあった。

> 私の娘は教員をしている。彼女の教師仲間の1人は，被告人の1人がかつての教え子で，その人より愛情があって面倒見のよい人には会ったことがないと，娘に話したそうだ。この裁判の間に，先生たちが子どもたちに触ることを，それが愛情を表現するものであっても，避けるようになったのを見ている。幼稚園から小学校3年生くらいまでの子どものほとんどは，先生に抱きしめてほしいし，キスしてほしいのだ。多くの場合，先生というのは，家の外の，もう1人の母親なのだから。恐ろしい時代になってしまったものだ。

もう1人の人は，おそらく裁判の最終的な結果を予測しながら，次のように述べた。

> 疑われた人も，有罪と証明されるまでは無罪だ。マクマーチン一族は，まだ有罪と証明されたわけではない。それは無実だということを意味しているわけではない。私の理解では，いくつかの起訴が取り消しになったのは，法的制度の中で子どもたちにひどい経験をさせたくないと親が考えたからで，証拠がないという理由ではない。被害者にとって，あるいは自分が被害者だと信じる人にとって，刑事裁判が困難でなくなるよう，法律が変えられるべきだ。

第4章 公判前の報道──一般市民の見方──

このコメントにもかかわらず,ほとんどの回答者は,一般市民と同様に,被告人は有罪だと見なしていた。ある回答者は次のようにコメントをした。

　　私は,ほとんどの犯罪人を,法律は軽く扱いすぎていると思う。被害者のほうが犯罪者より悪いかのように見えるようにされていると思う。児童虐待は最もひどい犯罪の1つだ。これらの人たち［マクマーチン被告人］にたとえどんなことをしても,十分な罰にはならないと思う。

もう1人は,明らかに被告人が有罪と考えたようで,このように述べた。

　　子どもを傷つける者,特に性的にそうする者は誰であっても,被害者の子どもと同じ空気を呼吸することは許せない。最も厳しい罰であっても,被害を受けた子どもを慰めることなんて絶対にできない。成長して大人になっても,その子は他人を信頼できないし,混乱してしまうだろう。精神的な問題を生じるかもしれない。もし私が自分の思うとおりにできるなら,被告人たちはこの地球上から追い出し,まっすぐ地獄へ送ってやりたい。

これほどおおげさでないコメントを,もう1人が書いている。

　　幼い学校生徒たちに必要で,実際,不可欠な愛情と,身体的愛情表現の境界を侵したという点において,被告人たちが有罪であることは,私の心の中で一点の疑問もないことである。この事件に関係した子どもたちの証言を信じることは難しいとは思わない。大人のための,大人だけが関与している裁判で必要なほど,きちんと子どもの報告が記録されていなくても,少しくらい出来事の順序がおかしくても,あるいは特にすべてが厳密でなくても,いいと思う。それが起きたという『感覚』があれば十分だと思う。

裁判制度と検察側による児童虐待の捜査

何人かの回答者は,刑事司法制度について批判的なコメントを書いた。その中に,マクマーチン幼稚園の保護者たちが疑いなく賛同するであろう,次のようなコメントがあった。

　　私の意見では,性的虐待の被害者である子どもたちは,現在の裁判制度によって,再度のトラウマと虐待を経験させられるようになっている。

次のような微妙な問題について，明敏な回答者が指摘している。

> 子どもたちを，このように取り扱いに注意を要する，難しい個人的な問題について，公的に話さなくてはならない，恥ずかしい経験をさせるということ，そしてそのことを価値の限界のない証言として見なす選択をしていることを，私は憂慮している。

もう1人は，有罪となった場合に，厳しい罰を与えることを求めていたが，有罪にされるまで拘置所に入れておいて，無料の教育を受けたり，健康保険を利用したりすることがないようにと主張した。

回答者たちによって，マクマーチン事件の捜査における検察官のやり方が厳しく批判された。最近，陪審員をつとめた人によって，次のようなコメントが書かれた。

> マクマーチン事件に限って言えば，捜査に問題があったようだし，子どもたちの取調べも，やり方がまずかったと思う。

長期間の児童性的虐待

何人かの回答者は，マクマーチン幼稚園での児童虐待が，1983年に表に出るまで長い間，気づかれることなく，長期間にわたって起きていたということに疑問をもったようである。その一例は，

> 誰にも気づかれないで，これだけの長い期間，これだけの数の人たちが，子どもたちにこんなひどいことをしていたなんて，ほんとうに可能だったのだろうか。[大人の]証人は誰もいないではないか。もし誰かがこれらのことが起きていたのを知っていたなら，これからでも見つかるか，何が起きているのか知っていたと自分で申し出てくるに違いない。でも，そういう証拠はどこにあるのか。

そして，次の意見は，

> 『迅速な裁判を受ける権利』に何が起きたのか？ 2年前に自分に起きたことを，子どもが正確に思い出すことを，誰が期待できるのか。大人だって，2年

前の出来事を正確に報告することができるだろうか。自分自身にも5歳の女の子がいるけれど，彼女にこのようなトラウマの正確な記述を思い出させて再体験させることには，ためらいを感じてしまう。とても残念なことだ。なぜなら，いつ結果が出るのかわからないけれど，その結果にかかわらず，今回はシステムが惨めなほどうまく機能しなかったのだから。

政治的な意味

相当数の回答者が，地方検事正ロバート・フィリボジアンと検事たちの政治的な動機を問題にした。彼らは，マクマーチン事件が始まった1983年の，最初の段階から，検察庁によるこの事件の処理がよくなかったのではないかと，批判的であった。この事件の検察側活動について，ある回答者は以下のような厳しい評価をしている。

> 被告人の人権を軽視したという点において，この事件全体が政治的な嫌がらせといったものだと私は確信している。検察側の活動と裁判所の仕事によって，損害に対して義務的に補償するということなしに，このような長い期間の嫌がらせで，人々を完全なる困窮に落としてしまうということ自体が犯罪だと思う。マクマーチン事件に巻き込まれた人たちは，すべての失ったお金，すべての弁護費用，失われた財産とビジネスのすべてについて，賠償の支払いを受けなくてはならない。検察側と裁判所に対して，大きな金額を請求すべきだ。そして，関連した個人と裁判官席にいた判事に，追及できる限度において，責任をとらせることが必要だ。これらの検察官や判事たちの許し難い行為は，社会によって許容されるべきでなく，彼らに対する処罰も考えられなければならない。『正義』の衣に隠れ，『法』によって免責されていると，彼らが言い逃れるのは，法の目的に対する侮辱である。有罪と証明されるまでは無罪。憲法の基本的人権条項による保護。

陪審員をつとめたことがある，もう1人は地方検察庁について，相当に批判的な意見を述べた。

> 陪審員としての私の経験から，地方検察庁がとても証拠が貧弱な事件を起訴するのを見たことがある。これらの出来事から，地方検察庁の仕事上の能力について，また起訴された事件（たとえば，マクマーチン事件）の背後にある政治的な動機について，私は疑問をもっている。この事件には，児童性的虐待ということ以上のことが関連しているように思う。たとえば，政治である。

この事件で，最も激烈に非難されるべき点について，何人かの回答者たちが書いているが，その1人は，

> マクマーチン事件もそうだが，このような事件は，誰かが傷ついてしまってもかまわず，自分の名前を売り込みたいと考える，地方検事正やその仲間の検事のための舞台でしかない。この司法の『ショー化』は，裁判官たちも仲間だ。

もう1人は，

> 有罪とか無罪とかは，裁判の目的ではないようだ。どの検察官・弁護士が良いか競う『品評会』のようなものだ。裁判での勝者は（弁護士が受け取る）弁護費用だけだろう。

陪審員の経験があり，マンハッタン・ビーチ市に住んでいた人は，この全体のプロセスについて，以下のような意見であった。

> マクマーチン事件の被告人たちは，マスメディアによって裁かれた。そして無罪であろうとなかろうと，破滅させられた。私は何回か陪審員をつとめたことがあり，絶対的に，あるいはたとえ相対的であっても，判断をする前に，宣誓されたうえで法廷に提出された証拠以外の何物によっても，被告人たちについて判断を下すべきでないことはよくわかっている。法の最も重要な柱は，合理的な疑いを超えて証明されるまで，被告人は無罪ということだ。証拠とされる事実について知らされるまで，ペギー・マクマーチン・バッキーが有罪であるか無罪であるか，私は確たる意見をもつことはできない。マンハッタン・ビーチ市の私が通う教会でも，ヒステリックで自警団的な態度が見られた。『子どもたちを信じる』と書かれたステッカーがバンパーに貼られているのも見た。皮膚に傷があるから，子どもたちの多くが性的に虐待されたということを確認する医師の証言も聞いたことがある。どうやら，マクマーチン幼稚園では，何かがあったらしい。しかし，誰が何をやったのかということについては，誰かが有罪とされる前に，証明されることが必要だ。マクマーチンではないけれど，事件の頃，うちの子どもも幼稚園に通っていた。子どもたちが張り詰めた緊張の雰囲気のなかに押し込まれ，2歳から5歳という空想する傾向が強い年代であるのに，子どもたちの証言を文字どおり，そのまま受け入れることを期待する親や，その怒りというものを，私は許容できない。もし自分の子どもにそれが起きたなら，起きたすぐ後に気づくという自信が私にはある。

4. 結　語

　児童性的虐待の裁判においては，可能な限り，証拠を評価する点において，偏向がなく公平な陪審員を見つけることが重要である。公平な陪審員が見つからないかぎり，判決を下そうとするのはマスメディアである。マクマーチン事件では，マスメディアを構成する人たちの大多数が，すでに自分たちの裁判を開き，被告人たちに有罪宣告をしてしまっていた。陪審員たちが，印刷と電子メディアの後を追って，同じ結論を出すことだけが残されていた。ロサンゼルス中央上位裁判所管轄区における住民調査の分析は，マクマーチン事件の被告人たちの有罪・無罪を決める一般市民の見方に，マスメディアが強力な影響を与えていたことを明らかにした。しかしながら，相対的に公平な陪審員たちだけが，証拠の公正な評価ができるということもまた，明らかであった。

　話を先に進めるが，予備審問についての厳格な分析を次の章で行なう。この分析対象は，積極的弁護戦術，被害者とされる子どもたち，保護者，国際子ども研究所（CII）のセラピスト，児童の性的虐待に関する専門家と言われる者などの証言，取り下げによって減っていく被告人に対する公訴事実，カルト礼拝儀式に関する証拠の捏造に見られるような，検察官による裁量権の濫用，疑われた性的虐待の報告とそれを裏づける証拠提出の遅れ，検察内部における利害の衝突などである。そこで明らかになるが，子どもの被害者と告発された者の権利を守りながら，マクマーチン事件の被告人に対する，信用に値する証拠を確立することが困難であることが，予備審問を通じて示されたのである。

第5章　予備審問

　本件の法的な難問の発生は予備審問から始まった。警察の捜査や大陪審の起訴はさておき，カリフォルニア法では，公判に付するに足る十分な証拠があるかどうかを調べるために刑事事件においては予備審問（公判付託手続き）が開かれる。本件の嫌疑を否定して，被告人（被疑者）は予備審問の開催を適法に要求した。

　社会の悪夢は当然のことながら法廷に持ち込まれた。そこでは7人の被告人に対する予備審問が行なわれた。それは異様な光景であった。すべての被告人，弁護人，検察官がダウンタウンにある交通裁判所7階の審問室（続き部屋）に集められた。各7人の被告人と弁護人，3人の検察官が長いテーブルの好位置をキープして座った。彼らの後ろの傍聴席には熱心そうな法律助手，選ばれた報道記者，そして氏名不詳の被告人支援者（「無実の者を支援する会」を意味する略語が書かれたウエアを着て）がばらばらに座った。

　予備審問が長引いて公判の開始が遅れた。審問のほとんどは，証拠の許容性，証言の形式，記録の利用可能性に集中した。法廷外でマスメディアに向けてなされた検察官の告発や弁護人の「積極的弁護」の要請もあって，予備審問は準公判の様相を呈した。子どもや親の証言に先立って，専門家が子どもたちの精神状態について証言し，彼らの仮説に根拠があるとの印象を作り出した。

　しばしば子どもたちの証言と検察側専門家の証言との間に明白な論理的，法律的関連が存在しなかった。裁判所の規則によれば，証人が専門家として法廷で証言する以前にその適格性が確認されなければならない，にもかかわらずである。

刑事手続きの論理（もしくは非論理）を理解するために，本件の予備審問の詳細を検討する。また検察官の誤った判断と権限の濫用とを分析する。言うまでもないが，検察官が行使する恐るべき権限には濫用の可能性がある。そのような権限濫用は起訴のときと，正式起訴や有罪認定に用いられる情報の管理のときとに最も頻繁に発生する。

ところで手続き進行の焦点は次のようである。当事者双方の証拠の提出，5人の被告人に対する起訴の取り下げの基準，裁判官の役割，証拠の評価，検察官の判断の誤りと証拠の撤回，検察官のうちの1人が弁護側に移ったこと，弁護の戦術，被告人のための保釈，そして公判開催に向けての手続き。以上が注目すべき点であるが，われわれはこれらの問題を被害者や被告人へのそれらの影響との関連で詳述する。

1. 積極的弁護

本来，カリフォルニアにおける予備審問は，ある事件が公判に付されるべきことを示すために検察官によって用いられるものである。しかし本件においては，弁護側が先制攻撃をかけるためにこれを用いた。いわゆる「積極的弁護」である。積極的弁護とは，公判に付するに足る証拠がないことを示すために，公判を待つことなく予備審問において，弁護側が手持ち証拠を提出することである。

予備審問は，初めから事実を混乱させる言い逃れと微妙に異なる法解釈とで満たされていた。弁護側は，反対尋問の準備が十分にできるように，訴追側証人の名前を事前に伝えるように要求した。アビバ・ボブ裁判官はこれに同意し，48時間前に弁護人に伝えるよう検察官に命令した。しかし地方検事のラエル・ルビンはこれを拒否し，「弁護側が開示命令を悪用して証人を脅していることに憤慨している」[*1]と弁明した。そこでボブ裁判官は，ルビン検事を裁判所侮辱に当たるとし，彼女を罰金200ドルに処した。州の弁護士会との関係で彼女の立場はひどく不利になったが，結局，彼女に上訴の機会を与えて罰金の支払停止を認めた。

バージニアは自分で弁護することを許してもらいたいと要求した。貧困で支

払うべき金がない，というのがその理由であった。「訴追側が子どもたちに嘘を教えたために，自分は生活費や家庭や名誉を失った」*2と主張した。ルビン検察官はその主張に反対した。裁判官もバージニアの要求を拒否し，「それを認めることは予備審問を混乱させ，マクマーチン夫人（バージニア）からブルノン弁護士を奪うことになる。ほんとうは，彼女は彼の弁護を望んでいる」と判示した。するとバージニアは「警察がやって来て自分を引き立てないかぎり」*3裁判所には出ないと脅した。これは裁判所としては受け入れられない脅迫であった。数日の間に彼女は娘と孫とに説得され，手続きが進行するよう法廷では静かにしていることとなった。結局，ブルノン弁護士は郡によって弁護料を支払われることとなった。

法廷の外では弁護士は証拠の処理に追われていたが，怒りの嵐に直面した。テレビクルーの1人である技術者が弁護人と喧嘩をし，エレベーターの中でちょっとした殴りあいになった。その技術者は，「悪魔を弁護している」*4として弁護人を非難したのである。一方法廷では，訴追側によって引き出された証言が弁護側によって争われていた。

2. 裁判官と他の法廷出演者

すでに触れてはいるけれども，予備審問における主要な出演者を簡単に紹介しておこう。レイモンドの代理人，デイビスはテキサス・ロー・スクールの出身で，陸軍憲兵隊の前大尉であり，これまでに15件の虐待事件を扱い，全部勝っていた。ペギーの代理人，ギッツはビバリーヒルズで開業している弁護士であるが，ウイリアム・ミッチェル法律学校の優等卒業生であった。彼は開業以前には，ほぼ7年間公設弁護人代理を務めていた。10年以上の刑事事件の経験をもっていたので，裁判所によって本件弁護人に任命された。

他の5人の弁護人はそれぞれ経験豊富で人権感覚にすぐれた弁護士であった。以下のようである（括弧内は被告人）。アーバン（レイダー），グアナ（スピットラー），パウエル（ジャクソン），ラティナー（ペギー・アン），そしてブルノン（バージニア）訳注。

訳注：くわしくは巻頭の「おもな登場人物」を参照のこと。

これに対し検察側は，主任検察官，ルビン。彼女は組織犯罪を担当したことがあった。彼女は1978年に西ロサンゼルス・ロー・スクールを卒業した後，地方検察庁に勤務して頭角を現わした。もう1人のスチーブンスは，ルビンと同様に児童虐待事件を担当したことはなかったが，ロサンゼルスのギャング事件を担当したことがある。児童虐待事件の経験のあるのは，3人の検察官の中で唯一，ジョンソンであった。

市裁判所のボブ裁判官は，予備審問担当の裁判長に任命されていた。彼女は本件の前に児童虐待事件にかかわったことはなかった。彼女はもともと交通裁判所の裁判官であって，ブラウン前知事の任命した裁判官の1人であった。彼女は児童性的虐待や性的虐待についてはほとんど何も知らず，それまで主として飲酒運転，軽い窃盗，薬物所持といった裁判にたずさわっていた。

予備審問は一般的に無秩序であった。同審問は3人の検察官と7人の被告人（それぞれに弁護士がついていた）を有名にした。メディアの「機械化部隊」はいなかったけれども，本件のサポーターや誹謗者たちがいた。彼らは奇妙な人たちで，常に傍聴している飽くなきやじ馬であった。

混沌の中でボブ裁判官は法律家とメディアとの双方から批判された。予備審問を十分にコントロールできず，矛盾した決定を下す（法廷内閉回路テレビによる子どもの証言を認めたり，認めなかったりする），またときに証言を非公開にする，というのがその理由であった。彼女の未経験が，いろいろな問題を熱っぽく討論する法律家たちを鎮めたり，指導したりすることを不可能にしていた。

多くの質問が当事者双方から出されたが，それらは関連性がないように思えた。しかし裁判官はそれらを許し，予備審問を遅延させた。法的な戦術の行使は公判に委ねられるべきものであった。たとえば公開か非公開かに時間が費やされた。共同審理か分離審理か，子どもに法廷内閉回路テレビ証言を許すか否かについても同様であった[*5]。

国際子ども研究所（CII）のカスリーン（略称キー）・マクファーレンによって実施された，子どもに対する面接結果（ビデオテープ）が，検察官によって起訴のための証拠の中心と見なされた。すると予期されたごとく，弁護側は，法廷での反論のためにテープのコピーが必要だと主張した。

検察官の主張はこれらのテープによっているが、それらは他の事件における書面と同じであり、それら書面のコピーはカリフォルニアにおいては過去25年以上、伝統的に弁護側に交付されて来た、と弁護側は主張した。こうして弁護人は無制限のアクセスを主張したが、検察官は、テープはプライベートなものであり、子どもや親のプライバシー権を侵す恐れがあると反論した。

上位裁判所のジョージ裁判官は、弁護側がテープのコピーを持つことを許さなかった。だがそれを閲覧することを許し、秘密条件を破った者は誰でも裁判所侮辱罪に問われるだろうと述べた[*6]。

しかしこの点で裁判所は意見が一致しなかった。後になって1984年の夏、ボブ裁判官は弁護人に子ども面接のビデオテープのコピーを交付するよう検察官に命令した。するとジョージ裁判官は、中止命令を出した。彼の決定は検察側の次のような主張に基づいていた。テープが多数作られれば、メディアが利用する可能性が増大するであろう。もしそれが報道されるなら、子どもとその家族とに生涯の傷を与えることとなろう[*7]。

それから被害者が公開の法廷で証言すべきか否かといった法的問題も持ち上がった。子どもたちが7人の被告人に面と向かわなくてもいいように、法廷の隣の部屋から法廷内テレビを通じて証言できるかどうかも議論された。

実質的な証拠や大人の証言がなかったので、検察側はビデオテープの使用に固執した。しかし弁護側は、公開禁止を求め、子どもたちは法廷で直接証言し、反対尋問を受けるべきだ、と主張した。これに対しスチーブンス検事は、ビデオテープの使用で主張を裏づけるには十分であり、たぶん訴因を増やすことができるだろう、と反論した。また子どもたちに何度も証言させなくてもすむであろう、とも述べた。

子どもの母親の1人は後に、もし娘が法廷で被疑者に向き合うならば、彼女は「怖くてしゃべれないだろう」と連邦上院の委員会で述べた[*8]。CIIのキー・マクファーレンも裁判所で、多くの子どもは被告人を怖がり、被告人が魔力をもっていると信じていると述べた。しかしボブ裁判官は、法廷内閉回路テレビ証言を認める法的根拠はなく、検察側は公開法廷での証言が子どもたちに心理学的な害悪を与えることを立証していない、と判示した。

さらに医学的証言についても問題が提起された。多くのアメリカの著名な医

学鑑定人は，本件が多数の人に注目され，公開され，事件にまつわる感情的な問題もあるため法廷での証言をいやがる，と弁護人は述べた。すると1985年12月，ボブ裁判官は医学鑑定人が証言できる1986年1月上旬まで，弁護側の立証を停止すると一方的に宣言した。

　弁護側の医学的証言は特に重要であった。検察側は1人の医師の伝聞証拠を提出していたのであるが，それには他の何人かの医師が性的虐待を裏づける物理的証拠を発見した，と記されていたからである[*9]。かの虐待がどこで発生し，誰によってなされたかは示されなかった。しかしながら予備審問は公判を行なうのに十分な証拠が存在するのと，ほぼ同様な情況を現出したのである。

3. 公開か非公開か

　公衆やメディアが法廷から排除されるべきか否かの論争も起きた。1982年に改正されたカリフォルニア刑事法は，もし裁判官が被告人の公正な裁判を受ける権利を保障するために必要と認めるなら，予備審問の非公開を認めると規定する。こうしてメディアや公衆の知る権利は被告人の公正な裁判を受ける権利に劣ると見なされた[*10]。メディアへの過度の公開がすでに公平な陪審を見つけることをすこぶる困難にしている（弁護人の主張）ので，審理の公開か非公開かは重要であった。

　弁護側は予備審問の非公開を求め，メディアは事件をセンセーショナルに報道することだけに興味があり，公開が公正な陪審の構成を困難にしていると主張した。マリー・アンの弁護人パウエルは，たとえ不当な告発が後に取り消しになったとしても，彼女は「永久に7人組の1人と見なされる」であろうと述べ，次のように付け加えた。

> これは報道の限界だけの問題ではない。問題はこの種の事件の報道に必ず伴う，公衆のマイナスの反応である。それがわれわれに公正な裁判の保障に懸念をいだかせるのである[*11]。

　審問非公開の端的な要求は，1983年以前の法律に規定されていた。本件が発生したのはその年であるが，パウエル弁護士はその規定がこのケースに適用

されるべきだとした。しかしこの法律を適用するためには，裁判官と検察官との同意を必要とした。

　この問題は単純な問題ではなかった。そこで弁護側は考え直して，非公開が認められないのならば，予備審問の権利を放棄してストレートに公判に行くと主張した。しかしスチーブンス地方検事はきっぱりとこれを拒絶した。予備審問はビデオテープを用意するのに必要であるし，将来証人が公判に出られないこともあり，予備審問と公判との双方で証言する子どもたちの心的外傷（トラウマ）を防ぐこともできる，と反論した。

　ロサンゼルス・タイムズ紙ほかのマスコミ側の弁護士たちは，法的なもつれに飛び込んで自分たちの見解を表明した。本件は広く関心をもたれているので，客観的報道が可能になるように手続きは公開されるべきである，と熱烈に主張した。審理を非公開にするなら「おせっかいを焼く」人が出てきて，「伝聞，噂，風刺」を広めるだけだというのである。タイムズ紙のクライン弁護士も次のように述べた。「公衆はこれらの閉ざされた扉の背後で何が起きているか知りたがる。そこで記者たちでやる気のある者はそれを探ろうとする。彼らはこの部屋に坐っている人たちに話しかける。そうすると記者に話そうと決めた者は誰でも公衆の知識をコントロールすることになる」*12。

　ボブ裁判官は今や予備審問は公開を続けると決定した。しかし彼女は，多くの専門家証人の証言については非公開を命令した。言葉につまりながら，彼女は次のように述べた。「証言から実質的な偏見を受ける合理的な可能性がある。そのような可能性があると私には思える。その偏見が被告人の公正な裁判を受ける権利を侵すことになるかもしれない」*13。

　上述の専門家証人は，子どもたちが法廷内閉回路テレビで証言するようにとの検察側の申し立てを支持する発言をした。年少の証人たちが，公開の法廷での証言を余儀なくされ，しかも被疑者・被告人に対面しなければならないとしたら，心理的なダメージを受けるだろう，と検察側は主張した。

　弁護側は，そのような手続きは被告人の憲法上の権利を否定してしまうので，証人の子どもを排除するよりは，公衆と報道機関を排除する方がよいと主張した。さらに弁護側は，非公開は被告人への公衆の非難を停止させ，メディアが公衆の理解を曲げるのも中止させ，公平な陪審を選ぶことを可能にするであろ

う，と敷衍した。

　そのほかにも解決すべき問題がいくつかあった。検察官は，法廷内閉回路テレビ証言は子どもの心的外傷を最小限に抑えることができると述べた。しかしメディアは子どもの福祉にはあまり関心がなく，彼らに公開法廷の被告人の面前で証言するよう求め，法廷内の出来事について公衆は知る権利があると主張した。

　ボブ裁判官は遂に，子どもたちが公開の法廷で，しかも被告人の面前で証言するよう命令した。しかしながら，証人が特定できるいかなる資料も公表しないようにとの制限を付した。ボブ裁判官の判旨は次のようである。

> マンハッタン・ビーチ地区の住民による，マクマーチン幼稚園児に対する差別的証言が認められるので，現在ならびに将来の子どもの証人たちの匿名を保障するよう，刑事法 288（C）は命じている，と私は信じる。被害者の子どもの匿名に関する本決定は，プライバシー権が民事訴訟の提起（顕名を要求する）によって放棄されていないことを証明するものである。同決定の趣旨は，メディアによる名前の公表を許すとの協約があっても同様である。加えてこの機会に，証人が特定できるような背景資料も公開しないようメディアに要請する[*14]。

　先に触れたごとく，ボブ裁判官の弁明にもかかわらず，ジョージ裁判官（ロサンゼルス上位裁判所）は，彼女は「自分の裁量権を濫用して権限を逸脱し」，検察側の専門家証人（2人の精神医学者と1人の臨床社会福祉司）の証言を非公開とした，と批判した。しかしボブ裁判官は自分の裁量権を駆使して，弁護側の主張をしりぞけた。

> 被告人らは法廷から公衆が排除されるべきだとの動議を提出している……だが私はこの予備審問は公開されるべきだとの決定を下した。ただし被告人たちの公正な裁判を受ける権利を護るために非公開が必要だとの新たな決定がなされれば別である。……この反対尋問を含む予備審問からの公衆の排除が被告人らの権利保障のために必要だとは考えない。それゆえ動議を却下する。

　もちろんメディア側は，この公開決定を大歓迎した。しかし裁判官自身は，上記の主張が予備審問に通用するとは必ずしも考えていなかった。そこでボブ裁判官は，結局は上級審（カリフォルニア最高裁）の判断をあおぐほかない，

と述べた*15。

4. 親たちの証言

　親たちはメディアでも法廷でも発言した。しかし最もうるさく発言していた親たちの何人かは証言しなかったし，最初に告発した母親は証言の機会を与えられなかった。彼女は自分の夫を自分たちの子どもに対するわいせつ行為で告発したけれども，夫は証言を拒否した。また当事者双方のいずれも彼を証言台に立たせようとはしなかった。
　ある親はメディアの前だけでしゃべった。多くの記者は伝聞供述と宣誓証言との区別を知らなかった。親の話の内容について伝聞供述か否かの区別のできないことが，訴追側に有利な報道がなされる原因だと考えられた。
　親の証言の実質的な部分は，伝聞かせいぜい情況証拠であった。親たちも検事たちも，幼稚園での，言われるような非行がどうして何年も漏れなかったのか，その理由説明に苦慮した。わいせつ行為の存在を裏づける，法医学的ないし実質的証拠がなかったので，子どもたちはわいせつ行為をされる前に薬物を飲まされたのだ，と彼らは結論した。しかしそれを親たちも検事たちも論理的に導き出したわけではなかった。もし子どもたちが薬物を飲まされていたなら，ほとんど何も覚えていないはずであり，子どもたちの幻想の可能性が大きくなるだけだと考えられたからであった。
　1984年8月8日スチーブンス検事は，何人かの子どもは注射をされ，錠剤を飲まされ，また液状の薬物を飲まされたので夢うつつの状態となり，性的暴行に対して抵抗力を失っていた，と記者会見で発表した。彼はレイモンドの予備審問に際して，証拠の一環として次のように述べている。「ある子どもが言ったのだが，薬を飲んだら起きているのに眠っているような感じだった」。
　1人の母親は，ある日3歳の息子を学校に迎えに行ったところ，薬を飲まされているようだったと証言した。「私は子どもの目をさますことができなかった。彼はほんとうに眠っているようであった。たぶん薬を飲まされたのだと思う」*16。
　他の可能性を考慮しない，以上のような薄弱な証拠が多くの情況証拠によっ

て強化されていった。情況証拠のそれぞれはレイモンドの犯行を具体的に裏づけるものではなかったけれども。たとえばこの母親はある日，予定より早く学校に着いたところ，庭で息子を待つように言われた。そのときレイモンドの学級の窓にシーツがかけられているのがわかった。またほかのとき，彼女の息子が「お尻が痛い」と訴えた。その子どもは幼稚園に通園している間に口にヘルペスができていると診断された。一方，「変な人たち」が車で近所をうろついていたので，彼女や他の親たちは，証言予定の子どもたちが誘拐されるのではないかと，ベビーシッターに預けるのをためらった。

公開法廷で証言した他の母親（マンハッタン・ビーチ警察の警察官の妻）は，わいせつ行為が公になるまで疑惑をいだいたことはなかったと言った。しかし，被告人のうちの4人によって13回にもわたって彼女の息子にわいせつ行為があったとの告発を受けて彼女は，そういえばうちの息子におかしなところがあった，1979年と1980年とに通園していた間，時どき体の不調を訴えることがあった，と述べた[*17]。

当時次々と変わる情況の中で，恐怖やとめどのない疑い，ほとんど病的な無力感が生まれた。それは弱い情況証拠にはほとんど証拠価値がないとの理解の欠如によるものであった。たとえば前記の母親についてであるが，授業が進行中であったので校庭で待たされたのかもしれない，との配慮はまったくなかった。映画が上映されていたとか，子どもたちが昼寝中であったとかの可能性への配慮もまったくなかった。

彼女の子どもの尻が痛かったのは単に肌荒れだったのに親が必要な治療をしなかったためかもしれない。ヘルペスは学校，家庭，その他の場所で種々の原因で発生する。近所の「変な人たち」はおそらく親たちが最初，指摘したものであろう。子ども誘拐の危険はほんとうにあったのであろうか。これらのすべてが，他の親たちがあげた疑問と同程度になるほどと思わせるものであった。しかし，他の可能性というものが無数に存在することは改めて言うまでもない。

親たちの証言によって明らかになったことは，彼らの証言が進むにつれて話が現実ばなれしていくという点であった。たとえば他の2人の母親は，彼らの子どもたちが針や注射を恐れていると証言した。その1人は，彼女の4歳になる息子は「お医者さんに注射に連れて行く」と言っただけでパニックに陥ると

述べた。もう1人は，彼女の息子はマクマーチン幼稚園に通っていた2歳から5歳までの間に同種の症状がひどくなった，と証言した。

「今日にいたるまで息子には注射ができない」と述べたうえで，「なぜ注射や針が怖いか」について子どもの供述を付け加えようとしたが，それは伝聞であるため，証言は許されなかった。子ども自身の供述は，おそらく「幼稚園で薬を飲まされた」であったろう，とルビン地方検事は自信たっぷりに説明した。

12人の子どもたちが，麻薬と思われるピンクの錠剤もしくは液体を飲まされたと述べたけれども，ある捜査官は薬の問題はたいしたことではない，と批評した。彼の言うのには，むしろ子どもたちは外科医を恐れていた。学校での「ドクターゲーム」の間に身体検査や直腸の温度検査が行なわれるからであった。「だから子どもたちは医者を怖がったのだ」とこの捜査官は述べた。「子どもたちは非常に傷ついている」とも述べた[*18]。

弁論に際して弁護団は，20人以上の証人を呼んだ。その中には何人かの父親が含まれていた。証人を呼んだのは，子どもたちがわいせつ行為を創作していることを証明するためであった[*19]。たとえばデイビス弁護人は，たった5歳の少女からその父親がどうやってわいせつ行為についての情報を得たかを見つけ出そうとした。

「さてこれからの質問はあなたを困らせる羽目に陥らせるかもしれませんが，あなたは自分の娘に，レイモンドがほかの子どもたちに悪いことをしていると話しましたか」とデイビスは尋ねた。するとその父親は，20秒から30秒ぐらい考えたあとで次のように答えた。「そうですね，私たちは，そのことに触れたと思います。子どもたちがわいせつ行為をされたかどうかを確かめるためでした。われわれ親たちは，警察から子どもたちに聞いてみるようにとの手紙を受け取っていましたから」。

証言をしたもう1人の親は，1975年生まれの少年の父親であった。その少年は1979年の1月から6月まで毎週月・水・金の3日間，幼稚園に通っていた。証言の間にその父親は，マンハッタン・ビーチ警察の巡査部長で，事件の捜査主任の同僚であることがわかった。彼の証言によれば，彼が勤める警察は被告人によって提起された民事訴訟に直面しているが，警察と被疑者との間の信頼関係は失われていない，とのことであった。するとペギーの代理人，ギッツ弁

護士は次のように述べた。

> 証人は巡査部長であって，本件の主任捜査官，ジェイン・ホーグの同僚である。彼は一般人のアクセスできない情報に接しており，しかもいろいろな理由から偏見，意図，知識，態度を保持する動機をもっている。それらすべては事実認定者が検討すべき事柄であり，彼の雇用と本件との関係が反対尋問の対象となることは明白である[*20]。

マリー・アンの代理人，パウエル弁護士は警告の意味で次のように述べた。

> 加えて，もしも彼がマンハッタン・ビーチ市の公務員であり，被告人が同市を訴えている（450万ドルの請求）なら，彼の証言は本件被告人の有利もしくは不利に偏るおそれがある。なぜならそれは彼の俸給に直接影響するからである[*21]。

親の証言は告発を助ける信頼できる資料を提出することはできなかった。彼らの証言は写真のような法科学的な証拠を欠いていた。したがって，児童虐待が実際に起きたことを裏づける結果には，結局ほとんどならなかった。

これらの性的虐待告発は，事実よりもむしろ空想に根ざしている，と弁護人は反論した。数々の空想は，最初に心配した親，次いで取調べの警察官，さらに虐待されたかどうか子どもに面接して確かめるよう検察官から依頼されたCIIのセラピストによる示唆的質問への応答から引き出されたというのである。

5. セラピストの証言

それでは誰が虐待告発の正当性を証明するのか。本件は間違いなく困難な，情緒的な事件であった。特に被害者とされる子どもにとってそうであった。警察官の取調べやセラピストの質問は疑いなく心に傷を負わせるものであったけれども，被害者が個別に証言することとなれば，さらなる心の傷が十分予想されるところであった。検察官に対し数時間証言したある精神医学者は，記者に次のように語った。「子どもたちは死んだも同然であった。法廷では7対1であったから，私でさえ混乱した」[*22]。

第5章　予備審問

　検察官は，子どもたちの話を大人が誘導したことはない，との方向で立証方針を固めていた。弁護人は逆の方向であった。CIIにおける専門家による治療の間，容赦ない誘導が行なわれた，と弁護人は批判した。CIIでは検察官の情報提供で取り乱した親たちのことをすでに知っていた。

　研究所のセラピストであるカスリーン・マクファーレンは，子どもたちは怖がっており，彼らと彼らの親たちとが被告人の前で証言させられるならば，死ぬかもしれないと述べた。彼女はまた，虐待を受けた後，否認症候群（demial syndrome）を病む子どもたちを診断したことがある，とも述べた。性的虐待について漏らすのは自分たちが最初ではないことをわかってくれて，彼らが真実を語ってくれることを望む，と話した。彼女が子どもたちにわかりやすい「むかつく秘密」という言葉を使って問いかけると，子どもたちは応答して，自分たちの知っていることを話してくれた。

　マクファーレンの考えでは，この誘導質問が最初に事実を告げる責任から子どもの各々を解放し，彼らを安心させた。実質的質問の箇所では，400人のうち約360人が，先生に虐待され，性的なポーズで裸の写真を撮られ，いけにえとされた動物を見て，幼稚園の地下にある秘密の抜け道を知ったという，驚くべき事実を話した。

　最悪の子どもの証言は，幼稚園で行なわれたと思われる「裸の映画スター」と呼ばれるゲームについての描写であった。その子どもは治療中にそれについて説明した（ビデオ収録）。8歳になる証人は，このゲームについての質疑応答に応じた（これもビデオ収録）。そのテープでは，マクファーレンは，ワニの人形を手に持ったり，それに話しかけたりしている。そして答えを引き出そうとしたり，ゲーム見物の感想を求めたりしている。しかしその子どもは，ゲームについては人に聞いただけ，ゲームの場には行っていないと言い張った。マクファーレンとその少年とのやり取りは，テープによれば次のようである。

　　少年：僕はゲームは見なかった。誰かが叫んでいるのを聞いただけだ。
　　マクファーレン：たぶんワニさんでしょう。あなたは窓から覗いてゲームを見たことがあるでしょう。覚えていることを教えてちょうだい。
　　少年：僕は「裸のスター」をやっているのを見たことはない。歌声を聞いただけだ。

マクファーレン：あなた、いい子でしょう。黙ったらだめ。
少年：僕はほんとに見てない。そこにいなかったから。
マクファーレン：あなたはそこにいなかった。だからあなたの見たことを聞きたいのよ。たくさんのこれらの人形はなかったかもしれないけれど、人形たちは何が起きたか見ているのよ。
少年：僕は喧嘩ならいっぱい見たよ。

　CIIの面接では、ほかの人形、「探偵犬」「蛇さん」そして「元気くん」も使われた[*23]。子どもたちへの圧力は圧倒的だったと思われる。少なくとも1人の子どもは、最初の面接で虐待されていないと答えたため、再度呼び出されることになった[*24]。
　また、CIIは子どもたちに明白な圧力や微妙な圧力をかけたことを隠そうとした。専門家証言に際して、訴追側の医療検査担当者ヒーガー博士は、子どもの面接はいっさい行なわなかった、と証言した。しかし後の証言でやっていたことがわかった。南カリフォルニア大学ロサンゼルス郡病院の小児科医でCII顧問のヒーガーは、あたしは虐待されていない、と言い張った1人の少女に「もう仕事に戻らなければならないから、冗談はこれくらいにして」と述べた[*25]。
　心的外傷にかかっている子どもから情報を引き出すための慎重な心理療法的な助言よりも、子どもの自尊心に訴える専門的な示唆や圧力の方が、子どもにしゃべらせるにはより効果的であろう。危険は、そのやり方が創作を助長するかもしれないということ、より法律的に表現すれば、真実発見の限界を超えて証人を「誘導」しないかということである。むろん今回の場合には少なくとも、この特定の子どもは抵抗する能力をもっていたけれども。
　より専門的に表現すれば、すべての社会科学者にとっては、これは「質問への同意傾向」とされている調査と関心との対象領域であり、たいていの資格ある研究者は潜在的な影響に気づいている。それゆえ彼らはその影響を除こうとする[*26]。今見た例では、まさに正反対の情況が観察されたといえよう。
　子どもたちの話は明らかに前後で矛盾しているので、訴追側は弁護側が子どもの証人にビデオの内容と法廷証言の内容との矛盾を追及することに反対した。ロサンゼルスの子ども専門の精神医学者、スペンサー・エスは彼の証言の中で、子どもたちが証言の矛盾を訂正するのは不可能に近いと述べた。ある質問は子

どもたちの心理状態にとって明らかに脅威であったので，返答に窮している子どもたちには屈辱感を与える結果となった，と彼は付け加えた[*27]。法廷外で弁護側は，エス医師の証言は主題とは無関係だけれども，訴追側が子どもたちの証言の信頼性にこだわるので提出した，と述べた。

CIIが本件で果たした種々の役割は明白に弁護側にとって重要であった。親たちは，主として訴追側によってCIIに送り込まれ，子どもたちの面接をやってもらったと述べた。CIIでは，心理療法士たちがたくさんの時間を使って，人形などを利用して子どもたちから「むかつく秘密」を引き出した。弁護側はこれに反対して，心理療法士にはそのような資格はなく，彼らは自分らの望む発言を引き出したと述べた。

中心的な面接者，マクファーレンは90年の歴史を有するCIIの診断部長として証言した。訴追側は強力に彼女を専門家証人に仕立てるべく次のように述べた。「子どもたちの証言中，彼女は子どもへの感情的かつ物理的影響を観察した。その観察をもとに子どもたちの精神状態や証言後の影響を考えた」[*28]。

しかしマクファーレンは反対尋問で，カリフォルニア州で社会福祉の免許を持っていないことを認めた。心理療法，精神分析，その他いかなる医学的専門職の免許も合衆国では持っていないことも認めた。1969年に彼女は，オハイオのデニソン大学で美術の学士号を得，1974年にメリーランド大学で社会福祉の修士の学位を得ている[*29]。彼女はCIIに就職する前に，首都ワシントンの子どもの福祉に関する政府機関に勤め，1974年から82年までは精神分析の仕事を個人で行なっていた。

彼女は子どもの性的虐待事件の捜査で多くの表彰を受けていた。その中には，1983年におけるすぐれた業績に対する州性犯罪調査協会の年間賞や1984年における被害者処遇改善への顕著な貢献に対する知事表彰がある。彼女はまた数多くの学術論文を書いていた。それらは法廷における反論を予想して，CIIの技術の正当性を擁護するものであった。その論文の1つは次のように述べている。

> 考えられる最善の方法としては，子どもたちには誘導尋問をしないほうがよい。子どもたちが，あることが起きたという示唆に反応しているとか，大人の

権威に無意識に従っているとかの懸念を除くためである。しかし私の知るかぎりでは，子どもたちが性的虐待を受け，そのことを黙っているよう物を与えられたり脅されたりして秘密にしているかもしれない。実際にそのようなことが起きた場合，ときに誘導尋問が必要かもしれない。その結果，被害者の評価の仕事をする者もまた法廷においては攻撃の対象になることを覚悟しなければならない。彼らの結論や技術が批判されることを覚悟しておく必要がある。……しかしながら性的虐待を受けた子どもたちの声を聞こうとする者にとって，その種の危険や戦いはつきものである[*30]。

彼女は誘導尋問だけでなく，性的な特徴を備えた人形を用いることも子どもから性的なことを聞き出す面接技術の重要な要素だと考えていた。彼女はサミット博士の子ども性的虐待症候群の理論を信奉し，性的なことについて子どもは嘘をつかず，実務家の多くはそう考えていると信じていた。

マクファーレンは彼女の証言において明らかにしたのだが，彼女は親たちに面接録画の全部は見せなかった。親たちは子どもたちが性的虐待について述べた部分しか見せられなかった。弁護側は親たちが録画の全体を見て，子どもたちが心理療法士によっていかに食い物にされているかを知るべきだと主張した。「親たちが録画の全部を見たなら，怒って子どもが証人となることを取り下げるであろう」[*31]。

リッチストン家族センターの心理療法士，ジェーン・マコードの証言中に専門的資格の問題も浮上した。彼女は被害者の子どもの1人に面接していたのだが，その子どもは被告人の面前で証言すべきでないと主張した。だがボブ裁判官は，彼女は資格のある心理学者ではないから専門家証人としては認められず，したがって医者と患者との間の秘密特権を主張できず，彼女の証言にはあまり重きをおくべきではないと述べた。こうして本件における2人の重要な心理療法士に専門的資格も免許もないことが明らかとなった。そして彼女らが影響を及ぼした子どもたちの証人は訴追側証人のみであった。

6. 子どもたちの証言

子どもたちの証言のなかの，一般的な描写はほとんど完全に接合可能であった。あたかも何度も予行演習したかのように，ぴったり組み合わせることがで

第 5 章　予備審問

きた。しかし，それぞれの大部分においては，細部が欠けていたし，話がまことに奇妙であった。「憶えていない」が，当事者双方がほんとうに起きたことを知ろうとして質問したときに，よく訓練されたかのように繰り返される言葉であった。こうして子どもたちの話はしばしば固く結びつき，互いに補強しあったけれども，詳細は依然としてあいまいであった。

　子どもたちは証言台に次々と上がり，厳しい尋問を受けた。その間，訴追側は録音録画し続けた。のちに心理学的その他の理由により法廷で使えなくなるにしても，であった。弁護人の各々は，弁護団がいわゆる積極的弁護に着手したときに，自分で子どもたちに質問したいと願った。そうできる唯一の機会だと考えたからであった。弁護人の間で意見が戦わされた。ボブ裁判官についても議論された。彼女は特定の種類の尋問を関連性なしとか冗長だとか言って止めさせた。それがどんな証拠を生み出すかについて考えなかった。かくして絶えず訴追側の異議申し立てを支持した。

　予備審問の間じゅう，訴追側は弁護人が子どもたちを困惑に陥れていると非難した。そこでボブ裁判官は証拠法に基づいて権限を行使し，証人尋問のやり方を合理的に管理するように主張した。できるだけ真実を発見し，不当な尋問から証人の人権を守りつつ迅速かつ効率的な審理を実現するためであった[*32]。

　弁護人も時に互いに意見が合わなかった。またそれぞれが自分の依頼人の法的利益を護ろうとした。こうして弁護側は反対尋問権の制約に難色を示した。ペギー・マクマーチン・バッキーの弁護人，ギッツは自分で十分検討できるようにと，被告人別の予備審問を望んでいた。しかしボブ裁判官はこれを拒否し，7 人合同の審問を命じた。ギッツ弁護人はこれに反発して，「合同なら意味がない」と述べた。彼の要求は証人ごとに尋問することであった。訴追側が，多くの彼の質問がすでになされていると反対すると，彼は「自分の質問ではない」と抗議した。

　かくして次々に子どもが証言台に立って，当事者双方から尋問を受けた。子どもたちは疲れた。彼らの勉強してきたストーリーは崩され，証言の弱点が暴露された。それぞれが違ったときに違った話をした。矛盾は明らかであった。が，彼らは主尋問や反対尋問のときに繰り返した話の矛盾を説明できなかった。子どもたちは明らかに信頼できない証人であった。たぶん彼らは，真実と幻想，

あとからの影響，親や警察，心理療法士，メディアからの圧力の間で揺れ動いていたのであろう。

＜第1の証人＞　小学校1年の7歳の子ども。彼は4歳〜5歳のときに幼稚園で行なわれたいくつかのゲームについて語った。どれもタッチと裸とを強調したものであった。あるゲームは，「カウボーイとインディアン」と名づけられていた。先生たちが「インディアンで……子どもたちを牢屋に入れ……服を脱がして……体に触るのがふつうだった」と述べた。

「ワニさんゲームでは，私たちは服を脱いで，這いまわり，フロアにいるとき先生たちがタッチした」と少年は続けた。「裸の映画スター」では，彼らは裸の子どもたちに「トリック」やとんぼ返りをさせ，写真をとっている間，彼らは「見えているのは何者，それは裸の映画スター」という歌を歌っていたと彼は説明した。「くすぐり」では，「子どもは着物を脱ぎ，先生たちはお尻やペニスに触った」と彼は述べた。

レイモンド・バッキーを指さして，レイモンドは彼の手や性器で「自分の口や尻やペニスに触った」と少年は主張した。スチーブンス検事が「痛かったか」と尋ねると，その少年の答えは「はい」だった。彼の性器は他の3人の先生によって触られたが，バージニア・マクマーチンがそれを見ていて写真にとったと，その少年は付け加えた。ゲームの間，先生たちも見たり，参加したり，写真をとったりしたとも述べた。しかし，スチーブンス検事が詳細を尋ねると，「覚えていない」を繰り返した。彼の証言の4日目，バージニアが写真をとったかと尋ねられると，彼は「覚えていない」とさえ答えた[*33]。

ペギーの弁護人による2時間の反対尋問の間，少年の証言に2つの矛盾撞着が見出された。彼の最初の証言では，少年は「カウボーイとインディアン」は教室で裸で行なわれたと言った。反対尋問では今度は校庭で服を着たまま行なわれたと述べた。そのゲームが室内で行なわれたことがあるかと尋ねられると，その答えは「否」であった。再び尋ねられても同じであった。「すると先生たちは子どもを追いかけたり，仮の牢屋に入れたりはしなかったのか」に対しても「否，していない」であった[*34]。

彼の矛盾は記憶の評価において重要な要素であった。彼は先生たちによって

農場や曲芸小屋や知らない人の家に連れて行かれ，そこで何人かの子どもはお触りをされたが，他の子どもたちは外で待っていたと述べた。しかし彼の証言は肝心のところがはっきりしなかった。誰が触られ，誰が車の中で待っていたのかは，見えなかったのでわからないというのであった。

　その少年の証言は，実際には見ていないことを示していた。バージニアの弁護人ブルノンは少年の話を創作した人によって影響されたのだと考えた。ブルノンは，質問のようなかたちで，少年の親，心理療法士，検察官などを喜ばせるために少年はこの奇妙な物語を創作したことを示唆した。

　　ブルノン：彼らは，レイモンド・バッキーが子どもたちのペニスや尻に触ったとあなたに言って欲しいとあなたに告げたのか。
　　少年：そうです。
　　ブルノン：スチーブンス検事が悲しまないようにバージニアが虐待を見ていたと言ったのか。
　　少年：そうです。

　それからブルノンは，関連質問を発した。学校の水遊び場で遊んだあと，服を乾かすのにペギー先生に手伝ってもらったので，「彼女がお触りをしなければならなかったのだね」と尋ねると，少年は「はい」と答えた。

　他の質問に答えて，少年は裸のゲームという前のストーリーに固執していたけれども，証言では自分の親以外に裸の大人を見たことはないと述べた。また少年は学校で裸の遊びを見た人を知らないとも述べた。これらは明白に矛盾であった。「あなたはみんなが言って欲しいと思っていることを言ったんだね。あなたは別におかしくない。ただ研究所の先生や検事やママが望んでいるように言ったんだね」と尋ねられると，少年は「はい」と答えた。

　のちにその少年は憔悴しているように見えた。少年はため息をついた。それを見てボブ裁判官は「証言が3日も続いたからだ」と述べた。だが弁護団は「言い訳を考えているからだ」と懸念を認めなかった。

　少年の証言の4日目に，心理療法士について次のやりとりがあった。

　　弁護人：彼女は，レイモンドがいやらしい男だと思っていた？

少年：うん。
弁護人：彼女は、レイモンドがあなたのペニスに触ったと考えていると言った？
少年：うん。
弁護人：彼女があなたにそのようなことを言わせたということ？
少年：うん。

　法廷外であるが，ペギー・アンの弁護人ラティナーは，大人が少年に言わせたと述べた[*35]。これを証明するために弁護側は，CII でとられたビデオを見せる用意をした。ブルノンは「洗脳がよくわかる」と述べた。弁護側としては，これで第1証人の反対尋問は成功したと考えた。

＜第2の証人＞　10歳の少年。彼は4歳のときに起きたことと体の局部とを俗語で表現した。彼は7人全部に犯されたと述べた。また子どもたちがポルノ写真のためにポーズをとらされたとも述べた。
　その少年の告発するところによれば，先生が子どもたちの衣服を脱ぐのを手伝い，レコードに合わせてゲームをやる間，音楽に合わせて輪になって踊るようにいわれ，そのあと立ち止まるか床に両手を広げて横たわるかした。するとレイモンドと彼の姉，ペギーとが写真をとった。またレイモンドは自分の裸の写真や知らない子どもの裸の写真を見せて，「これがあなた。今スターになっている」と少年に告げた。
　その少年はまた，自分たちはときどきマーケットの倉庫や知らない家に連れて行かれ，そこで先生や知らない人にお触りをされた……自分たちは暖炉のかたわらで「裸の映画スター」ゲームをやったと述べた。彼はレイモンドに口による性交を強制され，レイモンドは少年を愛撫し，彼の指と異物とを肛門に挿入したのでそこから血が出たとも述べた。
　他の訴えについても述べれば，レイモンドは子どもたちの面前で彼の姉と性交し，子どもたちに女性の教師にどうすべきかを示したと述べた。その中には女性の胸に手や口で触ることや自分たちの性器や肛門に触ってもらうことも含まれていた。さらにその少年はバージニアが自分の胸や性器に触ったと述べた。
　彼は教会や農場で血まみれの手足切断や子馬，兎，鶏殺しなども見せられ，

先生に秘密を洩らすなと言われたと述べた。親にも言ってはいけないと言われたという。検察官が「子馬の血を見たとき怖かったか」と尋ねると，少年は「泣き叫びはしなかった。秘密を洩らせば親がやられると思って誰にも言わなかった」と述べた。

　弁護団は，6年前の子どもの記憶は非常にあいまいだと考えた。「彼の話はおおまかで欠陥が多すぎる。彼の記憶がどれくらい確かか確かめる必要がある」とベッテの弁護人アーバンが言った。マリー・アンの弁護人パウエルは，子どもたちが連れて行かれた部屋の大きさなどの細部に注目した。少年はその部屋は使われていない教室で，誰もいなかったと述べた。そう言ったあと，彼は「秘密の部屋」の入り口はわからないと述べた。のちに彼はそれを教室から教室へのドアなしの通路だと表現した。そこでパウエル弁護人はその通路の位置関係を尋ね，絨毯がしかれていたか，電灯はどうだったかについて質問した。また同弁護人は部屋の位置関係を示す地図を書かせた。法廷を出てからパウエルは，記者たちに彼のいう部屋は存在しないのだと解説した。

　その子どもの証言は，「裸の映画スター」についても変化した。ある日それは毎週行なわれたと言い，次の日には4，5回だけ無理に，と変わった。パウエル弁護人は少年の証言について「幻想と他人へのサービスと事実との組み合わせ」と評した[*36]。

　少年の証言はしだいに奇妙なものになっていった。子どもたちはハリーズ・マーケットに連れて行かれて，倉庫の暗い部屋で服を脱がされ，「お触り」をされたと述べた。店に倉庫の部屋はなかったけれども，外側にドアつきのコンプレッサールームと内部にワイン貯蔵庫があると店主のレイ・ファデルは記者たちに話した。少年は店主の行動をよく説明できなかった。ファデルはドアのところで先生の1人と話したが，その男が倉庫の中にいたかどうか覚えていないと述べた。弁護人のブルノンが「先生以外の人がほんとうにいたのか」と尋ねると，少年は「店主がゲームを見た」と答えた。「1回だけか」と聞かれると少年の答えは「はい」だった。「2回以上だったのでは」と聞かれると，また「はい」だった。

　のちの証言でその少年は，ファデルは部屋の中にいて，ゲームに加わったと述べた。「あなたにタッチした2人というのは，レイモンドと店主か」と弁護

人のデイビスがカマをかけると,少年は「はい」と返事した。

法廷の外でファデルは嫌疑を否定した。「まったくでたらめだ。どこで少年が話を仕入れたか知らないが,つくり話だ」*37。彼は倉庫を使ったこともないし,いわゆる裸遊びを見たこともないと言った。しかしファデルは被告人について2つの違った話をした。ペギーはお店の客で,レイモンドは1976年に数か月間バイトで働いたことがある。一方,ファデルは被告人たちをまったく知らないとも言った*38。

この少年の話した最も驚くべき事柄は,皆がよく行く監督教会派教会でのいけにえの動物の話であろう。生きている動物がローソクの灯された儀式で切り刻まれ,そばには黒衣の人たちがおり,ときにマスクをかぶっていたという。弁護側は訴追側の異議申し立てをさえぎって,ドアの鍵その他の詳細について質問した。

反対尋問では少年は,どのようにして自分たちが教会に連れて行かれたかを繰り返した。教会では,マスクをかぶり,黒衣をまとった大人たちがダンスをし,祈りをささげていた。またレイモンドは祭壇に行って,ペットの兎や亀を殺し,もしも性的虐待について親に話したら同じやり方で親を殺すと子どもたちを脅したという*39。

兎のいけにえについて尋ねられると,少年は「レイモンドが外に行って,兎を連れて戻って来た。彼はそれを祭壇に載せて切り刻んだ」と述べた。黒衣の人に乱暴されたとも言った。少年はまた,兎の血が祭壇いっぱいに広がったと述べた。教会での儀式で猫の血を飲むのかと尋ねられると,少年は即座に「いいえ」と応じた。が,数日後には新たな考えが浮かんだらしく,反対尋問で動物の血液を飲まされることがあるのかと尋ねられると,今度は冷静に肯定した。彼は兎事件を練り直し,確かに兎を見たが,その色は憶えていないと言った。その血液をどんな容器で飲むのかと弁護側が尋ねると,ボブ裁判官がさえぎった。関連性がない,得られる証拠が費やされる時間に値しないという訴追側の異議申し立てを容れたものであった。弁護側のラティナーは,少年のでっちあげを証明するのに細かい点が必要なのだと主張したが,聞き入れられなかった*40。

ラティナー弁護士は,ボブ裁判官にこんなことが教会で起こりうると考える

第 5 章　予備審問

かと尋ねた。「もしあなたが起こりうると考えるのなら，われわれはこの時点で反対尋問などはやめて，子どもたちにすべての証言を許す形で，正式公判をすぐに始めるべきだ」とくってかかった。法廷の外で弁護団は，記者たちに注意をうながして，教会の世話人で動物の死骸を見た者はおらず，警察も祭壇から血痕を見つけられなかったと述べた*41。

弁護側は，少年が想像と記憶とをごちゃまぜにしていると問題提起した。この論理の裏づけとなるが，この年少の証人は質問や示唆に当面して，「僕はこうではないかと思ったことを述べただけだ。見たことがあるかどうか考えている」と説明した。

時どき少年は，また思い出したと述べた。ときに最初に述べたことと違うことも言った。彼の 3，4 歳のときの記憶が 10 歳になって取り出されたので，彼はそれらを整理して，真実を描き出そうと努めた。だが彼は混乱して異なったストーリーを話した。1 つの重要な変化についていえば，CII の心理療法士には，カウボーイがインディアンに乱暴して写真をとったと言ったが，証言のときにはインディアンがカウボーイにと変わった。

＜第 3 の証人＞　8 歳の少女。彼女は，3 歳のときに強姦され，写真をとられ，縛られて暗いところに入れられ，先生が亀を切り裂くのを見せられたと述べた。反対尋問でその証人は，以前の証言を覚えていないと述べたり，以前とは矛盾する返答をしたりした。以前の証言では彼女は，「レイ」「ベティー先生」「ペギー先生」を繰り返し犯人と認めていたが，誰が犯人かと弁護人に尋ねられると，今度は「覚えていない」と答えた。

その証人はまた，自分がどのようにタッチされたか，脅したのは誰かについても憶えていなかった。彼女はレイモンドのペニスにタッチさせられたと以前に証言したが，そのような証言はしていないと述べた。「何か」が彼女の性器や肛門に入れられたかどうかという弁護側の質問に対しては，彼女の答えは否であった。しかし訴追側の再主尋問に際しては，「何か」とは棒ないし物であって，手もしくはペニスではないと述べた。

弁護人のギッツは，彼女が暗示力の強い材料を大量に与えられ，専門家の指導を受けたのだから，治療を受けている場面の 90 分のビデオが開示されるべ

きだと要求した。同弁護人は「どうなっているのか確かめたい」と裁判官に述べた。それが法廷で開示されると，社会福祉司で心理療法士のショーン・コナリーが7歳の少女を誘導しているのがわかった。絵を書くこと，写真を見ること，裸の人形を使うことなど一連のプレイを通してであった。コナリーはシナリオどおりに演じていた。ビデオではコナリーは，183人もの他の子どもたちが「むかつく秘密」について話した，マクマーチンの先生たちはみんな「頭がおかしい」ので叩かれてあたりまえ，学校で何が起きたかを知るのに少女の助力が必要だと話していた。

「レイモンド先生は何かタッチのようなことをしたか」とコナリーは少女に尋ねる。少女が「否」のジェスチャーを示して，手にしたアライグマ人形を横に振るとその心理療法士は「先生はどこに触ったのか，人形を使って示すことができないか」と尋ねる。そして少女が人形の局部を指さすまで，いろいろな部分を示し続ける。

弁護側は，これはある種の虚偽や幻想を子どもの心に植え付ける「洗脳」だと主張した。弁護人のギッツは法廷外で記者たちに「虚偽の発生の仕方がわかったでしょう。示唆が隠されている，一種のゲームだったのですよ」と述べた。

ルビン検事は，ビデオでなされている質問は誘導であることに同意した。しかしそれらの質問は診断の目的であって，法廷で用いる目的ではないし，訴追側の立証の一部でもないと主張した[*42]。それにもかかわらず，専門家の指導や調査のようすは，いまや弁護側によって検討されつつあった。この明らかな指導や客観的・科学的評価の欠如は，子どもの証言の他の部分とともに，明らかに子どもの話の内容を信頼性のないものにした。

＜第4の証人＞　非常に神経質な少年。この少年は最初いらいらしていたが，証言が進むにつれて落ち着いてきた。矛盾でいっぱいだった彼の証言は，多くの重要な食い違いに関係していた。こうして彼は嘘の供述をしたことを認めた。その骨子は次のようである。

- 1984年に彼はあるとき2人の女性がいたと述べたが，他のときには4人いたと述べた。4人いたとき，子どもたちは服を脱がされ，狭いところに入れら

れ，1人ずつ写真をとられたと言った。だが1985年にはその家には女性教師は1人もいなかったと証言した。
- 1984年には彼はレイモンドを写真撮影者だといったが，今ではカメラを操作していたのは誰か知らない人と言っている。
- 1984年に彼はベティー先生が半裸だったといったが，1985年の証言ではそこにペギーを加えた。
- 予備審問に出た最初の頃彼は，レイモンドが自分に乱暴したと述べたが，次の週の写真をとったときには乱暴していないと述べた。

　この証人は，彼の初期の証言をあらたな告発で飾った。子どもたちは「乗馬」とか「見張り」とかいわれる裸ゲームをやったが，彼はジャングルジムの頂上に登って，突然親がやってくるのを見張った。その間に同級生は校舎の中で乱暴されていた*43。
　弁護側は，最初の頃少年たちは誰も乱暴されたと言っていないので，心理療法士がそのような観念を植え付けたのだと主張した。こうして弁護側は，訴追側や心理療法士が事前に子どもたちを指導したとの主張を維持した。しかしながらこの少年は，心理療法士に面接を受ける以前に先生にお触りをされ，裸ゲームをさせられたと自分の母親に話していた。彼は，「自分が法廷で言ったことのいくつかはCIIに連れて行かれる前，大人から情報を得る前に母親に告げた」と言い張った。「たとえばレイモンドが自分の局部（秘部）に触ったことや裸ゲームをやったことなどがそうだ」と述べた。
　さらに彼は，ベティーやレイモンドは裸になって，「自分に局部を見せた」と述べた。この局部という言葉が彼の証言の信頼性を失わせた。そのような言葉は通常，子どもの語彙にはないからである。
　他の証言において，初期の証言台の恐怖を払いのけるようにして，「この男は僕たちを狭い部屋に閉じ込めた。彼らは1人の子どもを連れ出して，大きな部屋で局部の写真をとった。僕が椅子のところに行くと，1人の男が僕たちの背中を壁に向けてしばり，全員に目隠しをした。そしてその男は僕の尻の写真をとった」と付け加えた。これは2つの大きなこうもり傘と明るいライトを持つスタジオのような部屋で大きなカメラで行なわれたと彼は証言した。この子どもの証人は，明らかに目隠しされて椅子に坐っている間に自分の尻の写真を

とられたと考えていた。

　反対尋問において弁護団は，その少年のさらに新しい告発に悩まされた。彼は幼稚園のトイレにおいて愛撫され，男色行為をされ，レイモンドとの口唇性交を強要されたというのであった。その子どもはいくつかの間仕切りの並んだトイレの絵を描いた。だが幼稚園のトイレはいずれも個室で，便器は1つしかなかった。彼は初期にはこれらの出来事があったとは言わなかった。検事の尋問で混乱したためであった。法廷の外で地方検事は，その少年がたぶんあまりにも困惑したために違いないと説明した[*44]。

＜第5の証人＞　9歳の少年。彼は5年前に起きたことについて証言した。彼の話の内容はいくつかの異なった要素を含んでいた。

- レイモンドと証人の知らない1人の男が，自分たちの乗っている車が洗車場にあってカーテンを下ろしている間に自分たちに乱暴した。
- レイモンドは彼に男色行為を行ない，口による性交を強要した。またレイモンドは自分たちに銃をつきつけ，幼稚園で飼っていたハムスターを殺し，性的虐待について誰かに話したら殺すと自分たちを脅した。
- ある奇妙な家では，子どもたちが裸のゲームをやる映画がレイモンドによって上映された。見たのは証人の知らない1人の男と2人の女性，それにいくつかの幼稚園の子どもたちであった。
- その家には緑のバンで行ったのだが，レイモンドが映画の料金をとるのを見たとその子どもは言った。
- その少年は「彼らは自分たちの映画を見せた」と証言した。レイの友人が映写機を操作した。その映画は，「裸の映画スター」で自分たちが歩いたり踊ったりしているものであった。レイは友人にフィルムを渡し，友人はレイにお金を渡した。

　地方検事のジョンソンは，上記映画はポルノ映画として売られ，「レイはフィルムを渡して，金を受け取った」と主張した[*45]。

＜第6の証人＞　年齢不詳の少女。彼女は，「乗馬」といわれるゲームの間に強姦され，鉛筆でいやらしい行為をされたという。5日半以上にわたる，11時間の証言の間に，彼女は学校でレイモンドや子どもたちと一緒に裸のゲームを

やったが，その間写真がとられていたという*46。彼女の証言によれば，レスリーとサンディーという2人の女性とともに飛行機に乗せられた。また「コスチュームの家」に連れて行かれた。そこではレイモンドと知らない人とがコスチュームに身を包み，子どもたちを泡風呂に連れて行った*47。さらに彼女は，消防士のジョンといわれる1人の男に会った。彼は消防士の帽子や装備をしていた。彼はのちに幽霊の服装に着替えた。これらの時間には何も「おかしなこと」は起きなかったという。

彼女の証言は外部の圧力に影響を受けていた。1つだけ指摘すれば，彼女の心理療法士，両親，訴追側は，彼女に証言台で何を言うべきかを告げていた。弁護側に指摘された矛盾の1つについていえば，彼女はレイモンドに口で接触したことはないが，彼は彼女に口による性交を強要したと証言した。

<第7の証人> 彼女は幼稚園でお昼寝の時間に強姦されたと証言した。彼女の証言の6日目に，「お医者さんごっこ」を強要されたと彼女は証言した。その際，親に話したら親を殺すとレイモンドが言ったとも証言した。

大陪審と公開法廷とにおける彼女の証言は，食い違いを生み出した。弁護人のギッツはその少女に対し，「大陪審ではレイはゲームの間写真をとらなかったと言っているが，ほんとうのことを言ったのか」と尋ねた。すると彼女は「はい」と答えた。そこで弁護人が「法廷ではレイが写真をとったと言っているが，ほんとうのことを言ったのか」と尋ねると，これに対しても「はい」と答えた。裁判官も彼女の証言の信頼性に疑問を抱いたようであった*48。

<第8の証人> 8歳の少年。彼は，レイモンドが彼に性的虐待を行ない，「くすぐり」といわれるゲームの間に「自分の尻に指を入れた」と証言した。その少年は，「裸の映画スター」というゲームの間に写真がとられ，もし他に洩らしたら殺されるおそれがあったとも証言した。

子どもたちから信頼できる証言を引き出すことは難しかった。反対尋問で明らかにされたところでは，この少年の応答はCIIのカスリーンだけでなく，彼の両親からの影響を受けていた。次の証言は親の影響の程度を示している*49。

①裸の映画スターのゲームについて

  デイビス：あなたが幼稚園にいたとき，他の2人の子どもがそのゲームをやっているのを実際に見たか。

  少年：いいえ。

  デイビス：あなたが幼稚園にいたとき，誰か1人でもそのゲームをやっているのを見たことがあるか。

  少年：いいえ。

  デイビス：それでは［少年の名前］，2人の子どもがそのゲームをやっていたとどうしてわかるのか。

  少年：推測です。

  デイビス：どうして推測するの［少年の名前］。

  少年：わかりません。

  デイビス：あなたは大陪審に子どもたち全部がゲームの写真を撮られたと言っているけれども，推測だったのか。

  少年：どういう意味。少しずつ言って？

  デイビス：あなたがされた質問は，［少年の名前］，「レイが写真をとったとき誰を撮ったのか」という意味だよ。あなたは「子どもたち全部」と言ってますね。だけど，あなたは裸ゲームをやっている子どもを誰も見ていない。だから，大陪審に推測で子どもたち全部が写真を撮られたと言ったというわけ？

  少年：たくさんの人がいたずらされているから，たぶんゲームをやった子どもたちもいたずらされたのではないか……。

②性的虐待について

  デイビス：［少年の名前］，昨日あなたは，弁護人のギッツに対し，子どもがやられたと誰かがあなたに告げたと言っていましたね。覚えてますか。

  少年：いいえ。

  デイビス：すると誰があなたに告げたの？

  少年：子どもたち何人かがやられたと言っていたので，僕はみんながやられたと思ったんだ。

  デイビス：それがあなたもやられたと考える理由の1つ？［少年の名前］。

  少年：とにかく僕はやられたんだ。

  デイビス：わかった。ところであなたが「何人かがやられたと彼らが言った」

と言うときの彼らというのは誰のこと？

少年：ぼくのママ。

③母親について

デイビス：あなたのママが数人の子どもがやられたと言っていたそうだけど，数人というときは2人以上のこと？

少年：はい。

デイビス：するとママが話したから，信じたわけだね。

少年：はい。

デイビス：するとママが話したから，子どもたち全部が性的虐待を受けたと信じたと理解していいね。

少年：はい。

デイビス：さて，ママが言ったという虐待された数人の子どもについてママは何て言ったの？

少年：彼らは性的虐待を受けた。

デイビス：ママの使った言葉は「性的虐待」ですね。

少年：はい。

④心理療法士のカスリーン・マクファーレンについて

デイビス：カスリーンが動物などがいるところに行ったのか，そんなところに行かなければならなかったのかについて尋ねたとき，あなたは「いいえ」と答えた。なぜ「いいえ」と答えたのかと私が聞いたとき，あなたは「そのときは虐待されたと考えていなかったから」と答えた。
ところで，あなたが人形を持ったカスリーンと話したとき，あなたは虐待されたとは考えていなかったんだね。

少年：いなかった。

デイビス：あなたは人形を持った先生に会ったのちに虐待されたと考え始めたと理解していいね。

少年：いいです。

デイビス：大陪審に行って証言しているけれど，大陪審のこと覚えてる？［少年の名前］。

少年：はい。

デイビス：もうそのときには虐待されたと考えていた？
少年：わかりません。
デイビス：確かじゃなかったのですね。
少年：なかった。

＜第9の証人＞　9歳の少女。彼女は13番目に出廷した証人であるが，他の子どもたちとは違った話をした。彼女は，マンハッタン・ビーチの洗車場，「緑の家」の中，それに農場で，レイモンドによって強姦され，肛門性交もされ，レイモンドの母親やベティーにも乱暴されたと証言した。彼女はまた，レイモンドや数人の知らない人によって写真撮影され，他の人たちが近づかないように「見張り」の役割もしたと述べた。

彼女の説明では，「私は外でブランコに乗っていた。レイと子どもたちとは屋内にいた。彼らは服を脱ぎ，レイは子どもたちに乱暴していた。私は中に走りこみ，母親が来ると告げた。するとレイは子どもたちを風呂に入れ，母親に『あとから行くから中庭へ』と言った。レイは子どもたちに服を着せ，ドアの外を見回して，子どもは教室にいる」と述べた。

さらに彼女は，「レイは少女たちのヴァギナにペニスを突き立て，指を尻に入れた。少年たちの尻にはペニスを入れた」と言った。彼女の供述によれば，ペギーとベティーとは彼女のヴァギナに指を入れ，彼女の体を愛撫したという。

この少女が誘導されて言わされることを，裁判官は何でも許容した。そして弁護人デイビスの異議申し立てを認めなかった。裁判官は，弁護人が訴追側の質問のすべてに反対し，訴訟指揮を軽視していると見ているようであった。

＜第10の証人＞　子どもたちが誰を告発しようとしているのかよくわからなかった。10歳の少年は，ロサンゼルス市の弁護士ハーン，映画スターのチャック・ノリス，1人の牧師，4人の尼僧の写真を見て，彼らが動物を殺し，子どもを虐待し，気味悪い教会の儀式にも参加した見知らぬ人たちに間違いないと述べた。弁護団は，この証言はばかげていると述べた。ハーン弁護士も，写真の利用には細心の注意が払われるべきで，まかり間違えば「彼らの人生が破滅に陥れられる」と述べた[*50]。

第5章　予備審問

7人の弁護人の1人，ラティナーは法廷外で次のように述べた。「これらの子どもたちは写真を目の前におかれて，この中に見覚えのある人がいるとの示唆を受けて写真を選び出しただけだ」「これまでの子ども証人の2人は，1年前に誰を選び出したか覚えていない」＊51。

10歳の少年の証言によれば，彼と他の子どもたちとは縛られて，ほとんど立てなくなるまでひどく叩かれ，毎日のように幼稚園で動物を殺すためのナイフや注射器を使わされたという。また彼は，洗車場を通りぬけたあとバンの中で乱暴され，農園に行って裸にされてひどくぶたれ，墓場にも連れて行かれて死体を掘り起こしたり，先生たちがそれをナイフで切り裂くのを見たりした。

彼の証言によれば，子どもたちは墓場に行き，掘り出し作業のとき出てきた土をシャツにくるんで墓の外に出したという。彼らは，つるはし，シャベル，墓から棺を運び出す滑車を用いた。棺が開けられると，被告人たちが死体から一部を切り取った。証言によれば，ときに死体から血が流れた。

少年は教会に連れて行かれて「3つか4つの神」に祈りを捧げさせられたが，その間，尼僧や牧師は賛美歌を歌っていた。祈りを拒否すると，子どもたちは背中を牧師にぶたれた。弁護人のラティナーは証言を評して，次のように述べた。「さんさんと光のふりそそぐ中，七人の小人たちがつるはしをかついで墓に向かって行進する……それはまったく信じられない光景だ」＊52。

「われわれは証言を信じる」と検事のスチーブンスは応答した。「彼は脅されて墓地に連れて行かれ……そして恐ろしいことが起きた」。しかし，検事は墓地の名前を知らないとも言った。反対尋問の間に子どもの証言は，いっそうの混乱をもたらした。弁護人のギッツが論理的に証言を批判したとき，同じく弁護人のラティナーは，あまりの非常識かつ情緒的な応答に，専門家らしからぬ反応をしてしまった。

ギッツ：どの死体を掘り起こすか誰が決めるの，［少年の名前］？
少年：先生たち。
ギッツ：すると掘りやすいようにシャベルを子どもたちに先生たちが渡すの？
少年：そうです。
ギッツ：すると墓場までシャベルを運ばないといけないね。

少年：そうです。
ギッツ：手押し車でも使ったの［少年の名前］？
少年：いいえ。
ギッツ：シャベル以外に何か道具を持って行ったの？
少年：つるはしを少し。
ギッツ：わかったけど，つるはしは何本？
少年：3本……2本か3本。
ギッツ：子どもはそれぞれがシャベルを持ったの？
少年：はい。
ギッツ：ところでそれはいつ？
　　　　　　　：

スチーブンス検事：失礼ですが。
裁判所：検察官どうぞ。
スチーブンス：弁論をじゃまして申し訳ありませんが，ラティナー弁護士は笑っているようです。
ラティナー（ペギー・アンの弁護人）：裁判官殿，私は顔を覆っているだけです。
裁判所：他の弁護士も笑っているように見えます。明らかに子どもの証言に対して。数分前にラティナー弁護士を見て，笑うべきではないとのジェスチャーをしたところです。ジェスチャーをする理由はないのですが。弁護側の立場もわからないわけではありませんが，証人の前で大げさな態度は許されません。そのような態度は不公平かつ不必要です* 53。

　同じ証人は，3人の被告人が服を脱いで，「自分の尻とペニス」を裸ゲームの間に愛撫したと証言した。彼はまた，もしこれらのことをばらせば，親を殺して八つ裂きにし，家も焼いてしまうと被告人たちが脅迫したと証言した。この証人の証言によれば，裸ゲームの間に写真もとられたとのことであった。

<第11の証人>　1人の少女。年齢不詳。彼女は乱暴されている間に薬物を飲まされたと証言した。すなわち先生たちは彼女にいたずらし，眠くなる薬を飲ませたと述べた。彼女は衣服を脱がされ，「裸の映画スター」ゲームのためにポーズをとらされたとも言った。レイモンドと彼の母親とはゲームの間にときどき裸になり，それをバージニアが見ていたと証言した。彼らは猫を殺し，

怖がらせて彼女を黙らせたと証言した[*54]。しかし彼女は，ビデオインタビューや法廷では他と異なる反応を見せた[*55]。

> ギッツ：ところであなたは先生たちの写真を見せられた後で，人形使いの女性が「あなたがこの写真についてよく知っているとわれわれは承知している。だがあなたが覚えているかどうか……。これらの写真の中に子どもを脅して秘密をもらさないようにと告げた人がいるかどうか」尋ねたら，あなたは「いいえ」と言った。人形使いの女性が「いいえ？」と聞き返すと，あなたは「何も覚えていない」と答えた。彼女が「あなたは思い出して，われわれに協力できそうですか」と尋ねると，あなたは人形の頭を振って「いいえ」と答えた。すると人形使いの女性は「ほんとうにだめか」と聞いたが，あなたは重ねて「いいえ」と答えた。
>
> そうするとあなたは人形使いに幼稚園で子どもを脅した人は誰もいないと告げたことになるが，あなたはほんとうのことを言ったのか。
>
> 少女：いいえ，言っていません。

真実発見のための，人形使いの懸命の努力にもかかわらず，子どもから真実を引き出すことはできなかった。しかし疑いなく子どもに強い印象を残した。

＜第12の証人＞　7歳の少年。1985年12月に彼は閉回路テレビを通して証言した。彼は裸ゲームや「カウボーイとインディアン」といわれるゲームをやったと述べた。後者では「先生たちは子どもたちを牢屋に入れ，お触りをした」と述べた[*56]。その少年によれば，触られたのはペニスであった。またその少年は，レイモンドが子どもたちの前で兎の耳を切り，他のペットを傷つけたと述べた。そしてもし誰かに性的遊びについて話したら，親に危害を加えると脅したとも述べた。その少年の供述はしばしばあいまいで混乱したものであった。弁護人ギッツとの質疑応答は以下のようである。

> ギッツ：あなたが，裸の写真撮影が行なわれる家に赤いコンバーチブル（1981年には緑白色のバンだと言っていたのに）に乗って行ったと大陪審に告げたのはなぜ？
>
> 少年：わかりません。

ギッツ：嘘をついていたのか。
少年：よくわかりません。嘘をついていたかも。いや嘘をついていたと思う。
ギッツ：なぜ嘘をついたのか。
少年：わかりません。

　その少年の証言におけるいっそうの謎の1つは，何度も「ワニさん」ゲームや「裸の映画スター」ゲームに言及したことであった。少年はそれらの詳細について述べることができず，「覚えていない」を繰り返した[*57]。しかし解決にはほど遠いが，解決への糸口はつかめた。CIIの診療に関係しているらしいということであった。カスリーン・マクファーレンは子どもたちから情報を引き出し，形を整えるためにワニの人形を用いていた。彼女は裸ゲームについて確信をもっているようであった。そのことが間違いなく子どもたちに影響を及ぼした。子どもたちはことの詳細を覚えておらず，経験していないとも，事実は違うとも言うことができなかった。
　数人の親たちが，自分たちの子どもの証言が操作されていることを発見して，上記の事実がしだいに明らかになった。証言は子どもたちの自信や誠実さを損なう恐れがあった。証言を予定していた1人の子どもは，親によって出廷を取りやめさせられた。もっともその親は証言予定を知らなかったらしい。その母親は，自分の診療記録が公にされる可能性があるなら子どもに証言させることはできないと言った。同様にしてもう1人の証言予定の子どもの父親は，彼の子どもが堪えがたい条件下で8日間も証言した後に途中で止めさせた。彼はまた2人の心理療法士が止めさせたほうがよいと忠告してくれたとも述べた[*58]。
　ある証拠によれば，子どもたちの話は，CIIの心理療法士から学んだ大人に影響されているようである。CIIの専門家たちは，ジュディー・ジョンソン（上記の母親）の幻想と子どもたちの幻想とをつなげる重要な役割を果たした。
　彼女の息子に関するジュディー・ジョンソンの最初の告発は最後まできちんと処理されなかったけれども，悪魔的かつ儀式的乱行についての彼女の話は，CIIの面接計画に影響を与えたであろう。法廷に出された子どもたちのストーリーに影響を与えたこともちろんである。ジュディーに関する情報は，予備審問の期間中開示されなかったので，弁護側は彼女の供述の信頼性に疑いをい

だく機会をもたなかった。その情報はむしろルビン主任検事によって意識的に不法に秘匿された。

　大事なことだが，ジュディーの前歴についての完全な書類と奇妙な告発とは，1986年の終わり，つまり予備審問が終わったずっとあとまで弁護側にも裁判所にも開示されなかった。彼女の前歴には，精神病，アルコール依存症が含まれていた。現在の州法では，そのような証拠の秘匿は処罰される。また弁護士会に報告されると，法曹資格を剥奪されるおそれがある。

　深刻な事態だが，CIIの面接担当者たちは適切な訓練を受けておらず，また心理療法士としての資格を持っていなかった。彼らのやり方は一面的で，誘導的であった。彼らはジュディーの主張の内容も知っていた。基準に即した内容分析といった他の面接方式のほうが，被害者とされる者から信頼できる情報を取り出すのに適していたであろう。現在では考えられることだが，本件において，より科学的な評価方法が組織的に用いられていたなら，事件が法廷に持ち込まれる以前に，子どもたち，親たち，そして被告人たちの悪夢は終わりを告げていたであろう。

7. 医学的証拠と医学専門家

　訴追側によって提出された法医学的証拠は，子どもたちを診察した医師たちの証言だけであった。それはどの子どもも性的虐待を受けたことがなく，幼稚園で性的虐待が発生した形跡もないことを証明するものだとして，弁護側が争っている証拠であった。

　訴追側の医学的証拠の多くは，十分な根拠なしに提出されていた。主要な医学専門家は，詳細な診察との関連で被害者の述べたこと，つまり伝聞証拠を示したにすぎなかった。

　ボブ裁判官は，南カリフォルニア大学病院の小児科医，ヒーガー博士に子どもたちや親から聞き取りをしたときに子どもたちが何を言ったかを証言することを許した。

　同博士はCIIの顧問でもあったので，マクマーチン事件がクローズアップされる前に彼女の証言が重視されていたことは，予備審問をよく聞いていれば気

がつくことであった。法的には彼女の証言は，医学的領域に限られるべきであったが，子どもたちの供述についても言わせられたのである。

同博士は，同事件に関係する30人の子どもを含む，150人のマクマーチンの元在籍者を診察し，そのうちの6人に性的虐待の証拠を見つけたと証言した。

児童虐待の痕跡をさぐるために，同博士は強力な電子機器を用いて性器や肛門を調べた。その機器は高度の倍率の顕微鏡を備えていたので，種々の部分について精密な検査が可能であった。またカメラが検査結果を記録するようになっていた。その機械は比較的新しかったので，証言に法的許容性を与えた。いわゆるケリー－フライエ・テスト（科学的証拠として認める判例法上の厳重な要件）をも満たした。同テストは2つの要件を充足しなければならなかった。1つは方法の信頼性であり，もう1つは証言の適格性であった[*59]。

カリフォルニアでは1988年のメンディブル事件において最初に電子機器による検査がケリー－フライエ・テストの要件を満たすとされた。ヒーガー博士は同事件において電子機器を用いて子どもの性的被害を検査したのであった。

同種の検査の信頼性は，1988年のルナ事件でも承認された。その種の機械は1977年以来，子宮や性的虐待の検査に用いられていたからであった。ブラジルでは花嫁の処女性を調べるのに用いられたことがあるという。

同僚がヒーガー博士にその機械を試してみるように勧めた。彼女はその機械をあまり用いたことがなかった。その機械はときどきおかしくなることがあるからであった。しかし彼女は42枚のスライドを示して性的虐待を証明した。

その検査自体は確かな証拠とはならない。その信頼性については，かつて議論されたことがあったからである。

彼女の証言によれば，性器と直腸との傷は，男性性器のようなものを挿入されたときに最も生じやすく，他の場合には先端の丸い物体を挿入されたときに生じやすい。彼女の説明によれば，その種の損傷は腸の病気，自慰，鉛筆の挿入などによっては発生せず，まだ性的行為に慣れていない子どもにおいては，長期にわたる虐待や外的な力によって発生する。

彼女は何人かの子どもに「苦痛をともなう，むりやりの挿入」の証拠を発見したが，それらのすべては性的虐待の徴候だと述べた。これらの損傷は肉眼では見えず，精密機械によってようやく見えるものであった。したがって彼女の

発見は，子どもたちが繰り返し性的虐待を受けた証拠だとヒーガー博士は述べた。

ボブ裁判官はヒーガー博士に，証明基準を侵すような次のような証言を許した。(1) 被害者の側の個人的苦痛の感情は専門家にはわからない。(2) そのような苦痛は力づくの挿入の結果であり，やがて証明される。(3) 証明されなくてもそれは性的虐待によると考えてよい。それは証明されない事実からの法的推論の結果である。

明らかにボブ裁判官の訴訟指揮は不当であった。彼女は，専門家証言については医学的問題に限るべきであったし，原因についての推測は排斥すべきであった。さらに証言の一部を排除すべきだとする弁護側の動議を排斥すべきではなかった。

結局，ヒーガー博士は，彼女の診察の結果が他の場合，つまり親戚によって，家庭で両親によって，あるいは幼稚園以外の環境で遊び友だちによっても起きるのだということに気がついていなかった。

弁護側によって呼ばれた何人かの医学専門家は，写真からは結論は出せない，子どもを直接診察して，生活暦を調べるか，または少なくとも，診察した外科医から情報をえる必要がある，と述べた[*60]。ミネソタ大学の児童虐待の著名な専門家，ベンセル博士はヒーガーのスライドを作成者秘匿のままで調査した。彼は医学の専門家に検査してもらい，医者の意見が分かれることを示した。訴追側の証人も区別ができなかった。ある証人は通常の肛門のスライドを見て，乱暴の証拠があると言ったのである。

公判では認められなかったけれども，カリフォルニア大学の児童虐待についての専門家，マカン博士はヒーガーの証言に反対した。同博士は114人の乱暴されていない少女とそれより少数の少年とを精密検査した。性器に傷のある少女が39%以上おり，肉眼でわかる者が15%あった。調査対象の26%がおかしいとわかったとき，彼は解剖学者に相談した。その学者はすでに1936年に，性器の傷が先天的な現象であることを発見していた。性的虐待によって生じるような脹れは，49%の子どもに通常見られるとのことであった[*61]。

究極的な結論は医学的証拠はあやしいということであった。性的虐待に関するかぎり，かなりの誤解を与えるに違いないとのことであった。性的虐待があ

ったとしても，それが本件の幼稚園で起きたという医学的証拠も法医学的証拠もまったく存在しないことがわかったのである。

8. CII 職員の潜在的予断偏見

　弁護団は，CII の職員たちが子どもの供述評価に際し，客観的かつ総合的な検討方式を採用しておらず，したがって，各人が予断偏見をいだいていたに違いないと感じた。弁護側の戦術の１つは，彼らや訴追側医学的証人の潜在的な偏見について調べることであった。弁護側は，これらの大人が児童虐待の経験をもっていたので，評価に影響を与えたか否かを探り出そうと企てた。

　最初の医学的診断者としてのヒーガー博士は，彼女自身が幼年時代に性的虐待を経験したか否かについて，弁護団から尋ねられた。彼女は返答を拒否した。裁判所は，もし彼女が答えないのなら，彼女の証言の信頼性に影響を与えると警告した[*62]。裁判所はまた，カスリーン・マクファーレンが性的虐待の被害者ではないかと推測した。もう１人の心理療法士，サンドラ・クレブスは本件においてカスリーンの指導を受けていたが，ビデオテープ面接の中で性的被害者であることを認めていた[*63]。サンドラはテープの中で，子どもたちに「私も経験者だから，私に話しても大丈夫」と言っていた[*64]。

　ヒーガー博士は幼時の体験が影響していることはないと法廷で述べた。彼女は当初，被害者との個別的接触はないと述べていたが，のちに子どもたちに直接に面接して，性的虐待の情報を得たことを明らかにした。

　上記のような個別的接触が専門家証人としての博士に影響を与えるであろうか。面接者は客観性を保ち，個人的な見解を差し挟まないように指導されていたけれども，過去の研究の示すところによれば，面接者はしばしば被験者に回答のヒントを与えている[*65]。言葉によるきっかけは避けられたとしても，言葉以外の影響は避けることはできない。ときに面接者の人種，性別，年齢そして個人的偏見が被験者に影響を及ぼす。面接者を喜ばせようとする回答者は社交上には褒められてよいが，誤解を与える回答を出しやすい[*66]。

　こうして弁護団は，CII の面接者や訴追側の医学的証人が，自分たちの幼時の経験のために本件被告人たちに偏見をいだいていることを立証しようとした。

そのような予断偏見が面接の仕方や結果の評価に影響していることを明らかにしようと努めた。

9. 検察官の誤り

宗教的儀式まがいの行為の捏造

　弁護団はまた訴追側が，被告人に対する告発をねじ曲げて，言語道断の法的な誤りを犯していると批判した。専門家による医学的証拠だけでなく，親，心理療法士，そして被害者による証言も，無関係のケースを利用し，わざとマクマーチン幼稚園と結び付けて不当に容疑者を認定し，証拠を作成したことを示していると主張した。それらは宗教的・悪魔的な共謀という予断に基づいているとも述べた。これらのイメージは，メディアによって増幅されて，公衆の関心を本件に向けさせ，被疑者・被告人に対する憎悪の念を増大させた。

　同種の事件はあまり発生しなかったので，訴追側は悪魔儀式やいけにえが実際に起きたかを十分に検討せずに当事件の裏づけがあったと見なしてしまった。ロバート・ウィンクラー（髭をたくわえた，長髪の35歳の無職）は，ベビーシッターとして仕事中に子どもたちに性的虐待を加えたとして告発された。保釈請求ができなかったので，彼は身柄を拘束されていた。ウィンクラーと本件被告人とはなんの関係もなかったけれど，子どもたちは髭面の男の写真を見せられ，何人かが本件に関係する「知らない人」の1人としてウィンクラーの写真を選びだした。

　ウィンクラーの家から宗教的儀式に関係する証拠が見つかったので，ルビン検事は彼を本件と結びつけようとした。

　　　これはたいへん重要なことであるが，被告人レイモンドの兎の耳切りについての2人の子どもの証言があったのち，兎の耳が同じ場所［実はウィンクラーの自宅］で見つかった。これは明白にカルト関係である。このことは子どもたちの言うことが正しいことをはっきりと裏づけている。ウィンクラーとレイモンドとの間につながりがあると考えて当然であろう[*67]。

　ウィンクラーは進んで嘘発見器にかかり，自分はレイモンドに会ったことは

ないと言った*68。のちにルビン検事はウィンクラーが告発されるかどうかわからないと述べた。

　もし上述の補強証拠が告発をもたらさないのであれば，証拠そのものがおかしかったと考えなければならない。なるほどウィンクラーを告発する法的根拠は何もなかった。だがウィンクラーは容疑者としてみんなに知られてしまった。地方検事は法の定めにしたがって弁護団に手渡すべきリストに彼の名前を入れてはいなかったけれども，結果は同じであった。

　にもかかわらず地方検事のルーズな被疑者指名は継続した。弁護人のラティナーは，リストを検討したのち次のように述べた。「われわれは被疑者とされた75人（そのうちの数名は著名人）の名前を知っている。彼らの写真がまず選び出され，次いでメディアに発表されて，彼らは非常に迷惑している」*69。

　訴追側は，それまで公式に告発されたことのない多くの人たちに対する告発を「浮遊」させた。これに対し弁護団は，裁判所による「口止め命令」の是非について取り組んでいた。だが結局，メディアや公衆が検察官の違法行為の内容を知る必要があると判断した。それで「口止め命令」確保の企てを中止した。

性的虐待についての報告の遅延

　弁護側は法定の36時間以内に数百に及ぶ性的虐待を報告しなかったとして，CIIを違法行為で告発した。弁護人のデイビスは，「彼らは法に不服従か，何もなかったと認めるかのいずれかだ」と主張した。デイビスは，州法を引用して次のように説明した。子どもと一緒に働くか，子どもへの性的虐待を疑うかする者は誰でも，ただちに当局に報告しなければならない。またはできるだけ早く，電話で知らせなければならない。そのあと36時間以内に報告書を提出しなければならない。さもなければ6か月以下の拘禁か1,000ドル以下の罰金に処せられる*70。

　カスリーンは自分の報告の遅れを弁護して，警察に出す面接報告書（ビデオテープとファイル）や医学的報告書を作成しなければならなかった，警察とはいつも連絡をとっていたし，何回か会合も持った，その際に研究所がおかしいと思う子どもについては言及したと述べた*71。また，「形式にこだわるのは不当。重要なのはその内容だ」と主張した*72。

第 5 章　予備審問

検察官の間の確執

　地方検察庁では何かが歪んでいた。1985 年の夏の終わり頃，検察官のチームの間に，いろいろな対立が発生していた。主任検察官のルビンは，7 人が全員訴追されるべきだと主張したが，同僚の 2 人は，5 人は訴追の必要なしと述べた。さもなければ予備審問の終了後に再検討されるべきだとも述べた。予備審問は 1985 年 10 月ですでに 15 回目に及んでいた。さきの 2 人は，ペギーとレイモンドが起訴されれば十分で，あとは証拠が弱すぎると主張した。検察官同士の対立の中で主任地方検事ガルセッティは，新しいチームが訴追を引き継ぐと宣言した[73]。

　最初の告発は 2 年前の 1983 年 8 月になされていたけれども，検察官が面接のビデオテープを見始めてから，疑問が出てきた。明らかに予備審問の時点までは，心理療法士を信頼してビデオテープをよく検討しなかった。2 年間検察官は眠っていたのである。1985 年に検察官の 1 人は次のように言った。「長い間私は 7 人全員が獣だから，狼のえさになるべきだと考えていた。証拠を勉強し始めたのはそのあとである」[74]。

　とうとう地方検察庁に光が差し込んだ。裁判所の外でだが，1 人の検察官は次のように言ったといわれる。「カスリーンは 6 か月の赤ちゃんに乱暴されたと言わせることもできるらしい。彼女は警察の取調べについては，私が形成外科について知っている程度にしか知らないのではないか」。

　彼は「われわれが聞いたことがなかった事実を法廷で初めて聞いた。子どもは何かいうと褒美がもらえるので，大げさに言い始めたのだ」と述べた。「そのあと引っ込みがつかなくなって，子どもたちは嘘つきになってしまった。今や彼らの大部分は自分のついた嘘を信じるようになっており，生涯それを信じ続けるであろう」[75]。この検察官は，誰かが性的虐待を受けたかもしれないが，捜査がまずかったために誰が犯人かはけっしてわからない，と述べた。

　新しい地方検事正のアイラ・ライナーは，彼の前任者から事件を引き継ぎ，彼の部下たちに「公正かつ完全な」証拠評価を求めた[76]。検察官の間の意見の相違は海峡ぐらいに広がっていた。メディアの報道によれば，少なくとも 1 人の検察官は，少なくとも 4 人の被告人が無実だと述べたという。また他の報道機関のいうところによれば，スチーブンスとクリスティン・ジョンソンの 2

人の地方検事は，検察の主張に深刻な疑問をいだき始めており，部分的だが検察の主張を支える子どもたちのビデオテープは，高度に示唆的な面接技術に影響されており，その技術は子どもたちへの褒美によって支えられていると述べたとされる*77。子どもたちにはもはや事実と空想との区別がつかなくなっていた。しかし訴追側の意見不統一によって依然としていく人かの被告人が身柄拘束を受け続けていた。

10. 保　釈

　地方検察庁は陣容を建て直し，再調査に手間どっていたが，その間，ペギーはわずか一訴因のために保釈を許されずに拘禁され続け，その他11の訴因については100万ドルの保釈金を請求されていた。ペギーの弁護人ギッツは，女性収容施設に彼女は2年近くも拘禁され，そこでは同房者からつばを吐きかけられ，名状しがたい名前で呼ばれ，頭髪に火をつけられようとしたことさえあると述べた*78。

　検察官は彼女を拘禁せざるをえない何らかの証拠を持っていたと思われるが，裁判所はそれを公衆に知らせなかった。カリフォルニア憲法によれば，人は保釈金を払えば，公衆の安全を護るため以外では拘禁されない。同州の実務では，被告人は次の条件以外では保釈されなければならない。(1) その人が死刑事件で告発されている，(2) 釈放すれば他人に重大な危害を加えるおそれのある重罪で告発されている，(3) 重大な危害を加えるとして他人を脅し，釈放されればそれを実行するのに十分な理由があり，その事実が明白だと裁判官が判断している*79。

　ペギーは上記の (3) の事由で拘束されていた。もととなる嫌疑は1984年6月に検察官によって提出された86文字の脅迫文であった*80。訴追側によって洩らされた情報によれば，裁判所が封緘しているその手紙には，子どもや親を毒物，爆弾，水死によって殺すか，家に火をつけるかすると記されているという。かくして訴追側は，予防拘禁が必要であり，それなしでは心的外傷を負っている子どもたちに災難がふりかかると主張した*81。

　彼女の保釈を申し立てているギッツ弁護人は，最初の15の訴因のうち残っ

ているのはたった1つであり，それも7歳の少年のペニスに彼女が触れたというものであった。しかし裁判官はきびしく，2人の子どもの証言によれば彼女は脅迫を行なったというのであった。勧告を受けて保釈の申し立てを検討した裁判官は次のように判示した。「私はこの問題を非常に詳細に検討した。ペギーの保釈に関する全部の記録に目を通した。当事者双方の主張も検討した。だが上位裁判所が最初に下した決定をくつがえす必要を認めない」。

さらに数か月拘束されたのち，1985年12月についに裁判所は，100万ドルの保釈金でペギーの保釈を許可した。その段階にいたっても，訴追側の主張は変わらなかった。彼女は家を売って，彼女の息子と母親との弁護費用に当てた。彼女は幼稚園の財産をデイビス弁護人に提供して自分の裁判費用に当てた[*82]。いまや彼女は保釈という自由を得たが，全財産を失った。

11. 告発の取り下げ

マクマーチン7の有罪を望む声は，マスコミの盛んな報道によって高まっていた。しかし今や，地方検事正が自分の政治的野望を遂げるために過剰に告発したので，多くの告発の事実的基礎が崩壊しているとの批判も存在した。1985年6月，ボブ裁判官は200以上の訴因を棄却した。その内訳は，レイモンドに対するもの170中の80，ベッテに対するもの45中の33，バベットに対するもの22中の15，マリー・アンに対するもの20中の16，ペギーに対するもの25中の1であった。

予測されたことだが，以上の棄却は親や公衆を怒らせた。「この決定はマクマーチン事件の現状からすれば，被告人に利するだけだ」。2人の記者は証拠の欠陥を指摘して次のように述べた。「この決定は重要な法原則に基づいている。それは公正な裁判にとって不可欠のものであり，政府の横暴からわれわれを護ってくれる」[*83]。

いくつかの訴因は訴追側が十分な証拠を出せなくて棄却されたものであった。他の告発は子どもたちが直接に証言しなかったために却下された。本件が始まってから新しい法律ができて，子どもたちは直接の証言を断ることができるようになった。しかし裁判官は，新法を本件に遡及適用しなかった。事後法に拘

束力はないというのである。確かに合衆国憲法は刑事事件において被告人の不利益に法律を遡及適用することを禁じている[*84]。

　事後法の禁止に基づいて裁判官は閉回路テレビによる子どもの証言を認めなかったけれども，のちに訴追側は2か月半の論戦に勝利して，いく人かの子どもが同テレビによる証言を許されることとなった[*85]。一部の親はなおも躊躇して，どんな条件でも子どもは証言台に立たせないと言った。1人の父親の示したところによれば，彼の家族はたいへんな苦悩の末，引越しをし，事件との関係を誰も知らないところにようやく落ち着いたという。こうして4人だけが法廷で証言することとなった[*86]。

　数日後，2人の子どもが脱落した。1人の8歳の少女は，地方検察庁で再検討されて除かれた。もう1人の10歳の少年の両親はある「秘密の」理由で辞退を決心した[*87]。しかし訴追側は残り2人で進むこととした。

　訴追側の主張が崩壊しつつあることが明らかとなった[*88]。すると訴追側は建て直しのため，これまでの13人の子どもの証言で50の訴因を追加すると被告人たちを脅した。訴追側は追加を望んだけれども，弁護側は，予備審問は最初の告発のみを扱うとすでに裁判官は述べていると抵抗した。

　訴追側は，そのあと残りの証人28人は誰も呼ばないと発表した。彼らのうち喜んで証言すると言ったのは5人だけであって，閉回路テレビなら，という者もあった。6人はテレビ方式でも不愉快だからだめと言い，残り17人は親が子どもたちを長い反対尋問にさらさせたくないと言っているとの理由で脱落した。親たちは，告発の棄却や子どもたちの証言内容について検察側から何か月も何の相談もないことに怒っていた[*89]。1985年9月段階でいえば，最初41人だった証人のうち，23人が辞退するか，地方検察庁によって除かれるかしていた[*90]。

　ここに来て弁護側は，すべての告発が棄却されるべきだと主張した。これがだめだとわかると，マリー・アンの弁護人は，すでに証言している1人の子どもの供述に基づいてただちに公判が開始されるべきだと主張した。その動議を却下して裁判官は，事件を分断することは妥当でないので，マリー・アンの裁判は予備審問が全部終わるまで開かないと述べた。この決定は結果的にマリー・アンに有利なものとなった。

12. 被告人の除外

　7人の被告人に対する200以上の訴因の棄却に加えて，1985年9月には，地方検察庁は5人の告発の取り下げを考慮中との噂が流れた[*91]。カリフォルニア州トーランスにあるデイリー・ブリーズ紙は，何人かの検察官が，被害者の話の内容が面接者の影響を受けているか否か疑問をいだいていると報じた。地方検事正の考えでは，子どもたちはあまりにも若いので証言することができず，ある者は自分たちの告発を取り消し，またある者は親によって撤回させられた。

　噂を聞きつけて5人の親たちが，州司法長官のヴァン・デキャンプに地方検事正の事件の取り扱いについて調査するよう願い出た。そのグループはまた起訴を免れた5人の証拠も再検討するよう要請した。被告人たちを支援するグループからも本件の扱いについて同種の要請がなされた[*92]。

　1985年のクリスマスの直前に地方検事正と検察の幹部とが数日間にわたって秘密会議を開いた。彼らは証拠の強弱や被告人7人の有罪の可能性や事件を公判に付すべきか否かについて議論した[*93]。訴追担当のメンバーは4人の被告人の告発の取り下げを進言した。訴追はレイモンド，彼の母親，ベッテの3人だけでいいというのである。1人の検事はレイモンドと彼の母親だけ，もう1人の検事はレイモンドだけでいいと主張した[*94]。

　意見が出揃ったところで地方検事正は，有罪の可能性がないので5人の被告人の告発は取りやめると決定した[*95]。1986年1月，5人の被告人の不訴追が確定した。

　だがすべての関係者が同意したわけではなかった。数十人の怒った親たちは，裁判所に集まって，訴追取りやめについて検察官に抗議した。何人かの親たちは，茫然自失の状態であったが，他の人は大声で叫んだ。1人は「ライナーは臆病者」「なぜ，なぜ，なぜ」とやじった。断音的な声は秩序ある手続きの限界を越えていた。「われわれは5人も有罪だと思う。われわれは自分たちの子どもを信じる」ともう1人の親は言った[*96]。

　信念と有罪とは別である。ライナー地方検事正の意見では，親たちには同情するけれども，彼には選択の余地はほとんどなく，検察庁には証拠のないかぎり起訴すべきでないとの倫理的義務があった[*97]。同検事正は法廷外でCIIの

面接について次のように述べている。「彼らは集団で限界を越えた。彼らは子どもに悪い先生に触られたかと尋ねた。もし彼がいいえと答えると，友だちはみんな触られたと言っている，あなたも賢いはずとつけ加えた。するとその子どもは，はいと答えた」。

ラティナー弁護人は同調して次のように述べた。「これらマクマーチン幼稚園の子どもたちは，彼らの間でいわゆる一番競争をやっていた。1人の子どもが，先生が兎を叩いたというと，次の子どもは耳を切ったといい，その次の子どもは兎は真っ二つにされたと言った」[*98]。

共同して担当していたスチーブンス検事が，本件には重大な疑問があるといって辞任した。だが同検事と地方検察庁の双方とも辞任の理由は本件とは関係がないと述べた。スチーブンスは，予備審問が終わるまで5人の被告人の告発取り下げは待つべきだとの地方検事正の見解に同意した[*99]。

1985年のクリスマスの前の日，ボブ裁判官は弁護団の反対にもかかわらず，彼らに弁論の中止を命じた。弁護団の示すところによれば，彼らは証人リストを削減したが，医学専門家の証言を用意するのになお数週間を要した。「弁護人が次の証人とともに訴訟を追行する準備ができていないのなら，当法廷は新年の挨拶がすむまで休廷する」と裁判官は宣言した[*100]。

13. 結　語

本件の予備審問の証言は1986年1月に終了した。地方検察庁のガンソン検事は，今後大きな変動がなければ，被告人たちに対する告発の追加はないと結論的に表明した[*101]。

ガンソン検事はまた，チャールズ・バッキー（2人のマクマーチン被告人の父親でペギーの夫）の捜査はもはやないと言い，マンハッタン・ビーチ市の雑貨商レイ・ファデルの捜査もないと言った。さらにガンソン検事は，近くのランチ幼稚園の3人の職員については，十分な証拠がないので訴追はしないと述べた[*102]。

地方検事正はなお，何らかの法医学的証拠を明らかにしなければならなかった。いぜんとして大人の証人は出てこなかった。証言したのは子どもたちだけ

であり，彼らは，悪魔の礼拝があった，動物の手足が切断された，血が飲まれていた，赤ん坊が生きたままいけにえとされたなどと言っていた。しかも彼らは薬を飲まされ，性的虐待を受けたとさえ言っていた。

警察から親たちに出された手紙は子どもたちにレイモンドの性的虐待について調べるよう依頼したものであり，それはレイモンドには証拠隠滅のおそれがあることを示すものであると訴追側は主張した。地方検察庁のバーネティ主任捜査官は，1983年以来すでに100万ドルが費やされているけれども，幼稚園の子どもの写真は1つも見つかっていないと証言した[103]。

本件は明らかに性的虐待についての訴追側の立証が困難であることを示していた。一方，被害者や被疑者の人権を護ることの難しさをも示していた。奇妙な証言と裁判所の不当な決定とが問題の根本的原因であった。

被告人についてのあまり根拠のない証拠を公表するメディアと訴追側とに煽られて，集団的ヒステリーが訴追側を支え，彼らの主張を強化した。訴追側は意図的にジュディー・ジョンソンについての情報を押さえ込んだだけでなく，最初，子ども面接のビデオテープの内容も弁護側に提示しなかった。したがって指導の限界や偏向した面接技術を弁護側は検討できなかった。

同様にして訴追側は，誰を訴追すべきかについても恣意的であった。検察官の訴追権限は実際には公衆の詮索を引き出す無制限の裁量権を持っていた。それゆえ人々の生活を抑制することも破壊することもできた。7人の幼稚園の職員のうち5人が訴追を免れたけれども，彼らのプロとしての評価や社会的地位や財産は完全に失われた。

被告人たちは意気消沈していたけれども，他の人たちは望みを捨てなかった。訴追側が社会防衛のためでなく，個人的な目的で事件の捜査を始めたことについては確かな証拠が存在した。ある人は，訴追側を煽動的で，悪意に満ちていると批判した。ライナー検事正は，前任者を批判して次のように述べた。彼は子どもたちの初めの面接を心理療法士に託した。その面接者たちは「信じがたいほどに誘導的」で，非常に弱い証拠で被告人たちの有罪を基礎づけた[104]。

訴追側は，保釈なしでかなり長い間被告人たちを拘束することについては彼らの自由裁量権を利用した。レイモンドは，予備審問の全期間保釈を許されなかった。それは州の歴史で最長であった。訴追側は彼の母親をも2年間拘禁し

た。2人は地域社会との結びつきや確かな個人的背景をもっていたにもかかわらず，保釈を許されなかった。彼らは前科や前歴がないにもかかわらず，また7人中5人が釈放されたにもかかわらず，保釈を許されなかった。

　訴追側は，被告人を追及して，いかなる告発をすべきかについては，その広い裁量権で州の機構をフルに活用し，証拠の弱さにもかかわらず多数の告発を行なった*105。過剰の訴因や告発はのちに混乱をもたらし，弁護側に有利に働いたけれども，メディアによって作り出された性的虐待と共謀との告発は7人の被告人全員の生活を破壊し，公平な陪審を選ぶ機会を失わせた。

　事件の経費もたくさんの人を驚かせた。予備審問終了の時点で，経費は400万ドルに達し，7人の被告人全員を破滅させ，たぶん1人の弁護士をも破滅に近づけた。にもかかわらず，終わりは見えてこなかった。経済的負担に加えて，予備審問は被告人，子ども，親，弁護士（当事者双方を含む），警察，そして裁判官に大きな負担を課した。しかし公判はまだ始まっていなかった。第一審の公判，陪審評決，そのあとの混乱が間もなく，自分たちの権利のために立ち上がる人々にとっての格好の射的場となろうとしていた。

第6章　第一次公判前の出来事

　メディアが糾弾した多くのセンセーショナルな事件のほとんどは，公判前に潰えた。1986年1月，被疑者のうち5人が事件から外され，残ったマクマーチン被疑者らに対する検察側の被疑事実の正当性と信頼性に対してメディアが疑問を示し始めると，皮肉な空気が支配的となっていった[*1]。第一回公判が始まるときには，被告人は，レイモンド・バッキーと，彼の母親であるペギー・マクマーチン・バッキーのわずか2人になっていた[*2]。

　1人の公判担当裁判官を選ぶのに数週間を要した。予断を理由に3人の判事が候補から外された後，裁判所は，ウィリアム・R・パウンダース上位裁判所判事を公判裁判官として指名した。パウンダース判事は，1985年にロサンゼルス上位裁判所判事となり，前向きの強さをもった判事であった。彼は，コンピュータを組織的に利用することにより，優れた統合力と幅広い法知識をもっていた。

　マスコミはまた，検察チーム内の数人も，被告人に対する起訴事実の正当性に重大な疑問をもっていることを報じた。特に議論が沸いたのは，元検察官のグレン・スチーブンスが，数人の映画製作者によって録音された録音テープの中で起訴事実の正当性に疑問を表明し，またナンバー2の検察官であるクリスティン・ジョンソンも検察側立証に不安をもっていたということだった。他方，子どもが強制わいせつ行為を受けたと当初主張した母親であったジュディー・ジョンソンが死亡したことで，事件の重要な環が失われた。

　その他の議論としては次のものがある。(1) レイモンド・バッキーの保釈が却下されたこと，(2) 裁判地と陪審員選定母体変更の申し立て，(3) 当時検察

官であったグレン・スチーブンスによって作成された録音テープが一時紛失し，後に発見されたこと，そして（4）差別的な警察と不公正な検察による起訴。スズメバチの巣をつついたあげくの傷と痛みは，事件が裁判にかけられる前に，薬を塗り，治療しておかねばならなかった。

1. 差別的な警察と検察による起訴 ……………………………………

　ディーン・ギッツ弁護人は，ペギー・マクマーチン・バッキーは偏見ある警察と不公正な検察の活動の対象だったという。彼は，ペギーと他の釈放された被疑者との間には，裁判を受けなければならないかどうか以外，違いはないという[*3]。彼とレイモンド・バッキーの弁護人は，すべての訴因について却下するよう，同じ申し立てをした。弁護人たちは，2人の被告人に対する起訴は，政治的理由によってなされたものであると確信していた。

　パウンダース判事は，検討可能な証拠を吟味した後，2人の被告人について手続きを進め他の5人を釈放した地方検事正の判断は，これを正当化するに充分かつ信頼できる証拠があると判断した。判事はさらに，ライナー地方検事正がもし起訴手続きを進めなければ，裁量権の濫用になったであろうと付け加えた[*4]。

　事件当初からかかわっていた検察官の1人，グレン・スチーブンスは，1986年に地方検察庁を辞職する前に，マクマーチン事件の被告たちの有罪について疑問を表明していた。彼は，マクマーチン事件におけるスチーブンスの役割を映画化したいと考えていたビバリー・ヒルズの脚本家と映画制作者のアビー・マンとミラ・マンから，30時間におよぶ録音インタビューを受けていた。スチーブンスの現実の役割がどうあれ，話の筋では，彼は良心に従わざるを得なかったばかりに職を追われる，若い野心的な検察官であった。スチーブンスはそのインタビューの中で，「検察の強大な権力によって，マクマーチン事件の被告人たちの生活を台無しにした」と述べている[*5]。

　録音インタビューの情報は，公判開始直前に，弁護人，検察官双方にもたらされた。スチーブンスは，公判終了まで明らかにしないと思ってインタビューに応じたと述べているにもかかわらず，これらのテープは，強制わいせつの起

訴の信頼性に当初から重大な疑問があったという検察側立証の内幕を提供するものとして，きわめて重要なものと考えられた。

　録音インタビューの後，マンらは，法律が求めているように，「重要な証拠」が弁護側に開示されていないことについて心配になった。マンらは，テープの一部分を，彼らの顧問弁護士である元高裁判事のリチャード・シャウワーに見せた。シャウワー弁護士は，テープを州司法長官と弁護側の双方に提供しなければ司法妨害の罪になる可能性がある，と助言した[*6]。「私たちは，どうすればいいか苦悶しました」とアビー・マンは言う。「もしテープを提出すれば，私たちのプロジェクトは危うくなることはわかっていました。しかし2人の人間の人生が危機に立たされているのです。そして，選択の余地はない，と判断しました」[*7]。

　テープは，地方検察庁が故意に情報を隠匿しているという弁護側の主張を実証することとなった。特に弁護側を驚かせたのは，検察側は，レイモンド・バッキーに対する告発を最初に行なったマクマーチン幼稚園児の母親の精神状態の不安定さに関する情報を，不正に入手していたことであった。録音インタビューの中でスチーブンスは，園児たちは「話をどんどん創り始めた」と詳細に述べている。彼は，セラピストたちは誘導的，指示的な質問をして取調べを歪めていったと述べている。スチーブンスはまた，事件の捜査はずさんで，園児たちの説明はしばしば矛盾し，「裁判所にまで持ち込む仕事はなかった」と述べている[*8]。

　その後，マンたちは弁護側に調査員として雇われたため，彼らがこの事件に関与することについて問題を提起した。もう1つの問題は，元検察官のスチーブンスが，同じ事件について弁護側で仕事をすることの問題——利益相反と依頼者に対する守秘義務——であった。スチーブンスは，地方検事には依頼者はいない，だから依頼者に対する守秘義務は問題にならないと反論した。しかし法律専門家の中には地方検事にも依頼者はいる，それは州だ，と述べる者もいた[*9]。カリフォルニア州の「業務と専門家責任に関する法律」によれば，事件を起訴した後，検察官が，「弁護人としてあるいはその他の方法で」，被告人に対し，直接あるいは間接に助言することは，軽罪および弁護士資格の剥奪に該当するとしている。

スチーブンスのテープのもう1つの影響は，予備審問で証言した園児たちの何人かが，「スチーブンスが自分たちを信用していなかったと知り，驚愕している」ということであった*10。ある親は，園児たちは，スチーブンスが「銀貨30枚のために」彼らを裏切ったと感じていると述べている。スチーブンスは当初1,000ドル，そして映画の売上の5％を受け取る契約をしていたのである*11。

2. 公訴棄却の申し立てと検察側の不正行為の問題 ……………

スチーブンスのテープに基づいて弁護側は，検察側の不正行為を主張し，2人の被告人に対する公訴を棄却させる行動に出た。弁護側は，検察側が行なった「恐るべき政府による不正行為」の数々を引用した。弁護側が裁判所に提出した証拠は11ページに上り，基本的にグレン・スチーブンス前検察官に対するマンの録音インタビューからの情報に負っていた。

弁護側の，検察側の不正行為を理由とする公訴棄却の申し立てのポイントは次のとおりである。

①被告人たちは，主任検察官ラエル・ルビンが被告人たちを2年以上も拘置所に入れておくために裁判所に虚偽を申し立てるなどして，地方検事がけっして起訴するつもりのない公訴事実により，保釈されることなく拘禁された。
②検察側は故意に，被告人たちの無実を証明したかもしれない証拠を隠匿した。たとえば，事件の捜査を開始させた母親が精神病であったこと，彼女があったと主張したいくつかの強制わいせつの日時は，すでにレイモンド・バッキーが勾留された後のものであったことなどである。
③検察側は，準備ができていないにもかかわらず公判の準備が整ったとアナウンスし，検察側の準備が整うまでの時間稼ぎに証人を裁判所に喚問した。
④検察側は，証人となる園児の両親に対して，子どもたちは被告人の前では証言する必要はないと説明した。
⑤さらにこれらの両親たちに，子どもたちにはその可能性がないにもかかわらず，別室のテレビによる証人尋問ができると告げていた（しかし，最終的には，1人の園児には別室でのテレビ尋問が行なわれた）。
⑥検察側は，被告人である母親と息子が拘置所内で親子のコンタクトを取るこ

とを禁止した。

　地方検事は，弁護側の申し立ては棄却されるべきだと主張した。その理由は，不正行為という弁護側の主張は，訴訟の結果に金銭的利害関係のある者の根拠薄弱な主張に基づくものであって，「根拠を欠き，理由がない」というものである[*12]。検察側は，したがって，弁護側の申し立ては，信用できない者によってもたらされた，信用できない，もっともらしく見える情報に基づくものにすぎない，と反論した[*13]。

　弁護側の申し立てはただちに棄却された。ウィリアム・パウンダース判事の決定は明解であった。「私は，検察側が3，4年以上もの間，常時，すべての証人を100％信頼していなかったという理由で，このような事件を公訴棄却にすることはできない」[*14]。判事は，たとえ証拠が弁護側に秘匿されていたとしても，公訴は棄却すべきであるということにはならない，と述べた。パウンダース判事は，さらに，「すでに多くの人の生活が傷ついている。社会は真実を求めている。どうして私が，公判で真実を明らかにするのではなく，この事件を公訴棄却にし，永遠に真実を葬り去ることができようか」と述べた[*15]。

　弁護側は次に，ラエル・ルビン検察官の忌避を申し立てた。理由は，グレン・スチーブンスと同様，彼女も同じ情報に関与していたのみならず，本件を起訴するにあたり，「純粋に専門家としてではなく，強度に個人的で感情的な関与」をしている，というものである。この後者のポイントは，ルビンと，子どもをマクマーチン幼稚園に通わせていた上位裁判所判事のアレクザンダー・H・ウィリアムズ三世との「恋愛関係」のうわさに関係している[*16]。

　弁護側はさらに，検察寄りの予断があることを理由に，ロジャー・W・ボーレン判事の忌避を申し立てた。ダニエル・デイビス弁護人によれば，ルビン検察官は上位裁判所のウィリアムズ判事と本件について連絡をとり，ウィリアムズ判事はボーレン判事と議論した，というのである。ボーレン判事は，ウィリアムズ判事と事件について議論したことを否定し，さらに，ウィリアムズやルビンとの関係もいっさい否定した。「私は，本件の被告人のいずれに対しても，いかなる理由に基づく予断・偏見もいだいていない。また私の前で公平で偏りのない裁判が行なわれないはずはない」と判事は断言した[*17]。パウンダース

判事は弁護側の申し立てを棄却し，申し立てを認めることは，検察側を無力にし，検察側と弁護側の不平等な関係を作り出すことになる，とした[18]。

裁判所が公正についてどのような感覚をもっているかが明らかにされた。検察官が，7人の被疑者のうち2人だけを起訴したことが，真に差別的で不公正な起訴であるかどうかを判断するための証拠に関するヒアリングにおいて，パウンダース判事は弁護側に対し，公訴棄却を得るための2つの方法を提示した。(1)検察官が政治的な理由で捜査したこと，そして(2)釈放された被疑者に対する証拠が起訴された2人の被告人に対する証拠と同じであること，そうであれば，差別的な起訴であることの明らかな証拠となるであろう，というのである[19]。

証拠の隠匿

繰り返し述べてきたように，最初に告発した母親ジュディー・ジョンソンの信頼性に疑いをいだかせる情報は，故意に隠匿され，ラエル・ルビン検事によって違法にも，10か月の間弁護側に開示されなかった。ジョンソンの供述のいくつかは，最初の強制わいせつの告発から約3年後の1986年6月まで弁護側には開示されず，しかも開示されたものは，ジュディー・ジョンソンのおかしな供述部分が削除された警察官報告書であった。

ジュディー・ジョンソンに関する記録が「危険」であり，しかしそれらを欠くことは，予備審問において弁護側に大きな影響を与えることが明らかになると，パウンダース判事はジレンマに陥った——改めて地方検事の違法行為を正当化するために後退するか，あるいは検察側の主張のまま前進するか[20]——。ジョンソンは，自分の子どもは，強制わいせつを受けたばかりでなく，マクマーチン幼稚園の遠足で，ライオンと象に襲われて怪我をしたと非難，議論していた[21]。隠匿されていた証拠には，また，ペギー・マクマーチン・バッキーが男子園児のわきの下に錐を刺し，レイモンド・バッキーは空を飛んだ，と記載されていたことが判明した。またジョンソンは，マクマーチン幼稚園の職員たちは，園児の耳，乳首，舌にホッチキスを打ち，目にハサミを入れたとも述べている。さらに彼女は，息子は人間のいけにえと赤ん坊の血を飲む悪魔儀式に参加させられた，とも述べている[22]。ジョンソンはさらに，近隣のスポー

第6章　第一次公判前の出来事

クラブの従業員が息子にわいせつな行為をしたとも述べ*23，息子の父親——無断欠勤している海兵隊員——が息子と関係をもち，飼っている犬にもわいせつな行為をして，蹴り飛ばした，とも述べているのである*24。

地方検察庁で発見されたジョンソン供述の要約のコピーは，タイプされ「極秘情報」と記された注意書が付いていた。それらは地方検事ラエル・ルビンからマクマーチン事件の被告人側に引き継がれることはなかった*25。ルビンは，そのような指示を出したことはないと証言している。実際，そのファイルの中の，地方検察庁調査官アンソニー・ブルネッティーによって作成された記録の1つは，ジョンソンの息子はラインナップにおいてレイモンド・バッキーを識別できなかったとされていたが，ジョンソンの供述要旨に含まれていたこの事実も，弁護側には隠されていた*26。

この記録の所在が明らかになった数日後，ラエル・ルビン主任検事は証言し，起訴事実の信頼性に疑問を投げかける情報を10か月間弁護側に開示しなかったことを認めた。「あなたの過失ですか」との弁護人の質問に対して，「そのとおりです」と答えている。

ラエル・ルビンはまた，彼女がジョンソンの告訴申立書を1984年7月に最初に受け取ったときにはそれを信用しなかった，と証言した。ロサンゼルス郡地方検察庁の上席調査官であるティム・タイソンは，告訴された事実について，ジョンソンの息子には一度も面会しなかったと証言した*27。したがって，犯罪が行なわれたという地方検事の当初の主張には，証拠がなかったことになった*28。

他方でルビン地方検事は，被告側に情報開示が遅れた理由として，被告側が予備審問において適正なプレゼンテーションと評価ができるように，地方検事に法律上要求されているステップだったと説明しようとした。ルビンは，もじもじしながら次のように証言した。彼女は，ジョンソンが以前告訴した公務員に関する情報は当面開示を遅らせることとしたが，ジョンソンの記録のうち2つの重要な記録が不注意で置き忘れられ，とうとう弁護人に開示するのに10か月経ってしまった，と*29。

しかしながら問題は，証拠を開示しなかったのが故意であったかどうかである。故意であったとすれば犯罪になる。ルビン地方検事は証人尋問で，ジョン

ソンが以前，ロサンゼルス教育委員会の委員であったロベルタ・ウェイントラウブが息子にわいせつ行為をしたと告訴したとの情報の開示を故意に遅らせたことを認めている[*30]。ルビンは，ウェイントラウブに対する告訴はばかげていると述べたものの，その理由と，マクマーチン事件の被告たちに対する告訴はばかげていないとする理由については説明しなかった。

　グレン・スチーブンスも予備審問において証言している。自己負罪拒否特権を行使してほとんどの質問に答えなかったが，弁護人は，スチーブンスには司法免責が与えられるべきだと要請した[*31]。被告側も検察側もスチーブンスに証言させるよう，裁判官をうながしたが，スチーブンスはすべての質問の答えを拒否し，裁判官は，スチーブンスには合衆国憲法修正5条（自己負罪拒否特権）を行使する権利があると判断した。その間に州司法長官は，スチーブンスについてはカリフォルニア州の「業務と専門家責任に関する法律」違反で立件しないことを決定，軽罪に該当するかどうかの検討をロサンゼルス市司法当局のジェームス・ハーンに委ねることとした[*32]。

　州司法長官もロサンゼルス市司法当局も，スチーブンスに対して司法免責を与えるよう，パウンダース判事に要請した。両者は，スチーブンスの今後の証言の重大性は，彼に対する軽罪を問うことよりもはるかに重要であると主張した[*33]。両者はまた，もしスチーブンスが証言に協力すれば，彼は司法妨害の共謀，公的記録の無許可移動，あるいは起訴した事件について被告側にアドバイスすること等の罪で起訴されることはないであろうとも付け加えた。

　司法免責が認められ，スチーブンスは，全検察チームがジュディー・ジョンソンの精神的不安定性に関する証拠を秘匿していたこと，また検察側はすべての証拠を弁護側に開示すべしとの裁判所の命令を受けていたにもかかわらず，弁護側に渡したくない証拠は開示するなと警察に指示していたことを証言した。スチーブンスはさらに，ラエル・ルビン地方検事は1984年にそれらの情報をただちに受け取る権利が弁護側にあることを知っていたが，遅らせることを決定し，裁判所に嘘をつき，被告人らが保釈されないよう起訴事実を増やしたとも証言した[*34]。同様に検察側は，ジュディー・ジョンソンが，自分は空想と現実を区別できないと書いていた手紙も秘匿していた。スチーブンスは，録音テープに収められた事実を公にしようと思った動機は，マクマーチン事件の被

告人たちは無実であるという真実を明らかにしたかったからだと証言した[*35]。

　法廷外でルビン地方検事は，スチーブンスは偽証していると述べた[*36]。しかしながら，法廷内では，適切な記録が実際に地方検事によって秘匿されたこと，またそれらの記録なしには，弁護側がジュディー・ジョンソンの感情的状態——精神を病んでいるか否か——について彼女を証人として喚問しあるいは反対尋問で質すことができなかったことが明らかにされた。

　証拠の隠匿については，さらにスチーブンス自身が，同地区の他の私立幼稚園担当の捜査官に対し，地方検察庁に証拠を送付すると法律上被告側に開示しなければならなくなるので送付するなと指示していたとの，新たな疑惑が表面化した[*37]。

　クリスティン・ジョンソン地方検事も，検察官はジュディー・ジョンソンの供述書を故意に秘匿したと証言した[*38]。彼女は，このような証拠の隠匿と被告人たちが有罪であるかどうかについて捜査官内部にも混乱があったことを理由に，予備審問後，別事件への担当替えを申し出たと証言した。ジョンソン検事はまた，ルビン検事は，教育委員会のメンバーが息子にいたずらをしているとのジュディー・ジョンソンの告訴を知っていたこと，しかしルビンはこの情報を弁護側に知らせないことにしたと証言した[*39]。ジョンソン検事のこの証言は明らかに，その情報の開示をただ数日遅らせただけであり，その後忘れてしまったのだとするルビン地方検事の証言とは一致しないものであった[*40]。

　とすると，地方検事が犯罪があったと信じる根拠は当初からなかったことになる。ジュディー・ジョンソンの告訴は，本質的に，彼女の息子に対する，大勢の大人による複合的な強制わいせつ罪であった。そのわいせつ罪とは，捜査もされず，証明もされず，警察，印刷メディアと電子メディアによって作り出され，警察の捜査官，地方検察庁，国際子ども研究所（CII）セラピスト，そして子どもたちの両親によって，影響を受けやすい子どもたちの心に染み込ませられたのである。社会は，全体として，彼らによって作られた事実を受け取っていたのである。

　3か月のヒアリングを経て，パウンダース判事は，検察官は故意・過失を問わず，重要な情報を弁護側に対して隠匿したことはない，と判断した。判事は，「私の結論は，地方検察庁のメンバーによる重要情報の故意の排除はなかった

というものである——スチーブンス氏を除いて」と述べた*41。予備審問を担当していた3人の検事のうち2人までが，証拠は故意に弁護側に対して隠匿されたと証言しているにもかかわらず，弁護側の「とんでもない行為」との異議が棄却されたのは，不可解に見えた。

3. 第一告訴者ジュディー・ジョンソンの死

　重要な告訴人であるジュディー・ジョンソンの死体が発見されたのは，レイモンド・バッキーの保釈申し立てがなされたのとほぼ同じころであった。殺人が疑われた。目に見える外傷はなかったが，マクマーチン事件への彼女の関与ゆえに，ロサンゼルス郡保安官事務所の殺人課の職員は彼女の死について捜査するよう命じられた*42。検察側が驚いたことに，弁護団は，彼女の死は被告人たちの立場を悪くするだろうとコメントした。「なにもかも悲惨な状況だ」とディーン・ギッツ弁護人は語った。「彼女の死は検察側よりずっと弁護側を不利にするだろう。なぜなら，彼女こそが告訴の起源であり，それらを永続させた触媒と信じるからだ」。検察側は，彼女の尋問は重要ではなく，事件の101の訴因の1つに関与しているにすぎない，と反論した*43。

　ジョンソンの死に対する第一次の検査は決定的なものではなかったが，彼女は内臓出血で死亡したようであった。次いで彼女はアルコール依存に伴う肝臓疾患により死亡したと報じられた*44。弁護側は，これは，彼女の空想的な妄想と虚偽の告訴の原因であり，そのいずれもが，検察とCIIが，社会を守るための断罪の名を借りて，演じ，追及してきたものであると主張した。

4. 公判前の弁護側申し立て

　しかしながら，ジョンソンの当初の告訴の信用性に関する問題点と疑いは，もはやマクマーチンの2人の被告人には問題ではなかった。彼らは依然として，圧倒的大多数の住民が彼らの有罪を固く信じる管轄地での陪審裁判を受けなければならなかった。したがって弁護側は，公判前報道のインパクトを減少させるため，陪審選定手続きと公判資料のプレゼンテーションの準備をしつつ，公

判を遅らせる必要があると感じていた。弁護側は，さらに，公判前の検察側の不正行為の開示を求めつづけることは，検察の起訴の確かさに強い疑念を生じさせ，被告人が公正な裁判を受けるチャンスに貢献するであろうと考えた。公判前申し立ては時間かせぎの1つの手段でもあったのである。

　一般的に，陪審選定を巻き込んだ公判前申し立ては，裁判を遅らせるための弁護側の重要な戦術である。検察側の起訴の強さに疑いを投げかけ，公判への準備時間を弁護人に与えるのである。マクマーチン事件では，弁護側は数多くの公判前申し立てを準備したが，われわれが知る限り，陪審選定と被告人が公正な裁判を確保する戦術としての公判前申し立ては次の3つにすぎなかった。すなわち，(1) 裁判地の変更申し立て，(2) 陪審員候補者に対する質問（ヴォア・ディール）条件拡大の申し立て，そして (3) 陪審構成に対する異議申し立てである。以下では，これらの公判前申し立てが，いかに弁護側の戦術として，裁判を遅らせ，被告人が公正な裁判を受けることがいかに困難であるかを裁判官と社会に理解させ，そして被告人たちが陪審によって有罪と判断された場合に備えて再公判を確保することを可能にしたかを吟味する。

裁判地変更の申し立て

　1987年1月上旬，弁護側はパウンダース判事に対して，事件に関する広汎なマスメディア報道はロサンゼルス郡においては被告人が公平な裁判を受けることはできないことを意味するので，裁判地変更の申し立てを行なうと伝えた。弁護側は，とりわけ2人のマクマーチン被告人に対する裁判手続きがロサンゼルス以外の郡において別々に行なわれるべきであると主張した*45。

　マクマーチン裁判までの間，ロサンゼルス郡において裁判地の変更の申し立てが認められた最後のケースは，1973年に，4歳のジョイス・アン・ハフというハワイアン・ガーデンの少女がショットガンで殺された事件である。ロサンゼルス上位裁判所のジョリウス・リーサム判事は，ノーウォークからサンフランシスコに近いサンマテオ郡のレッドウッド市に裁判を移転することを命じた。判事が「大量の集中砲火」と呼んだロサンゼルス郡における事件報道のゆえである。少女の殺人で起訴された3人の男は，にもかかわらず，陪審によって有罪の評決を受けた。

最近では，1992年の悪名高いロドニー・キング殴打事件において裁判地変更の申し立てが認められている。判事は，ロサンゼルス中央上位裁判所から，ロサンゼルス郡のすぐ北にあるベンチュラ郡に裁判を移すよう命じた。ロサンゼルスでは18歳以上の住民のうち約60％を人種的・民族的少数者が占めるのに対し，ベンチュラ郡上位裁判所が位置するシミ・バレー市では住民の80％近くを白人が占めている。最終的には圧倒的に白人が占める陪審が事件を裁き，黒人運転手を殴打したことによる暴行の起訴について，白人のロサンゼルス警察官4人全員を無罪にした。この無罪評決は，ロサンゼルス警察（LAPD）が人種的・民族的少数者に対していきすぎた権力を行使していると長い間批判していた人種的少数者の怒りを招いた。ロサンゼルス暴動では，約60人の死者，2400人の負傷者，14,000人以上の逮捕者，傷つけられ破壊されたビル1,400，10億ドルの財産損害，そして11,500人が仕事を失った[*46]。

　マクマーチン弁護団の裁判地変更の申し立てには，ロサンゼルス管轄区は，裁判所が指定可能な他の管轄区に比べより望ましくないとの調査結果が記載されていた。弁護側は他のカリフォルニア州の郡に関する追加調査を行ない，もしこの事件の裁判が南カリフォルニアの「メディア市場」からサンフランシスコ方面へ移転できれば，より公正な陪審を確保することができるとの結果を得ていた。その調査によれば，ロサンゼルスのすぐ南にあるオレンジ郡でも，ロサンゼルス郡あるいはベンチュラ郡より少しはましであるとしていた。

　弁護側の裁判地変更の申し立ては，特に次のように述べていた。

　　　明らかにすべてのメディア報道は，被告人ら，とりわけレイモンド・バッキーに対して極端に否定的である。当初の事件報道は，とりわけ否定的で，社会心理学の文献において，初頭効果ないしは刷り込み効果として知られる舞台を設定した。その結果，初期の刷り込みを打ち消すためには莫大な量の肯定的な報道が必要になるであろう。この初期報道は，それ自体が，裁判地の変更を不可避とする……メディアの分析，陪審員有資格者の無作為サンプル調査に基づき，被告人に対する一般的印象，特定の偏見のいずれもが，この裁判地では公正な裁判を不可能にする。レイモンド・バッキーは，ロサンゼルス中の関心を集め……そして一部の人々は残虐で異常な刑罰を科するであろう恐ろしい犯罪について，有罪の予断をもっていた。これらの条件は，公正で偏見のない陪審員選定のための裁判地変更を避けがたいものにする[*47]。

1987年3月，パウンダース判事は，バッキー自身が「潮の流れが変わった」と述べているレイモンド・バッキーのテレビインタビューを引用して，報道は被告人に有利に変わったと指摘し，裁判を他の郡もしくは管轄地に移転すべきであるとする弁護側の申し立てを棄却した。判事はまた，5人の被疑者が不起訴になった後，事件に対する社会の見方は劇的に変わったと述べた。「これは，私自身も含め多くの人々に，残った被告人に対する事件の確からしさを疑わせた」と判事は述べた[*48]。

ラエル・ルビン検事は，判事の論理を「鋭く，かつ正しい」と評した。判事の決定を予想していた弁護側は，抗告すると主張した。ディーン・ギッツ弁護士は，「置き去りにされたものは，希望，たぶんそれは，もし抗告審がこの事件を取り上げなければ，この郡に依然として存在するであろう政治的プレッシャーと予断をなんとか乗り越えられる陪審を見つけることができるという希望だ」と述べた[*49]。

十分な陪審選定手続き（ヴォア・ディール：Voir Dire）の申し立て

裁判地変更の申し立ては棄却されたものの，弁護側は，申し立てを効果的に用いた。それは，陪審員候補者を，別々に1人ずつ，裁判の結論に影響するかもしれない彼らの予断や生活状態，そして態度について質問して審査できるよう，陪審選定手続きに詳細な条件を付する申し立てを認容するよう判事を説得するものであった。このように，裁判地変更の申し立てに次いで，戦術として，ヴォア・ディールの条件拡大の申し立てが行なわれた。前者の申し立ては，集中的な報道によって，当該地域において被告人は公正な裁判を受けることがほとんどできなくなったことを示すように組み立てられた。その申し立てが棄却されると，弁護側は今度は，別のメカニズムを設けることの重要性を指摘する作戦へと転じた。それは，陪審選定手続きにおいて，偏見と予断をもつ陪審員候補者が陪審員となることを阻止することであった。

陪審選定手続きは，被告人が公正で偏見のない陪審による裁判を受ける合衆国憲法修正6条の権利の，基本的な保障と考えられている。選定手続きにおける候補者に対する質問（ヴォア・ディール）は，陪審員候補者1人ひとりから，偏見と予断のない方法で陪審員となる能力があるかを示す情報を引き出すよう

に組み立てられる。それは，弁護士と検察官，あるいは裁判所によっては裁判官も，陪審員候補者に対して問を発するのである。

「ヴォア・ディール」の文字通りの意味は「真実を話す」ということである。質問に対する候補者の回答に基づいて，弁護士は，依頼者にとって望ましくない候補者を忌避する2つの手段を用いて，最も望ましい陪審員を選択しようとする。(1) 1つ目は，専断的忌避（理由を示さない忌避）で，候補者を忌避するために何らの説明も要しないものであり[*50]，(2) 2つ目は理由付き忌避で，たとえばいずれか一方の当事者に抜きがたい予断をもっているなど，候補者を忌避する法的に明確な根拠を裁判所に示さなければならないものである。

「ヴォア・ディール」は陪審選定手続きのふつうの一部だが，多くの法域ではその利用の拡大を制限している。たとえばカリフォルニアでは，1990年に成立した州民提案115号により，弁護士・検察官が行なうヴォア・ディールは廃止され，陪審員候補者のスクリーニングは，公判を主宰する裁判官に委ねられた。この新しいシステムでは，弁護士・検察官は，ヴォア・ディールの間に陪審員候補者の偏見をただすために使える質問事項のリストを裁判官に提出するよう指示される。しかし裁判官は，弁護士・検察官から提出されたそのすべての質問を行なう必要はない。同様に，裁判官は，弁護士・検察官自身が行なうヴォア・ディールを許す裁量がある一方，裁判官は，ヴォア・ディールの長さを制限することもできる。たとえば，カリフォルニア州サンタクルズ郡で起こった死刑事件である州民対ソト（*People v. Soto*, No. CR 5581, 1994）において，裁判官は，弁護士・検察官が行なうヴォア・ディールを許可した。しかし，裁判官はヴォア・ディールの長さを制限し，弁護人にはヴォア・ディール手続きとして3時間が与えられ，120人の陪審員候補者を質問することになった，つまり，1人あたりの平均質問時間は1分半であった。

マクマーチン児童強制わいせつ事件の裁判が始まったのは，提案115号の成立前であったが，裁判官は，ヴォア・ディールの長さを拡大・制限する同様の裁量権をもっていた。弁護側の戦術は，弁護人にヴォア・ディールの質問について広い自由を与えるため，ヴォア・ディールの範囲を拡大しようとするものであった。たとえば，(1) ヴォア・ディール用に候補者に対する質問用紙を利用すること，(2) 児童強制わいせつや被告人に対する予断・偏見が発見される

よう，陪審員候補者の背景同様，きわめて多様な社会経済的，性向的，あるいは行動科学的方法を網羅する質問や情報の抽出が含まれること，そして，（3）他の候補者やメディアが立ち会わない，陪審員候補者が1人ずつ別々に質問を受ける隔離されたヴォア・ディールの期日などである。

ヴォア・ディールの範囲を拡大するための最も効果的な手段の1つは，陪審が被告人に有利な方向でもつかもしれない予断について，裁判官を警戒させることである。一般的に，当該事件に選ばれた陪審員候補者の予断を探し出すためにヴォア・ディールを拡充する重要性について，弁護団が裁判官を教育する重要なツールの1つは，調査である。

マクマーチン弁護団は，管轄地域内の陪審員候補者は，被告人に不利な偏見をもっていると述べて，攻撃に出た。以前に行なわれた地域調査結果に言及して，弁護団は，ヴォア・ディールの拡充は，被告人に対する予断・偏見が少ない陪審員を選定するおそらく唯一の方法である，と主張した。裁判所の認容を得て，この事件に割り当てられる陪審員候補者に対する重要な質問は，こうして，被告人が公正な裁判を受けるためには絶対的に必要なものと考えられたのである。

公正で偏りのない陪審員の選定

公正で偏りのない陪審員を選ぶ手続きの困難さを理解する第一のステップは，公正であろうとする能力に影響を与えるかもしれない予断と偏見は，すべての候補者がもっているということを認識することである。これらの予断については，刑事手続きの関連で繰り返し論じられてきた。

全米陪審プロジェクト（National Jury Project）によって行なわれた陪審員候補者に関する全米調査によれば，陪審員資格がある人の23％から58％の人は，裁判官の説示は正反対であるにもかかわらず，被告人はみずからの無実を証明することが必要である，と考えていた[*51]。これらの調査結果は，他の独立の全米調査によっても確認されている。全米州裁判所センター（National Center for State Courts）は全米の1,800世帯の調査を委託し，その結果，37％の人々が，刑事事件においては被告人が無実を証明する責任があると信じていたことが判明した[*52]。弁護側の調査によっても，ロサンゼルス郡の住民の

47.1％が，またロサンゼルス中央管轄区の陪審員候補者の38.3％が，刑事事件の被告人は，自己の無実を証明することが求められている，と信じていた。

これらの調査を使って弁護側は，陪審員候補者の大部分の人々は，アメリカの刑事裁判の基本原則に合致しない考えをもって法廷に入ってくる可能性が高いと主張した。さらに，これらの予断は，公判を担当する裁判官からの説示によって補正することはできないと主張した。公判陪審員としての任務を終えた後でさえ，大部分の人々は，無罪推定原則，立証責任，そして合理的疑問について正確に理解できていなかったと繰り返し報告されている。裁判の後でさえ，説示を受けた陪審員の50％の人々は，被告人は無実の証拠を提出する必要はないことを理解していなかった。重罪の公判で陪審員を務めた1,000人のうち，公判における説示の平均的理解率は51％であった[*53]。引用した2つの研究の被験者は実際に陪審員を務めた人であった。このように，陪審員候補者たちは，刑事司法，法と秩序，そして陪審員の役割について問題のある態度や意見をいだいたまま法廷に入ってくる。このような態度は，陪審員が証拠を解釈し評価する力量に影響を及ぼし得る。

もし公正で偏りのない陪審が選ばれるべきであるとすれば，態度や意見が証拠の評価を妨害するような陪審員候補者が排除されるよう，ヴォア・ディールの質問手続きにおいて，これらの態度がひき出され，明らかにされ，そして精査されなければならない。マクマーチン弁護団は，したがって，ヴォア・ディール前の質問用紙の利用が重要であると考えた。なぜなら，質問用紙は，被告人や主張されている犯罪に関する広範なメディア調査による影響の程度と同様，陪審員の背景，態度，そしてもっているかもしれない予断を明らかにする可能性があるからである。

弁護人はまた，陪審員候補者にとって，広範な調査を行なうのにふさわしい状態を作り出すため，隔離されたヴォア・ディール手続きが重要であると考えた。伝統的な公開のヴォア・ディールはグループとしての陪審員候補者に対する質問を含むが，弁護団は，メディアの影響を最小限にするために，同様に，法廷に同席する他の候補者に対してあり得る「汚染」効果を限定するために，隔離された，個人ごとの調査期日を求めた。

公開のヴォア・ディールは，マクマーチン事件のように広く報道された事件

では不適切であり，特別の問題を提起すると考えられている。弁護士であり，カリフォルニア大学サンタクルズ校の心理学教授でもあるクレイグ・ヘイニー博士は，予断と偏見をいだいた陪審員候補者は，担当する当該事件について公正であるという力量に影響を与え，態度や行動は法廷におかれた状態によって形作られ，影響を受けると述べている。ある事件に提出されたヘイニー博士の宣誓供述書は，隔離された，個別に行なわれるヴォア・ディールについて述べている。マクマーチン事件の弁護人が詳細なヴォア・ディールを要求するために，ヘイニー博士の宣誓供述書が用意された。それは次のように述べている。

　　ヴォア・ディールの間に，事実認定に重大な影響を与えるかもしれない感情や事実を表に出す陪審員候補者の力量は，他の候補者と同じように良く見られたい，あるいは受け入れられたいという必要性によって，相当自己抑制される……他の候補者が不在の状態で行なわれるヴォア・ディールの質問は，社会心理学的諸要因の多くの影響を少なくするうえで有益である……個別に行なわれるヴォア・ディールはこれらの問題点をいくつかの方向で少なくする。(a)「傍聴人」が少ないことは同僚の意見に関する候補者の関心を少なくする。(b) 候補者を個別に質問することは，社会的に受容される反応の糸口を他人から得る機会を少なくする。(c) 候補者は，他の候補者が質問されるのを見る機会がないため，選ばれるように，あるいは排除されるように工夫することができにくい。(d) 他人が存在しないところで質問を受けることは，その候補者が他の候補者の予断に満ちた発言や表現にさらされたり，「汚染」される可能性を排除できる*54。

　十分なヴォア・ディールの条件は，とりわけ被告人にとっては重要である。なぜなら，検察官，地方検事，そして親たちは，地方そして全国のテレビ番組に出演しており，彼らの見解は，活字媒体においても自由に広められていた。CIIのインタビュアーと検察官は，親や児童虐待のセラピストたちが主催した数多くの集会に参加しており，陪審員候補者の中には集会に参加した者，彼らと話す機会があった者もいるかもしれず，したがって検察官，セラピスト，そして被害者とされる子どもの親たちが共有していた見解によって影響を受けているかもしれないからである。

　このように，裁判地変更の申し立ては棄却されたが，弁護側は，ヴォア・ディールの条件を詳細にすることについて，戦術的に努力した。弁護人は，メデ

ィア報道の広がりは，従来の陪審選定手続きによったのでは被告人を裁く公平で偏りのない陪審員を得ることについてほとんど不可能にしたと，裁判官を教育することができた。パウンダース判事は，メディアは事件に対する社会の受け取り方に影響を与え，従来の公開法廷でのヴォア・ディールでは公正で偏りのない陪審を選ぶことは不可能であるという，マクマーチン弁護団の議論の説得力を考慮した。裁判官は，また陪審員候補者の予断と偏見を弁護人・検察官が効果的に評価,質問できるヴォア・ディール前の質問用紙についても検討した。

　裁判官は，最終的に，十分なヴォア・ディール条件の申し立てを認め，ヴォア・ディール前の質問用紙の利用と，弁護人・検察官が召喚されたすべての候補者1人ずつに質問し精査できる，隔離された選定手続きを認めた。質問用紙はまず著者らの協力のもとで弁護人が作成し，それを裁判官と検察官が吟味し，最終的に裁判官によってこの事件について使用することが認められた。質問用紙は，候補者が回答すべき118項目の独立した質問と200以上の副項目からなっていた。しかしながら裁判官は，質問用紙に対する候補者の回答は，検察側にも渡されるように求めた。

　十分なヴォア・ディール条件を認容したパウンダース判事の決定は，異例のことではない。レジナルド・デニー殴打事件，O・J・シンプソン裁判など，ロサンゼルスにおいて広く報道された多くの事件について，ロサンゼルス上位裁判所の裁判官たちは，弁護側の十分なヴォア・ディール条件の申し立てを認めてきた。たとえば，レジナルド・デニー殴打事件では，ジョン・W・オウダカーク判事は，さらに一歩を進め，陪審選定手続きにおいて弁護側を援助するために民間の陪審コンサルタントを任命した。オウダカーク判事は，公正な陪審を選ぶにあたり専門家である陪審コンサルタントを被告人側に付することは，黒人の被告人が公正で公平な裁判を受けられることについての裁判所の関心を示す重要なステップであると考えたのかもしれない。

5. 陪審構成に対する異議申し立て

　弁護側は，さらに，被告人が公正で偏りのない陪審を獲得できるようにするため，陪審構成を攻撃する申し立てを準備した。弁護側は，陪審選定前に陪審

構成を攻撃する申し立てを行なう計画であったが，この申し立ては公式には行なわなかった。

　陪審構成に対する異議申し立ては，裁判を遅らせ，被告人が有罪評決を受けた場合に上級審において法律的な審査を受け得る法的な根拠を与える，弁護側のもう１つの戦術である。陪審構成に対する異議申し立ては裁判所に行なわれなかったが，その内容を調査しておくことは，後にこのような申し立てを裁判所に対して行なう弁護側の戦術同様，重要なことである。

　弁護側が準備した陪審構成に対する異議申し立てによれば，刑事事件においては，仮に被告人が陪審によって有罪判決を受けた場合，上級審は，被告人を有罪にした陪審が，次の２つの憲法上の根拠によって異議申し立てをなされないかどうかを審査するよう求められる。(1) 陪審員候補者のグループもしくは当該陪審団がコミュニティの公正な横断面を代表していないこと。そして (2) それらを構成した方法では，特定の「認識可能な」集団が候補者の一部となり得る平等な機会を与えられていなかったこと。これらは，修正５条，６条，そして14条に基づく適正手続きそして法の下の平等の要求である。連邦最高裁は，すでに，黒人，ヒスパニック，女性，そして日雇い労働者について，陪審員選定手続きにおいて差別から護られるべき「認識可能な」グループとしての地位を与えている*55。

　カリフォルニアでは，これらの４つの認識可能基準に加え，公正で代表的な陪審パネルのためにコミュニティの公正な横断面を確保するうえで，年齢も重要な要素を構成すると考えられてきた。たとえば，若年層は，自己管理と整理・準備の困難性や陪審選定手続きの制度的問題ゆえに，一般的に陪審パネルでは十分代表されていない。第７章で明らかになるように，マクマーチン裁判管轄地の住民に対する地域調査によれば，若い陪審員候補者は年配の候補者に比べ，被告人は児童強制わいせつについて有罪であると考えている人は少なかった。

　したがってマクマーチン弁護団は，若年層の陪審員を構造的に排斥することは，有罪に傾きがちな予断をもった偏りのある陪審になるということを示そうとした。弁護側が準備した陪審構成に対する異議申し立てが的確に指摘するように，レイモンド・バッキーの同輩が不公正に陪審そのものから排除されているとした。

レイモンド・バッキーはロサンゼルス郡上位裁判所の被告人である。彼は多くの児童強制わいせつと共謀の罪で起訴されている。彼は現在は保釈されることなく、郡の拘置所に収容されている。レイモンド・バッキーは白人男性、28歳、2年の大学教育を受けた社会経済的には中の下の階層に属する……レイモンド・バッキーの裁判は、長期にわたることが予測されている。その結果、裁判所規則4.5に従って、前例のないほどの多くの陪審員候補者が経済的困難を理由に免除されるであろう。これら経済的困難を理由に免除される候補者は若年成人に偏りがちである。若年成人は、通常の長さの裁判でさえ、ロサンゼルス郡上位裁判所の陪審パネルでは十分代表されていない。その結果、ロサンゼルス郡の陪審選定手続きでは、バッキーの裁判の陪審構成に顕著な若年層の不足をまねくのである。
　このような不足は、合衆国憲法の修正条項およびカリフォルニア州憲法第1条第16項に基づくレイモンド・バッキーの重要な憲法上の権利を完全に奪うものである。それゆえ、レイモンド・バッキーは、昔からの当然の権利である同輩による裁判を受ける権利を確保するため、即時抗告を申し立てる……被告人はこの裁判所が彼の陪審構成に対する異議申し立てを認容されるよう謹んで申し立てる[*56]。

　これは陪審構成および同輩による裁判を受ける権利に関する強力な異議申し立てとなり得るものであった。調査結果によれば、18歳から30歳までの若年成人は、53％が代表されておらず、つまりロサンゼルス中央上位裁判所においては半数以上の若い成人層が陪審任務から構造的に排除されていることになる。この不均衡は、代表されないことの許容程度を本質的に超えており、すべての陪審パネルが若年成人については憲法的欠陥を抱えていることになる。裁判所は、何が顕著な代表性欠如の要素かについて異なった決定をしているが、ロサンゼルス郡のこの結果は、他のカリフォルニア州あるいは連邦の重大事件において憲法違反であると認められたものと同様の範囲[*57]である。
　ロサンゼルス中央上位裁判所において陪審構成に異議が申し立てられたケースでは、ロサンゼルスの裁判所制度において確立した法の規範が変わることがすでに示されてきた。若年成人層の代表性に欠陥があることを調査結果が明らかに示したのみならず、多くの他の陪審構成に対する異議はロサンゼルス中央管轄地区で人種的、民族的少数者、貧困者、女性が代表されていないことが顕著であるという悲惨な問題を抱えていることを証明した[*58]。
　こうして弁護側が準備した申し立てでは、公判期日を重ねるごとに、不十分

な代表による社会の横断面から選ばれた陪審による公判が重ねられ、司法制度に対する社会の信頼は低下し、カリフォルニア州裁判所の正統性は損なわれていくのである、と述べられている。弁護側は、また被告人と同世代の若年成人は、同様の人生経験、独特の見方、マナー、役割、そして行動様式を共有しており、被告人に対する深い理解を示す可能性があるとして、若年成人層の代表性の顕著な不足は、被告人の合衆国憲法修正6条の同輩の陪審による裁判を受ける権利を損なう可能性があると考えた。

　弁護側の陪審構成に対する異議申し立ては、公式には裁判所に提出されなかったが、ロサンゼルス中央上位裁判所における陪審構成に関する重要な調査は、陪審パネルが代表性に欠けることを調査するうえで、またマクマーチン事件の陪審を選定するにあたり、科学的な選定を準備するうえで、弁護側に明らかに役立った。このようにして、次章で明らかなように、弁護側は、陪審構成に若年成人のより大きな割合を確保するため、十分なヴォア・ディールの条件と系統的な陪審選定方法に頼ることができたのである。

6. 結　語

　予備審問を担当した3人の検察官のうち2人が、検察側の不正行為について証言し、主任検察官のラエル・ルビンが故意に情報を弁護側に隠匿したと述べた。クリスティン・ジョンソン検事の証言とグレン・スチーブンス元検察官のビデオ・インタビューは、地方検察庁によって故意に隠匿され弁護側に開示されなかった重要な情報を明らかにした。それは、(1) ジュディー・ジョンソンの息子はラインナップでレイモンド・バッキーを特定できなかったこと、(2) ジョンソンは、レイモンド・バッキーに対する児童強制わいせつの告訴をしていただけでなく、ロサンゼルス教育委員会のメンバーであるロベルタ・ウェイントラウブ、仲違いしたジョンソンの前夫、それに近隣のスポーツクラブの従業員をも強制わいせつで訴えていたこと、(3) ジョンソンの息子と飼犬は、かつてジョンソンの夫からいたずらされていたこと、(4) ジョンソンの息子は、マクマーチン幼稚園で、ライオンや象を含む野生動物によって怪我をしていたこと、(5) レイモンド・バッキーは空を飛ぶことができたこと、(6) ペギー・マ

クマーチン・バッキーがジョンソンの息子のわきの下に錐で穴をあけたこと，(7) マクマーチン幼稚園の職員たちはジョンソンの息子の耳，乳首，そして舌にホッチキスを打ち，目にハサミを入れたこと，(8) ジョンソンの息子は悪魔儀式に参加し，人間のいけにえを見，子どもの血を無理やり飲まされたこと，などである。

ジョンソンのこれらの奇妙な訴えの数々は，CII においてインタビューされた被害者とされる多くの子どもたちの供述と非常に似通っていた。予備審問において，子どもたちは，小さな動物が殺されるのを無理やり見せられたと証言し，何人かの子どもは血を飲み，悪魔儀式に参加したと証言している。この子どもたちの説明は，ジュディー・ジョンソンの主張に基づく大人たちの説明であったかもしれないということはあり得るだろうか？ さらに，ジョンソンの息子に関するもともとの主張は，捜査されることも，裏づけを取られることも，あるいは評価されることもなかったにもかかわらず，彼女の主張が CII の担当者の状態やプログラムの前段階に貢献し，また彼らを通じて，裁判所において示された子どもたちの証言に貢献したかもしれないということはあり得るだろうか？

われわれはまた，対立当事者の公平なバランスの上に成り立つ当事者主義という刑事司法制度についても，重大な問題を提起しなければならない。検察官は，単に起訴された者の有罪だけではなく，正義を求めることを法的に義務づけられている。刑事事件における合理的で公正な事実認定に対する重大な危機の1つは，検察官が故意に，被告人の無実を証明するかもしれない証拠を隠匿することに起因する。警察や検察の捜査権力と人的資源の強大さ，また重要な情報と証拠に早期にアクセスできるがゆえに，検察官が被疑者を釈放できるかもしれない情報や証拠に気づくことは珍しいことではない。検察官が，被告人の無実を証明するかもしれない無罪方向の証拠を故意に隠匿するという動機について詮索することは困難である一方，これらの不正行為は，地方検察庁による権力濫用の明らかな一例である。

検察官の不正行為の問題を効果的に取り上げるために，また被告人に公正な裁判を実現するために，弁護人は，社会学，行動科学の助けを借りて，数々の公判前申し立てを行なった。裁判地変更の申し立ては裁判所によって棄却され

たが，申し立ての中で利用された調査結果は，裁判官に対し，裁判の結末に関する社会の受け止め方にメディアが重大な影響を与えることを理解させることになった。裁判官は次いで，注意深く，弁護側の十分なヴォア・ディール条件を求める申し立てを判断し，他の陪審員候補者やメディアが立ち会わない，隔離された，1人ひとり行なうヴォア・ディール手続きを認容した。同様に，裁判官は，召喚されるすべての陪審員候補者が，マクマーチン事件に関する彼らの態度，見方，もしあれば彼ら自身の性的暴行の経験，その他事件に関連するセンシティブな事項について，ヴォア・ディール前に数多くのセンシティブな質問に回答するよう求められる質問用紙の使用を許可した。これらの回答は弁護人が陪審員候補者の予断や偏見を評価するために利用された。

　裁判官は，また弁護人・検察官自身が行なうヴォア・ディールを認容した。その結果，弁護人・検察官は，非公開の期日に，陪審員候補者1人ひとりに十分な時間をかけて質問することが許されることになった。また弁護人は，陪審構成に対する異議を公式には申し立てはしなかったが，管轄区の歪んだ陪審員候補者構成に関する調査・研究は，弁護人の陪審選定手続きに対する巧みな準備を可能にした。

第7章　陪審の選定
―弁護側による科学的な陪審選定*1―

　わずかな証拠により拘禁され，社会からのけ者にされた人たちと，恐怖におののくか弱き敏感な告発者たる子どもたち。そんな中でマクマーチンたちは事実上孤立していた。ロサンゼルス中央上位裁判所管轄区で陪審員になる可能性をもった人たちは大部分，わずかな公判証拠が提出される以前から彼らが有罪であると思っていた。偏りのない公正な陪審員を選定する訳注こと は，不可能ではないとしても困難であろう。

　訳注：陪審員は (1)「住民」residents の中から選ばれる。もちろん地域住民の中には，市民権がないことや18歳未満などの理由により，陪審員となる資格のない者もいるので，資格のない人たちを除くと，(2) 法定「有資格者」eligible jurors となる。しかし，法定有資格者は，いわば理論的なもので，そのリストはない。そのため，さまざまなリスト（運転免許所有者，選挙人登録簿，電話番号簿など）をもとに，陪審資格確認質問票を送って有資格者かどうか回答してもらう。しかし 40％をこえる者が回答をしないという。転居などの理由で質問票が配達不能か，届いても非協力的なためである。
　質問票への回答者をリスト化すると (3)「予想される陪審員」prospective jurors となる。確認質問票は毎年，定期的に送られるが，適切に回答した者だけが (4)「可能性のある陪審員団」the jury panel に入る。転居など移動する者も少なくなく，一定率で入れ替わっていくので，(3) のリスト（陪審員候補者原簿）も結局，流動的なものである。
　この (4) のリストから抽選で無作為に抽出することにより，(5)「陪審員候補」candidates が選ばれ，裁判所に呼び出される。可能性があっても抽選で選ばれず，裁判所に行かずにすむ者もいる。
　陪審員候補になって呼び出されても，さまざまな理由で，裁判所に出頭しないかもしれない。そして裁判所に出頭した陪審員候補のうち，他の法廷にまわされる者も出てくる。当該の裁判に割り当てられたのが (6)「潜在的陪審員」potential jurors である。
　潜在的陪審員が選定手続きにかけられる。多くの場合は，単純なヴォア・ディールであるが，本件のような重大事件ではまず予備質問票に回答するように求められ，さらに個別的かつ詳細なヴォア・ディールが行なわれる。選定手続きではまず理由付きの忌避によって，適切でないと思われる者が除外される。同時に，必要数を上回る人数については，裁判官があらかじめ決めた人数まで，両当事者が理由なし忌避（専断的忌避）によって除外できる。
　その結果，選ばれるのが (7)「陪審員団」the jury box である。陪審員団は，当初選定陪審員 the initial jurors と補充陪審員（補充員）the alternate jurors を合わせたものである。裁判が始まると，補充員も陪審席に着席する。補充員はふつう席次が決められており，当初選定陪審員が欠けるたびに，順次くりあがって陪審員をつとめる。最終的に評決を行なう 12 人全員のことを (8)「陪審」the final jury，個人を「最終（選定）陪審員」the final jurors または「評決陪審員」と呼ぶ。
　なお，陪審長 the jury foreperson は互選が多いようだが，それ以外の決め方（抽選や指名）も考えられる。また，ここに示した英語表現は一例にすぎず，別の表現もよく使われる。原著においても，必ずしも一貫した用語が使われていないようである。

憤激した一般大衆からいかにしてこの異端者たちを守ることができるか。弁護人たちは思案した。1つの方法は，この現代の捨て犬たちを裁くことになる人たちを選定するための伝統的な方法を打ち破ることだった。

これは，従前の陪審選定実務に存在した限界を乗り越えることを意味していた。大多数の裁判で，法律家は伝統的に不適切な情報とその日限りの判断で陪審員を選定してきた。しかし過去数十年間，陪審選定手続きを批判的に評価し，洗練された技術での分析により経験的な情報を用いて，個々の陪審員の選別を援助する専門家が出現し始めていた。これらの専門家はまた，陪審選定手続き（ヴォア・ディール：voir dire）時の有効な質問の開発を支援した。この手法は，1968年ブラック・パンサーのヒューイ・ニュートンの裁判や1972年のハリスバーグ7の裁判といった大々的に報道された裁判訳注においてだけでなく，慎重を要する政治的人種的争点にかかわる裁判や死刑が問題となり，公平性の境界に疑問が呈された裁判においても開発され用いられた[*2]。同様の科学的手法は，アンジェラ・デイビス裁判，ベトナム退役兵反戦運動裁判，アッティカ刑務所暴動裁判，インディアン活動家のウンデッドニー裁判，元合衆国司法長官ジョン・ミッチェルとモーリス・スタンズの裁判，ジョーン・リトル裁判，ロドニー・キング殴打事件裁判，メネンデス兄弟裁判，メディアが追及したロサンゼルスのO・J・シンプソン裁判を含む，公判前手続きが広く報道された裁判でも用いられた。

訳注：ブラック・パンサー・パーティ（黒豹党）は1966年，ヒューイ・P・ニュートン，ボビー・シールズ，デビッド・ヒラードを中心に，カリフォルニア州オークランド市で作られた政治結社。武装するなど，しだいに過激な「黒人解放運動」を展開したが，当初は警察の横暴に対する「自衛」のためという目的が党名にも入っていた。黒人の地位向上と意識革命をめざし，後に市会議員を出したほか，地域社会でのプログラムも運営していた。しかし危機感をもった権力側（FBIが中心）と対立し，嫌がらせや犯罪でっちあげなどに巻き込まれ，やがて党は70年代後半に，内紛をおもな理由に，解散に追い込まれる。ニュートンは，1967年10月のオークランド警察との銃撃戦で警察官を殺害したとして，裁判にかけられることになった。一度は有罪とされたが，全国的な支援運動の広がりで裁判はやり直しになり，1970年7月釈放された。その後，ニュートンはキューバに亡命。帰国後，別の殺人事件で裁判にかけられている（結果は無罪）。アンジェラ・デイビスはUCLAで教えていたが，ニュートンの出所と同じ月に起きた内紛がらみといわれる殺人事件に関して逮捕され裁判にかけられた。国際的な支援もあり，1972年に無罪とされ，現在はUCサンタクルズ校の教授になっている。ハリスバーグ7の裁判については，対人社会心理学重要研究集第7巻（誠信書房，1999）の第5章「法廷の社会心理」Pp.127-161に簡単な紹介がある。

科学的陪審選定は，実際公正な被告人の「同僚」を見つけるための手法である。一般大衆や裁判官，検察官，弁護人の同僚ではなく，被告人の同僚として陪審員が求められるのである。そのため，予想される陪審員を批判的に評価す

第7章　陪審の選定—弁護側による科学的な陪審選定—

ることは決定的に重要である。とりわけ検察官がどのような嫌疑で起訴するか，公判前の情報をどの程度メディアに流すか，どのような規則や法を適用するかについて大きな裁量を有している場合はそうである*3。

　公正な同僚である偏りのない陪審員を確保することができたとしても，思想や意思の独立性を脅かす影響力から彼らをどのように守れるだろうか。たとえば，裁判所は陪審員を報道から遮断し，被告人についての証拠として適格性を欠く情報への接触を制限するために隔離手続きを用いるときがある。隔離により，すべての陪審員を外部の影響から保護するために，裁判の間，ホテルやモーテルに宿泊することが要求される。隔離は，裁判所が報道の自由を制約することなく公正な裁判を行なえるようにするための手段であるが，ただでさえ非常に恣意的に選ばれ，それゆえ，犯罪が発生したとされる地域の被告人の同僚を代表していない陪審員は，時間と給与の損失という困難をこうむることが多いだろう*4。

　陪審員の義務を尽くしてもわずかな補償しか得られないため，不安定な非熟練職についている人や低賃金で地位の低い人，人種的少数者，貧困者，若者，小さな子どもをもつ女性は，陪審から閉め出され過小に代表されることが多い。それに対して，隔離陪審において過剰に代表されるのは，高収入，名声の高い職業，高学歴の人であるだろう。それゆえそうした人たちは，安定を求め，リベラルではなく，犯罪や刑事司法について保守的な裁判官や検察官と同じような考え方をする。調査結果によれば，歪んだ陪審代表を選べば，公判の結果に重大な影響が生じ，有罪の可能性が高まることになる*5。

　検察側が大きな裁量や州の資源を付与されているのに比して，弁護側は，O・J・シンプソン裁判で数百万ドルを費やしたのを除けば，典型的にはこういったハンディキャップを克服する手段をほとんどもたない。批判的科学的な陪審選定は，弁護側が陪審構成に影響を与えるための数少ない選択肢のうちの1つである。科学的な陪審選定の手法は，将来的により頻繁に用いられるようになる可能性がある。特に公判前に広範にメディアにさらされた刑事裁判や莫大な経済的資源をもつ巨大多国籍企業がかかわる民事陪審裁判において，その可能性がある。しかしこの技術には多くの問題が残っている。正当に用いることができる技術とは厳密には何か。この技術は「科学的」と称するにふさわしいか

どうか。実際に陪審の決定に違いをもたらすことができるか。陪審を偏りのないものにするためではなく，単に都合のよいバランスを作るために陪審に干渉しているのではないのか。

　この章では，マクマーチン幼稚園裁判に例をとり，これらの問題を検討する。この裁判から，大々的に報道された刑事事件で，一般大衆が起訴前の根拠のない情報に大きな影響を受けて，被告人が犯したとされる犯罪や裁判結果についての認識を形成する場合，批判的科学的な陪審選定が特に重要であることがわかる。

　一般大衆が，メディアが感情むき出しで放出したマクマーチン事件の「証拠」や解釈を追いかけ，それに影響された場合，以下の問題が生じる。

　　　被告人に不利な子どもの証言や，わずかだが入手できた提出証拠を判断する陪審員として，偏りのない人を探し出すことははたして可能か。
　　　公判の陪審を，犯罪発生地の被告人の同僚から成る公正な地域代表とすることは果たして可能か。

　弁護人はそれを可能だとは考えず，マクマーチン裁判での陪審を選定する際，批判的手続きを活用することでこのハンディキャップを克服する手法を試みようとした。
　潜在的陪審員を評価し彼らの偏りを検討するための統計的観察的手法を用いるため，社会科学者が動員された。マクマーチン裁判で使われた技術は，弁護人らと著者たちを含む従来さまざまな事件で陪審選定にかかわってきた社会科学者集団との共同作業の産物であった[*6]。

1. 陪審選定―地域代表性と偏見― ……………………………

　陪審がいかにして選ばれ構成されるかを理解するには，裁判という環境に引っ張り出された同僚たちについて広く概観する必要がある。陪審選定過程の論理は，対象者集団から最終的に陪審席に座る人を選別することに基づいている。選定過程の目的は，被告人が犯したとされる当該犯罪の発生地である特定の地域を代表した同僚陪審員を選ぶことである。この目的は法的には，当該地域の

第7章　陪審の選定─弁護側による科学的な陪審選定─

すべての資格ある住民が等しく裁判所に招集される機会を有するように無作為に陪審員を選定することによって達成される。いったん陪審員に選ばれたなら，彼らは偏りがなくかつ地域の集合的な感情や利害を代表する能力があるものと見なされる。

　選定過程の各段階では，以下のことが行なわれる。陪審の職務を果たす資格のある住民の定義，無作為に選別された候補者への陪審資格質問票の送付，さまざまな要件を満たした有資格住民による陪審員候補者原簿の作成，予想される陪審員の裁判所への割り当て，実際に陪審勤務のため出頭した住民の陪審法廷への配属，検察官や弁護人から見て偏見をもち受け入れられない潜在的陪審員を除去するためのヴォア・ディールによる陪審員選別，当該事件を実際に裁く陪審員の最終的な任命[*7]。

　陪審制の合理性は，地域代表の評決により決定に正統性を付与することにあるが，その欠点は周知のものである。陪審がいかに地域代表性を反映したものとなるかは，陪審選定手続きが成功するかどうかにかかっている。選定手続きの各段階に，陪審参加の公正性に影響を与える多くの要素と非公式のフィルタリング技術がある。これらは，陪審の年齢上，人種上，民族上，性別上，経済的，政治的構成に集積的に影響する。

　カリフォルニア州では，ヴォア・ディール時に理由付き忌避を行なうことを認める法規定の1つに，潜在的陪審員候補者が偏りと偏見なく行動することができない「精神状態」をもつ場合というものがある。しかし，偏りない陪審員を同定し獲得するために陪審員のもっている偏見を明らかにするという明確な目的があるにもかかわらず，ヴォア・ディールの実施が陪審員の偏りを引き出し強調し拡大してしまうことすらあるということを示す証拠がある。これは，刑事事件において検察が中年，中流階級，白人といった一定の属性をもつと予想される陪審員を求める傾向があるためである。この種の陪審員は被告人ではなく検察官と同じ考えをもつと想定され，そのため他の陪審員よりも有罪と判断する可能性が高い。対照的に，弁護人は「攻撃性」が低く被告人に最小限の偏見しかもたずに当該事件に臨むことができるような資質と見識を備えた陪審員を求める傾向がある。すなわち被告人の状況や生活経験を理解でき感情移入できることで，その人と同じような見方をしたり行動したり考えたりして，な

お公正に判断できる陪審員を求めるのである。そのため，検察側にとっても弁護側にとってもヴォア・ディールは，陪審員の偏見を一方の側に拡大させるための争いとなり，それが陪審の偏りのなさと公正な地域代表性という法の要請を損なわせることになる。そういった事情が，陪審選定に用いられる「科学的」な手法が公正であるかどうかを疑わせることになる。

2. 科学的な陪審選定

科学的な陪審選定には，予想される陪審員の社会人口統計上，態度上，行動上の経歴についての多くの戦略的な評価が含まれる。検察官が科学的な陪審選定を試みることもあるが，最も頻繁に見られるのはコンサルタントの援助を得た弁護人がこれを実行することである。マクマーチン事件では，弁護人は一定の偏見をもった陪審員を排除するために専断的忌避（すなわち理由なし忌避）と理由付き忌避の両方を用いて，一定に資質を備えた陪審員を選定しようとした。弁護人は陪審構成に影響を与えるため，潜在的陪審員を評価するにあたって，みずからの主観的直感的な感覚を用いるのではなく，陪審コンサルタントとして社会科学者と犯罪学者を動員した。潜在的陪審員の先入観，偏見，感情，態度，そしてマクマーチン事件に大要が類似した仮定的状況について，論理的かつ「法的」に推論する能力を見定めることを目的に，彼らに提示する科学的な質問票を準備するためである。

この事件では，地域の偏見やメディアの影響による病理以上のものが問題となっていた。マクマーチン裁判が開かれるのは中央上位裁判所管轄区である。すなわちロサンゼルス市内におけるおもに半径20マイルの円内に位置した多様な人種的・民族的背景をもつ地域である。

この事件で予想される陪審員の人物像を描くために，地域人口統計がマッピングされ分析された。陪審選定のいくつかの段階での有資格陪審員像を比較したところ，陪審選定手続きの以下の段階での予想される陪審員の間において，ユニークかつ重要な統計上・社会経済上の差違が見られた。(1) 当該裁判に有資格の住民，(2) 中央地区の有資格陪審員に対する地域調査に回答した予想される陪審員，(3) 実際に中央上位裁判所に出頭しマクマーチン裁判を割り当て

第7章 陪審の選定―弁護側による科学的な陪審選定―

られた潜在的陪審員の間においてである。

1980年の全米国勢調査によれば，ロサンゼルス郡の予想される陪審員の34.7％は黒人とヒスパニックである。しかし中央地区の住民は人種的民族的少数者の割合がずっと高く，同グループの割合は42.3％である[*8]。教育や収入といった他の人口統計学上の特性についても，ロサンゼルス郡の他の地区とは著しく異なっている。すなわち中央地区の予想される陪審員は，郡全体と比べて低収入で，高校教育を受けていない人の割合が高く，大学教育を受けた有資格者の割合が低い。これはおそらく，限られた機会しかもたない人種的少数者が集中した結果，この法域の予想される陪審員の中での平均的な学歴が押し下げられたからだと思われる。

第4章で検討したロサンゼルス中央上位裁判所の予想される陪審員についての調査結果によれば，（質問票に答えた）一群の予想される陪審員は，陪審召喚に応じ裁判所に出頭した人を代表していると見なすことができる。というのは，配達不能と非協力的と分類された2つのグループの非回答者は，すでに分析から除外されているからである。

調査結果をロサンゼルス中央地区住民の人種的民族的構成と比較すると，白人と黒人の予想される陪審員は調査において，したがって可能性のある陪審員団において，過剰に代表されている（白人と黒人がそれぞれ，＋10.0％，＋5.0％）。しかしヒスパニックの割合は，有資格住民と比べて著しく低い（－19.8％）。同様に女性は過小に代表されていた。すなわち可能性のある陪審員団の多数は男性であった。またこの陪審員団では若者，特に30歳以下の者が著しく過小に代表されていた。加えて，低学歴者も過小に代表されていた。たとえば，高校教育を受けていない人は地域の有資格住民の34.1％であったのに対し，可能性のある陪審員団では4.7％しかなかった。他方で大学教育を受けた者はこの陪審員団において過剰に代表されていた。実際，回答者の3分の2は大学教育を受けた経験があるか大学を卒業していた。これは驚くべき結果だが，予期し得ないことではなかった。

最後に，この事件を割り当てられた205人の潜在的陪審員に対して，裁判所で質問票が配布され調査データが収集された。裁判所に出頭しこの事件を割り当てられた潜在的陪審員は，ロサンゼルス郡や中央地区での地域調査の対象者

とは，人口統計学的・社会経済的特性がいくぶん異なっていた。この事件の潜在的陪審員は白人やヒスパニックであるよりも黒人であることが多く，女性よりも男性の方が多かった。また（30歳以下の）若者の割合は低く，少なくとも大学教育を受けたことのある者は不釣り合いに高比率であった。

結局，地域調査と潜在的陪審員調査から，マクマーチン裁判に割り当てられた陪審員たちは，地域住民を公正に代表していないことが示された。しかしながら，地域の予想される陪審員と事件を割り当てられた潜在的陪審員との間に不一致があることは，多くの法律上または法律外の要素が地域住民のさまざまな階層の陪審参加に影響を与えているため，予測されたことだった。過小代表群には，貧困者，女性，低学歴者，若者が含まれていたのである。

3. マクマーチン事件での陪審員の選定
　　──ヴォア・ディールと専断的忌避の研究──

理由を述べることを要しない専断的忌避と理由付き忌避は，一定の偏見をもった陪審員を排除するためのものである。これらは一定の資質をもつ陪審員を選定しようとする弁護側により，独特の使われ方をした。公正な陪審を選別するために，マクマーチンの弁護人は陪審員の信念や偏見を明らかにし得るいくつかの変数に目を向けた。法廷でのヴォア・ディール前のスクリーニング・セッションにおいて，陪審員の想定や隠された偏見を評価するために，行動観察により経験的情報や民族誌的情報が収集された。この観察情報はその後数量化され，潜在的陪審員の経験的評価と最終的な陪審の選定にさらに使用するため，24時間体制の準備によりほぼ同時に電子化された。

これらの情報源はまた，地域調査，ヴォア・ディール前の質問票，観察データを複合した結果を，さらに分析し陪審員の人物像を解明するためにまとめられた。この融合に用いられた統計的数学的モデルは，(1) 重回帰分析，(2) 判別分析，(3) ロジット回帰技法，(4) 因子分析を含むものであった[*9]。

これらすべての情報源と分析から得られた結果を用いて，この事件を割り当てられた全205人の陪審員に数値が与えられ，最も偏りがない人から最も偏りがある人までランク付けがされた。1番が最も偏りがなく，205番が最も偏り

がある人である。公判が開始される以前にすでに有罪評決を行なうと決めていた予想される陪審員は，最も偏りがあるとされた。次節以降では，この裁判を割り当てられた予想される陪審員について，(1) 社会経済的人物像，(2) 行動上，態度上の特性，(3) 観察評価という3つの類型の人物像を提示する。

社会経済的・人口統計的次元での陪審員の偏見

　統計分析によって，予想される陪審員についての多くの態度上の変数のうち，被告人が有罪だとの意見を述べる者とメディアの強烈な報道にもかかわらず裁判の結果を確信していない者とを識別するための最も重要な要素の1つが，人種であることが明らかになった。調査結果はいくぶん予期せぬものであった。ヒスパニックとアメリカ先住民は有罪に決めている場合が多いが，黒人，アジア系，白人の陪審員は裁判結果について確信をもっていない場合が多いことが分析から示唆されていたのである。

　人種的少数者は一般に被告人に同情的であることが多く，検察官と同じ考えをもつことは少ないと思われてきたが，統計分析からの見方は必ずしも当てはまらないということがわかった。ヒスパニックとアメリカ先住民という2つの民族的少数者群は，マクマーチン事件で裁判前に有罪評決を支持すると決めている場合が他の群よりも明らかに多かった。これは，被告人と同じ人種的民族的背景を共有していないためかもしれず，子どもの強制わいせつや性的体験が重大な文化的思想的意味付けを付与してしまった民族群とそうでない群とが存在したためかもしれない。子どもの強制わいせつを知覚することと予想される陪審員の人種的民族的背景との間の因果関係を立証するために，これが孤立した事例なのか一般的パターンなのかを決定するための追加研究が必要であることは明らかである。

　表面上，人種に関する争点はマクマーチン児童強制わいせつ事件での重要な要素ではなかったように思える。しかし統計分析からは，人種，事件を取り巻く社会的環境，被告人の社会経済的背景，地域，警察機関，メディアの差別的反応はどれも事件についての知覚と裁判結果の予想に重大かつさまざまな影響を及ぼすことがわかっている。

　最近の陪審研究では，裁判が広く報道され訴追機関の不正や権力の濫用を示

唆する証拠がある場合，黒人の陪審員は刑事裁判の結果を予想する際，他の人種群よりも無罪推定，合理的疑い，挙証責任という法的概念について厳格に吟味する場合が多い[*10]。したがって，個々の陪審員の討議における行動を評価する際，人種は非常に広範に報道された裁判での証拠の強弱についての陪審員の見解を予想する手がかりを与えてくれるのである。

　この事件で偏りない陪審員と偏見をもつ陪審員を区別するために用いられた社会経済的・人口統計学的特性には他に以下のようなものがあった。(1) 年齢。高齢者は被告人を有罪だと思いやすく，若者は思いにくい。(2) 性別。女性は男性よりも有罪評決を支持しやすい。(3) 教育歴。高校教育を受けていない場合，被告人を有罪だと思いやすいが，大学教育を受けていれば罪を犯したかどうかについて確信をもっていない。(4) 収入。低収入の場合，有罪方向の偏見をもちやすく，高収入の場合，有罪を確信していないか被告人が無罪だと判断しやすい。前述のように，過去の陪審研究によれば典型的には，社会的地位が高い潜在的陪審員は，政治的に保守的で犯罪や犯罪者について法執行機関と同じ態度をとる場合が多い。しかしながら，現在の知見によればロサンゼルスで同じく高学歴で裕福な陪審員はマクマーチン裁判で有罪の評決を支持しにくいのである。

行動，態度の次元での陪審員の偏見

　潜在的陪審員の態度や偏見を判定するときに，人口統計学的・社会経済的要素に加えて，行動上，態度上の変数によっても有罪評決を支持する傾向のある陪審員とそうでない陪審員が区別される。予想される陪審員に以下の8つの質問が尋ねられ，事件について最も重要な争点について調査された。

　　①子どもの時，性的虐待について考えた経験をもっているか。
　　②子どもに実際には起こっていないことを証言させるよう訓練することは可能だと思うか。
　　③マクマーチン幼稚園事件にかかわった子どものうち性的虐待を受けたのは，大部分だと思うか，その一部だと思うか，少数だと思うか，あるいは誰も虐待されていないと思うか。

④親族や近しい友人に子どもの性的虐待の被害者はいるか。
⑤告発を棄却された被告人たち（5人の幼稚園職員）は有罪だと思うか無罪だと思うか。
⑥今までマクマーチン幼稚園事件を担当してきた法執行機関，地方検事，弁護人についてどう思うか。
⑦連邦あるいは地方の大陪審の職務を行なった経験があるか。
⑧性的虐待事件で，医学的証拠は有罪無罪を決するのにきわめて有用だと思うか。

①，④の質問に「そう思う」と答え，②の質問に「そう思わない」と答えた人は有罪評決を支持すると決めている場合が多かった。③の質問で「大部分」と答えた選ばれた陪審員候補は，マクマーチンの被告人たちへの有罪評決を支持する場合が多かった。以前告発を棄却された5人の幼稚園職員を有罪と推定するかについて「そう思う」あるいは「おそらく」と答えた予想される陪審員は，有罪評決を支持すると決めている場合が多かった。

以前大陪審の職務を行なったことのある予想される陪審員は有罪を支持する場合が多かった。同様に医学的証拠が被告人の有罪無罪を決するのにきわめて有用であると思う者は，有罪を支持すると決めている場合が多かった。

検察側や弁護人のマクマーチン事件の捜査と処置についての態度については，「よくやっている」と答えた予想される陪審員は「不満である」と答えた者よりも有罪の評決を支持する傾向が強かった。

別の一連の質問は，有罪が不可避であるという非常に強い感情的反応を示す陪審員を識別するために，性的虐待に焦点を当てていた。質問は以下の通り。

- あなたは子どもの性的虐待を正確にはどのように定義しているか。
- カリフォルニアの法律は，性的虐待の問題を扱うのに適切だと思うか。
- 過去2年間，子どもの性的虐待というテーマについて聞いたり読んだりしたことがあるか。
- （2歳から5歳の）子どもが自分に実際に起こったことを正確に述べることができるかについて，何か意見をもっているか。
- 子どもが性的虐待について嘘をつくはずがないと思うか。
- （2歳から10歳の）幼少期にセックスや性的行為にさらされることは子ども

に何らかの影響を及ぼすと思うか。
- 幼少期に性的行為にさらされることが子どもにとって利益をもたらすことがあり得ると思うか。
- 自分の性的な非行に関して誰かに非難された経験はあるか。

潜在的陪審員の公正や正義の感覚が子どもの性的虐待をめぐる感情の流出を克服できるかを判断するために，一連の見解文が活用された。これは刑事裁判所や刑事司法システムの適切さや失敗についてどう考えているかについての情報を集めるためのものである。それぞれの質問につき，陪審員は強く同意する，多少同意する，わからない／決められない，多少反対する，強く反対する，のいずれかの回答をするように求められた。

- 検察側がわざわざ公訴を提起したのであれば，その人はおそらく有罪である。
- 最も悪い犯罪者であっても慈悲深く扱われるべきだ。
- 法律がどうあれ，刑事事件の被告人には無実を証明することが要求されるべきだ。
- 子どもの性的虐待で起訴された被告人の権利は，被害者であるとされる子どもの権利よりも保護されている。
- 重罪で訴追された人が裁判所で安易に扱われることが多すぎる。
- 保釈され拘置所を出ることが許された人は，おそらく有罪ではない。
- 大規模なメディア報道のために，一般大衆が実際は有罪でない人を有罪だと想定することも時にはある。
- 政治的公務員が政治的利益を得るために個人を訴追することも時にはある。
- ある罪で複数の人が起訴され，後に一部の人に対する起訴が撤回された場合，なお起訴されたままの人はおそらく有罪である。
- 7歳から11歳の子どもは，2歳から5歳のときに起こった性体験について，ほとんど常に真実を述べる。
- 女性が子どもを性的に虐待する可能性は非常に低い。
- 性的虐待事件での子どもの証言は，他の証拠により確認されるべきだ。

メディアが被告人とその犯したとされる犯罪について非常に批判的であったため，陪審員が事件についての情報の大部分をどのメディアから得たかを特定

することは重要であった。KABC-TV（7チャンネル）とロサンゼルス・タイムズ紙は，当初から被告人に対して否定的なニュースを流していた。質問票では，陪審員のメディアへのアクセスとどのような話題や番組に関心をもったかを調べるための一連の項目が設けられた。

- 過去2年間に見たり，聞いたりしたことのあるニュース番組，新聞，雑誌，書籍はどれか（KABC-TV［7チャンネル］，KABCラジオ［AM790］，ロサンゼルス・タイムズ，ロサンゼルス・デイリー・ジャーナル，ロサンゼルス・マガジン，ピープル・マガジン等）。
- 好きなテレビ番組を5つあげるならば，何か。
- 週に何時間テレビを見るか。
- 「投書」をしたことがあるか。あるならば，それはどんな出版物に対してで，どんな内容のものか。

　これらの質問への回答は分類され，数値化され，最も偏見がなく被告人を公正に裁く能力の最も高いと予想される陪審員を決定するためにランク付けされた。さまざまな事実やデータ収集技法，統計分析，衆知的判断から得られたすべての手がかりが，最終的な陪審とその補充員の選定を支援するために活用された。

観察的次元での陪審員の偏見

　いわば桟橋から見た眺めが，その風景についての統計的に整序されたどんなデータよりも現実に近いということがしばしばある。陪審選定においては，潜在的陪審員自身を眺めることがこれに相当するだろう。彼らの言語的・非言語的行動が，弁護側が潜在的な偏見を評価するための助けとなり得る。構造化された観察手法を用いることにより，個々の割り当てられた陪審員がもつ微妙な想定やその他の偏見を調査し評価することができる。この観察手法は，量的統計的分析に適した経験的情報を提供できるよう設計されたものである。観察は典型的には質的データであるため，容易に数値化できない[*11]。そのため，予想される陪審員についての質的な知見を数量化するため，多くの人格特性が分類され5段階にランク付けされた。最も無罪傾向を示すのが第1段階，最も有罪傾向を示すのが第5段階である。

マクマーチン裁判での予想される陪審員のために選定された人格特性分類には以下のものがあった。(1) 共感性，(2) 厳罰傾向，(3) 分析能力，(4) 指導力，(5) 権威主義，(6) 社交性，(7)「直感的」反応。これらの人格特性は，個々の潜在的陪審員の言語的・非言語的な行動と検察官と弁護人の質問への回答を直接観察し，彼らの潜在的偏見を測定するために設計されたものである。統計分析に関して述べたように，この7つの人格特性も被告人とその犯したとされる犯罪への偏見という観点からランク付けされた。

個々の刑事裁判の性質により，予想される陪審員の種々の人格特性の重要度が決まる。マクマーチン裁判の陪審員の場合，人格特性の優先度は，(1) 直感的反応，(2) 統計的能力，(3) 共感性，(4) 社交性，(5) 権威主義，(6) 指導力，(7) 厳罰傾向の順であった。直感的反応が最も重要だと考えられたのは，観察者が類似事件で得た過去の経験と専門知識および犯されたとされる犯罪の敏感な性質のためである。観察者は，潜在的陪審員の言語的・非言語的行動を通じて隠された偏見や先入観を批判的に解釈しなければならなかった。そのために，観察者が陪審員の人格特性を全体的に評価することが，続くヴォア・ディール段階で用いられる陪審員の隠れた偏見と先入観を測定するのに最も重要だと考えられた。

この事件で厳罰傾向が最も重要性が低いと考えられたのは，応報的処罰という観念がほとんどすべての潜在的陪審員に広く共有されており，この特性からは予想される陪審員を裁判結果をどう考えるかに応じて区別することができなかったためである。たとえば，地域調査からもヴォア・ディール前の質問票調査からも，何らかの形で子どもの性的虐待を実際に行なったことのある人に対する報復の重要性が立証された。マクマーチン事件で重要な問題だったのは，犯罪者の処罰に対する態度ではなく，陪審員が独立して客観的に裁判で提出される子どもの証言や物証，法医学的証拠の信頼性を評価できるかであった。したがって，厳罰傾向の尺度は個人の意見や特性を測定する際，他の尺度より重要でないと考えられた。

ヴォア・ディールへの弁護側の準備を完成させるため，経験的観察結果の完全な記述と個々の予想される陪審員の全体的評価を備えた，フィールドノートと民族誌学的情報が準備された。経験的観察には，陪審員の外見，服装，話し

方や他の重要な言語的・非言語的な識別のための属性が含まれていた。こうして潜在的陪審員の意図を「読みとる」ために，法廷での陪審員の行動の選別，記録化，記号化が行なわれた。

構造化された観察の利点は，サンプリングと測定のエラーをより統制できることにある。また強く一般化することや人格特性の各項目の信頼性と妥当性をチェックすることができる。たとえば，ある潜在的陪審員が一定の類型の行動や言語的・非言語的な反応を示す場合，それはおそらく子どもの性的虐待で訴追された被告人に対する潜在的陪審員の偏見を反映していると言える。いったんそれを探知すれば，観察者はその潜在的陪審員を専断的にあるいは理由付きで忌避することができた。またヴォア・ディール前の質問票からわかる他の客観的得点や反応と組み合わせて，陪審員の偏見を評価することもできた。高度に構造化された観察を用いることで，調査者が作った観察カテゴリーが観察された行動の論理や対象者の潜在的意図を反映していると想定されたのである。

陪審員の偏見の構造化された観察とその評価

すべての割り当てられた陪審員についての一般的観察と批判的コメントは，多くの情報源から得た経験的データに基づいている。それには（1）構造化された観察から得られた人格特性を標準化した得点，（2）ヴォア・ディール前の質問票への回答をロサンゼルス中央上位裁判所管轄区での地域調査の結果と併せたもの，（3）3つの調査全体と経験的データを組み合わせて得られた，すべての割り当てられた陪審員のランクが含まれている。

それぞれの潜在的陪審員のランクに加え，ヴォア・ディール中の重要な情報の基礎として役立つ語りの評価が行なわれた。このランキングと評価という批判的情報により，弁護人は実際のヴォア・ディール段階以前に，戦略的に専断的忌避を用いるかどうか評価し，検察側の専断的忌避の可能性を測ることができた。

ヴォア・ディール前の段階で経験豊富な観察者が実施した構造化された観察の手法をよりよく理解するためには，因果的な，一般にいわれる「科学的」な観察からこの手法を区別することが重要である。因果的観察と対照的に，構造化された観察は事前に計画され，系統的に実施され，意味ある解釈を引き出す

ことを意図している。したがって構造化された観察は，2つの重要な点において他の観察形態とは異なっている。第1に，後者は通常肉眼による直接の観察を行なうのに対し，構造化された観察は質問票やインタビューによる回答者のレポートの特性を見るため，直接的でもあり間接的でもある。第2に，構造化された観察は，自然の環境においてではなく，実験室や法廷のようなそれに類似する人工的な状況で行なわれる。フィールドで行なわれる観察は法廷での観察より構造化されていない場合が多く，構造化された観察はおもに観察者が実際に観察対象の社会環境に参加しない程度の点で異なっている。

マクマーチン弁護団が，潜在的陪審員の隠れた先入観や偏見について意味ある解釈を引き出すために構造化された観察を用いたことで，それぞれの割り当てられた陪審員の語りの評価と被告人と犯されたとされる犯罪に対する潜在的な偏りの有無が判明した。語りの評価の重要性は，以下の例からわかる。マクマーチン事件で割り当てられた陪審員すべてが，ヴォア・ディール前の段階で検察官と弁護人から質問に答えるように求められた。回答の秘密が保証されるように，各陪審員には番号が振られている。

たとえば，隔離された陪審員候補者59号の観察と語りの評価は以下の通りである。

> 彼はカリフォルニアに来て以来，1947年まで弁護士をしていた。この事件に1年程度費やすことはうれしくないと言った。彼は不動産法にかかわっていた。地方検事のルウ・ワトニックとよくラケットボール^{訳注}をした。彼は以前法律職に就いていたことについての質問をされることを期待している。この事件についての態度を述べたことはない。商用でマンハッタン・ビーチに行ったことがある。……アイラ・ライナーとロバート・フィリボジアンが政治的理由から訴訟を起こしたと聞いたことがある。彼のもつ法的な経歴が議論好きの性質を促進している。「子どもは想像力をもってゲームをする。その子にとって，それがまさに現実となるのだ」。地方検事は専断的忌避を行なうと思われる。
>
> 訳注：囲いの中で行なう球技の一種。

興味深いことに，彼は専断的に忌避されず，公判のための6人の補充員の1人となった。彼の経験的スコアは，偏りのなさに関して205人の割り当てられた陪審員の中で最高の部類であった。

第7章 陪審の選定―弁護側による科学的な陪審選定―

　同様に，陪審員候補者156番は偏りのなさに関して高くランクされ，弁護側は検察官が専断的忌避を行なうことを予想した。この隔離された陪審員の観察と最終的なコメントは，以下の通りである。

　　彼は教育についての管理者プログラムに取り組んでいる。メディアは偏っているとと述べている。彼と奥さんは結婚相談員のところへ行ったことがある。姪がFBIで秘書を務めている。彼は職務を果たした事件で陪審長ではなかった。弁護人に対し子どもの反対尋問で戦術を駆使すべきだと思っている。彼はこの事件に陪審員として取り組むことはできると述べている。この男性はまったく笑わない。子どもに強制的にわいせつを行なった者には精神医学療法が適切であると考えている。地方検事は彼を専断的に忌避するであろう。

　驚くべきことに，この陪審員は検察側から専断的に忌避されず，両当事者は彼が12人の陪審員の1人となることを受け入れたのである。
　陪審員候補者60番については，語りの評価から弁護側が彼を陪審から排除するために専断的忌避を行なう必要があることがわかった。弁護側にとって，メディアに依拠し，部外のメディア情報に基づきマクマーチンのエピソードについて豊富な知識を有している個々の潜在的陪審員を特定することは重要であった。統計分析からも構造化された観察からも，この人がすでに有罪評決を予想していることがわかった。コメントは，以下のように述べている。

　　彼女は，訴追には真実があるに違いないと感じている。幼稚園で性的接触行為があったと感じている。レイ（レイモンド・バッキー）が誰かに強制わいせつを行なったと思うか，というダニー（弁護人ダニエル・デイビス）の質問に答えるのに，非常に長い時間を要した。彼女は塗りつぶされた子どもの目をテレビで見たときに，混乱した。われわれはこの女性に専断的忌避を行なう必要がある。ダニーは理由を付けて忌避した。しかし認められなかった。

　そのため，ヴォア・ディール中に彼女は弁護人により専断的に忌避された。
　陪審員候補者33番には前科があった。1982年にDUI（飲酒・麻薬影響下での運転）により有罪となり，有罪答弁を行なった。弁護側には，地方検事が前科のために専断的忌避を行なうように思えた。観察結果は以下の通りである。

163

彼はメディアの報道が一面的であると思っている。彼は右耳しか聞こえないため、聞き取りに困難を感じるときがある。子どもの強制わいせつに死刑が相当だとは考えていない。退職し何かすることが欲しいので、この事件で陪審員になりたいと思っている。……彼は子どもが許されていないモーブルホームパーク^{訳注}に住んでいる。子どもの証言の信用性を判断できるだけの経験をもち合わせていないと述べた。地方検事は前科を理由にし、忌避するかもしれない。

訳注：モーブルホームは、工場で組み立てられるプレハブ住宅の一種で、車輪をつけて輸送される。設置できるのは決められた借地（モーブルホーム・パーク）だけであり、きちんと基礎をつくるので、完成すれば、とうぜん車輪はついていない。水道や電気はもちろん下水道も完備しており、狭いが周囲に庭もあるので、普通の住宅とほとんど違わない。複数の部分を現地で組み立てる大規模なものもあるが、多くは仕事を引退した人たちのための小住宅で、安っぽいイメージがつきまとう。

しかし彼は検察官から忌避されることなく、最終的な陪審員に残った。

同様に、陪審員候補者58番の最終陳述から、弁護側は検察官の忌避の可能性を予期しなければならなかった。彼が法廷に提出される証拠について偏見をもたず、客観的な評価を行ないたいと希望したためである。隔離観察と最終コメントは以下の通りである。

　彼の父親はいくつか刑事事件を担当したことがある弁護士だった。「私は真実の究明にかかわりをもって育てられた」。彼は、実際にはこの事件について意見をもっていないと述べた。また困難を感じてはいないと述べた。……地方検事がこの男性を好むとは思われない。

驚くべきことに彼は検察官から忌避されず、当初の12人の陪審員の1人に選ばれた。

人格特性点が最高点であった別の2人の陪審員候補者がいた。実際2人とも、ヴォア・ディール前の質問票で、被告人はおそらく無罪だと述べていた。2人とも黒人の男性で、それぞれ56歳と35歳であった。そのうちの1人、陪審員候補者150番（56歳）についての弁護側の評価は以下の通りであった。

　彼は、ペギー（マクマーチン）は学校の管理者であり、子どもと直接かかわっていなかったので、おそらく無罪であると感じている。レイは直接子どもとかかわっていたと思うが、彼が罪を犯したかどうかについて意見をもっていない……彼は、強制わいせつで有罪となった者のほとんどは、刑期が十分長くないため再犯を犯すと思っている。彼の言うことは非常に公正に聞こえる。被告人がみずからの言い分を語ることができるようにすべきだと思うと述べている。

第 7 章　陪審の選定―弁護側による科学的な陪審選定―

おそらく子どもの親がレイのことを好きでなかったため，こんな話を子どもに語ったのだろうと述べている。「子どもは証人席で言うべきことについて指導を受けたのだろう」。彼は，特に陪審員を務めたいとは思っていない。裁くことを望まないためである（聖書の説諭）。

　検察官は両名が検察側に大きな偏見をいだいていると認識し，理由付きで忌避しようとした。そして両名を陪審員から除くことに成功した。
　当初，マクマーチン事件の被告人両名は有罪であると信じていたが，後にメディアの情報を再構成および再評価し，マクマーチン事件がセンセーショナルに扱われすぎていることを認識し，この事件についての一般的なニュースや報道の客観性を疑うようになった陪審員候補者たちがいた。その中の一部に最終選定陪審員に選ばれた人がいた。
　客観的な立場に立ち続け，偏りなく情報を評価できるような潜在的陪審員を認識することは重要なことであった。そういった潜在的陪審員で，マクマーチン事件の陪審員に選定された人の中に，陪審員候補者48番がいた。この人についての最終コメントは以下の通りである。

　　彼は新聞がこの事件をセンセーショナルに扱う傾向があると感じている。当初，レイとペギーは有罪だと思っていた。4つの異なる国で育ったせいで……あなた方は「開かれた心」をもたなければならないと述べている。フランスの司法制度を知っている。「私はもう大人だ。自分のことは自分ですることができる」。彼はとても雄弁で，多くのことを知っている。アメリカ人の子どもたちは甘やかされており，（大人のものも子どものものも）あらゆる証言はすべて疑問だと述べている。

　偏りのなさの順位において，彼は205人の潜在的陪審員中最も偏見が少ない人の1人だった。また彼の平均的な人格特性評価によれば，裁判所に提出される証言や証拠を客観的・中立的に評価することができた。彼がこの事件で陪審長になったことは驚くことではなかった。
　陪審員候補者161番のように，子どもの強制わいせつについての個人的感情を偏りない陪審員としての責任から区別することに大きな困難を感じる潜在的陪審員が数人いた。一人娘のいるヒスパニックの男性は，彼の偏りのなさについてのランクではきわめて大きな偏見を有しているとされた。これはおそらく，

165

家族や子どもと親としてのおよび文化的結びつきが強いことを反映するものであろう。統計分析によっても，予想される陪審員がヒスパニックであることと，この子どもの強制わいせつ事件で被告人を有罪だと推定することとの間には，強い相関関係が見られた。彼についての最終コメントは以下の通りである。

> 彼は，幼い子どもはとても弱いものであり，守ってあげるべきだと感じていると述べている。彼は明確に子どもの側につくであろう。「同情は公正な判断に影響する。証人席で幼い子どもを見るのはつらいことだ……実際私は何もできない」。──これは，子どもについての自分の感情を脇に置くために何をするかというダニーの質問への答えである。「幼い子どもが証言するとき，その子に自分の娘を見てしまうだろう。自分の感情を切り離すことはできない」。彼は，親としての感情と陪審員としての責任を区別することに困難を抱えるであろう。

弁護人は彼に理由付き忌避を行ない，陪審員から除外した。

陪審員候補者193番も，偏りのなさの尺度と人格特性の得点の両方の順位が非常に低かった。彼の娘は強制わいせつを受け，カウンセリングを経験していた。マクマーチン事件の被害者である子どもたちに非常に強い感情をもち，すでに被告人は強制わいせつで有罪なのだと心に決めているようであった。一般的観察は，次の通りである。

> 彼は，不適切な触られ方をしたと主張する人の話をよく耳にする。娘は3，4回不適切な触られ方をされ，話したら母親を殺すと犯人に脅されたためしばらくの間，両親に話さなかった。彼の娘はおよそ3週間に1回セラピストのところに通っている。彼はマンハッタン・ビーチの海岸に行ったことがある。けっして笑ったり表情を変えたりすることがなく，非常に薄気味悪い人物である。……この男性を専断的に忌避することを考える必要があるだろう。

彼はヴォア・ディール時に，弁護側により専断的に忌避された。

マクマーチン事件の被告人のいずれかあるいはいずれもが「明らかに有罪」であると思っている潜在的陪審員が6人いた。そのうち4人は女性で，既婚者が3人，未婚者が3人であった。6人のうち3人は，ペギー・マクマーチンは明らかに有罪だと示唆していた。また全員が，レイモンド・バッキーが明らかに有罪であるということに同意していた。結果的に，6人のうち誰も最終的に

第7章 陪審の選定—弁護側による科学的な陪審選定—

陪審員席に座ることはなかった。質問票への回答には有罪を推定していることが反映されていたが，彼らの一部は最終的な決定を行なう際に偏りがなく，客観的に，開かれた心をもって任務を果たすことを望んでいるように思えた。

たとえば，陪審員候補者94番は質問票において，レイモンド・バッキーは「明らかに有罪」だと示唆していたが，裁判官には自分は公正に偏見なく裁判に臨むと述べていた。一般的観察には以下のように記録されている。

> 「どの方向にも私に偏見をいだかせるようなものは何も知らない」。この女性は，事件について意見をもっていない非常に知的な女性である。ボストン訛りのなごりがある。3人の判事とつきあいがある。夫は連邦下院の政府委員会で働いている。彼女は公正に見えるが，われわれはもっと彼女のことを知る必要がある。

あらゆる観察評価が，彼女は事件について誠実に客観的に判断し決定することができるということを示唆していたが，偏りのなさの尺度において彼女の順位は非常に低く，結果として職務を果たす陪審員には選ばれなかった。

観察者が潜在的陪審員の自己表現の方法，外見，話し方，ヴォア・ディール時の陳述により欺かれることは，しばしばあり得る。観察だけに基づいてその人の被告人に対する隠れた偏見や先入観を明らかにすることは，きわめて難しい。当の本人がみずからの偏見や隠された動機に気づいていないことすらあり得る。陪審員候補者94番の場合，付加的な客観的評価を他の数量化されたデータや構造化された観察による測定と組み合わせることの重要性が示された。

同様に陪審員候補者174番は，マクマーチン児童強制わいせつ事件に個人的関心をもっており，両被告人は「明らかに有罪」だと思っていることが質問票から判明した。質問票へのあらゆる回答から，彼女はこの事件について非常によく知っており，すでに裁判の結果を心に決めていることが示唆されていたが，彼女は裁判官に対して自分が公正で偏りがなく，この事件のエピソードについてはほとんど知らないと述べていた。この場合も，観察者が潜在的陪審員の隠された偏見や動機を客観的に解釈することの困難性を示す別の例である。たとえば，観察ノートには以下のように記されていた。

彼女は，自分は公正で偏りがないと述べている。実際この事件についてあまり多くのことを覚えていないと述べている。友人がおじさんに強制わいせつ行為をされたことを聞いたことがある。非常にソフトな話しぶりである。児童強制わいせつは就学前に頻繁に発生していると考えている。自分が同意できる裁判官の説示だけを受け入れると述べている。この事件の陪審員になりたい。成人男性がX指定の映画を見ることに不都合があるとは考えていない。被告人は無実を証明する義務を負わないということは受け入れられない。自分は誠実でありたいと述べている。しかし彼女は誠実だとは思えない。

彼女は偏りのなさのスケールで非常に低い順位であり，人格特性得点も同様に非常に低かった。最終選定陪審員には選ばれなかった。ヴォア・ディールでの彼女の言動は，陪審員の偏りのなさを判断する際に観察評価だけに依拠してしまうことの危険性を改めて示していたように思われる。というのは，潜在的陪審員は被告人の有罪無罪に関して自分がどういう立場に立つのかについて，非常に異なった印象を与えることがよくあるからである。

これら2人の潜在的陪審員の場合から，最終的な推論をするときに1つの手法に依拠することの問題が例示されている。また，構造化された観察手法が潜在的な偏見や先入観について意味のある解釈をするためのきわめて有用な道具である，ということも示されている。しかしながら，他の統計的経験的手法および知見と組み合わせることによって，個々の潜在的陪審員について全面的客観的な評価をする場合により批判的になれるということもまた指摘しておかなければならない。

被告人と犯したとされる犯罪についてセンセーショナルな報道がされた場合，公正で証言や物証を客観的に評価する能力を備えた陪審員を選定することは，きわめて困難な作業であると思われた。205人の割り当てられた陪審員のうち，2人だけが被告人たちは「おそらく無罪」であると信じていることが，ヴォア・ディール前の予備質問票により明らかになった。他に，被告人は有罪かという質問に対して「わからない」と答えた潜在的陪審員もいた。弁護側にとって重要なのは，事件に中立的な潜在的陪審員をすでに裁判結果を決めている者から区別し，最終選定陪審員と補充員が客観的に判断できるようにするために役立つ手がかりを特定することであったのである。

4. 最終選定陪審員と補充員

　長いヴォア・ディール手続きの後，12人の陪審員と6人の補充員が最終的に選定された。選定陪審員は皆，裁判の潜在的結果について疑いを表明するという基本的基準を満たし，メディアのネガティブな報道姿勢にあまり影響を受けていないように見受けられた。ヴォア・ディール前の質問によれば，選定陪審員および補充員は皆，レイモンド・バッキーとペギー・マクマーチン・バッキーが児童強制わいせつで有罪かどうかについて確信しておらず，すべての証拠が自分たちの前に提出されるまで判断を留保しているように思われた。

　この陪審の特性はどういったものだろうか。人種構成について，12人の当初選定陪審員は6人の白人（50%），3人の黒人（25%），2人のアジア系（16.7%），1人のヒスパニック（8.3%）で構成されていた。7人が男性，5人が女性であった。8人の陪審員が40歳以下で，11人は少なくとも大学教育を受けていた。当初陪審のうち11人は，有罪評決の傾向が少ない人種民族グループ（アジア系，黒人，白人）に属していた。年齢構成も若年および中年層に傾斜していた。

　6人の補充員はいくぶん異なる特性をもっていた。白人が4人（66.7%），黒人が1人，アジア系が1人であった。しかし，6人中5人と圧倒的に男性が多かった。5人が50歳以下で，6人全員が大学教育を，3人が大学院教育を受けていた。態度・意見上，行動上の特性に関して，補充員の全体的な経歴からは，12人の選定陪審員よりも偏りがなさそうであった。

　したがって，12人の当初選定陪審員と6人の補充員は，統計分析が示した被告人にとって理想的な陪審を構成するための基本人口統計学的・社会経済的・態度上の基準を満たしていた。弁護側の科学的なヴォア・ディール戦術は，証言や法廷証拠を予断なく客観的な方法で判断する能力において，205人の候補者全体よりも優れていると思われる陪審員団を選定することに成功したのである。補充員の選定についても，12人の当初選定陪審員の選定以上に重要となる可能性があると考えられた。弁護団は，裁判が何か月も続き，そのため当初選定陪審員が個人的経済的な理由で職を辞し，補充員の何人かは最終選定陪審員になると予想していた。結果的に，裁判は長期化し，6人の補充員全員が完

全な陪審員となったのである。

　過去の陪審研究が明らかにしたところでは，陪審裁判の期間は評決陪審の人種的，社会経済的，政治的な構成に重要な影響を及ぼす。陪審裁判の長期化は，時間的負担，個人的犠牲，経済的困難を課すことになるために，典型的な評決陪審員は白人，高学歴，中上流階級である場合が多いのである[*12]。

　マクマーチン事件の陪審員と補充員も例外ではなかった。2年6か月後，12人の当初選定陪審員のうち4人が職務からの解放を求め，補充員と交替した。補充陪審員2人も職務からの解放を求めた。残った陪審員と彼らの経歴につき興味深いのは，最終選定陪審員を構成している陪審員の（統計分析から明らかにされた）人口統計学的，社会経済的，態度上の特性は，彼らが予断なく客観的な方法で証言と法廷証拠を評価することを強く希望していると示唆していたことである。12人の最終陪審員のうち10人は少なくとも大学教育を受けており，3人は大学院教育を受けていた。11人は50歳以下であり，8人が20歳代，30歳代であった。また8人が男性であった。つまり，最終選定陪審員の大部分は，被告人レイモンド・バッキーと同じ年齢階層に含まれていたのである（66.7％）。

　1人の陪審員だけが有罪傾向が一番高いとされた民族人種カテゴリー──ヒスパニック・アメリカ先住民──に属していた。彼は当初，6人の補充員のうちの1人として選定されていた。ヒスパニックの潜在的陪審員は有罪傾向をもつと認識されていたが，このヒスパニックの陪審員は，ヴォア・ディール時の質問およびヴォア・ディールのスクリーニング・セッションにおいて，提出されるすべての証言，科学的証拠，物証により証明されるまでは，レイモンド・バッキーとペギー・マクマーチン・バッキーは，有罪でも無罪でもないと述べていた。ヴォア・ディール時，彼は娘が強制わいせつを受け，牧師による心理カウンセリングを受けていると述べた。娘の事件については怒りを感じるより傷ついたと述べたが，「すべての人は（有罪が）証明されるまで無罪である」と述べた。選定陪審員は皆，裁判の潜在的結果に疑いを表明し，最終的に評決を行なうために法廷証拠を重視するということに同意していた。

　病気と財政的な負担のため，当初選定陪審員のうち4人は辞任したが，最終選定陪審員の構成は，当初の12人の陪審員とほぼ同じ人種的民族的特性を有していた。ロサンゼルス中央上位裁判所地区は黒人とヒスパニックの割合が高

いため、陪審の中で人種的少数者が過剰に代表されていることは驚くべきことではなかった。しかしながら、陪審員の平均的な学歴は管轄区の住民よりも実質的に高かった。人口統計学的・社会経済的次元で偏りのなさが示されているのに加え、選定陪審員の基本的な態度上・行動上の特性は、裁判結果について先入観よりも偏りのなさを示していた。

　ヴォア・ディール時、検察側も陪審員選定について支援を受けるため、私的な陪審コンサルタントを雇い、有罪評決をする方向の陪審を作ろうとした。彼らはヴォア・ディール・スクリーニング・セッション時に検察官の側に座り、弁護人の質問への回答や、弁護人とも共有されていたヴォア・ディール前の質問票への回答を評価した。一般大衆が圧倒的に有罪の推定を共有していたことからすれば、陪審コンサルタントと検察側は被告人の有罪について過信していたのかもしれない。彼らは科学的な陪審選定手続きという体系的でより決定的な手法ではなく、直感的主観的な選定基準に依拠していたように見えた。弁護側が科学的な陪審選定手続きを活用したため、最終選定陪審員は、被告人に対する訴追を客観的に予断なく評価する傾向の強い、バランスの取れた自然な陪審となった。

　ヴォア・ディールが完了した後、陪審員と補充員は招集され2年半にわたって試練を受けた。彼らは証拠に耳を傾け、証人と出会い、証言を聴取し、嵐のように提出される書面を見つめたのである。

5. 最終選定陪審員の経歴

　65件の訴追のそれぞれについて有罪かどうかの決定を行なわなければならなかった陪審員は、裁判のために法廷に招集された多くの陪審員候補者の中から選ばれたサバイバーであった。陪審員と補充員は広範な経歴を有していた。その中には特に、スーパーマーケットのレジ係、パシフィック・ベル電話会社の従業員、生物医学の専門家、精肉業者、技術者、機械工、連邦公務員、在庫管理人が含まれていた。

　公になった範囲の限られた経歴情報によっても、陪審員は非常に多様であることが明らかになる。

マーク・バセット　33歳，白人男性，独身，科学コンピュータ会社勤務。プリンストン大学を卒業し，カリフォルニア工科大学で化学工学の博士号取得。余暇時間に聖書研究や司会者をやり，恵まれない若者に個別指導やコンピュータ教育を施していた[*13]。彼は明らかに教養が高く，科学問題や社会問題を扱うのに慣れている良心的な人物であった。当初補充員に選ばれていたが，最終的に陪審員となった。裁判中，勤務していた会社が廃業し失職したとき，彼には強いプレッシャーがかかった。

ジョン・ブリーズ　51歳，5人の子どもをもつ白人の生物医学の専門家。裁判中に妻を亡くし，まだ裁判が進行中のときに再婚した。結婚式には多くの陪審員がゲストとして出席した。以前別の事件で陪審員を務めた経験をもっていた。ヴォア・ディール時，子どもたちの一部がペットを殺し校庭に埋葬したというメディアの報道を覚えていると述べた。当初は被告人は有罪であると信じていたが，すぐに意見を改めたと述べ，被告人が有罪かどうかについては中立の立場に立った。

ルイス・チャン　アジア系アメリカ人の電気技術者。陪審長に選ばれ，種々の訴追につき陪審員の議論を主導した。裁判の開始時に，娘が学校の前でひき逃げの被害にあった。彼は，国際経験が豊かでフランスの法システムについての知識をもっていた。裁判をなんとか耐えられるものにしてくれるということで他の陪審員から信頼されていた。

ブレンダ・オリバー・ウィリアムズ　38歳，黒人女性，パシフィック・ベル電話会社のサービス担当者。彼女も裁判中に結婚した。1984年のロサンゼルス地方検事正選挙でアイラ・ライナーに投票したことがある。若い男性が幼稚園で働くことは何ら悪いことでなく，子どもは親を喜ばせる話をでっち上げるのが得意だと裁判所に対して述べた。ヴォア・ディール時に，自分は公正な陪審員となるだろうと述べた。

バーバラ・セレスチン　49歳，黒人，二児の母，エル・セグンド近くでア

メリカ空軍に勤務。今回が初めての陪審員経験であり，最後まで残った8人の当初選定陪審員の1人であった。

ヘンリー・コールマン 75歳，最年長の陪審員，建築設計士を引退。彼はコミュニティ・カレッジを卒業し，子どもが許されないモーブルホームパークに1人で暮らしており，裁判中ずっと陪審員席にとどまった8人の当初選定陪審員の1人であった。以前刑事裁判で陪審員を務めたことがある。ヴォア・ディール時，メディアの報道は一面的だと述べた。子どもの強制わいせつは重罪であるが，死刑の適用は適切ではないと述べた。

サリー・コードバ 白人，27歳独身女性。スーパーマーケットのレジ係を務めており，マクマーチン裁判以前には陪審員を務めたことはない。ヴォア・ディール・スクリーニング・セッションで，他の人がマクマーチン事件について議論しているのを聞いたことがあり，その人たちの一般的意見は被告人は有罪だというものだったと感じたと示唆していた。彼女は，雇用者は陪審の職務についている間6か月分しか給与を支払わないであろうと述べ，陪審の職務についての会社の方針を示す文書を上司からもらってくるよう，裁判官から指示を受けた。

ダリル・ハチンス 28歳，白人男性，ロングビーチ石油会社に勤務。今まで陪審員経験はない。ヴォア・ディール時に，法廷での子どもの証言に関心があると述べた。彼は12人の当初選定陪審員の1人に選ばれていた。

ダニー・キンドル 33歳，黒人，食料品店店員。大学院教育を受けており，以前刑事裁判で陪審員となったことがある。裁判当初，修士課程に在学中であった。ヴォア・ディール時，児童強制わいせつには精神療法がふさわしいと述べた。

ダンテ・オコーア 42歳，二児をもつ既婚男性。4年間の大学教育を修了している。これまで陪審員を務めたことはない。父親が刑事事件に弁護士として

かかわったことがあり，彼は真理の探究に関与しながら育ってきたと述べた。ヴォア・ディール時，訴追はされなかったが，かつて兄弟げんかの最中に撃たれたことがあると述べた。

ジュリー・ピータース 47歳，白人で離婚歴のある女性，二児の母。コミュニティ・カレッジに通ったことがある。以前陪審員を経験した。ヴォア・ディール時，5年前家宅侵入をうけた経験があり，週に一度夜に小児科病棟に行き，子どもの世話をしていると述べた。マクマーチン事件のニュース報道を見て，そんなに事件にとって重要なことがなぜ詳細に報道されるのか不思議に思い，この事件の陪審員になりたかったと述べた。彼女は裁判中ずっと陪審員席にいた8人の当初選定陪審員の1人だった。

マイケル・サラザー 40歳，3人の子どもをもつラテン系。コミュニティ・カレッジに通ったことがあり，裁判途中に最終選定陪審員に加わった6人の補充員の1人だった。ヴォア・ディール・スクリーニング時，マクマーチン事件の幼稚園について読んだことも聞いたこともないと示唆し，「すべての人はそうでないと証明されるまで無罪である」と裁判所に述べた。

2年半以上にもわたる裁判の間，裁判のために選定された12人の陪審員と6人の補充員に多くの予期せぬ圧力がかかった。人数は，12人の陪審団だけに縮小し，補充員はいなくなった。1989年5月までに4人の陪審員が職務を免除された。2人は病気のためであり，1人は仕事上のトラブルを抱え，4番目の人物は注意散漫のため——陪審員席で居眠りをしてしまった——であった。裁判は非常に長期化し，7人の陪審員が他の事件の陪審員として召喚状を受けたほどであった[*14]。

裁判所での30か月間，陪審員たちはお互いの人生も共有していた。一緒に昼食を食べる小さなグループや休憩中にホールでおしゃべりをする別のグループがあった。バセットはよくルイス・チャンと中華街で食事をした。彼らは，自分たちが異常な経験を共有していることを理解している人たちであった。

生物医学の専門家であるブリーズ陪審員が，裁判中に妻を亡くし再婚したと

き，6人の陪審員が結婚式に出席した。ある陪審員が脳卒中を患ったとき，数人が病院に彼を見舞った。後に，この陪審員は裁判所に挨拶に立ち寄った[*15]。

裁判が進行するにつれて，強い感情が陪審員たちの間に盛り上がった。バセットが示唆するところによれば，それぞれの陪審員は，「この裁判すべてを経験していることに関する他の人への尊敬の念」をいだいていた。しかし，陪審員であることは困難な職務であった。裁判が始まって2か月目に，彼らが公判中起きていなければならないこと，裁判は数年とは言わないまでも数か月かかることが予想されるため，メモを取らなければならないことを，パウンダース裁判官が指摘した。また寝不足や食べ過ぎで眠くなった時は休憩を求めなければならないと陪審員に告げた。さらに，遅刻し，公判中居眠りをし，メモを取らないならば，解任され（おそらくは用いられない威嚇），罰金を科され，拘禁されると陪審員を威嚇した。

この警告はてきめんであった。通常「あくびをし，せわしなく動き，目を閉じたまま座り，ガムを噛み，時計を見続ける傾向のある」陪審員たちは，「新たに身を入れたように思われた」[*16]。マクマーチン事件で評決を行なった12人の最終選定陪審員は，いくつもの点でサバイバーだったのである[*17]。

6. 科学的な陪審選定のアメリカの法廷での受けとめられ方 …

科学的な陪審選定は，社会科学と法の架橋から生まれたものである。それは，最近まで法律家が最終的な陪審選定を行なう際に基礎となっていた固定観念と直感に，数量化可能な基礎を付加する試みである。

陪審制はアメリカの民主主義と多元主義の伝統において重要な役割を果たしており，しばしば民主主義の防壁と理解されるものである。世界中の陪審裁判のおよそ80%がアメリカで行なわれている[*18]。多くの国では裁判官だけに，裁判を行ない判決を下す権限が付与されている。司法制度の一部としての陪審制がない。アメリカでは，刑事司法システムへの素人の関与は，司法の運営に正統性を付与し，民主主義の信念を補強するものである。司法運営への陪審参加はまた，「責任分担の人的基盤を拡大し，それを通して人々はどうしてもやらなければならない困難な決定をよりたやすく行なうことができるようにな

る」[19]。同様に陪審制は，アメリカの市民中心主義の伝統を強化する。多くのエリート主義的な政府機関や官僚体制と異なり，陪審員団は一般のコミュニティから選ばれる。そのため陪審の決定はコミュニティで共有されている集合的感情を反映し，したがって「人民の声」[20]なのである。

それでもなお，大々的に報道された刑事裁判一般や特に民事製造物責任裁判での科学的な陪審選定の利用は，ますます検討されかつ攻撃されている。一見したところ，科学的な陪審選定という観念は，われわれの陪審制の基本的価値を損なうように思える。たとえば「ブードゥー教的な陪審選定」[21]と称されているし，陪審に偏りがないという要請とそれが同僚により構成されているという要請の間の矛盾を助長するものだと思われている。

合衆国憲法修正6条は刑事裁判において偏りのない陪審を要求している。これは個々の陪審員だけでなく陪審選定プロセスに偏りがないことを要求するものである。最高裁は，偏りのない陪審員とは被告人が有罪かどうかについて先入観や偏見ではなく，裁判で提出された証拠に基づいて評決を行なうことができる陪審員であると定義している[22]。最高裁はまた，「同僚」という観念は被告人のコミュニティの構成員を含んでいると示唆し，かつ「同僚」は「隣人，同輩，仲間，（そして）社会内で被告人が有するのと同じ法的地位を有する人」を示すものであると定義している[23]。

「偏りのなさ」の要求と「同僚」代表の要求の間には矛盾があるように思われるが，それぞれが達成しようとする目的は両立可能であると考えられる。たとえば，同僚とは被告人とそっくりの経歴をもつ人物ではなく，ライフサイクルの中で被告人と同じような時点にいて，被告人の行為を文脈の中で評価することのできるような人物であり得る。また被告人の行動について，特別な理解ではなく証拠に基づいて事件を判断できれば偏りのない陪審員であり得るのである[24]。

同様に，修正6条は弁護側と検察側が偏りのない陪審員を求めることを阻止するように働き得るが，われわれの法システムがもつ当事者主義的な風潮は，最終的に偏りのない陪審を選定することにつながり得る。すなわち，弁護側・検察側が強引に特定の性質と経歴をもった偏りのある陪審員を求める可能性はあるが，われわれの法システムは当事者主義的な闘争それ自体が陪審選定の終

了時に偏りのない陪審員を生み出す風潮を促進すると想定しているのである。

マクマーチン裁判で弁護側が用いた科学的な陪審選定手続きは，証拠を聴取し評決を行なう陪審員が事件に中立的で「偏りがない」ものとなることに貢献したことは間違いないと，われわれは信じている。前述のように，ほとんどの刑事事件で検察側に与えられた強大な裁量権と比較して，弁護側はハンディキャップを克服するためのものをほとんど有していない。科学的な陪審選定は，弁護側が陪審の構成および裁判結果に影響を及ぼすために用い得る数少ない選択肢の中の1つなのである。

7. 結　語

マクマーチン裁判で示唆されたように，強大なメディア報道と否定的な報道がされると，ほとんどの一般大衆および潜在的陪審員は影響を受け，被告人が有罪であると想定してしまう。そのため，偏りのない陪審員の選定は弁護戦術の決定的な側面なのである。実際に陪審員が選ばれる地区で地域調査が行なわれ，被告人が有罪であるとの強固な信念が浮かび上がれば，検察側は被告人に対して有罪宣告が行なわれるとの確信を強めるであろう。それでもなお，科学的な陪審選定手続きの利用はかなり有効である。陪審員の偏りのなさを査定し，有罪無罪の判断をする際にメディアに依拠せず証拠を評価できる能力を査定するためのランキングを生み出すからである。

マクマーチン裁判は歴史的に見て重要な事案であった。児童性的虐待という微妙な問題に関係し，それが大規模なメディアの報道と裁判前の証拠の選択的な解釈により変質したからである。弁護人は当初，被告人を無罪にする傾向の高い陪審員を選び出すために陪審コンサルタントに依頼した。しかし，一般大衆が圧倒的に被告人の有罪を推定しているため，弁護戦術は変わらざるを得なかった。無罪傾向のある最も有利な陪審員を選ぶことから，物証や科学的証拠，証言を評価する余地を認め，それを望むであろう偏りと予断のない陪審員を選ぶことへと変わったのである。

しかしながら，科学的な陪審選定手続きの利用には倫理的な問題もある。とりわけ，「陪審の構成に影響を及ぼし，それにより裁判の結果に影響を及ぼす

ことは倫理的に許されるのだろうか」。社会科学者でありかつ裁判に関与した者として、われわれは陪審選定手続きの間、この倫理的な問題と苦闘した。

　多くの研究者は、裁判に関与しなければ被告人が公正な裁判を受けられなくなるという理由で、裁判関与を正当化している。多くの刑事被告人は人種的少数者に属していることが多く、制度化された差別という重圧を受けていることは疑いない。大規模な研究によれば、人種的民族的少数者は多くの州および連邦の陪審名簿登載者において実質的に過小に代表されている[*25]。しかし科学的な陪審選定技術を用いることにより、コミュニティのさまざまな階層からの代表をより確保できることが望まれ、また弁護側は割り当てられた陪審員の性向を評価することができる。科学的な陪審選定は、公正な陪審を求めているのであり、単に被告人の動機や生活状況を理解でき、被告人の性別、人種、社会経済的背景と同一化する可能性のある陪審員を求めているのではない。

　科学的陪審選定手続きを利用することにより裁判過程と評決結果の正統性が損なわれるという批判がされるが、伝統的な陪審選定法により公正な裁判が危殆化されると予想される場合、客観的評価的な陪審選定法を用いることは本質的に重要である。裁判前に大規模なメディアの報道がなされた場合や、陪審選定名簿に登載される人物を選定する際の陪審選定委員会の違法行為や過失、不正行為により陪審名簿に地域代表性が適切に反映していない場合には、このことが特に当てはまる。

　こういった限界を念頭におきつつ、弁護側は公正な陪審員がマクマーチン事件の2人の被告人を裁くことを求め、それを確保したのである。第8章では、被害者とされる人物、その親や他の証人の証言を描写し、彼らの提示した証拠を評価することから、裁判のレビューを始める。選定陪審員はこれらすべての証拠を評価し検討しなければならなくなるのである。

第8章　マクマーチン裁判
―第一次公判―

　マクマーチン訴訟の第一次公判は，予備審問の二番煎じのようでもあった。公判前と同じような一連の方法，手続きによって判事が注意深く選出され，1987年7月，ついに裁判は動き始めた。その年の12月，弁護士ディーン・ギッツは「終わるのは来年のクリスマスの後になるだろう」と言ったが，実のところ，裁判はそれから優に2年半を要することとなった[*1]。

　実際，裁判は予備審問の繰り返しであり，弁護士も検事もすでに演じた役割を再演した。長過ぎた待ち時間の結果，検察側の子どもの証人のリストは短くなり，その分有罪の確率も低くなった。予備審問の初期には証人41人，被告人7人，そして200以上の強制わいせつの訴因があった。しかし公判が始まる頃には，子どもの証人は13人，被告人は2人となり，告発された公式な罪は100件であった。当初，検察側は計61人の証言を求めていたが，裁判が進むうちに，証言を行なうのは被害の申し立てをしていた子ども9人だけとなり，訴因の数も3分の1になった[*2]。

　公判には多くの証人と広範囲の専門家が参加した。子ども，親，性的虐待の専門医，子どものセラピスト，マクマーチン幼稚園の職員（かつての被告人を含む），弁護士，被告人の1人と性的関係があったと主張する女性，そして拘置所の情報提供者などである。拘置所の情報提供者は，レイモンド・バッキーから子どもたちを虐待し，脅して黙らせたという自白を聞いた，と証言した。公判の主役には国際子ども研究所（CII）のカスリーン・マクファーレンやハーバーUCLA医療センターのローランド・サミット博士もいた。サミット博士は虐待を受けた子どもの順応症候群の理論で全国的に有名である。この理論に

よれば，子どもは虐待についてはけっして嘘をつかないということであった。彼はまた，ロサンゼルス郡の精神保健事業部（Department of Mental Health）や地域とのパイプ役となり，子どもや父母とともに活動していた。弁護側の主要な専門家証人であるマイケル・マロニー博士は臨床心理学者であり，USCの医学部の精神医学の教授でもあった。彼はカスリーン・マクファーレンによる面接が誘導的・外傷的であり，子どもの応答を汚染し，真実の発見を損なうものであると批判した。彼はまた，性的虐待があったと主張する雪崩のような偽りの告発を擁護したとして，サミット博士の理論を非難した。

メディアは裁判の進展をすみずみまで報道しようと待ち構えていた。裁判官は法廷の秩序を維持するために，指揮者と事務官の役割を，日々，こなさなければならなかった。先に述べたように，検察側と弁護側は何人もの裁判官を除外したり拒絶したりしたが，最終的に任命されたのはウィリアム・パウンダース裁判官であった。彼は法廷の秩序を保ち，弁護士と検察官から出される山のような動議と異議をうまくさばき，法手続きの座長としてふさわしい，有能で責任感ある裁判官であることをみずから証明した。

たとえば最初の子どもの証人が情緒的，身体的に消耗していることを認めると，彼は，弁護士による反対尋問の時間と形式に制限を設けるつもりだと宣言した。最初の女児は4日間の尋問の後，顔が真っ赤に腫れ上がった。次の女児も疲れきっているように見え，家族も，彼女が情緒的，精神的にまいっていると訴えた[*3]。パウンダース裁判官のやり方は，弁護人は検察証人に思う存分尋問してもよいとする憲法上の権利を，明らかに侵害し得るものだった。しかし，法廷で子どもという弱者に証言をさせ，弁護士の反対尋問も受けさせねばならないという要請に鑑みれば，証言に関するこのような制約はもっともなことだと思われた。

誰にとっても証言は疲れるものだ。疲労困憊の末，証言中居眠りを始める陪審員もあり，裁判官はその行ないに勧告を発した。遅刻する陪審員はいるのに，手続きの最中ノートをとる陪審員はほとんどいなかった。パウンダース裁判官は，このような態度の陪審員に対し，解任，罰金，または投獄もあり得ると警告を発した。実際，彼は居眠りばかりしている1人の陪審員を解任し，ずっと出廷していた予備陪審員の1人と交替させた。これらの事態において，パウン

ダース裁判官は最高指揮者としての力を発揮し，法廷手続きの進行に責任をもち，法的問題について意志決定を行ない，しばしば被告人側の犠牲のもとに，証人の福利を保証した。

1. 冒頭陳述

　裁判官の指示により，ついに公判が開始された。検察側と弁護側の冒頭陳述に先立ち，パウンダース裁判官は荘厳な面もちで次のように述べた。「冒頭陳述は証拠ではありません。証拠となり得るものを指し示すだけです」*4。彼はまた，陪審員にこう諭した。「アメリカの法システムは，陪審制度とあなた方に信頼をおいています。あなた方が正義，そして公正な判決に到達できるであろうことを確信しています」*5。

　しかし，12人の感情と思考の闘いの前で，すべてが公正であったわけではない。裁判手続きは伝統的に，および証拠法（rules of evidence）により，検察側が冒頭陳述を行ない，事件の概要を述べ，何をどのように証明するかを予告することから始まる。その後で初めて弁護側も冒頭陳述を行ない，対決の姿勢を示すのである。陪審裁判では，出来事や法に馴染みのない人たちに事件を説明することを意識し，検事側も弁護側も冒頭陳述が長くなりがちである。マクマーチン訴訟も例外ではなかった。

　マスメディアはこれまでの4年間，毎日のようにマクマーチンの被告人，申し立てられた罪，子どもの被害者に対し，ありとあらゆる詮索を容赦なく続けてきた。そのため検察側にとっても弁護側にとっても，裁判で起こり得ることについての全体的な見取り図を示すこと，そして，映画にたとえるならば，法手続きという専門的スクリーンを用いて事実とファンタジーの影を映したり，あるいは遮蔽したりして，証明しようとする争点にだけ焦点を当てることが重要であった。

訴追手続きと事実

　1987年7月14日の冒頭陳述で，ラエル・ルビン検事は，この事件はマクマーチン幼稚園の職員はもちろんのこと，すべての職員への信頼と，その信頼への

裏切りの問題であると述べた。そして，検察側が勝てるかどうかは，子どもとその証言が信じてもらえるかどうか，医学的証拠が受け入れられるかどうかにかかっていると述べた[*6]。

　また，ラエル・ルビンはレイモンド・バッキーが79，母親が20の罪について裁判を受け，加えて2人とも共謀の罪で起訴されるのだと述べた。そして陪審員にこう依頼した。レイモンド・バッキーとその母親であるペギー・マクマーチンを，14人の子どもへの性的虐待の罪で有罪にしてほしい，と。

　ラエル・ルビンはこれらの虐待について詳しく説明した。子どもたちは指やペニスによる挿入を受け，口唇性交を強要され，おだてられて「裸ゲーム」に加えられ，死や身体的暴力の恐怖で脅かされ，被告人たちの「性欲を高め，そそり，満足させる」ために離れた場所に連れて行かれたこともあった，と。また，刑務所でレイモンド・バッキーと同じ房に入れられていた人物が，バッキーの自白について証言するだろうとも述べた。この証言によれば，バッキーは幼稚園で最初の告発を行なった子どもの1人を虐待し，また，他の子どもたちとのセックスを認めたという。ラエル・ルビンはまた，これらは忌わしく恥ずべき外傷体験であるとし，これらの出来事は医学的証拠や，親たちの証言，つまり子どもたちが幼稚園に通っていた頃示した身体的，行動的変化についての証言によって補強されるだろう，と述べた。

　善意ある親，警察官，CII面接者の介入のせいで捜査が複雑になってしまったことを検察官は認めた。「しかし」とルビンは続けた。今は8～12歳になっているが，子どもたちは3～5歳のときに起きた出来事をはっきりと覚えている。「この事件は，信頼されるべき聖職にある教職員たちの事件なのです」。そして，教職員らは職権を乱用したのだと述べた[*7]。

　検察側が陪審員を説得せねばならない大問題が2つあった。(1) 免許のないCII職員によって行なわれた面接が信頼のおける証拠だということ，そして (2) 予備審問での子どもの供述を補強するような証拠はまったく発見されなかったにもかかわらず，2人の被告人は申し立てられた罪で有罪であること，である。論点を強化するため，検察側の捜査官たちは忠実に校庭や近くの空き地を掘り返した。しかし，そこでも補強証拠となるものは見つからなかったし，後に行なわれたトンネルが発見されたという主張は，その時の証拠には含まれていな

かった。検察側の冒頭陳述はこれらの弱点を避けて通り，たいした問題ではないかのように装っていた。

弁護と「合理的な疑い」の問題

　弁護側の冒頭陳述では，ディーン・ギッツ弁護士が，陪審員に課せられた大きな課題は，誰がこの事件の「悪者」であり「敵」なのかを判断することだと強調した。彼は，クライエントであるペギー・マクマーチン・バッキー，子どもたち，親，警察，CII は皆被害者なのだと強調した。そして，こう論じた。マクマーチン・バッキーの指導のもとで，マクマーチン幼稚園は20年間，愛すべき幼稚園として通ってきた。マクマーチンはお喋りでおせっかいやきであり，完璧な人間ではなかったかもしれない。しかし彼女は温かく，親切な心をもっている。子どもたちに強制わいせつなどしておらず，動物も殺していないし，親に嘘をついてもいない。

　ギッツも詳述した。検察側によりメディアで告発された事柄については，写真も映像もなく，幼稚園には血や精液の痕跡もなかった。また，埋められた動物はいなかったし，幼稚園の地下には隠れた小道もトンネルもなかった。性的虐待の説明を裏づけるような証拠は何もない。そしてギッツは，法廷全体に見えるように大きなポスターを掲げた。そこには，検察側が総力をあげて行なった捜査内容が示されていた。ポスターには，次のように書かれてあった。

　　捜　査
　　被雇用者
　　　常勤の地方検事3人
　　　専任検察庁捜査官5人〜最大14人
　　　CII 常勤職員2人〜最大20人
　　　保安官機動部隊捜査官22人。マクマーチン幼稚園および他の幼稚園の695家
　　　　族を捜査
　　　マンハッタン・ビーチ警察常勤刑事1人および関係者4人
　　　FBI 常勤捜査官2人および他7人
　　捜査
　　　住宅21件
　　　店舗7件

車37台
　　　自転車3台
　　　農場1件
　　捜査対象
　　　児童ポルノ
　　　ヌード写真
　　　記録，日記
　　　切断された動物
　　　銀行明細書*8

　ギッツは「これらの捜査はすべて失敗に終わりました……。彼らはレイ・バッキーとその家族，友人を監視し，それには135時間かかりました。悪魔教の専門家，合衆国関税局職員に助言を求め，幼児性愛者と接触し，不動産記録，諸設備の記録，友人，バッキー家のつきあい関係者，その他の犯行を犯す可能性がある者，車，未告発の被疑者なども調べました。……このために100万ドル以上もの費用がかかっています。結果はどうでしょう？　ゼロです。十分な費用が費やされたと思います。……すべて，捜査しつくされました。……そして，何も見つからなかったのです。……これこそが弁護側の証拠です。十分価値のある証拠だと思います」*9。

　ギッツはこう論じた。現在子どもたちが見たり聞いたりしたと証言していることには，大人と子どもの双方による加工，誘導，圧力の影響がある。彼らの証言には，事実とファンタジーの混同が見てとれる，と。ギッツはまた，CIIで親が9ページもの質問紙に答えている間，面接者は子どもを別室に連れて行き，1時間以上にわたって個別面接を行なったという事実を明かした。面接のビデオを見れば，子どもたちの性的虐待の証言がいかに誘導の影響を受けているかがわかるだろう。

　レイモンド・バッキーの弁護士であるダニエル・デイビスは，冒頭陳述で，バッキーは証言台に立って「常識的な弁論」を行なうつもりだと述べた。「バッキーはなぜ告発が誤りであるかについて，これまで明らかにされてこなかった情報を提供するでしょう」。デイビスはまた，弁護側の証人であるグレン・スチーブンス，前任の検察官，かつては被告人であった職員たち，そしてこの事件の発端となった子どもを証人として喚問すると付け加えた。

デイビスは、レイモンド・バッキーは信頼できる、思いやりのある「ふつうの人」だと述べた。そして、陪審員が検察の告発に合理的な疑いをもってくれるようにと多くの疑問点を投げかけた。とりわけ、面接を行なったセラピストは子どもたちを誘導して虐待を受けたと信じこませ、暗示的な手法を用いて彼らに無理やり語らせたこと、医学的な証拠は決定的情報ではないこと、拘置所の情報提供者は信用できないこと、彼はこの情報を用いて、この事件や他の事件でよりよい処遇を得、量刑を軽くしてもらったこと、検察側が虐待を受けたと主張する子どもは、他の人物から虐待されていた可能性があること、何人かの子どもたちがバッキーから虐待されたと訴えている時期、バッキーはそこでは働いていなかったことなどを強調した。

デイビスはまた、この裁判はマッカーシー時代の「赤狩り」や昔の魔女狩りに似ているとも言った。そして、昨今は幼稚園など外の施設で保育される子どもの数が増え、嫌がらせによる告発が広がっていることを指摘し、バッキーは誤って虐待者だと告発された犠牲者であると訴えた。最後にデイビスはこう予告した。これから証言をする子どもたちの中には、証言を撤回したり、新たな偽りの告発をしたりして、証言を変える子どもも出てくることでしょう、と。

2. 親たちの証言

裁判が進むにつれ、親たちの怒りと絶望の極みから、証言が怒濤のように流れ出てきた。ほとんどが伝聞によるものだったが、親の証言は検察側の告発を支え、子どもたちの証言の土台となった。

1987年8月、検察側で一番に証言した親は、最初に証言をするよう予定されている子どもの父親だった。彼は次のように証言した。娘を幼稚園に送っていったところ、警察官からレイモンド・バッキーの捜査を告知する手紙を受け取った。娘は幼稚園では虐待を否定した。しかし、他の親たちが子どもをCIIに連れて行ったことを知り、彼も娘をCIIに連れて行った。そこで娘が虐待を受けたと告げられ、また、担当のセラピストは子どもの性的虐待を扱う資格のある専門家だと思いこみ、彼は娘が虐待されたと確信したのだという。

この父親は反対尋問で、娘がビデオテープで虐待を否定しているのを誰も教

えてはくれなかった，と証言した。また，この訴訟はCIIでの援助を受ける費用を補填するために起こしたのであり，妻も娘のカウンセリング費用を支払うために，被害者手当てを受けられるようにと警察への報告書を書いたのだと証言した。さらに彼は，彼も出席したある会合で，カスリーン・マクファーレンがマクマーチン幼稚園では大量虐待が行なわれていると言ったと述べた。

弁護側の戦略は，CIIが捜査のごく初期から子ども，親，警察にかかわっていたこと（それは親にとっては，子どもがCIIでカウンセリングや治療セッションを受ける費用を得るために必要なことであった）を示すことだった。

次の証人は，前回の100の訴因のうち37について証言した2人の子どもの母親だった。裁判のとき，娘は11歳，息子は10歳になっていたが，彼らは2歳から5歳まで幼稚園に通っていた。母親は当時，警察から手紙を受け取ると，ほんとうに触られたのかと子どもたちに尋ねたという。子どもたちの答えは「いいえ」であった。しかし，親しい友人から（その友人の）子どもたちは幼稚園で虐待を受けたと聞き，数か月間にわたって，彼女は子どもたちに質問し続けた。やがて娘は，レイモンド・バッキーが女の子のズボンに手を入れるのを見たことがある，と言うようになった。

母親は，娘が幼稚園に通っていた頃膀胱の感染炎にかかったことがあること，悪夢にうなされたことがあること，ヴァギナ周辺が赤くなり痛んだことがあること，ほとんど裸の格好をして踊ったりしたこと，マスターベーションが多かったことなどを証言した。また，ある日息子が他の子どもの服を来て，青い顔をして帰宅したことがあると言った。

ディーン・ギッツ弁護士による反対尋問で，彼女はバージニア・マクマーチンとたいへん仲のよい友人であったことを明かした。彼女はまた，幼稚園に男性の職員がいることに不安を感じたとも述べた。そして再び，子どもたちは触られなかったと言ったと断言した。しかし，CIIでの面接以降は，子どもたちが虐待を受けたと確信するようになったこと，お昼寝時間に子どもを迎えに来てはいけないという規則は，虐待を隠すためのものだと信じていたこと，にもかかわらず，幼稚園で尋常でないことは何1つ見たことはないこと，なども証言した。

彼女は陪審員に，幼稚園での虐待の補強証拠を見つけるため，夫や他の30

～40家族とともに，幼稚園の横の空き地を掘り起こしたと言った。彼女はまた，被告人に抗議するために組織された会合に何度となく参加した。その会合には，検察関係者やCIIのカスリーン・マクファーレンも出席していたという。

1987年11月，別の母親が証言した。彼女は最初のうち，息子が強制わいせつを受けたとは思わなかった。息子が幼稚園大好きと日記に書いていたのも覚えている。しかし最終的には，息子が被告人たちによって性的な虐待を受けたと信じるようになった。彼女は卒園式の日，息子がレイモンド・バッキーの膝に座っているのを見たと証言した。また，検察側証人である14人の子どものうち10人が現在息子と同じ小学校に通っていると証言した。弁護側は反対尋問で，親子がマクマーチン幼稚園での出来事を推測で話し合う機会がありえたことを指摘した。

別の検察側証人は，子どもをマクマーチン幼稚園に入れようと連れて来た母親であった。しかし来てみると，マクマーチンの子どもたちがあまりにもお行儀がよく静かなのを見て，気になったという。彼女は息子を入園させず，別の幼稚園に入れた。

次の検察側証人は女児の母親だった。彼女によれば，娘は悪夢を見，少なくとも7, 8回，ティンカートイ（組み立ておもちゃ）をヴァギナに入れてマスターベーションを行なったという。また姉と「69」の形になってお互いのヴァギナを触ったり舐めたりしているのを見かけたこともあった。母親は，娘は強制わいせつを受けたために年齢に不釣り合いな性的刺激を体験したのだと考えていた。警察から手紙を受け取る前に，彼女は刑事から多くの電話を受けていた。そこで，幼稚園での出来事を明らかにしようと，彼女はペギー・マクマーチン・バッキーに電話をかけた。娘は幼稚園では何も変わったことはないと否認していたが，母親は娘をCIIの面接に連れて行き，そこで娘は強制わいせつを受けていたと告げられた。

弁護側は反対尋問で，少女が生まれながらにしてイースト感染にかかっており，ヴァギナ周辺に常に発疹が生じていたこと，また姉との性的な接触があったとき，彼女はまだ幼稚園には行っていなかったことを明らかにした。また，カスリーン・マクファーレンという人物と，娘の治療における彼女の役割について尋問したところ，母親は，被告人が娘に強制わいせつをしたのではないか

という「疑いを強化した重要人物」だと述べた。弁護側は，子どもでも大人でも悪夢を見ることは異常ではない，と論理的に主張した。

　サウスベイ・カウンセリング・センターはCIIと密接なつながりをもつ組織だが，そのセラピストである女性も，息子が幼稚園で強制わいせつを受けたと証言した。この母親は，息子が怒りっぽくなり，ペニスを出して彼女の方に向けたと証言した。また，息子は大きなペニスをもつ男性の絵を描き，下着を着ないと言い張ったという。しかし彼女の証言から以下のことも明らかになった。アストリッド・ヒーガー博士は彼女の息子を検査したが，性的虐待の所見はなかったこと，にもかかわらず，カスリーン・マクファーレンは，彼女の息子が虐待されていると言い，また，レイモンド・バッキーは幼児性愛者だと言ったこと，しかし彼女自身は，レイモンド・バッキーのそのような行動を見たことはなかったこと，などである。

　彼女が検察側を支持する主張を大胆に唱え，また，マクマーチンの子どもたちの治療にも当たっていたので，ダニエル・デイビス弁護士はこう論じた。この証人には利害の抵触（つまり，公益と私利の衝突）がある。なぜなら，彼女はサウスベイ・カウンセリング・センターで子どもの治療に当たっている——デイビスはこれを「虐待幼児産業」と呼んだ——だけでなく，子どもの虐待という疫病から利益を得ているからだ，と。弁護側はまた，彼女が面接した子どもたちの氏名を弁護側に開示するよう請求した。サウスベイ・カウンセリング・センターも幼稚園を運営していたが，皮肉なことに，そこでもマクマーチンと似た問題が起きていたのである。パウンダース裁判官は情報請求を却下し，彼女は母親としてのみ証言が許されること，弁護側は彼女がセラピストとして行なったコミュニケーションについては尋問してはならないことを言い渡した。

　次の証人の娘は公判証言を拒んでいた。この母親は，娘はマクマーチン幼稚園で強制わいせつを受けたと信じている，と証言した。そして，娘は当時4歳だったが，面接を受ける以前で，事件がまだ公になる前に，その可能性を示唆する会話をしたことがある，とも述べた[*10]。娘は母親に，レイモンド・バッキーに縛られて，ヴァギナのあたりを触られたことや「お馬さんごっこ」をしたことを話したという。娘は証言を拒んでいたが，ラエル・ルビン検事はこう論じた。この母親による伝聞証言は，「子どもの証言がCIIの面接者の影響を受け

第8章 マクマーチン裁判―第一次公判―

たものだとする弁護側の考えを退けるものとして，重要である」。

弁護側は異議を唱えた。母親の証言は「伝聞」であり推論が含まれていること，検察側は反対尋問なしに子どもの発言を取り入れようとしていること，がその根拠であった。弁護側は母親の証言を「不適切で時間の無駄であり偏見的。被告人が有する反対尋問権と対決する権利を否定するもの」だと特徴づけた。

パウンダース裁判官は母親による伝聞証言は認めたが，陪審員に，子どもがほんとうに強制わいせつを受けたかどうかについては推測すべきでないと警告した。彼はまた，子どもが母親に強制わいせつについて話した時期のことを考慮に入れるならば，CII面接者の「教育訓練プログラム」による影響はマクマーチンの子どもすべてにあてはまるわけではないだろう，と述べた。ただし，これはもちろん母親が真実を述べたという前提に立てば，ということである。

次の証人の子どもは，被告人やスーパーマーケットのオーナーなどの他者に対しても，奇異な告発を行なっていた。この母親の証言は5日間続いた。彼女は大陪審の聴聞会の直前に息子をCIIに連れて行き，そこで息子が幼稚園で強制わいせつを受けたことを信じるようになった，と言った。しかし，ギッツ弁護士は反対尋問を行ない，CIIでの面接を受けるまでは，息子は幼稚園で変なことがあったとは言わなかったという証言を得た。息子の面接が終了した後，彼女はCIIでビデオテープを見せてもらった。しかし，テープは早回しされ，一部分しか見えなかったという。弁護側は反対尋問の中で，マクファーレンは面接での誘導質問テクニックを母親に見せたくなかったのだろう，と示唆した。

検察側の証人には，他にも幼稚園に通っていた子どもの母親がいた。どの母親も，わが子は幼稚園で被告人から強制わいせつを受けたと思う，と述べた。ある母親は，レイモンド・バッキーのクラスに立ち寄ったとき，そこが混乱状態であるのを見た。子どもたちはレイモンドの上によじ登り，座り，飛び跳ね，しつけも何もないようにふるまっていた。彼女はバッキーの教育方針が嫌だったが，ペギー・マクマーチン・バッキーからは，子どもたちはレイモンドを慕っていると聞かされていた。息子が幼稚園に通っていた別の母親は，息子が下着を脱ぐのをいやがり，お風呂に1時間かそれ以上も浸かり，下着1枚でダンスを踊り，暗闇を恐れたと証言した。この男児は「裸の映画スター」の歌を歌

ったと言う。

　反対尋問では，どの母親も子どもをCIIに連れて行った後，性的虐待があったと信じるようになったと証言した。また数人の母親は，公判前に，ルビン検事と検察庁の捜査官から，予備審問で行なった証言の反訳書の関連部分をもらったと述べた。それは明らかに，子どもたちの証言が公判でも一貫したものになるようにとの配慮だった。何人かの母親は，弁護士からの反対尋問の最中，被告人に対して強い怒りの感情を示した。ある母親は弁護士に，レイモンド・バッキーが視界に入らないように，彼から離れてほしいと叫んだ。別の母親は感情に耐えられず声をあげて泣き出し，パウンダース裁判官は証言の途中で休廷せざるを得なかった。

3. 子どもの証言

　被害を申し立てている子どものトップバッターは12歳の女児であった。彼女は1987年8月の上旬に証人席に立ち，レイモンド・バッキーとその母親ペギー・マクマーチン・バッキーから性的虐待を受けたと証言した。彼女は「裸の映画スター」ゲームを繰り返し強制されたこと，その間，カメラのシャッターの音がしたこと，レイモンド・バッキーが死んだ猫にナイフを突き刺し，彼女やクラスの他の子どもたちに口外せぬよう脅かしたことなどを証言した。検察側が尋問したところ，子どもたちは服を脱がされ，写真を撮っている人たちのためにポーズをとらされたという話も出てきた。彼女はまた，確信はないが，2人の被告人はゲームの最中裸だったと思うと述べた。そして，レイモンド・バッキーは彼女を愛撫し，「ヴァギナを触り」，指を中に入れたとも証言した。ただし，このようなことが何度あったのかは思い出せなかった。レイモンド・バッキーは猫を刺し殺した後，もしも彼女がこのゲームのことを他言したら，彼女やその親は猫と同じような目にあうのだと言ったという。彼女はまた，ある一軒家に連れて行かれ，そこで裸ゲームをしたと証言した。最初の証言では，そこには知らない人はいなかったということだったが，今回の証言では，知らない人もいたと証言が変わっていた。

　彼女は反対尋問において，なぜ今回は以前と異なり指を挿入されたと証言し

たのか，と質問された。彼女はこの質問に対し，ごく最近タンポンを使ったところ，その記憶を思い出したのだと答えた。また，彼女はレイモンド・バッキーを幼稚園で見た覚えがないと言った。「そもそも，レイモンド・バッキーと会ったことがあるんですか？」という質問に対し，彼女は「いいえ」と答えた。

デイビス弁護士はまた，検察官が彼女の昔の証言に付箋紙をつけていたことを聞き出した。何のために付箋紙をつけたのかと問われ，彼女は，付箋紙がついているのはお利口な答えだとルビン検察官が言った，と証言した。弁護側は次のように主張した。この証人は質問にお利口に答えるよう訓練を受けた，また，質問にどう答えればよいかをラエル・ルビンから教えてもらったと認めている。さらに彼女はラエル・ルビンと6，7回会ったこと，面接は4時間も続いたこと，その時「ひっかけ質問」への「お利口な答え」についても話し合ったことなどを述べた。少女は言葉を濁し，今となっては自分がほんとうにピンクの薬で薬漬けになり，幼稚園にいる時に眠くなっていたのかどうか確信がもてない，と言った。弁護士は，強制わいせつを受けていたにしては，彼女には不安の徴候も外傷体験の症状もないと述べた*11。また，もしもほんとうに薬付けになっていたのなら，彼女はほとんど何も，少なくとも今彼女が主張しているよりはずっと少なくしか覚えていないだろう，と論じた。

法廷での次の証人は11歳の少女だった。彼女は公判の鍵を握る人物の1人である。というのは，彼女は弟とともに，被告人が起訴されている99の訴因のうち37にかかわる証言をしていたからだ。少女は，「［レイモンド・バッキーは］女の子たちのヴァギナやお尻に指とペニスを入れた。男の子たちのお尻にも指とペニスを入れた」と証言した。彼女はまた，2か所の家，農場，洗車場，市場に連れて行かれたと証言した。そこで彼らは裸ゲームをやり，カメラを構えた人々がその写真を撮り，レイモンド・バッキーは「私のヴァギナやお尻に指とペニスを入れた」のだという。ただし，レイモンドは彼女の口にペニスを入れることはなかったという。彼女はまた，洗車場に連れて行かれたこと，そこでレイモンド・バッキーが服を脱いだこと，彼女も服を脱いだこと，そして彼は彼女のヴァギナとお尻に指を入れたことなども述べた。

彼女の証言は矛盾していた。今は撤回しているが，彼女は予備審問で，かつての被告人ベッテ・レイダーから性的虐待を受けたと訴えていた。しかし，彼

女は証言台に立った5日間，さまざまな性的行為をさせられたが，レイダーは「裸ゲーム」を見ていただけだと強く主張した*12。

　ディーン・ギッツ弁護士は法廷の外でこう言った。彼女は明らかにベッテ・レイダーが今は起訴されていないことを知り，指導に従って証言を変えたのだ。彼女の証言は汚染されている。レイダーについて誤っていたというのなら，ペギー・マクマーチン・バッキーについても誤っているだろう，と*13。

　予備審問で証言した次の少女については，弁護側はその証言録画を上映することに異議を唱えた。証人は明らかに証言できる立場にある。にもかかわらず，じかに向き合って反対尋問できないというのは違憲だと弁護側は論じた。少女は裁判官に，恐くて証言台に立てないのだと述べ，裁判官は彼女は法的に証言をする資格がないと判断した*14。

　次の子どもは以前と異なる証言を多数行ない，母親の証言の多くを否定した。1週間後にできあがった証言の反訳書には，他の子どもたちと類似した反応が多く見られた。つまり，彼女の反応は検察側に対しても，弁護士に対しても，ほとんどが「覚えてない」「わからない」だったのである。

　次に検察側は，検察庁の被害者・証人プログラムの職員を喚問した。この人物は，ある少女が予備審問で証言した後にレイモンド・バッキーを見かけ，彼がそこにいることに驚いて泣いたのを見た，と証言した。弁護側はこれに対し，彼女が泣いたのは親やラエル・ルビンの期待に沿う証言ができず，彼らが落胆して怒ったためだと主張した。

　ここで弁護側は，予備審問で録画されたビデオを映す機会を得た。その少女は幼稚園で被告人から虐待されたかという問いのすべてに「いいえ」と答えていた。

　予備審問では，以下のようなやりとりがあった。

　　検事：レイ（レイモンド・バッキー）は，お母さんやお父さんを撃つと脅しましたか？
　　少女：いいえ。
　　検事：他にもお尻を触られた女の子たちがいると聞いたことがありますか？
　　少女：いいえ。

第8章　マクマーチン裁判—第一次公判—

　　検事：レイは，裸の子どもたちの写真を撮りましたか？
　　少女：いいえ。
　　検事：レイは誰かにトイレで服を脱ぐように言ったことがありますか？
　　少女：いいえ。
　　検事：レイが裸になっているのを見たことがありますか？
　　少女：いいえ。

　彼女の法廷証言は，予備審問での供述と何ら直接的な矛盾はなかった。虐待行為の詳細について，彼女はしばしば「覚えてない」「わからない」と供述した。そのため予備審問でも公判でも，彼女は強制わいせつを一貫して否認していることが明らかになった。
　サウスベイ・カウンセリング・センターのセラピストの息子である11歳の少年も喚問され，公判で証言した。彼は，レイモンド・バッキーが自分の口にペニスを入れたと証言した。また弁護側に，レイモンド・バッキーがバットで馬を殺すのを見たと言った。デイビス弁護士は，すぐに彼の供述の矛盾を指摘した。少年は予備審問では，強制わいせつを受けたとき，彼は泥の上に座っていたと述べた。しかし公判では，被告人の膝の上に座っていたと言ったのである。弁護側は，申し立てられた強制わいせつに関する証言の矛盾を示そうと，CIIで撮影された少年の面接のビデオを映そうと試みた。パウンダース裁判官はこれを許さなかったが，反訳書は読み上げられ，記録された。
　公判では，以下のようなやりとりがあった。

　　デイビス：レイはペニスをあなたの口に入れたんですか？
　　少年：はい。
　　デイビス：それは2回以上ありましたか？
　　少年：1回の記憶だけです。レイを見たのは。
　　デイビス：レイは何をしていたんですか？
　　少年：彼は，ペニスを僕に向けていました。

　CIIでカスリーン・マクファーレンによって行なわれた面接の録画では，こ

れとは異なる会話が行なわれていた。

> マクファーレン：誰か，僕のお口に嫌なものを入れた？
> 少年：(応答なし)
> マクファーレン：思い出せる？
> 少年：わかんない。
> マクファーレン：僕の穴に指を入れたりとか？
> 少年：うん。
> マクファーレン：なんてこと！ そうだったんだわ！ あなたはなんてお利口なんでしょう。レイのおちんちんから何か出てきた？
> 少年：(応答なし)
> マクファーレン：それはどんな味がした？
> 少年：レイはそんなことしてないよ。

　弁護側は反訳書を読み上げ，少年の応答が矛盾しているだけでなく，明らかに CII の主要面接者は「お利口な答え」を引き出す指導とお膳立てをしていたことを示した。

　1988 年 4 月，13 歳の少年が 5 日間にわたり，詳細で明瞭な，しかしつじつまの合わない箇所もある証言を行なった。それは，幼稚園からさほど離れていない「青いお家」に連れて行かれ，れんが造りの暖炉の上で「裸の映画スター」ゲームをやらされたという証言だった。弁護側は 5 日間，この検察側証人に反対尋問を行なった。反対尋問は主として，少年が予備審問，大陪審審理，CII で行なった供述と，公判での証言との不一致を指摘することに費やされた。

　次の検察側証人，11 歳半の少女は，マクマーチン幼稚園に通っていた頃，わずか 3 歳であった。彼女は「(え)っとー，小さい女の子には，この人（レイモンド・バッキー），ヴァギナにペニスを入れていました。指を女の子たちのお尻に突き刺していました。私にもそうしました」と証言した[*15]。

　弁護側はこの証人の反対尋問を行なうのに 4 日間をかけ，少女の供述について数々の矛盾点を指摘することに成功した。彼女は CII の面接ではバッキーが指で兎を殺したと言った。しかし，公判ではナイフで殺したと証言した。彼女

はまた，公判ではバッキーは服を脱がなかったと言った。しかし，CIIの面接では服を脱いだと話していた[*16]。

次の証人である8歳の少女は，直前に証言をした証人の妹だった。彼女の証言は予期せぬ出来事によって何度か中断された。一度は，ペギー・マクマーチン・バッキーと1人の陪審員が体調を崩した。また，2人の陪審員が，この少女の母親が彼女に手でサインを送り，「はい」と答えるとき，「いいえ」と答えるときを教えているのに気がついた。検察側はこの2人の陪審員を欠格にしようとしたが，失敗に終わった。ルビン検察官は，彼らの観察は主観的であり，もはや公正・公平ではない。したがって彼らが陪審に留まることは許されないと主張した。しかしパウンダース裁判官は，陪審員は「誰かが証人に教示したかもしれないと信じる」権利を有している，「陪審員はそのようなことを無視できないし，無視すべきでもない」として欠格動議を却下した。

弁護側は，証人がCIIで受けた面接のビデオを映すことにも成功した。ビデオの中で，マクファーレンは何度も少女の注意を人形の生殖器に向けさせようとしたが，少女は応答しなかった。少女はとうとう「家に帰る時間だ」と言い，マクファーレンは「だめ，まだだめよ。……はっきりさせるのを手伝ってほしいのよ」と言った。少女は「やりたくない」と言い，ついには疲れ切って床に寝転んでしまった。彼女の法廷での供述と予備審問での供述には，多くの矛盾があった。

次の検察側証人は13歳の少年だった。証言によれば，レイモンド・バッキーは彼を他の子どもたちと一緒にバンに乗せ，洗車につれて行った。子どもたちはそこで服を脱がされ，いたずらされ，それから洗車のトンネルをくぐる間に服を着せられたのだという。しかし，この少年の証言にも矛盾があった。CIIでの面接では，お馬さんごっこをしたとき，レイモンド・バッキーは服を脱がなかったということだったが，法廷では，バッキーは裸だったと言った。洗車やその他の強制的なわいせつの訴えについて一連の長い質問が行なわれたが，少年の答えのほとんどは「知らない」「覚えてない」であった。

証言を拒んだ子どもたち

検察側の立証がもうじき終わるという頃，3人の子どもたちが法廷での証言

を拒んだ。これは危機であった。証言を拒んだ子どもたちの供述は，97の虐待の訴因中27を支えていたからだ。検察側は，訴因を他の証言で示そうとした。子どもたちによる直接的な証言がないとなれば，それ以外の方法で立証しない限り，これらの訴因および他の3つの訴因は却下されてしまうのである。

検察官はどうにかして犯罪を立証するつもりだと言ったが，デイビス弁護士は，当の子ども以外の証言を代わりに用いるのなら「断固として」反対すると言った[*17]。

検察側と弁護側の要請により，とうとう27の訴因が却下された。検察側は申し立てを立証できないとの理由で，さらに8つの訴因を取り下げる旨要請した。弁護側は，検察側の行動について「メンツを救うことにはなった……が，大きな整形手術が行なわれているようだ」と評し，検察側の立証は「墜落した」と考えた[*18]。

デイビスは報道陣にこう述べた。3人の証言は矛盾だらけであり，先に証言したどの子どもたちの証言よりもさらに信頼性が低い。検察は3人が訴追の足手まといになると考えて，証言させないことにしたのだ，と。デイビスの説明が正しいのか，子どもが弁護側の厳しい反対尋問に恐れをなして証言を拒んだのかどうかはわからない。だが，検察側は被告人に対する当初の訴因のほぼ3分の1を取り下げた。検察側の言い分に対する弁護団の反応は，明らかに懐疑的だった。デイビス弁護士は，「まるで昨日の夕飯の残りものだ。新味がない」と言った[*19]。

ジュディー・ジョンソンの息子による証言拒否

弁護側は，マクマーチン事件のきっかけとなった申し立てをした少年を証人として召喚することにしていた。しかし，彼の父親と検察側の専門家は弁護側の罰則付き召喚令状に抵抗を示した。父親は熱気を帯びた様子で報道陣に「俺の目の黒いうちは」[*20]息子に証言はさせないと語った。それでなくても息子は強制わいせつ，母親の死，そして面接によって十分すぎるほどのトラウマを負っているんだ，というのが彼の言い分だった。サウスベイ・カウンセリング・センターの心理学者エディス・ウルフはこう証言した。少年はすでに両親の離婚や母親の死など，重い情動的トラウマを体験している。法廷で無理に証言さ

せれば，悪夢や夜尿などの退行的行動が生じるかもしれない。「新たな尋問を行なっても，（少年の）ストレスの多い状況がさらに悪化するだけだと思う」。ウルフはまた，少年の証言の信頼性や一貫性が低くなるであろうと信じていた。彼女は，少年が明らかに彼女の気にいるように答えようとして矛盾した応答をしていること，証言は楽しく，注目を集められるからと証言をしたがったり，逆に怖がって証言をしたがらなかったりすることがあると述べた。

しかし，パウンダース裁判官は少年を法廷に連れて来るよう命じた。少年に証言させるかどうか，直接話をして判断しようとしたのである。少年は強制わいせつをした人物として父親の名前もあげていたので，少年に証言させるかもしれないという裁判官の決断は，弁護側にとっては特に重大であった。だが弁護側には残念なことに，裁判官は少年が法的に証言できる状態にないとし，法廷での証言は行なわないと宣言した。少年はCIIの面接を受けておらず，ビデオ録画もなかったので，結局，陪審員は少年の話を聞かずじまいとなった。

裁判官が少年は証言できないと判断したので，数人の医者が少年の身体検査をし，被告人による強制わいせつや虐待を受けた跡の有無について証言した。しかし，彼らの証言はあいまいで一貫性がなかった。当初，少年の母親による申し立てを調査したマンハッタン・ビーチ警察の警察官ジェイン・ホーグも証言をした。彼女は少年と兄に質問した際，シャワーの中で２人がさわりっこをした話を聞いた，と証言した。しかし，それが性的なさわりっこであったのかどうか，また，母親による最初の告発と関連があるのかどうかまでは調べなかった，と認めた[*21]。

4. 証言のビデオ録画

検察側は，少女の証言を録画した７時間半のビデオを使おうとした。この少女は予備審問では証言したが，直接証言することは拒んでおり，母親も，娘は公判での「証言を恐れていますので，証言させないつもりです」と述べた。少女の申し立ては，レイモンド・バッキーに対する強制わいせつの容疑３件を支えるものであり，その証言は特に重要だと考えられていた。直接またはビデオを用いて証言しなければ，裁判官はこれらの訴因も却下しなければならない可

能性があった。

　検察側は，少女が予備審問で証言した4日間の体験はたいへん外傷的であったと主張した。母親も，娘にはけっして同じ経験をさせないつもりだという意見書を出した。裁判官は居室で少女と個人的に話をしたい，彼女が証言したくないのなら無理に証言はさせないつもりだと提案した。面接後，裁判官は少女が法的に証言できる状態にはないと判断した。検察側は裁判官の判断を批判し，彼女が法廷証言を拒んだのは弁護側のせいだと攻撃した。報道によれば，ルビン検事は「この判断は不公平です。予備審問で子どもを怖がらせれば，その子に公判証言をさせないという確実な方法が手に入るというメッセージを弁護側に送ることになります」と述べたという[*22]。

5. セラピストによる証言

　子どもの証人の後に検察側の証人として控えていたのは，CIIの中心的セラピスト，カスリーン・マクファーレンであった。弁護側の弁護士は，彼女への反対尋問は公判において重要かつ決定的な転機になると考えていた。先述したように，調査の結果によれば，この法廷にいる適格な陪審員の多くが，強制わいせつに関する子どもの申し立ては面接者の影響を受ける可能性が大きい，と考えていた。

　CIIで面接を行なったのはおもにカスリーン・マクファーレン，ショーン・コナリー，およびサンドラ・クレブズであった[*23]。マクファーレンは認定を受けていないソーシャルワーカーであり，コナリーは経歴に詐称があった[*24]。また，専門家証人として証言したアストリッド・ヒーガー博士は，シェリル・ケント博士がサウス・ベイ・カウンセリングで行なったのと同様に，被害を申し立てた子どもたち数人に面接を行なっていた[*25]。

　マクファーレンは5日間証言台に立ち，マクマーチン幼稚園の子どもたちに行なった面接手続きについての質問に答えた。パウンダース裁判官は「彼女[カスリーン・マクファーレン]は何をしたのか，それは子どもたちにどのような影響を与えたのか，そしてそれは子どもたちの思考をプログラムするようなことがあったのか，が中心的な問題だ」とまとめた。

第8章 マクマーチン裁判―第一次公判―

　マクファーレンの公判証言は予備審問での証言と類似していた。幼稚園で何があったのかを判定するのはジグソーパズルを解くような長い道のりだった，と彼女は言った。また，「じょうご法」をとったとも言った。つまり，オープン質問[訳注1]から始め，徐々に細かい質問へと移行し，性器のある裸のパペットやドール[訳注2]を用いながら，子どもたちに自分の言葉で表現するよううながしたのだという。彼女はどの子どもにも，幼稚園でのことについて他の子から得た情報を伝えた。また，たわいもない子どもの遊びに「裸の」や「エッチな」というラベルをつけ，幼稚園であったことを幼児に実演させたりもした。しかし，子どもや親の心に虐待されたという誤ったイメージを「埋め込んだ」または，植え付けたとは思えない，と彼女は言った。

訳注1：「いつ」「どこ」「何」など答えの範囲が限定されない質問のこと。これに対し，「はい・いいえ」で答える質問や「AかBか」といった質問は，答えの範囲が限定されるので，クローズ質問という。
訳注2：以下にも出てくるアナトミカル・ドールのこと。アナトミカル・ドールは性器を備えた人形で，男性のドールと女性のドールがある。

　裁判官は陪審員がいない場で，マクファーレンの信頼性に疑問をもちはじめたと感想をもらした。「マクファーレンは，それほど複雑とは思えない質問にも，どう答えるかは定義しだい，と答えることが多い。また，覚えていてしかるべきと思われることも忘れていることが多い。このことには疑問を感じるし，厳しく対処したいと思う。彼女の証言が進むにつれ，信頼性がより重要な問題となってきたと感じる」。

　反対尋問において，弁護側はこう質問した。「この事件で子どもたちに行なった面接ビデオをご覧になり，［あなたの］手法により，子どもたちが実際にはなかった記憶を作ったとか作話したかもしれない，という印象はおもちでしょうか？」。彼女の答えは予想通り，「いいえ，思いません」であった。自分の面接法が被害の申し立てをしている子どもや親に，強制わいせつのイメージを植え付けるなどということはけっしてないと思う，と彼女は言った。

　面接でアナトミカル・ドールを用いたことについて，ギッツ弁護士はこう尋ねた。「子どもたちが，アナトミカル・ドールによって，幼稚園で裸のゲームをしたという暗示を受けた可能性はないですか」。彼女の反応は「いいえ，そのようなことはないと思います」であった。彼女は，CIIの面接者は男性ドールのペニスが勃起して見えないように気を配ったし，虐待を申し立てている子ど

もから情報を引き出すのにアナトミカル・ドールを用いるべきではないとする研究報告もない，と言った。ギッツ弁護士はマクファーレンの履歴について一連の質問を行ない，彼女は子どもの性的虐待を診断するセラピストまたは専門家というよりも，助成金申請書係であることを強調した。

ギッツの反対尋問に続き，デイビス弁護士が，子どもから情報を引き出す（彼女の）面接手法の妥当性と信頼性について尋問した。デイビスは一連の質問を行ない，「裸の映画スター」ゲームのことを言い出したのは子どもたちではなく，彼女であることを示した。また，面接を書き起こした記録に基づき，子どもたちが裸のゲームをしたことはないと何度も否認していたことを陪審員に示した。マクファーレンは，子どもに語らせることで生じるかもしれないショックを軽減するために，あえて自分は裸のゲームのことを知っていると伝えたのだ，と答えた。

デイビスは法廷のテレビ・モニターを用い，面接の一部を陪審員に見せることに成功した。以下は，面接の書き起こし記録の典型的な例の1つである。カスリーン・マクファーレンは，マクマーチン幼稚園に通っていたことのある8歳児に面接を行なっていた。少年は，ワニのパペットを手にしている。

マクファーレン：おサルさんはちょっと怖がり。それに，裸のゲームのことはあんまり覚えていないの。でも，あなたは覚えているでしょう。あなたたちがやっていた裸ゲームのことは聞いているし，他の子たちも話してくれました。裸の映画スターっていうのよね。ワニさん，ゲームのこと覚えてる？それともワニさんは記憶力が悪いのかな？

少年：うーんと，えーと，それは，うーん，ちょっとした歌だと思う。僕と［友だちの名前］が聞いたことのある。

マクファーレン：そう。

少年：えーと，誰かが大きな声で「裸の映画スター，裸の映画スター」って歌うのを聞いたことがある。

マクファーレン：そう，覚えてるのね，ワニさんは。やっぱり頭がいいのね。他の子が知ってるのと同じ歌だし。見かけよりずっと頭がいいんだってことがわかるわ。だから，頭が悪く見えるようなことはしないでね，ワニさん。

少年：うーんと，全部をちゃんと聞いたわけじゃないんだ。ただ，誰かが大きな声で叫ぶのを聞いただけ。見てみたら，……誰かが叫んでたんだよ。

第8章 マクマーチン裁判―第一次公判―

マクファーレン：もしかしたら，ワニさん，あなたは窓からのぞいて，みんながやってるのを見たのかもしれないわね。だったら，それを思いだして助けてちょうだい。

少年：うーんと，いや，裸の映画スターなんてゲームを誰かがやってるのは見たことないよ。歌を聞いただけ。

マクファーレン：ほんとうに頭がいいのかな？　頭が悪いのに違いないね。

少年：うーん。よくわかんない，うーん，誰かがやってるのを見たかどうかなんて。だって，僕はそこにいなかったんだし。みんながそれをやってるときにはいなかったんだよ，僕は。

マクファーレン：いなかったの？　いなかったの？　あなたこそが助けてくれると思っていたのに。ね，ここにいる他のパペットはみんな見てなかったのよ。でも，何があったか知りたいの。

少年：うーん，けんかならたくさん見たことがあるよ。

マクファーレン：でも，あなたなら助けてくれると思うわ。だって裸の映画スターは簡単なゲームだし，私たちもそのゲームのことを知ってるし，今さっきだって20人の子どもたちがそのゲームについて話してくれたんだもの。今朝は小さな女の子が来て，実際にやって見せてくれて，ちょうど同じように歌ってくれたわ。私が質問をしたら，考え帽子をかぶって思い出してくれるかな，ワニさん，どう？

少年：たぶん。

マクファーレン：はいかいいえでうなずいてね。裸の映画スターの写真を撮ったのは誰か覚えてる？　あの秘密の機械［ビデオカメラのこと］に向かってやってくれれば最高，そうすれば終わりだからね。他の子たちがみんなやったようにね。覚えているかどうかうなずくだけでいいのよ，ほら，あなたの記憶はなんていいんでしょう。

少年：［パペットの頭を動かす］

マクファーレン：そう，覚えてるのね？　ああ，なんてすばらしいんでしょう。お口にポインターをくわえることができる？　そうすれば，しゃべらなくてもすむでしょう，［少年の名前］は何も言わなくてもいいからね。指すだけでいいのよ。

少年：［ワニのパペットを使って，おもちゃのカメラを男性ドールの上に置く］時どき，こうしたよ。

マクファーレン：頭をなでてあげたいわ，なんて頼りになるんでしょう。あなたのおかげでみんな大助かり。とっても頭がいいんだから……。じゃ，みんなは，写真を撮ってもらうのに変なかっこうをしたかしら？

201

少年：うーん，ほんとのカメラじゃないんだ。ただ，遊びで……

マクファーレン：ワニさん，これから，……これから質問しますからね。他の子どもたちの話から，カメラは本物だってわかってるんです。だからウソっこをしなくてもいいのよ。いい？　お約束でしょ？

少年：うん，それはおもちゃのカメラで，僕たちはそれで遊んだんだ。

マクファーレン：そう，じゃ，フラッシュはついた？

少年：うーん，フラッシュはつかなかった。

マクファーレン：フラッシュはつかなかったのね。カシャっていった？　小さな写真がズズッと出てきたかしら？　カメラから出てきた？

少年：覚えてない。

マクファーレン：そう，覚えてないの。でも，よくできたわ，ワニさん。握手しましょう。

　アストリッド・ヒーガー博士が用いた面接手法にも，妥当性と客観性に重要な問題と疑いがあった。以下は，6歳の少女に対する彼女の面接の例である。

ヒーガー：これで，このお人形で［と2つのドールに手を置く，一方は裸で他方は服を着ている］，みんなが裸の映画スターをどんなふうに踊ったか教えてくれる？

少女：踊りはしないの。それはね，それは歌みたいなの。

ヒーガー：じゃ，歌うとき何したの？

少女：歌いながら歩き回っただけ。

ヒーガー：歌いながら歩き回っただけ？

少女：［うなずく］

ヒーガー：服は脱がなかったの？

少女：［首を横に振る］

ヒーガー：私は聞いたのよ。服を脱いだって，何人かの子たちから聞いたわ。［クラスメート1］もそう言ったと思うし，［クラスメート2］もそう言ったし，［クラスメート3］もそう言いました。［クラスメート4］も［クラスメート5］もみんな言ってたわよ。これは大きな秘密なのよね。話してはならないエッチな秘密かも。……でも，もしかしたら何か見つかるかもしれないわね……。

少女：覚えてることは何もないわ。

ヒーガー：これは私のお気に入りのパペット［鳥のパペットを取り上げる］。このパペット，使いたい？　いいかな？　じゃ，私は犬の刑事さんね……。よーく考えなくちゃ……何でもかんでも，今すぐにね。よーく考えなくちゃ。じゃね，変なことの最中，子どもが触られている最中にね，ここにあるお人形，どっちのお人形でもいいから，子どもたちのどこ，どこが触られたのかポインターをお口でもって指してみてくれる？　できるかな？

少女：わかんない。

ヒーガー：私はね，子どもたちが触られたっていうのは知ってるの。思い出せるかしら？

少女：わかんない。

ヒーガー：どこを触られたかわらないの？

少女：ううん。［首を横に振る］

ヒーガー：あのね，何人もの子どもたちが，何度か触られたって言ってるのよ。その子たちが言ってたのは，それは，なんていうか，ちょっと痛かったって。でも気持ちがいいこともあったって。触りっこゲームがあったの覚えてる？

少女：ううん。

ヒーガー：そう。何か別のことをやってみましょうか，じゃ，ねえー。

少女：フィー！［頭の上でパペットをくるくる回す］

ヒーガー：ほらほら，鳥さん，降りてきて。私たちを助けてちょうだい。

少女：ううん。

ヒーガー：［少女の名前／鳥］はなかなかお話しできないのね。これ以上，ううんは聞きたくないわ。だめだめ，犬の刑事さんと一緒によーく考えなくちゃ。

　弁護側は，これらの面接，特にカスリーン・マクファーレンが行なった面接の信頼性について疑問を出し続けた。マクファーレンは，子どもに関する彼女の現在の仕事では，特に資格は必要ないのだと述べた。彼女は資格をもってはいないが，子どもの性的虐待に関する職務経験は長く，いくつかの著作もあった。

　マクファーレンの証言がすむと，陪審員たちはCIIでの他の面接のビデオも視聴した。面接の手法や面接者と子どものやりとりをみずからの目で検討し，面接はほんとうに検察側が依拠できる証拠なのか，それとも弁護側が主張するように，面接は偏っており，子どもたちは強制わいせつを受けたと信じるように「洗脳」されたのかを判断するためであった。

6. 医学的証拠

　検察側の立証が抱えている大きな問題は，補強証拠が欠如していることであった[*26]。検察側は医学的な証拠に基づき，性的虐待があったことについてはかなりの自信をもっていた。しかし，誰が，そしてどこでといった問いに結論を出すことは困難な状況であった。

　検察側と弁護側の専門家は，2年前の予備審問のときと同様に，法医学的な証拠をそれぞれ異なった仕方で解釈し，それぞれがまとめた筋書きを繰り返した[*27]。アストリッド・ヒーガー博士はここでも検察側のために証言した。彼女は10人の子どもたちから，傷跡，裂傷，開口部の拡張，その他の身体的証拠，つまり，強制わいせつやレイプを何度も受けたという報告に合致する「鈍い力で貫通された外傷」を示唆する証拠が見つかったと述べた。また，こうも証言した。性的虐待では検出可能な徴候が残らないことが多い。にもかかわらず，これほど多くの子どもたちに傷害が見つかり，子どもによっては過酷な外傷を示唆するような傷害があることに驚いた，と。彼女は3人の少年と7人の少女の身体的な証拠を示し，5人の少女はヴァギナとアナルの両方で貫通された徴候があると解説した。なお，かつてマクマーチン幼稚園に通っていた生徒約150人のうち数十人についても身体検査を行なったが，彼らには強制わいせつを受けた形跡はなかった，とつけ加えた[*28]。

　弁護側は最初，ミネアポリスのロバート・テン・ベンセル博士を医学専門家証人として召喚しようとした。彼は，虐待を申し立てた子どもたちの予備的な検査を行なっていたからである。しかし，テン・ベンセル博士は法廷で弁護側のために証言するのを拒んだ。「喜んで奉仕しようという思いよりもプレッシャーの方が大きいのです。負担が多すぎます」ということであった[*29]。博士によれば，彼の学部長は，同僚，ロサンゼルス検察庁，州の司法長官から数多くの電話を受けたのだという。また，彼自身，弁護側で証言をすれば州および連邦政府からの助成金援助を失うという問題をつきつけられていた。彼は，マクマーチン事件にかかわることは，専門家集団との関係を壊すことになるのだと打ち明けた。

　その結果，弁護側で証言をしてくれる医学的専門家は1人だけになってしま

った。召喚されたのは，ロンドン市の検死官であるデイビッド・M・ポール博士である。彼はロンドン病院大学に勤務する法医学の顧問医で，アメリカ医学界における職務的・専門的な圧力とは無関係であった。彼は弁護士ディーン・ギッツの質問に答え，子どもたちの医学的記録と解剖学的スライドを見直したが，強制わいせつを示唆する証拠は何も見つからなかったと述べた。また，申し立てをしている子どものうち彼が調べた5人中3人は，性的虐待の身体的徴候がなかったと証言した。

　ポール博士は，陪審員の前に映し出された何枚かのスライドについて説明し，身体的部位は「まったく正常」だと述べた。異常であるかのように見えた他のスライドについても「たいしたことはない」と退けた。また，検察による医学的証拠と用語の用い方に異議を述べ，検察側の医者は誤りを犯しているか，見落としているか，一貫性がないかであると証言した。ヒーガー博士がカメラ様の機械，膣鏡を使用したことについては，この機械は三次元の拡大写真を作り出すが，対象が異常であるかのように見せることがあると批判した。

　さらにポール博士は，ある子ども——捜査のきっかけとなる報告をした母親の息子——を検査した2人の外科医が出した証拠について，「彼らは，強制わいせつがあったかどうかについてすら見解不一致である」と述べた。しかし，この子どもには軽度の性的虐待の証拠とみなせる医学的徴候がある，とも述べた[*30]。

　ポール博士は医学的報告書を見直し，被害の申し立てをした11人中2人だけに強制わいせつがあったことを示唆する強い証拠があると証言した。この証言は，11人中9人について虐待を示す身体的証拠があるとした検察側の医学的証人の見解と相反するものだった。ポール博士はまた，性的虐待の診断法には外科医間でも見解の相違があるとし，彼自身，この分野で30年もの経験があるにもかかわらず，どちらか判断できない事例も多いのだと述べた。なお，ポール博士の証言には，1人の男児被害者が最近強制わいせつを受けたことを示唆する内容が含まれていた。しかし，証言のこの箇所は検察側によっても弁護側によってもそれ以上追求されなかった[*31]。ポール博士の最終的な結論は，「虐待［だけ］を示す一貫した身体的証拠はない。したがって，私の診断は」虐待を「肯定するものでもないし否定するものでもない」であった[*32]。

ギッツは控えめにこう結論した。「私は医者ではありません。しかしこれらの証言により、医者同士でも一致が見られないことが示されたと思います。検察側の医者でさえも観察した事柄について一貫していないのです」[*33]。

7. 弁護側の専門家証人

次に、弁護側はマイケル・マロニー博士を証人として召喚した。マロニー博士の証言は、CIIの面接手法を否定し、ローランド・サミット博士の理論を批判するうえで中心的な役割を果たした。マロニー博士は臨床心理学者で、USC医学部の精神科医でもある。彼はマクマーチンの子どもたちだけでなく、性的虐待の申し立てを行なった何百人という子どもたちの査定を行なってきたと証言した。

子どもの虐待を扱うセラピストや検察側は、一貫してロナルド・サミット博士の著した子どもの性的虐待順応症候群を採用してきた。検察側にとって、この著書は強力な武器であった。というのは、この本には、子どもが性的虐待を受けたと言う場合、彼らはけっして嘘をつかず、子どもが性的虐待を受けていないと言う場合、彼らは「否認している」、つまり強制わいせつを隠している、と書かれていたからである[*34]。しかし、この本に対する最大の批判をあげればこうなるだろう。この本は、強制わいせつが確認された事例にだけ焦点を当てており、誤起訴の事例は考慮していないのである。

マロニー博士はCIIのビデオテープを見直し、子どもたちは面接プロセスそのものにより汚染されている、彼らが何を語ったにせよ、性的な強制わいせつを受けたという開示は妥当性がなく信頼もできない、と結論した。マロニー博士は、ほとんどの言語的情報はCII面接者が作り出したものであり、これが彼らの盲点になっていると指摘した。

> まず、……子どもたちの認知発達［の視点］が考慮されていません。また、子どもたちの相対的な知的レベル、言語能力、性別への配慮もなされていません。私が見る限り、子どもたちは皆同じように扱わねばならない均一の集団のような対応を受けています[*35]。

面接手法に対するマロニー博士の批判は，いわゆる「スクリプト（台本）」にも及んだ。スクリプトとは，子どもたちに与えられる「あらかじめ定められたプログラム」のことである。マロニー博士によれば，どの子どもにも同じ面接スクリプトが用いられたため，虐待を暴くことだけが重要な問題としてプログラムされてしまったのだという。そして，その結果，どの子どもからも似たような反応が引き出されてしまった。

> 子どもへの面接でプログラムやスクリプトを使うという考えそのものが誤りなのです。このようなやり方では，面接者が情報を提供してしまい，子どもからの自発的な情報が得られなくなってしまいます。このような方法に頼れば頼るほど，子どもの態度や発言から何が言えるのかわからなくなってしまうのです*36。

マロニー博士は，子どもから情報を引き出すのにアナトミカル・ドールを用いた点も批判し，次のように証言した。

> アナトミカル・ドールを用いることの問題は，虐待を受けた身体部位を同定させるといいながら，最終的には子どもたちに性的な身体部位を同定させてしまうことです。……面接の最初の時点では，子ども（たち）は性的な体験については何も語っていませんでした。しかし，彼らは性的部位やいわゆるプライベートな部位について話すよう誘導されました。ここにも，おとり捜査のような危険があるのです*37。

ドールを用いたため，マクマーチンの子どもから性についての自発的な発話を得るのは困難になってしまった，とマロニー博士は証言した。子どもたちの反応は，まさに期待通りのものであり，面接者が被告人を描写したり指示したりするやり方によって情報が供給されることも少なくなかった。たとえば，とマロニー博士は批判した。面接者はペギー・マクマーチン・バッキーを表わすのに「ピギーさん」という太った人形を使った。レイモンド・バッキーには黒人のドールを使い，「牢屋に入れなければならない悪いヤツ」として子どもたちに紹介した。つまり，CIIの面接は「情報提供テクニック」を用いたのである。そこでは面接者が子どもに情報，そしてパズルを解くための全ピースを与え，幼稚園で起きたことをすべて伝える。このような面接テクニックにより，子ど

もたちは面接者が用意し，プログラムした文脈の中で，パズルを解くように動機づけられたのである，と。彼は次のように強調した。

> 「あなたは頭がいい？ それとも悪いかな？」「あなたは腕利き刑事かな？」「お父さんやお母さんを喜ばせてあげられる？」こうした言葉が動機づけをもたらしたのです。そして最終的には，解決のための媒体，つまりパペットやドールが与えられました。子どもたちの先行経験とはかかわりなく，どんな子どもにも当てはまるような状況を与える。そうしておきながら，どうしてそんな話が出てきたのかわからない，というような結果を引き出したのです*38。

マロニー博士の証言は，公判で検察側が証人喚問した子どもについてだけに限られていた。しかし，弁護側は彼の証言をたよりに，場面設定，スクリプト，アナトミカル・ドールなどを用いたCII面接の手法に重大な疑義を投げかけた。

8. 拘置所の情報提供者の証言

レイモンド・バッキーに対するさらなる証言を，ジョージ・フリーマンが行なった。フリーマンは男性中央拘置所でバッキーと同房にいた人物である。彼は，バッキーがマクマーチン幼稚園とサンディエゴの幼稚園で子どもに何度も強制わいせつを行なったと認めた，と証言していた。彼は同じ房でバッキーと暮らした後，当局とコンタクトをとり，バッキーが，この大掛かりな捜査の原因となる申し立てをした子どもたちへの強制わいせつを自白したと告げ，注目を集めたのだった。

バッキーが告発された性的虐待について証言した成人は，フリーマンだけである。彼はこう証言した。バッキーは少年に強制わいせつを行なっただけでなく，他の数人の子どもたちにも虐待を行ない，姉とは長い間近親相姦の関係をもち，またベニス・ビーチの仲介者を通じてポルノ写真をデンマークに送っていた。そして逮捕直前，バッキーはサウス・ダコタで自分や幼児を撮影した犯罪的な写真を土に埋めたのだという。フリーマンは，バッキーの自白に関する申し立てに加え，バッキーの弁護士であるダニエル・デイビスから殺すぞと脅迫されたと証言した。しかし，法的，その他の証拠はなく，フリーマンによる

告発は事実上証明不可能だった。

　45歳のフリーマンは筋金入りの犯罪者で，マクマーチン事件までに少なくとも9件の犯罪で有罪判決を受けていた。その後検察は，1979年に起きたソールダッド刑務所での暴動事件の裁判で，フリーマンが偽証した可能性を開示した。1979年，彼は同房者が殺されたと供述したが，後に「何も見なかった」と証言を翻したのである。にもかかわらず，1984年のロサンゼルス殺人事件でも，マクマーチンの予備審問でも，彼は以前の事件では真実を述べたと嘘をついた。しかし，以前の殺人事件で最終的には偽証を認めたのと同様に，今回も，彼はマクマーチンの予備審問で嘘をついたことを認めたのだった。ルビン検事はフリーマンに弁護士をあてがうようにと裁判官に依頼し，「（ジョージ）フリーマン氏は宣誓下で嘘をついた可能性がある」と認めた。

　パウンダース裁判官は，弁護側がフリーマンに反対尋問を行なうか，さもなければ審理無効を言い渡すと述べた[*39]。担当検察官の1人であるロジャー・ガンソンは，フリーマンの証言は記録から消すべきだ，でなければこの証言と引き換えに，彼に免責特権を与えるべきだと言った。パウンダース裁判官は，フリーマンの証言を記録から消すことは状況の修復にはならないと言った。弁護側は，免責特権を与えたりすれば偽証への報酬になると言った。「宣誓下で嘘をつくのは犯罪だ」とパウンダース裁判官は言い，「これは証人の信頼性にかかわる中心的な問題である」と注意を喚起した。もしも審理無効が言い渡されていたならば，2人の被告人がいるこの裁判は，別々に行なわれることになっていたかもしれない[*40]。

　他の事件でフリーマンが偽証したことを知りつつ，それを裁判官や弁護側に開示しなかった検察側は苦しい局面に立たされた。しかし弁護側の議論の甲斐もなく，パウンダース裁判官は弁護側の主張に抵抗を示した。そして，証言とひきかえに免責特権を与えるという検察側の要求を受け入れた。最初の証言では，フリーマンは「弁護士の忠告に従い，私は憲法修正5条（自己に不利益な証言を強要されないとの規定など）に依拠し，質問に答えることを拒否します」と繰り返した。しかし，検察側から免責特権を得て証言台に戻ると，彼は，かつて殺人について証言した時には真実を言わなかったと述べた。

　その後，フリーマンは召喚しても法廷に現われなくなった。フリーマンは検

察官に電話をかけてよこし，かつて目撃した（マクマーチン事件とは関係のない）殺人のことで脅迫電話がかかってきた，と訴えたという。パウンダース裁判官は彼を拘束するための令状を発行した*41。弁護側は，フリーマンが証言を避けるために国外に逃げたのだろうと考えた。しかし，やがてフリーマンは法廷に戻り，証言を再開した。

ダニエル・デイビス弁護士はフリーマンに，1979年の殺人のことや彼自身が殺人を自白したとされるテープについて質問を行なった。パウンダース裁判官は，デイビスがそのテープを自ら手に入れることもなくこの件を持ち出したことに，怒りを示した。そして，その後数日間はこの問題を扱わなければならないことをしぶしぶ認めたのだった。パウンダース裁判官は当時，フリーマンは人格に障害があると考えていたようだ。

パウンダース裁判官は最初，明らかにフリーマンの話を信じていなかった。しかし，長時間にわたるデイビスの尋問の末，パウンダース裁判官は，そのような会話があったとしてもおかしくはないと信じるにいたった。

フリーマンの証言はどちら側を助けたことになるのだろうか。弁護側は次のように主張した。フリーマンは過去何年もの間，検察官たちにへつらって偽証をしてきた。そして今回も，過去と同様，検察庁は偽証の取り引きを望んでいる。弁護側は，フリーマンが証言を許されたこと，その後で弁護士が必要だなどと忠告を受けたこと，偽証かもしれないのに弁護側の立証を危うくしたことはたいへん遺憾だと強調した。ルビン検事も，過去の偽証について知っていたことを否定しなかった。しかし，彼女はフリーマンの証言が終わった後初めて，この問題を法廷に持ち出すべきであったと気づいたのだ，と述べた。

州の犯罪訴追手続きでは，仲間の囚人の「自白」について証言する「拘置所の情報提供者」を，証人として用いることがよくある。拘置所の情報提供者は，通常，公判や判決を待っている被収容者であり，他の囚人が事件を自白するのを耳にしたと主張するのである。彼らは証言の見返りとしてよりよい待遇や量刑の緩和を期待しながら，他の囚人の自白を当局に報告する。情報提供者の証言がまったくのでたらめである可能性もあるので，有罪判決を得るために拘置所の情報提供者を用いることは，刑事司法制度における最大の権利濫用の1つであるかもしれない。しかし，こういった批判にもかかわらず，その運用は広

く行なわれている。たとえば，ロサンゼルス検察庁では1980～1990年の間に，少なくとも120件の刑事事件で，有罪判決を得るために拘置所の情報提供者が用いられた[*42]。

マクマーチン側の弁護士は，検察官のリストにジョージ・フリーマンの他，レズリー・ホワイトなどの拘置所の情報提供者が数人いることを発見した。彼らは量刑を軽くしてもらうために偽証することで知られている。1988年10月，弁護側はレズリー・ホワイトが10年以上もロサンゼルス地方検察庁に雇用されていること，（本件とは関係のない犯罪の）被告人とまったく会ったことがなくても，この被告人に不利な法廷証言ができるよう，事件に関する十分な情報を収集できる立場にあることを発見した。

ロサンゼルス地方検察庁が恒常的に用いるホワイトほか数人の情報提供者たちは，量刑の軽減をもとめて，拘置所での被告人の自白についてさまざまな偽証をしてきたことを認めた。検察庁は信頼できない情報提供者がいると知りながら，「弱い」事件に対しては，有罪判決を得るために彼らの証言を使い続けてきたのである。

弁護側はまた，情報提供者が証言の見返りとして，多額の賃金と報酬を得ることも発見した。たとえばロサンゼルス地方検察庁は，ある囚人情報提供者の証言と引き換えに，彼を新しい住居に住まわせ，職を探し，1年にわたり家賃を支払ったと言われている。重罪で有罪になったジョージ・フリーマンは，最初の月の家賃，約1,000ドルを検察当局が支払ったと証言した。また，彼はKABCテレビ局とウェイン・ザッツの調査助手に連絡をとり，テレビに出演して報酬を得たと言う。

フリーマンは，彼の犯罪人生において，検察側のために何度も偽証をしてきた。彼が強盗と強制わいせつの罪で逮捕されたとき，ロサンゼルス警察の警察官およびロサンゼルス郡保安官事務所の保安官は，裁判官に「寛大なる処遇」を依頼し，彼の量刑は郡刑務所での3年から1年へと軽減された[*43]。フリーマンが釈放されると，地方検察庁は彼に住宅，職，新しい名前と身分証明を与えた。今回のマクマーチンの子どもたちの強制わいせつ事件では，地方検察庁は何か月も捜査したが，証言をしてくれる大人も，写真も，起訴を支えるどんな補強証拠も見つけられなかった。そこで，彼らはフリーマンをまず生活費

を給付する証人保護プログラムに入れ，それからバッキーの房に入れたのだ。1987年11月，バッキーに不利な法廷証言をした後，フリーマンは女性に銃をつきつけ強盗をはたらいたかどで逮捕された。

レズリー・ホワイトも，執行猶予で違反を犯したために12か月間拘置所で服役していたが，その最中，7日にわたる一時仮出所を二度も与えられた。彼はまた，郡の拘置所からより快適な郊外の拘置所，つまり，房にステレオがあり，一時仮出所も得やすい拘置所へと移された。

拘置所の自白を用いる大きな問題の1つは，偽証によって有罪となった人々に，どのように新しい裁判を保証するかということである。論理的に考えれば，「有罪または量刑にかかわる十分実質的または証拠となり得る偽りの証拠が，法廷に持ち込まれた」とし，人身保護の権利を求める上申書を出すことが解決策となるだろう。拘置所の任意な自白と思われたものが，実は検察側の証人によってでっちあげられたものであったと証明できれば，囚人はこの権利により，自分の有罪判決に切り込むことができるはずである。

しかし，新しい裁判への道は容易ではなく，多くの囚人が服役させられたままになる。マクマーチンの被告人が有罪になれば，拘置所の情報提供者が偽証したからだといっても，上級裁判所が有罪判決を覆したり，差し戻したりする可能性はほとんどないように思われた。

9. ダニエル・デイビスの証言

弁護側の証人の最初は，レイモンド・バッキーの弁護士，ダニエル・デイビスであった。味方の弁護士を証言台に立たせて証言させるというのは，弁護団による風変わりな戦術だった。デイビスは依頼人の弁護をさらに続ける前に，まずデイビスに対する法廷の信頼を回復することが重要かつ必要だと感じ，証言することにしたのだった。彼の弁護士エド・ラックナーの質問に答え，デイビスは，ジョージ・フリーマンを含め，どんな証人にも殺すなどと脅迫したことはないと否定した。デイビスはまた，レイモンド・バッキーは幼稚園の子どもとのセックスを認めたことはないと証言した。

デイビスの証言は以下の2点において重要だった。まず，ジョージ・フリー

マンの先の証言の信頼性を低めること，次に，レイモンド・バッキーの弁護士として依頼人の利益を最優先し，誠実に働いていることを強調し，彼自身への信頼を打ち立て，また取り戻すことであった。

米国の刑事司法制度では，被告人は，法廷で有罪が証明されるまでは無罪だと推定される。たとえ，被告人が弁護士に対して有罪を打ち明けたとしても，被告人が法，忠告，弁護士による代表権の保護を十分受けられるようにするのは，弁護士の責任である。デイビスの証言は陪審員と法廷に，バッキーはデイビスに対し私的にも公的にも（申し立てられた）性的虐待を認めたことはないことを保証した。彼の証言は，被告人も弁護士も何も隠してはいないという力強いメッセージを送ることになった。

10. ペギー・アン・バッキーの証言

バッキー・マクマーチン家のメンバーで最初に証言したのはペギー・アン・バッキーだった。彼女はひと月以上を証言台で過ごした。検察側はペギー・アン・バッキーに弁護側の証人として証言させることに不同意だったが，パウンダース裁判官は彼女は重要な証人だと述べ，検察側の動議を却下した。

彼女は証言台で，幼い子ども時代のことや生活について証言した。また，どんな状況でも嘘はつかないつもりだと主張した。そして，自分は子どもに強制わいせつを行なったこともないし，弟のレイモンド・バッキーや母親が子どもに強制わいせつを行なったのを見たこともないと強く訴えた。また，幼稚園で教えていた頃も変わったことを見たことはないと繰り返した。また，彼女が最初に「裸の映画スター」ゲームのことを耳にしたのはテレビである，と言った。

ギッツ弁護士は，以下のことを明らかにした。すなわち，レイモンド・バッキーのサウス・ダコタ旅行はもともと計画されていたものであり，レイモンドは捜査のことを知るよりもずっと以前に切符を購入していたこと，申し立てによれば，レイモンドはペギー・アン・バッキーが運転していたバンで子どもたちを移動させたというが，彼は当時，幼稚園で教えていなかったこと（なお，ペギー自身はその頃アーヴァインおよびロング・ビーチの大学にいた），レイモンドとペギーに不利な証言をした子どもが幼稚園に入園した頃，レイモンドは幼稚

園では教えていなかったこと，などである。「もしもペギーとレイが毎日スーパーマーケットの秘密の部屋で［少年に］強制わいせつをし，教会で悪魔儀式をして兎を殺し，家で子どもの写真を撮り強制わいせつをし，劇場の舞台で子どもをビデオにとり，農場で馬を剣で殺すなどしていたら，彼らはほんとうに忙しかったに違いありません」と弁護側は主張した。これらの行為は2人の子どもとペギー・アン・バッキーが幼稚園にいた16日間に行なわれなければならなかったからである。反対尋問でも，ペギー・アン・バッキーは幼稚園で変なことをした人は誰もいないと否認し続けた。

ギッツは，バッキー家の捜査で押収された事物は卒業式のガウン，おふざけの下着，後にパズルであることが判明した人形であると述べ，検察側はこれらを「あてこすりで有罪をつくり出す」のに使ったのだと議論した。

法廷の外で，ギッツは「［検察側は］一度だって，ペギー・アン・バッキーが子どもに強制わいせつをしたとか，強制わいせつを目撃したなどということを追求しなかった。……彼らの論点は，ペギーが5週間以上そこにいたってことだけだ。こんなことのためにわれわれは毎日毎日反対尋問をがまんさせられたってわけだ」と言った。弁護側はペギーが「家族の雰囲気と家族愛の絆」を伝えることができたと結論した。しかし検察側にとっては，ペギー・アン・バッキーはまったく別の人格をもつ人間であった。彼女は「信頼できない傲慢な嘘つき証人」ということになっていた*44。

11. バージニア・マクマーチンの証言

ペギー・マクマーチン・バッキーの母親であり，レイモンド・バッキーの祖母であるバージニア・マクマーチンの最初の証言は，陪審員のいない所で録画されていた。これは，彼女が後に証言できなくなる可能性を考えてのことであった。検察側は，伝聞が含まれているにもかかわらず，彼女の日記を証拠として導入した。日記によれば，バージニアは，ある子どもがレイモンド・バッキーの性器をさわったのを目撃したことがあった。しかし，この件はその子の母親に伝えられ，母親は，娘が父親にそういうことをする癖があるのだと言って娘の行ないを詫びたのだった*45。

証言において，バージニアは裁判官が検察官に伝聞証拠の使用を許したと言って激怒した。また，検察はレイモンド・バッキーについて嘘をついた，まるで彼女自身がレイモンドには幼児との性的問題があると知っているかのように見せかけたと言い，検察を責めたてた。裁判官は彼女に静まるようにと厳しく言い渡した。

「私は貞淑な女性として育てられてきました。私はずっとそうやって生きてきたんです。そして老後もそのように暮らすつもりでした。敬意をもって話してくれたっていいじゃありませんか」と彼女は反発した。裁判官は彼女に，もう一度爆発したら留置場に送りますよと警告した。

ルビン検事は，バージニアの日記にはレイモンド・バッキーと母親がレリジャス・サイエンス教会のフランク・リシュリュー博士のカウンセリングを受けたと書かれている，と述べた。ラエル・ルビン検事は法廷の外で，これはバッキーの幼児との性的問題の相談だったのよ，と言った[*46]。リシュリュー博士は，予備審問のときに法廷内でも，法廷外でも述べたのと同様，この申し立てを断固として否認した。

バージニア・マクマーチンは，ペギー・マクマーチン・バッキーと孫息子がカウンセリングに行った理由は知らないと証言した。また，彼には子どもの性器を触るなどという問題はないと強調した。ただし，バージニアは，2人の孫娘の1人が，（その孫娘の）2人の子どもが幼稚園で強制わいせつを受けたと信じていることを認めた[*47]。彼女はこれを，孫娘がCIIの職員から洗脳されたためだと考えていた。そして，彼女自身は子どもに強制わいせつをしたこともないし，被告人が強制わいせつになるようなことをしたのを見たこともない，「裸のゲーム」をやったこともないし知りもしない，強制わいせつとみなされるような仕方で子どもに触れたこともない，と主張し続けた。

12. ペギー・マクマーチン・バッキーの証言

最初の起訴から約6年後，ついに初めてペギー・マクマーチン・バッキーが証言台に立った。彼女はマクマーチン創立時から幼稚園で教えてきたと証言した。母親であるバージニア・マクマーチンは，時とともに幼稚園の運営を彼女

に頼るようになった。後に彼女は50％の所有権をもつにいたった。

「子どもに強制わいせつをしたことがありますか」と単刀直入に尋問され，彼女は「けっしてありません」と答えた。一連の直接的な質問に対し，彼女は，性的な快楽を得るために子どもを触ったことはないし，子どもの前で裸になったことも，彼らを裸や半裸にしたこともない，他の大人に子どもたちを触らせたこともないし，脅したことも，強制わいせつをしたことも，他の誰かが子どもたちを触ったり強制わいせつをしたりするのを見たこともないと言った。また息子のバッキーについては，彼はサンディエゴで子どものボランティア活動をし，資格も得たとして，彼の幼稚園での勤務を弁護した。バッキーは課程も修了したし，よい教師になる資質があると思った，と彼女は述べた。

彼女は一貫して，子どもに強制わいせつをしたことはないと証言した。また，自分と息子は，ロサンゼルス郡内のレドンドにあるレリジャス・サイエンス教会の牧師であるフランク・リシュリュー博士から，性に関する問題でカウンセリングを受けたことはないと否認した。ただし，彼女は自分が小さい頃，近所の人に性的虐待を受けたことがあると打ち明けた。そして信仰心をもつようになり，クリスチャン・サイエンス教会活動に参加したのだと言った。

13. レイモンド・バッキーの証言 ………………………………

母親の証言の2か月後，ついにレイモンド・バッキーが証言台に立つことになり，メディアの注目度は最高潮に達した[*48]。逮捕され，勾留されてからの6年間，彼はほぼ完璧な黙秘を貫いていた。プレスも電波によるメディアも，レイモンドの一挙手一投足をとらえようとかたずをのんでいた。メディアが彼の証言に大いなる期待をもって見守る中，レイモンドは正式に宣誓し，証言台についた。法廷の傍聴席は満席で，報道陣，弁護士，一般観衆はしんと静まりかえっていた。

だが，もう1つのシナリオが進行中であった。証人のプライバシーが尊重されていない様子に目をとめ，裁判官は，法廷の命令が守られていないと気づいたのだった。バッキーの弁護士であるダニエル・デイビスが被告人に主尋問を始めたとき，パウンダース裁判官は突然，休止を求めた。そして，陪審員を陪

第8章 マクマーチン裁判―第一次公判―

審員室に退席させた後，法廷の人々にこう告げた。この裁判を通じ，裁判関係者以外の傍聴人について，ゆゆしき問題が繰り返し起きている，と．

> メディアのビデオ報道や法廷でのカメラはこれまでもずっと気になっていたんですがね．席についているデイビス氏と依頼人を見ていてわかったのですが，カメラ，テレビカメラが彼らを撮っているんですよ．そして，彼らの背後には，子どもたちの写真があるんです．
>
> 前にも指摘したことなんですが，ここにいるニュース・クルーは，これを撮影してはいけないとわかっているんでしょうか．私の最後の勧告はこうです．一度でもメディアが子どもの写真を報道したら，それがどんなメディアであれ，この事件についてこれ以上法廷でビデオ撮影することは許しません．
>
> 一度でも過ちが起きれば，すべてのニュース・メディアを罰することにします．それしかよい方法が思いつかないんですよ．
>
> 私はあなた方それぞれの言い分を聞くことはしませんが，私たちはこれまであなた方の要望に応えてきたと思います．他にやりようがないと思うので，よく理解してほしいですね．……別の法廷で，こういうことがありました．法と倫理の境界が不明な領域の事例なんですが，あるテレビ局のクルーが，誤って陪審員のクローズアップを写してしまったんです．すると，他のテレビ局も，そういうことをやってよいのだと思ってしまいました．
>
> 結論はこうです．どのニュース・メディアであっても，一度たりとも子どもの写真を映したら，この法廷からすべてのカメラを追い出します[*49]．

デイビスによるレイモンド・バッキーの尋問が再開された．メディアによる注目を全身に浴びながらも，レイモンド・バッキーは動じずに子どもの性的虐待の53の訴因すべてを否認した．彼は「幼稚園では不適切なことは何もありませんでした」と述べた．ダニエル・デイビスはそれぞれの訴因を重々しく読み上げ，「あなたはそれをしましたか？」と尋ねた．答えは常に「いいえ」であった．バッキーはまた，告発をした被害者の多くが幼稚園に通っていた頃，自分は幼稚園にいなかったと証言した．彼は性的なものと解釈されるような仕方で子どもを触ったことは一度もないと証言した．

しかし，彼は時折下着をつけないこと，性的な快楽のためにポルノ写真を用いることを認めた．また，捜査官が彼の実家に来たとき，露骨なポルノ写真をトイレで流そうとしたことを認めた．バッキーの証言は，男性が幼稚園で働くのは適切か否かという問題にまで及んだ．バッキーは「男性が幼稚園で働くこ

とには何も問題はないと思います」と言った*50。

　バッキーは，性的なことについてフリーマンに話したことはないとはっきり否認した。ラエル・ルビン検事による反対尋問に対し，彼は，弁護士の捜査助手から捨てるようにと忠告されたにもかかわらず，雑誌から注意深く切り取った露骨な性的写真を捨てなかった――それは性的満足のために「その写真をまだ使っていたからだ」と答えた。そして，逮捕直前，警察が実家のドアを叩き始めたとき，パニックに陥ってそれを捨てようとした。しかし，トイレで流そうとしたが流せなかったので窓から捨てたのだ，と証言した。

　先の証言でバッキーが述べた彼のライフスタイル，短大の授業をさぼってバレーボールをしたこと，深酒したこと，飲酒運転で罰せられたこと，特定の性的行為の写真――フェラチオとクニリングスを撮った写真が好きで，枕やマットレスの下に入れていたことなどについて，ルビンが攻撃的に尋問したとき，彼はかっとなった。

　「これらの写真以外に……」とルビンはたずねた。「他の証拠についても捨てたり壊したりするよう忠告を受けましたか？」。バッキーは「他の」という言葉に喰いついた。

　「あなたの前においてある品々は……証拠ではないと，そうお考えなんですね」とルビンはバッキーに質問した。彼は「何の証拠ですか？　僕がマスターベーションするという証拠ですか？」と応答した。「証拠ですよ，バッキーさん」とルビン。「証拠だなんて全然思いません。……これらが子どもへの強制わいせつとどう関係するんですか？」

　「私に尋問してるんですか？」とルビンが応じた。

　誰が誰を反対尋問しているのかわからないような状態に，パウンダース裁判官は，加熱したやりとりを休止させた。その後バッキーは検事に，警察の捜査が始まる前，マンハッタン・ビーチ市の実家や幼稚園から証拠を取り去った覚えはないと答えた。彼はまた，彼を告発した子どもの何人かが幼稚園にいた頃，自分は幼稚園で働いていなかったし，また，幼稚園で自分が1人だけになることはほとんどなかったと証言した。幼稚園で教えていたほとんどの時間，彼は他の職員と一緒にいた，と彼は証言した。

　1983年8月11日の午後，子どもの世話にあたっていた職員が彼1人であっ

たことを示す幼稚園の記録を，バッキーは認めた。最初の子どもはその日に強制わいせつを受けたと報告し，捜査が開始されたのである。バッキーは，10人の子どもたちが午後も残っており，問題の子どもが帰宅した午後4時までに，2人を除いてすべての親が子どもを迎えに来たと言った[*51]。彼は，その少年に強制わいせつをしたことも虐待したこともない，子どもを性的に，あるいは性的虐待と間違えられるような仕方で触ったことは一度もないと証言した。

14. その他の未完の証言

　他にも証言を予定されていた証人はいたが，すべてが法廷に現われたわけではなかった。弁護側の前捜査助手であるポール・バイナムは，マクマーチン幼稚園で見つかった亀の甲羅と動物の骨について証言する前に自殺した。パウンダース裁判官は陪審員に，彼の死因は犯罪とは関係なく，彼の証言は他の証言や証拠によって示すことができるだろうと告げた[*52]。

　検察側が提示した物的証拠の箱には「ポルノ雑誌から破り取ったしわくちゃの写真，いくつかのフィルム，アヒルのお風呂用おもちゃやその他のおもちゃ，黒いガウン，鈴がついたロビン・フッドの衣装，化粧用クレヨン，思わせぶりな絵と文字が入った下着3枚（男性の伸縮ビキニパンツ）」が入っていた[*53]。弁護側はガウンは卒業式用のガウン，ブリーフは子ども用ではなく大人用，フィルムとネガはヌードでもセックスでもない，ふつうの活動をしている子どもたちを撮ったものであり，雑誌のポルノ写真には大人しか写っていない，とコメントした。全体的に見れば，証拠品の箱は陪審員の目を覚まさせる以上の実質的な衝撃は与えなかった。ロサンゼルス・タイムズ紙の見出しは「マクマーチン裁判を活気づけた証拠の箱」であった[*54]。

　弁護側の証人の何人かは，申し立てられた強制わいせつのいくつかがあったとされる時期，バッキーは幼稚園にいなかったことを裏づけた。ジョセフ・マイルズはノースラップ大学の工学研究所の所長である。彼は，バッキーが1978年10月23日から1979年1月まで大学の授業に出ているか実験室にいたと証言した。彼は，バッキーが人に気づかれることなく研究所を抜け出し，何十マイルも離れた幼稚園で子どもに強制わいせつをするとはとても考えられな

いと述べた。

　かつて幼稚園で補助教員をしていた証人は，子どもたちが裸でゲームをするのを見たことはないし，親を幼稚園に来にくくさせるような規則も知らない，彼女自身，子どもを教室外に連れ出したことはないと証言した。さらに，彼女はバッキーを幼稚園で見かけたことはないと述べた。

　レイ・ファデルは強制わいせつがあったとされるハリーズ・マーケットの所有者である。彼と従業員たちもまた，1988年2月，不適切なことは何もなかったと証言した[*55]。同様に，他の証人たち，つまり洗車場や他の性的虐待があったとされる場所，そして馬が殺され子どもたちが強制わいせつを受けたとされる農場の所有者と従業員たち，性的な強制わいせつを見たことはないと証言した。

　バッキーの弁護のもう1つの側面は，彼がある女性とつきあっていたため，子どもに強制わいせつをするはずがない，というものであった。モンタナに住む37歳の女性は，1982年，彼と性的交渉をもったと主張していたが，法廷でも，彼が子どもに強制わいせつをするはずはないと述べた。バーバラ・ダスキー・ゴールズというこの女性によれば，彼女がバッキーと知り合ったのは1982年，ラスベガスのコンベンション・ブースで2人でピラミッド・パワーの帽子を売っていたときのことであった。彼女は，マンハッタン・ビーチ市まで彼を訪ねたことがある。彼が幼稚園の部屋に入ると，子どもたちが腕を広げて駆け寄って来たのを見て，彼らの愛情ある様子に感銘を受けたと証言した。また，彼女は今は結婚しているが，検察官がモンタナの彼女の自宅にまで尋ねて来て，数週間にわたって家族に嫌がらせをしたことも証言した。

　ラエル・ルビン検事は，反対尋問の後でこう言った。バッキーとはただの友だちだという話だったなら，そしてその話に固執していればよかったのに。この裏切りで彼女の評判は下がるでしょう。そしてルビンは「弁護側が彼女を買収したのは明らかね。……彼女はセントラル・キャスティング（エキストラ配給会社）から来たのよ。嘘をついているんだわ」と言った[*56]。

15. 最終弁論 ……………………………………………………………

　弁護側の弁論は，急ピッチで行なわれていた。それでもまだ，子どもたちの証言を無効にし，検察側が示した証拠の信頼性を問題にするために，あと40人の証人を喚問する計画だった。しかし，パウンダース裁判官は，弁護側にさらなる証人を喚問することを禁じ，弁論を閉じるようにと命じた。CIIによる評価が無効であることを示すため，弁護側はマロニー博士以外にも専門家証人を呼ぶ予定であったのに，である。

　証言のスピードを速め，納税者に何百万ドルもの支出を強いた2年間の手続きに終止符を打たねばならないという圧力のもとで，裁判官はさらなる証言は「関連性が低く」，「重複であり」，時間がかかりすぎると制した。

　背景となる理由は明らかだった。裁判が長引いた結果，交替できる陪審員はもうほとんどいなかった。もしも12人の陪審員を維持できなければ，彼は審理無効を言い渡さなければならなくなる。裁判官は，さらなる証言は審理無効をもたらす危険を高めると感じていたのに違いない＊57。

　弁護側にさらなる医学的証人を喚問する計画があることを知り，裁判官は怒った。「弁護側は，アメリカにこの事件について証言できる医者がいるなどと主張するわけではないんでしょう？　だったら，イギリスからデイビッド・ポール博士〔弁護側の性的虐待の専門家〕を呼ぶのに20,000ドルを使うなど，私は許しませんでした」。

　2年以上の期間と，数多くの証人の出頭の末，裁判本来の手続きは終焉に近づきつつあった。最終弁論において，双方の法律家たちはそれぞれ自分の側に最も有利な証拠を強調しながら，陪審員に弁論のまとめを行なった。

　検察側の最終弁論は，申し立てられた強制わいせつを子どもたちが黙秘していたことに焦点を当てた。最初，検察側の論点は，子どもたちは自分や親に対する脅迫のために黙っていた，というものであった。しかし，最終弁論では検察側はまったく逆のことを述べた。子どもたちはレイモンド・バッキーへの愛情のために黙っていたと，最初の主張とはかけ離れたことを言ったのだ。別の側面についてもこんなことを言った。子どもたちは強制わいせつが実際に起きていないのにもかかわらず，そんなことがあったと信じるように「洗脳」され

「プログラム」されることはありません。彼らは子どもたちが「否認していた」という前提に立ち，CIIと検察の努力がなければ子どもたちは否認を乗り越えることができなかったのだ，と論じた。また，拘置所の情報提供者が信頼できないのはすでに明らかであったにもかかわらず，検察側は陪審員に，彼を信じてほしいとまで要請した。

　弁護側は最終弁論で，陪審員たちに「常識」を使い，「合理的な疑い」という概念をたいせつにしてくださいと言った。ギッツ弁護士は「カスリーン・マクファーレンには（彼女が行なった）評価を行なう資格がありませんでした」，アストリッド・ヒーガー博士も医学的な検査を行なう資格がありませんでした，と言った。また，検察の医学的報告書には科学的な所見がないことを指摘し，ポール博士は有名な専門家だが，性的虐待の証拠となるものは何も見出せなかったと述べた。さらに，子どもたちの証言には一貫性がないと指摘し，彼らの証言は「常識」に反しているとも言い，検察側の議論は欠陥証拠だらけである，それは捜査官に能力がなく，手堅い判断や論理，法的な裏づけが欠如しているからだ，と論じた。

　デイビス弁護士は最終弁論に6日を費やした後，さらなる方策をとった。彼は陪審員に，CII面接者による質問，子どもたちの証言，検察側が提供した子どもの虐待の専門家による医学的証言，マクマーチンの2人の被告人が宣誓下で述べた，子どもに強制的なわいせつをしたことはないという証言証拠，さらなる証人たちが行なった，申し立てられた強制わいせつが行なわれた時期に被告人たちは幼稚園にいなかったという証言の妥当性と信頼性についてよく考えるよう求めた。

　デイビスは，地方検事たちは「何がなんでも勝ち」「自分たちのキャリアの野望を満たすために」この事件を利用しているのだ，と論じた。また，CIIのビデオテープを再び流し，子どもたちがどのように操られ，強制わいせつを受けたと言い始めたかを示した。CIIの面接者はまるで「中古車のセールスマン」のようであり，「真実の出番はなかったのだ」と言った。最後に，彼は，拘置所の情報提供者についてこう攻撃した。困った末に拘置所の情報提供者を使うとは，検察は起訴に信頼性がないことをみずから示したも同然です。そして，陪審員に対し「冷静になってください。……両サイドについて，あなたの公正

で，客観的で，独立の評決をお願いします」と最後の要望を述べた。

　最終弁論の後，裁判官は陪審員に説示を行なった。これは刑事法のミニ講義になるほどのものであり，子どもの性的虐待の犯罪についての説明も含まれていた。裁判官はまた，州がこの事件を合理的な疑いを超えて証明しない限り，マクマーチンの被告人たちは無罪であり，放免されねばならないと念を押した。最後に裁判官は，陪審員に手続きに関する指示を与えた。それは，審議中に疑問が生じ，裁判官とコンタクトを取りたい場合にはどうすればよいか，起訴には子どもへの性的な強制わいせつの訴因が複数含まれているが，どの順番で検討していくべきか，などであった。

　そして 1989 年 11 月 2 日。12 人の陪審員たちは個室に退き，審議を始めた。

16. マクマーチンの被告人 vs. 親たち

　刑事手続きが進行している間，2 人の被告人は暇をもてあましているわけではなかった。彼らはロバート・カリーに対する訴訟手続きを起こした。ロバート・カリーは，マクマーチンの園児の親で，住宅ローン専門の元銀行家である。訴訟は，カリーがバージニア・マクマーチン，娘のペギー・マクマーチン・バッキー，孫娘のペギー・アン・バッキーに対して，一連の悪意ある誤った中傷的発言を行なったことに対するものであった[*58]。彼の息子は公判で証言しなかった。しかし彼は，息子はマクマーチン幼稚園に通っていた 3 年間に強制わいせつを受けたと主張していた。彼はまた,「ジェラルド」(ワイドショー番組)を含むあらゆる地方および全国ネットのトークショーで，マクマーチン一家は悪魔儀式や，園児とのみだらな行為を行なっていると，中傷的な発言を行なった。

　カリーは自己弁護し，私は「真実を探し求め」ようと，掘削機を借りて幼稚園のグラウンドを掘り起こし，トンネルや動物の残骸を探したのだ，と証言した。また，子どもたちが強制わいせつを受けたと信じたのは，検察官，警察官，他の保護者たちの訴えのせいだと述べた。

　カリーの弁護士は，マクマーチン一家は有名人であり，この 7 年間，世間の注目に耐えることで「中傷への耐性」ができている，と論じた。虚偽の報道はしばしば名誉毀損とみなされるのであるから，これはまったくもって不当で奇

抜な議論である。

　しかしながら1日で終了したこの裁判の終盤で，上位裁判所裁判官であるG・キース・ウイソットは，原告は自分たちの評判が傷つけられたことを証明してはいない，また保護者であるロバート・カリーは意図して情緒的なストレスを与えようとしたわけではなかったと述べ，3人の職員への慰謝料は1ドルずつとした。ウイソット裁判官は，カリーが述べたことのいくつかについては，それが真実だという証拠はないと述べた。また，カリーが自分の言葉を証明しなかったのは，彼の怠慢である，とも述べた。そして，カリーは不正確な情報をばらまき3人を誹謗した点においては有罪だが，それを立証しても，ただちに懲罰的な損害賠償が生じるものではないと結論を出した。

　マクマーチンらは，損害賠償として50万ドルを要求していた。しかし，バージニア・マクマーチンは1ドルの賠償金でも満足している様子だった。彼女は「ほしいものは手に入ったわ。真実が得られたんですもの。お金がわずかでも私はかまわないわ。彼を黙らせたかったのよ」と言った[*59]。

17. レイモンド・バッキーの保釈 ……………………………………

　マクマーチン訴訟の第一審の軌跡をまとめるにあたり，この節では，被告人たちの長期勾留，彼らの保釈に対するパウンダース裁判官の判断，そして被告人たちが長期勾留を解かれ，最終的に釈放の決断がなされた経過について述べる。

　レイモンド・バッキーは1983年に初めて逮捕され，勾留された後，ずっと拘置所に留め置かれた。弁護側は，保釈金をもとにバッキーを釈放する要請を何度も出したが，裁判官たちは弁護側の動議を却下した。母親を釈放する要請も同様に却下されてきた。

　刑事事件の処分がなされるまでの期間，被告人の保釈を得るには保安措置を供託する。そのために法廷が要求するのが保釈金である。憲法修正8条は，過大な保釈金を取ることを戒めている。しかし近年，最高裁は危険とみなされる被告人や重罪で起訴された被告人——子どもに対する性的な強制わいせつも含む——の保釈拒否を肯定する判断を下した。1984年連邦保釈修正法は，「どの

ような個別または複合的な条件をもってしても，要求されるような出頭，および地域社会における他者の安全を保証することができない場合」，予防措置としての勾留を認めることを可能だとしている[*60]。予防措置としての勾留は，有罪が立証されていない人々の自由を剥奪するものとして激しく批判されているが，合衆国最高裁は，合衆国対サレルノ（United States vs. Salerno, 481 U.S. 739 1987）において，1984年保釈修正法が予防勾留を許したことの合憲性を支持した。最高裁によれば，予防勾留は懲罰を意図するものではなく，地域社会への危害を防ぐための合法的な手段なのである。

　同様の基準がレイモンド・バッキーにも適用された。彼が最初に保釈を却下されたのは，子どもへの性的な強制わいせつの容疑で逮捕されたその時であった。それから拘置所で4年近く生活し，ついに初めて300万ドルで保釈が認められたのである。

　弁護士は，1984年3月以降ずっと勾留されてきた拘置所から，バッキーを釈放すべきだと訴えていた。とうとう1987年1月，パウンダース裁判官は弁護士の動議に耳を貸す意志を示した[*61]。以前は，被害者だという何人かの子どもたちが被告人に強迫されたと繰り返し証言したため，保釈の請願は却下された。しかし今回は，郡拘置所の最高の警備のもとに3年もいたということもあり，バッキーは積極的に釈放を願い出た。他の被告人たちはすでに釈放されていたが，何の問題も起きなかった。そこでダニエル・デイビス弁護士は，バッキーも釈放されるべきだと論じたのである。裁判官はバッキーの要請を拒絶したが，保釈は「トランプの次の一巡くらいの所まで来ているかもしれないよ」とほのめかした[*62]。

　以前は保釈を拒絶していたパウンダース裁判官だが，1987年12月，彼は，有罪・無罪を決めもせず「バッキーを5年も保釈することなく勾留したら，私は新聞のマンガで笑い者にされてしまうだろう」と言い，判断を変えた。一方，検察官はバッキーが被害者を脅迫したり，他の子どもに強制わいせつをしたり，あるいは71年間の刑務所行き——もしもすべての訴因で有罪になれば，その可能性があった——を回避するために逃亡するかもしれないと論じた。パウンダース裁判官は「彼がほんとうに脅迫を実行する可能性はないだろう……ただし，逃亡するかもしれないという不安はある。［したがって］かなりの額の保

釈金を提示したい」と結論を出した。バッキーは保釈を得るために，現金300万ドルか不動産の純資産額600万ドルを供託しなければならなかった。ダニエル・デイビス弁護士はレイモンド・バッキーを自宅に住まわせることにし，彼の居所を24時間監視すると言った。そして保釈金の減額を求め，裁判の再開が予定された時にバッキーの釈放を願い出るつもりだと言った[*63]。

検察側の反対があったため，パウンダース裁判官がバッキーの保釈金を半分の150万ドルに減額したのは1988年12月，裁判開始から19か月後のことであった。裁判官は「バッキー氏がずっと勾留されているということは，前から気にかかっていました。……有罪の判決も出さずに人を5年間も牢屋に閉じ込めておくのは理屈にあいませんよね？」と言った[*64]。しかし，減額されたといっても，彼を保釈するには300万ドルの資産を担保に入れなければならなかった。

1989年2月，ついに被告人は拘置所で5年間もの月日を過ごした後，150万ドルの保釈金によってそこから釈放された[*65]。彼は，保釈金の2倍の額を不動産で担保に入れるという要求に応じ，弁護人アビー・マン，それにバッキー家の友人が，彼らの資産を保釈金の担保として快く差し出してくれた。

バッキーを保釈するにあたり，裁判官は彼に次のように言い渡した。被害者とされる子どもやその家族には接触しないこと，許可なくカリフォルニアを離れないこと，パスポートは手放すこと，許可なくしてマンハッタン・ビーチ市やレドンド・ビーチ市街に入らないこと，24時間体制の監視下に置かれること，アルコールを摂取しないこと，そして，血縁関係でない14歳以下の子どもとは，その親が同伴しない限り接触しないこと。

「裁判に戻って来なければ……」と裁判官はバッキーに警告した。「あなたなしで裁判を進めます。あなたは不在のまま有罪になり，資産を供託した友人たちは資産を失うことになるでしょう」[*66]。次の公判日，保釈金のもとでのことであり，また武装した警備捜査官ポール・バロンおよび副警備員につきそわれてではあったが[*67]，バッキーはこの5年間で初めて「自由の身」で法廷に入った。

保釈の身となって解放はされたが，バッキーはまだ家族とともに過ごすことはできないでいた。彼は自分が受けた脅迫を気に病み，「世間には極端な行動

をとる人がいることを改めて痛感しました」と新聞記者に語った*68。

18. 結　語

　本章では，マクマーチン事件の第一次公判，およびマクマーチンの陪審が聴聞した検察側と弁護側の証拠について詳述した。特に検察側と弁護側が提示した証拠，裁判官が演じた役割，弁護側の戦術，拘置所の情報提供者を含む検察側の戦術，被告人の保釈を中心に論じた。

　際立って重要だと思われる問題は，CII面接者，特にほとんどの面接を行なったカスリーン・マクファーレンの専門家としての能力と独立性である*69。また，有罪の評決を出すのに十分な証拠があるかどうかという問題も重要である。多くの子どもが虐待の申し立てをしたにもかかわらず，実質的・法的な証拠も，大人による補強証拠もなかった。そして，この矛盾に対し，検察側は納得のいく答えを出さなかった。当初，CIIは369人の子どもたちが幼稚園で強制わいせつを受けたと述べたが，大陪審の前で証言したのは12人，実際の裁判で証言したのは9人だけであった。他の300人以上もの子どもたちは，裁判から跡形もなく消えてしまったのである。検察側はビデオで子どもたちの様子を提示した。確かに，巧みな治療場面が映し出されたが，これは陪審員たちがいだいていた信頼感に緊張感を与えることになった。もしも検察側が，法的・医学的証拠やその他の手法を用いて，子どもたちによる自発的でバイアスのない供述を固める努力をしていれば，彼らの主張はよりよく理解されたかもしれない。しかし，彼らはバイアスがかからない答えを引き出すのとは正反対の誘導尋問を用い，暗示にかかりやすい子どもたちに圧力をかけた。

　弁護側のコンサルタントは，CII面接者とその評価の信頼性を低める証言を得るために，マロニー博士を専門家証人として召喚した。マロニー博士は，CIIの面接手法は信頼性も妥当性も低く，子どもの供述の多くは面接者によって作り出された可能性がある，また，強制わいせつに関する供述は事前のプログラム，ステージ・セッティング，スクリプト，アナトミカル・ドール，（被告人から性的虐待や強制わいせつを受けたとの「開示」を迫る）暗示的・潜在的な圧力によって汚染されている，と証言した。

CIIの面接者は，子どもの性的虐待順応症候群に関するローランド・サミット博士の理論に従い，子どもたちから性的虐待についての情報を引き出した。また，何か月ものセラピーを受けた後に生じた「否認」や「撤回」を説明するのにも，この性的虐待順応症候群を過剰に利用した。しかし，以下の例にあるように，裁判所一般はサミット博士の理論を批判し，引き出された情報や，子どもによる強制わいせつの証言証拠の信頼性に疑問を呈している。

　たとえば，1990年，カリフォルニア第二区控訴裁判所は，子どもの性的虐待症候群に関する証言証拠を最終的に否定した。子どもの性的虐待症候群は学会では一般に受け入れられていないという理由であった[*70]。そして，ローランド・サミット博士が子どもの性的虐待順応症候群の科学的価値について証言するのを認めたり，子どもの虐待に関する確証のない行為の抽象的記述を証拠として認めたりすることは，有害な誤りにつながるとして，判決を破棄し，差し戻したのだった。1992年，ペンシルバニア最高裁は，同州対ダンクル（*Commonwealth vs. Dunkle*）において，下級裁判所の判決を破棄した。虐待順応症候群に関する専門家証言を認めたことは，判決を破棄できるほどの誤りだと判断したからである。この法廷は，証人が問題の子どもに直接かかわる証言を行なっていないと指摘したうえで「虐待を受けた子どもの反応はさまざまであり，虐待を受けた子どもとそうでない子どもは，しばしば類似した問題行動を起こすことがある」，したがって「一般的に受容できる診断具としても，関連証拠としても，子どもの虐待症候群の存在は支持されず」認定できないと判断した[*71]。同様に，ユタ州対リマッシュ（*State v. Rimmasch*, Utah, 775 P.2d 388, 401 1989）でも，子どもの性的虐待症候群に関する専門家証言を受け入れることは，専門家証人が被害者の信頼性を保障することになるとして，そのような証言を排除している。

　陪審員やその他法廷に在席している者にとっては，医学的専門家の証言も専門的で複雑で，矛盾したものとなりがちであった。パウンダース裁判官は検察側・弁護側の証人の信頼性についてしばしば言葉をはさみ，論争を引き起こすような判断を行なったが，そのほとんどは検察側に有利なものであった。想像力が事実を追いやり，ねじ曲げてしまったのだが，マクマーチン幼稚園にとって不運なことには，裁判を追ってきたほとんどの報道者が，裁判での証言にお

いては子どもたちは事実とファンタジーを区別することができると信じてしまったのである。

　裁判官はこのような背景のもとで，残された2人の被告人，レイモンド・バッキーとペギー・マクマーチン・バッキーが有罪か無罪かを判断するよう陪審に命じた。「私たちが成功するか否かは，子どもたちが信用してもらえるかどうか，私たちの医学的証拠が受け入れられるかどうかにかかっています」と主張するルビンの言葉が正しいのかどうか，今こそ陪審員たちが判断する時がきた。

第9章　陪審員と評決
―第一次公判―

　1989年11月2日，裁判官は陪審への説示を読み上げた。陪審員は評議を行なうために，法廷を出て，上位裁判所が置かれている建物の15階にある，約20×20フィート^{訳注}の部屋に入り，八角形のテーブルを囲んで席に着いた。

訳注：約36平方メートル。

　陪審員の最初の仕事は陪審長を選ぶことであった。彼らはまず，これまでに陪審員を務めたことがあるかどうかを自己申告した。その結果，以前に陪審員を務めたことがあるのは4人であることがわかり，彼らが陪審長を決める方法を説明した。次に，投票を口頭で行なうか無記名で行なうか話し合った後，各人が3人までの氏名を投ずることができるという形で無記名投票が行なわれることになった。投票が終わると，陪審員の1人が投票用紙に書かれた氏名を読み上げ，別の1人が黒板に票を記録した。

　すべての票が開票されると，最多数を得たのがルイス・チャンであることが明らかになった。弁護側はヴォア・ディールでの様子から，彼が強いリーダーシップの持ち主であると評価していた。彼はまた，選ばれた陪審員の中でも特に優れた分析能力――このような能力は，多数の訴因にかかわる大量の証拠が存在する場合，決定的なものとなる――をもっていると評価されていた。彼はまた，娘が自分の通っていた学校の前でひき逃げに遭い，その法廷活動が係争中であったことから，法的プロセスについての知識も有していた。

　彼は陪審の投票を受け入れた後，彼の言うところの「ルール」を導入したいと皆の了承を求めた。審議を始めるうえで次のようなガイドラインを設けたいと思いつつ，しかし，厳密すぎると思われるかもしれないと心配しながら，彼

は低姿勢で提案した。ルールとは，陪審は個々の訴因について議論し，評価し，評決を出さねばならない。また，有罪か無罪かの判断に影響を及ぼしそうなメディア報道は無視しなければならない，というものであった。

　弁護側の陪審コンサルタントは，陪審長の選択を直接コントロールすることはできない。しかし，陪審長になりそうな人物の特性やイデオロギーは，裁判の結果と強い関係がある。初期の陪審研究によれば，種々の裁判において，陪審長は陪審の審議プロセスや裁判の結果に重要な統制力を発揮することが知られている。それは，陪審長は他のメンバーよりもたくさん話し，意見を述べる機会が多いからである。また，審議のリーダーである陪審長は，意思決定プロセスでの重要場面において，権威的な人格特性を発揮しやすく，メンバーをうまく説得できることが知られている。一般に，陪審長は高い教育を受けた白人男性で，信望ある仕事につき，社会的上層部を代表していることが多い。アジア系アメリカ人であることを除けば，ルイス・チャンは陪審長としての基準をすべて満たしていた。

　チャンの先導により，陪審員は長時間にわたる証言を聞きなおし，証拠物件を調べ，その他の証拠も評価した。彼らは毎日，朝9時30分に集合し，午後4時まで審議を続けた。

　マーク・バセット陪審員によれば，何かが突然わかるというようなことはなく，どちらかといえば，分類作業を延々と行なうような感じであったという。「皆が短気になり，熱くなるときもありました」とバセットは振り返る[*1]。しかし，「私たちは事件のきっかけとなった子どもを検討することから始め，その子に関するすべての証拠物件を要求し，証言のリストを作り，関係があると思われることについて議論したのです」と彼は言った[*2]。

　くる日もくる日も，それぞれの子どもについて同じ作業を繰り返し，しまいには，「皆，疲れ果てました」とバセットはまとめた。それでも皆がこの裁判をがんばり通してきたことで，互いを尊重し合おうという気運があったのです，と彼は言った。

第9章 陪審員と評決—第一次公判—

1. 陪審評決

　「30か月間，陪審席をともにし，精根つかいはたした感情と法のドラマの無言の参加者たち」。2人のジャーナリストは，アメリカ史上で最長かつ最も高額についたと考えられているマクマーチン事件の陪審員の苦労を，このように表現した。「彼らは，100人以上もの証人：子ども，警察官，医学専門家，被告人たちの証言を聞いた。写真，資料，日記，小切手帳，下着さえ含まれる，大量の証拠が彼らの前に並べられた。子どもたちがカウンセラーに対しておぞましい，時には奇妙な供述を行なったビデオが何度も呈示され，巻き戻され，また呈示された。マクマーチン幼稚園強制わいせつ事件の8人の男性陪審員と4人の女性陪審員は，これらすべてのプロセスにおいて，情報を与えてくれそうなものは何1つ放棄することも無視することもなかった」[*3]。

　「長期にわたる複雑な裁判の流れにおいて，評決は1つの頂点だったが，最後の瞬間にはならなかった」とは，別の評論家の言葉である[*4]。陪審が評議を開始したのは，レイモンド・バッキーの証言から3か月たってのことであった。それから2か月半をかけて，彼らはレイモンド・バッキーとペギー・マクマーチン・バッキーの65件の各訴因について評決を出し，これでほとんどの問題について裁判は最終段階に達した。

　陪審員たちは後にこう語った。私たちは真のオープン・マインドで審議室に入った。それは，裁判官からオープン・マインドで臨むようにと指示されたからだけでなく，ばらばらの証言で混乱し，そうならざるを得なかったからだ，と。

　「評議室に入ったとき，私は裁判の初日同様の混乱状態で，確信がもてませんでした」と，ブレンダ・ウィリアムズもほかの陪審員と同じ言葉を繰り返した[*5]。彼らは6万ページにものぼる124人の証人の証言，10本のビデオ，1,000件の証拠物件を聴聞し，出来事のはっきりとした輪郭をとらえられないままに評議室に赴いたのである。

　陪審員たちは，それぞれの子どもについて，事実と証言を分ける努力をしながら，評議を始めた。ゆっくりと几帳面に，彼らはそれぞれの子どもによる個々の申し立てを検討していった。そして各訴因を見直し，議論し，それぞれの子どもについて親，医者，ビデオ録画などの証言と証人を検討したのである。

陪審評議の13日目に，彼らは最初の評決に達した。しかし，この評決は残りの陪審評議が終わる数週間後まで封印されることになった。これは，弁護人が評決をばらばらに発表することに反対したためだった。弁護人は，評決を聞いた大衆の反応が，後の評決に影響を及ぼすかもしれないと考えたのである。いくつかの訴因について評決に達したところで，陪審員たちは，評決をいくつかまとめて開封するという裁判官の計画を聞いた。彼らはパウンダース裁判官に，評決をまとめて発表するというやり方は評議に影響を及ぼすと述べた。その結果，妥協案により，陪審員たちは個別の評決に達ししだい，署名し，日付を書き入れ，封印して法廷書記官に渡すが，各評決はすべての評決が終わるまで法廷で読み上げられ確定されることはない，ということになった。

　ついに12人の陪審員の意見が一致した。52件の訴因については被告人を有罪にすることはできず，その他の13件の訴因については投票が行き詰まったというものであった。つまり52件の訴因については，被告人は完全に無罪ということである。判断が割れ，行き詰まりが生じた13件の訴因は，すべてレイモンド・バッキーに対するものであった。

　ウィリアム・R・パウンダース裁判官は，この13件に評議不能を言い渡した。彼はまた，「陪審員たちの判断はどのようなものであっても，すべて彼らが検討した証拠によって正当化される」と宣言した[*6]。ペギーへの無罪評決は，彼女が無罪宣告され放免される身になったことを意味する。一方，レイモンド・バッキーについては，13件の行き詰まった訴因につき，公判をやり直すべきか否か，地方検事正が判断する必要があった。ペギー・マクマーチン・バッキーの無罪放免に伴い，当初の被告人7人のうち6人の嫌疑が――すべての公訴が完全に却下されるか，陪審によって無罪となり――はれたことになる。

2. 証拠の評価

　陪審員たちは証拠をどのように評価したのだろうか。また，証拠についてどのような議論を行なったのだろうか。審議中，12人の陪審員間で何らかの合意を作り出す必要はあったのだろうか。

　12人の陪審員たちは，評決後のインタビューで，子どもへの強制わいせつ

および共謀の訴因65件について一致した見解に達するのは困難であったと明かした。

　陪審の主たる仕事は，裁判期間中に提示された証拠——数人の年長の子どもたちについては証拠に時効が生じていると述べた陪審員もいたが——を評価することであった。裁判の後，12人の陪審員のうち何人かは公の場でインタビューを受け，こう述べた。検察側の証拠は不適切であり，合理的疑いを差しはさむ余地なく有罪を立証できるものではなかった。彼らに求められたのは，具体的な議論なしに被告人の有罪を判断したり，単純に有罪と判断したりすることではなかったのである。だから彼らは，個々の事実と証言を注意深く評価する必要があった。

　立証されないいくつかの訴えを退けた後も，陪審員たちは，レイモンド・バッキーが真実を語っているかどうか確信がもてない様子だった。しかし，評決後に報道陣に話をした陪審員たちは，ある1点についてはほぼ一致した見解に達していた。それは，検察側が用いたビデオ——幼児がアナトミカル・ドールを与えられ，最初は虐待を否認していたのにせっつかれ，うながされて，どのように強制わいせつを受けたかを話したりやって見せたりするようになった，あのビデオ——であり，彼らはそのことによって，被告人に有利な判断をしたのだった[*7]。

　陪審員たちは，子どもたちがでっちあげをするよううながされたと考えていた。「子どもたちが実際に起きたことを話しているのか，それとも親や他の大人たちから聞いたことや……親が他の人に喋っているのを聞いて，それを繰り返しているのか，ビデオを見てもわかりませんでした」とブレンダ・ウィリアムズ陪審員は言った。そして，「子どもたちは親を信じています。親は話をしすぎでした」と説明した。「もしビデオが……なかったら，子どもたちの言うことをもっと信じていたかもしれません」。しかし，彼女は強調した。「子どもたちは証言をする際，自分は真実を話しているのだと信じていたのだと思います」。陪審長であったルイス・チャンも「私の判断を揺るがした証拠は，面接のビデオでした」と語った。「ビデオにはバイアスと誘導がかかり過ぎていました。それが問題だったんです」[*8]。ビデオそれ自体が，陪審員による無罪の判断を固める役割を果たしたのだった[*9]。

ダリル・ハチンス陪審員は、「僕は子どもたちを信じようとしました」と言った。彼は心のうちでは子どもたちが強制わいせつを受けたと信じていたのだという。しかし、提示された証言に基づき、事件が起きた時や場所を立証するというのは「ちょっと無理」であり、「作り話の中から事実を見つけ出すのは難しかった」のだという。

ジョン・ブリーズ陪審員はこう述べた。「（私たちは）子どもたちに自分の言葉で話してもらうことができなかったのです。……面接者が誘導質問をするので、彼ら自身の言葉で話をしてもらうことができませんでした」。

何人かの陪審員は、子どもたちは強制わいせつを受けたという印象をもっていた。しかし、具体的な証拠がなく、証言台で被害を訴えた子どもたちも、予想されるような感情や恐れを示さなかった。これは無視できない問題であった。

何人かの陪審員は、マンハッタン・ビーチ警察が親に手紙を送りつけ、捜査を行なう旨を知らせ、それと同時に情報を懇請する行為に出たことを強く批判した[*10]。「その時点で訴追手続きの可能性はほとんど失われてしまったんですよ」と1人は言った。彼は、強制わいせつはまったくなかったと思うと言い足し、「こんな大失敗には、いくつもの重要な失策がかかわっています。あれは資料を集めるにしてはあまりにも強制的なやり方ですよ」と語った[*11]。ある陪審員は、マクマーチン幼稚園の200人もの親たちに送りつけられた、あの最初の手紙について、「何が起きているのか皆知っているというのなら、警察は何とひどい捜査のやり方をしたのでしょう」と言った[*12]。

また、裁判での証言が終わるやいなや無罪に票を入れようと決心した、と語った陪審員もいた。特にペギー・マクマーチン・バッキーについてはそうだったという。「こんなふうに考えてみたらどうでしょう。この仕事に、ええっと何年でしたっけ、26年でしたか、この仕事に従事してきた女性がいる。彼女が起訴されるようなことをしたなんて、とても信じられないですよ。彼女があんなことに快楽を見出すなんて、とても考えにくいことです」[*13]。

子どもたちの奇妙な証言は、陪審員たちに証言以外の側面についても疑問をいだかせた。彼らは、子どもたちが実際にはなかったことについて証言するよう訓練された可能性があると考えた。また、いくつかの訴因に有罪票を入れた何人かは、評決後のインタビューで報道陣にこう語った。この事件の発端とな

った女性，ジュディー・ジョンソンが精神を病んでいたことを知っていたなら，すべての訴因について「無罪」の票を入れていたかもしれません。

ラエル・ルビン地方検事は，「面接テクニックには行き過ぎた誘導があったかもしれません。けれども，そのような方法を取らなければ子どもたちは話してくれなかったのです」と言い切った。このようなテクニックが子どもの証言に及ぼした影響を無視するような言い方であった[*14]。テクニックが証言に影響を及ぼしたかどうかは重要な問題であり，また，影響がない可能性は低く，陪審員たちは評議でまさにこのことを問題にしたのだった。

合意の形成

レイモンド・バッキーに対する強制わいせつ，および共謀の訴えについて，意見の対立があったことが評決後のインタビューで明らかになった。このことについて，陪審員たちはどうやって全員一致の合意を得たのだろうか。

この陪審は，それぞれの子どもについての訴えを評価する中で，判断がつかない場合には，その訴えをひとまず置いておき，後でやり直すことにした。また，それぞれの訴えについて評決を1つずつ積み上げ，それから次へと移るという方法を取った。その過程における中心的な議論は，子どもの証言がどの程度「汚染」されているかであった[*15]。

マーク・バセット陪審員はこう述べた。「証拠が信用できないと判断した場合，私たちは『無罪』と判断し，そのつど判断を提出していきました。……ふつうは，子ども1人ずつについて，すべての訴因についての審議を終え，それを提出しました。けれども，2人の子どもをひとまとめにして訴因を検討し，同じ日のうちに提出したこともあります」[*16]。

このような評価，分析は地道に行なわれ，その過程は徹底したものであった。そして52件の訴因については合意が得られたが，完全な一致が得られない訴因が13件残った。これらの訴因には，すべてレイモンド・バッキーが含まれていた。つまり，陪審員の少なくとも1人かそれ以上が，レイモンド・バッキーはその訴因について有罪であると感じていたことになる。うち3つには，ある特定の子どもがかかわっていた。1人の陪審員はこの少女の面接ビデオについて，こう述べた。「彼女はレイモンド・バッキーを強制わいせつのかどで告訴

したわけですが，(面接は)確かにそれだけの具体的情報を提供していたと思います。これら3つの［初期の］訴因について，私は彼女の言い分を信じます。レイ・バッキーはやったんだと思います」[17]。

訴えの1つには，ペギー・マクマーチン・バッキーに対する共謀の訴因も含まれていた。判断すべき訴因が13になったとき，陪審は裁判官に次のような質問をした。ある共謀について1人を有罪とし，同じ共謀についてもう1人を無罪とすることは可能か，というものである。というのは，2人が同じ訴因で起訴されているからであった[18]。この件についての答えは「可能」であると思われたが，弁護側は裁判官に，陪審員に判断を示す前にその問題について議論させていただきたいと申し入れた。

証言した子どもたちは強制わいせつを受けた，と陪審員の多くは信じていた。しかし，彼らはこうも言った。検察側は，被告人が犯人であるということを合理的な疑いの余地のないところまでは立証できなかった[19]。サリー・コードバ陪審員は「彼［レイモンド・バッキー］がやったんだと信じることと，それが立証されることとは別問題なのです」と結論づけた。

評議における公平な意見交換は，陪審員間で築かれていた絆によるところが大きかった。公判後，ブレンダ・ウィリアムズ陪審員は「［評議室について］よく聞かされる恐ろしい話とは違って，私たち陪審員たちはたいへんうまくやりました。……私はたいせつな友人を得ましたよ。皆とても仲が良かったんです。ジョン［ブリーズ］や他の人たち──皆すばらしい人たちです。彼らでなかったら，私はやり通せなかったと思いますね」[20]。手続きは長くて退屈で，時にはうんざりするようなものであった。しかし，陪審たちはお互い仲良くやり通し，また，陪審長のルイス・チャンに偉大なる尊敬の念をいだいていた。

3. 結　語

陪審員たちは，評決後のインタビューでこう述べた。マクマーチン幼稚園の事件は最初から最後まで捜査官，心理学者，親，そして検察官たちにひっかき回されていた[21]，と。陪審員たちは捜査過程そのものにより，真実と空想を区別するのが困難になってしまったのである。

裁判は以上の評決によって，結末を迎えた。弁護側に対して最も批判的であった報道者たちでさえ，「にわか仕立ての告訴で，……最初から欠陥があった」と認めた[*22]。国際子ども研究所（CII）は，訓練も受けず免許もないセラピストに面接をさせた。彼らはアナトミカル・ドールを用いた誘導的，暗示的な質問による面接を行ない，それが検察側の致命的欠陥となった。陪審員たちはこれらの面接を，子どもたちに強制わいせつを受けたと無理やり信じこませるような面接だと見なしたのである。

　子どもたちは，実際にはなかったことを証言するよう訓練され，仕向けられたのだろうか，ということが陪審員たちの重大な問題であった。これはいわゆるデマや流言が生じるのと同じ，古典的な事例の1つなのだろうか。つまり，大人たちは幼稚園での無邪気な活動を不道徳で性的なものへと煽り立て，子どもたちは現実や想像，そして信じるようにと言われたことや指示されたことをごちゃ混ぜにしたのだろうか。子どもたちは免許のないCIIセラピストが行なった問題の多い面接で，不適切もはなはだしい影響を受けたのだろうか。それとも，疑問のある面接手続きではあったが，それはラエル・ルビンが主張するように，子どもたちに話をさせる唯一の方法だったのだろうか。

　評決後のインタビューにより，次のことが明らかになった。まず，陪審員たちが，子どもの多くはCIIのセラピストにより誘導され，口車にのせられ，プログラムされて，実際にはそのようなことはなかったにもかかわらず，強制わいせつを受けたと語るようになったと信じるにいたったことである。また，次のことも評決後のインタビューで確かめられた。陪審員候補者に関する事前調査の分析の段階ですでに示唆されていたように，最終的な評決にあたって，面接ビデオでの子どもの話の妥当性と信用性が重要な問題になった，ということである。

　しかし，すべての人が納得したわけではない。被害を申し立てていたある少女は，最終的な評決が出た場にいた。彼女は「彼［レイモンド・バッキー］は有罪よ。なんであんなに多くの人たちが彼を無罪だと思うのか，私には理解できないわ」と言った。しかし，彼女はこうも言った。申し立てていた出来事のいくつかでも，ほんとうに彼女の身に起きたことなのかどうか，この評決により自信がもてなくなった，と。「ほんとうにあったのかどうかわからないわ。

確かにあったことなのかどうか，思い出せないんです。いくつかのことは思い出せるんだけど，それがほんとうかどうかわからないの」*23。

　少女の親は嘆いた。「子どもにわいせつ行為をはたらいても，ふとどきな悪いやつほど逃げおおせるということなんですよ」。親たちは，事件の取り扱いを誤ったと検察側を責めた。ラエル・ルビン検察官は「最終的には陪審の判断を尊重しなければなりませんね。個人的には同意しかねるものであっても」と言い，バッキーについて次のようなコメントを述べて検察当局を弁護した。(バッキーは)「ラッキーでしたよ。あの人たちについて，後からボロが出てくるようなことがないよう，神様に祈りたいですね」。アイラ・ライナー地方検事正は「もちろん，たいへんがっかりしました。長い道のりの挙げ句，期待とは異なる結果になってしまったんですからね」と感想をもらした*24。

　パウンダース裁判官はこれらとは異なり，こう語った。「評決には驚きませんでした。陪審がどんな判断をしようとも，私は驚かなかったと思います」。彼はまた，将来はこのような長い手続きにならないよう，新しい法律が必要だと思うと述べた。しかし，裁判が長引いたことで被告人に謝る必要がありますか，との問いには，彼は「いいえ」と答えた。パウンダース裁判官の計算によれば，検察側による犯罪訴追手続きに使われたのは，公判時間の30％にすぎないとのことだった*25。

　職務から解放されたとき，陪審員たちは大きな声で叫び，拍手をした。どの陪審員も9週間の評議を経て達した評決に，やすらかな気持ちをいだいていると述べた。「この事件に関連して得たすべての材料について，できるだけのことをしました」と，陪審員の1人は言った。この人物はすべての無罪判断に貢献し，また，行き詰まった審議においても重要な役割を果たした*26。ルビンは冒頭陳述において，陪審員が子どもたち，および／または医学的な証拠を信用しないかぎり，被告人たちは無罪になるだろうと述べていた。明らかに，彼女の言う通りであった。

　地方検事正はレイモンド・バッキーに対する13の訴因についてさらに追及することもできたが，少なくともペギー・マクマーチン・バッキーについては，刑事裁判は終了した。被告人たちは裁判の結果に大喜びであったが，しかし，ペギー・マクマーチン・バッキーは悲しみも見せた。「地獄を体験し，今はす

べてを失いました。……こんなことが無実の7人の身に起きたということは，それは誰にでも起こり得るということなんですよ」と彼女は一般の人々に向け，警告した[*27]。

彼女はまた，私はつらくはなかったと強調した。「悪いことは何もしていないのですから，神様が息子も私も自由の身にしてくださるとわかっていたんです」。彼女は楽観的であったが，レイモンド・バッキーは違っていた。彼は，陪審がどのように判断するか「ほんとうに恐ろしかった」と苦しんでいた[*28]。

ペギー・マクマーチンは裁判所を後にした。以前，何度もそうであったように，親や子どもたちの群集がいた。下品にわめき立てる者もいれば，「中指」を挙げて侮蔑のポーズをとる者もいた。ペギーとレイモンド・バッキーが建物を離れて駐車場に着くと，たくさんの野次馬たちが騒いだ。「あんたらを殺してやる，あんたらは死ぬんだ」。ロサンゼルス警察は，このよう邪悪な行為を取り締まることをしなかった。ペギー・マクマーチンは彼らに背を向け，「私はあの人たちの顔を見ないようにしたわ」と言った。目はうるみ，はからずも涙がこぼれ落ちた。「神様，彼らをお許しください。彼らは，自分が何をしているかわかっていないのです」[*29]。

第10章　裁判の余波

　マクマーチン裁判は，強制わいせつ事件における子どもの証言と被告人の権利の両方を制約した。しかし，そうすることによって正義は果たされたのだろうか？　ある記者が言うには，マクマーチン裁判はわれわれに，次の問いをつきつける。「われわれは，刑事司法制度に何を期待するのか」[*1]。その記者は，マクマーチン事件の判決が，真実は望ましいものであるが，市民は裁判による正義を受け入れなければならないことを示す実例であると述べた。

　マクマーチン事件に最も深くかかわった人々——子どもたち，その親，被告人，その他多くの人々——は，間違いなく，その長引いた手続きの中で正義はほとんど実現されなかった，と言うだろう。2人の被告人はともに，法外な額の保釈金を設定されたため，長い時間を拘置所で過ごさなければならなかった。その間，ほとんどのメディアは，単に罪のない幼稚園での遊びとされるべきものが犯罪を構成するとして，被告人たちを公然と糾弾し，断罪した。

　他にも，損害をこうむった人々がいる。事実と虚構を混同して影響を受けやすい子どもたちは，警察による質問，両親からの圧力，大陪審における証言，長い予備審問，見込みと誤った期待に取り囲まれたひどく疲れる公判，そして怪しげな尋問方法を使って進められた「治療的報告聴取」といったものによるトラウマを経験させられた。

　陪審員たちは，仕事や余暇にあてる時間を失った。もともと18人いた陪審員と補充陪審員のうち6人が健康や経済的な理由により脱落したため，残ったのは最低限の人数である12人だけであった。補充陪審員がいなくなり，裁判は審理無効になりかねなかった。

パウンダース裁判官は，陪審を辞めさせないため，そのうちの1人に郡公務員の仕事を斡旋した。また同裁判官は，評議の間，陪審員の1人にもしものことがあれば審理無効になるかもしれないのに，あえて，65すべての訴因に評決が下されるまで法廷でその結果を読み上げないことに同意した。パウンダース裁判官は，6年間続いたこの事件に触れた者が皆——子どもたち，その親，証人，訴訟関係人，裁判所職員——その毒気にあてられたということも指摘した。評決が宣告された次の日，ロサンゼルス・タイムズ紙の社説は，次のように問いかけた。「時間と名誉を消耗させる価値が，ほんのわずかにでも，この裁判にあったのだろうか。ほとんどの人々の答えは，まったくの『否!』[*2]であろう」。

　最後に，この事件は，その他大勢の人々に影響を与えた。彼らはどこをどう見ても，被告人やマクマーチン幼稚園，あるいは被害者と，違法にまたは問題のあるかかわり方をしたわけではないにもかかわらずである。捜査が拡大された後，多くの「告発されなかった」被疑者が尋問され，サウス・ベイ地区にあった9つの保育園が，結局，閉鎖された。このように，本事件の影響は，特に裁判に関与していない人々にも波及したのである。

　以下，本章では，第一次マクマーチン裁判によって引き起こされた災禍について検討する。評決に対する市民の激しい抗議については，陪審による証拠評価との関連で分析する。数多くの新聞の「投書欄」からは，子どもに対する性的虐待事件においては感情論が支配的になることと，中立的な陪審の選定が重要である理由がわかる。また，評決直後のメディアの反応と，メディアに属する人々の自己批判について若干検討する。陪審員による検察側証拠の評価を論じることによって，このような証拠を確保することがきわめて難しいこと，それがどのように公判に提出されたかを明らかにする。そして，将来の子どもに対する強制わいせつ事件において，子ども，被告人，その他の人々を保護し，その安全を保障するためには，制度の実質的な修正が必要であることを示す。さらに，医学的証拠にまつわる問題についても論じる[*3]。金銭的，人的，そして社会的コストを検討することにより，児童虐待事件に伴って生じ得る損害を明らかにする[*4]。本章の最終節においては，子どもたち，その親，被告人，牧師，そして陪審員を含むマクマーチン事件の大勢の関係者がこうむった金銭

第10章　裁判の余波

的コストと個人的な損害とを論じる。この節ではまた，本件が刑事司法制度と，いわゆる「被虐待児童治療産業」とに与えた影響を論じる。

1. 一般市民の反応

　マクマーチン幼稚園の子どもたちがこうむったとされる性的虐待は，広範囲の人々，多くはマンハッタン・ビーチ市に暮らし，いまだそこに住んでいる人々であるが，彼らの想像力と感情をとらえた。被告人側弁護人であった，マンハッタン・ビーチ市のウォルター・アーバンは今でも，「地域社会が永久に分裂してしまったように思います。これは歴史的大事件でした。そういったものに見舞われた小さな町で，この事件が忘れ去られることはないでしょう」[5]，と考えている。

　人々の意見は鋭く対立した。「子どもは嘘を言わない」と言い，子どもたちがわいせつ行為を受けたことを信じ，「行なわれた告発の中には，何がしかの真実があるはずだ」と考える人もいた。また，被告人たちへの敵意をあからさまにする人もいた。そして，その敵意が今も変わらない人々がいることは，間違いない[6]。

　その他のマンハッタン・ビーチ市に暮らす人々は，この事件について議論することをひたすら避けた。この問題を話題にすれば友人関係が壊れるので，友人との関係を保ちたい人は，事件についてけっして議論しないよう慎重になった。ある報道記者が指摘したように，町には，「礼儀正しくはあるが，居心地の悪い静けさ」[7]がある。

　子どもたちと同じように，被告人たちも被害者なのだという意見もあった。地域の有力紙「イージー・リーダー」の発行者であるケビン・コディは，初めは明らかに被告人たちの有罪を信じていたが，後に，幼稚園で実際に強制わいせつが行なわれたという証拠はまったくないと確信するにいたった[8]。そしてまた，自分の子どもをマクマーチン幼稚園に通わせていた親の中にも，被告人たちは何ら罪となるようなことをしていないと信じる人もいた。

　マンハッタン・ビーチ市におけるマクマーチン事件の最も深い傷口の1つは，1人の親によれば，「ここにはもはや中間の立場というものがない」とい

うことである。「ここの子どもたちは，大人が自分のことを眺めているだけで死ぬほど怖がるようになってしまった。私たちがやっているのは，被害妄想的な子どもたちを作り上げることだ」。別の住民は，マクマーチン事件以後は，子どもと教師の関係がすっかり変わってしまったと指摘する。「子どもたちを抱きしめたり触ったりできないことは明らかです。この頃では，多くの大人たちが非常に慎重になっています。それは今後も変わらないでしょう。このことは，たいへんな損失です」。さらに，マンハッタン・ビーチ市の住人の1人は，次のように嘆く。「自分の姪や甥を抱きしめるのでさえ，躊躇してしまいます。そんなのはどう考えてもおかしくないでしょうか？」[*9]。

　フォックス・テレビの行なった電話調査によれば，視聴者は約7対1の割合で，「レイ・バッキーとその母親の無罪評決によって正義は果たされなかった」[*10]と考えていることが明らかになった。ウォール・ストリート・ジャーナルの「投書欄」へのある投稿は，「マクマーチン裁判は，法的なまやかしの薬だ」と述べている。新聞に掲載された投書の一部は，マクマーチン事件の被告人に味方するものだったが，ほとんどは，「無罪」評決に反対し，強く抗議する内容だった[*11]。

　マクマーチン判決を不当とみなした「投書欄」への投稿者の中には，子どもの証言の信用性に対する陪審の懐疑に注目する者もいた。「子どもの証言を受け入れないこと，または非常に危険な性質のものだと疑うことは，われわれの司法制度にとってきわめて有害だろうし，子どもたちの尊厳を損なうことになる」と，ある投稿者が論じている[*12]。

　ただし，すべての投書がマクマーチン判決に批判的だったわけではない。ある投稿者は，ロサンゼルス郡に対し次のように忠告している。「もしレイ・バッキーが，酒に酔ったいきおいで子どもを殺害した致死罪であったとしても，まじめに勤めていれば，おそらく5年以上服役することはなかっただろう。実際には，彼は何の犯罪で有罪判決を受けたわけでもないのに5年間も拘置所に入れられた。有罪であれ無罪であれ，彼に書かれた「緋文字」はけっして消え去らない」「マクマーチン幼稚園の職員たちは，過剰な報道，野心的な政治屋，正気を失った親たちの被害者だ」と，この投稿者は付け加えている。「彼らのおかげで，児童虐待が国技にでもなったかのように信じこまされるところだっ

た。子どもとかかわる仕事に就く者はみな，メディアと裁判所に，同じようにだまされるところだった。そうなるには，真実を語らない1人の子どもがいるだけでよかった」*13。また，別の投稿者は次のように問いかけている。「新聞もテレビも，長年かけて何を学んできたのか。何も学ばなかったことは明らかだ」*14。

判決にかかわった法律家や精神科医を非難する者もあり，なかには，合衆国建国の原点を思い起こさせる発言もあった。「法律は汚い仕事だ。そんなもののために戦ったのではない。もし落書きをするなら，裁判所の周りに『平等な正義』と書いてあるのを上書きするためにやるべきだ」*15。

1つ言えることは，児童虐待事件において，子どもから証言を聞き出し，それを受け止めるための，新たな方法を見つけなければならないということである。その合理性の有無は別として，マクマーチン裁判は，ある批判の指摘する通り，「合衆国司法制度に対する一般市民の信頼は低いうえに，みるみる衰退し始めている」*16，あるいは「司法制度における一般市民の信頼は，着々と蝕まれていっている」*17 という，強い一般市民の感覚をえぐり出した。

評決を聞いて，被害者とされる子どもたちの親の多くは混乱し憤った。マンハッタン・ビーチ市では，評決が告げられてから10日後，500人のデモ隊が抗議を行なった。彼らは，「われわれは子どもたちを信じる」と書かれたプラカードやバンパーステッカーを掲げた。ティム・ウィーラーは，マクマーチン幼稚園の元園児2人の父親であり，またロサンゼルス郡の弁護士でもあったが，デモ隊に対して次のように言った。「法廷内で行なわれた犯罪は，法廷外で起きた犯罪と匹敵すると訴える」*18。

無罪評決後の2週間のうちに，親たちやその支援者は全国版のテレビ番組に出演し，記者会見を開き，「6,000人署名」と呼ぶ署名活動を行なってロサンゼルス郡議会にロビー活動を行ない，さらに，問題を風化させないよう，コメディアンに，持ちネタとしてマクマーチン評決を笑いものにしてくれるよう依頼することまでした。

このキャンペーンには，法廷で証言を行なった子どもたちの家族も加わった。自分たちの意見を示すため，1990年1月30日，FOCOS（忘れられた犯罪被害者家族の会），アダム・ウォルシ・センター，子どもを信じる会，そしてヒ

スパニック演劇事業団を含めた児童虐待対策団体の代表が，ダウンタウンにあるロサンゼルス刑事裁判所建物の正面に集合し，次に，郡議会が開かれている郡行政事務棟に移動した。そこで，マクマーチン事件の親たちと元園児の1人が，感情に訴えかける証言を行なった。その後郡議会は，州司法長官であるヴァン・デキャンプに対して，60,000ページの公判記録と陪審員のコメントを分析し，強制わいせつに関する訴追が失敗したのかどうか，そして行き詰まった13の告発が，カリフォルニア州によって再度なされるべきかどうかを判断するよう求める決議を，4対1で可決した[*19]。

2. マスメディアの自己批判

「マスメディアに懐疑主義はあったのか？」，無罪評決と13の訴因での審理無効が宣告されたマクマーチン裁判評決の翌日，ロサンゼルス・タイムズ紙は，このような皮肉な見出しで，問いかけた。記事の副題は「パック－ジャーナリズム」とマクマーチン事件の初期報道に見られたヒステリー状態を指摘し，多くのジャーナリストが，主張される告発の信用性や正当性を，腰を据えて検討することがなかったと批判している。

パック（群れの）－ジャーナリズムとは，怠惰，特に検察官との馴れ合い関係と，報道合戦の中で勝ち馬に乗ることを意味する——これらが，マクマーチン事件を有名な重大事件に仕立てあげたのである。メディアは，最新のショッキングな事件を他に先んじて報道するため，争って熱狂的な取材を行なった。そこには，「責任あるジャーナリズムなんて，くそくらえ」[*20]という熾烈な競争があった。

マスメディアの事件報道にきわめて批判的だったのが，ロサンゼルス・タイムズ紙のデイビッド・ショーである。彼は，連載記事を執筆し，メディアによる餌の取り合い合戦を指摘した。「メディアがとりわけ熱狂的だったように思われる——もともとの告発の，奇怪で異様な，そして一見信じがたい性格による部分が大きいだろう。しかし，検察官の告発内容がどこまで信用できるのか，落ち着いて考えようというジャーナリストはほとんどいなかった」[*21]。

初めはウェイン・ザッツの報道が市民に衝撃を与え，それが報道のいわば病

第 10 章　裁判の余波

理の引き金を引いたのだった。KABC-TV は事件に密着し，組織をあげて，これは「さらに大きな」事件となるだろうと報道した。他のテレビ局も事件を追い続けた[*22]。地元テレビ局の記者にはすぐに，KABC-TV の描いたマクマーチン事件の物語に補充または反論するためのスクープを取ってくるよう圧力がかかった。「ニュースは，ひとり歩きし始めた」と，別のテレビ局の記者が指摘した。「われわれは，マクマーチン事件について何か新しい情報を見つけなきゃならない。どれほどおおごとになってきたか考えてみろ」[*23]と。

たとえ真実は消えてしまったにせよ，愛と報いは残ったようだ。前述のように，ザッツは国際子ども研究所（CII）のカスリーン・マクファーレンと恋愛関係にあったとされる。後に彼は，そのロマンチックな関係を使い，彼女の提供する個人情報を利用したとして告発された[*24]。マクファーレンは彼に，裁判所の命令を無視して個人情報や証拠排除された一定の情報を流していた。ザッツの商売敵も，マクマーチン事件の親たちでさえ，ザッツが歪曲した報道を行なわなければ刑事告発はなかっただろうと思っている[*25]。

ザッツと，再選挙に立候補していた当時の地方検事正ロバート・フィリボジアンとの癒着も告発された。ザッツの商売敵たちは，「この先数か月は，その話題について，市の記者全員でもザッツにはかなわない」[*26]ことに十分気づいていた。

UPI 通信のマイケル・ハリスによれば，初期の事件報道は，「極端に検察寄りになっていた。……彼ら［検察官］が話したことはすべて，福音のように報道された」[*27]。別のロサンゼルス地区の記者，バーバラ・サレルノは，実際に検察官が事件を誇張して説明したと言い，「それ以上の追及をしなかったことを後悔している」[*28]と付け加えた。

最終的に，報道の内容は徐々に反対方向へ振れていったという人もいる。もっともその証拠は，テレビ番組「60 MINUTES」以外にほとんどなかったが。担当検察官の 1 人，ロジャー・ガンソンは，それはメディアが，当初被告人側の主張を報道しなかったことに対して過剰な償いをしようとしたのだと述べた。彼の視点には，最終的にはメディアが検察官の提出した告発の妥当性に対して深刻な問題提起を始めたのではなかったか，ということが抜けている。

パウンダース裁判官は，陪審選定が行なわれた翌日の法廷に，陪審員の男女

の数を誤って報道している新聞記事を持参し，報道の不正確さを確かめた。「自分たちの性別ほど，決まりきった明らかな事柄でさえ」，メディアに正確な情報を期待することができないと彼は指摘した。もちろん，事件の一番初めから——新聞等に報道された，最初の逮捕，警察の発信した文書，検察官のさまざまな「仕掛け」——，同じことが指摘できただろう。パウダースは記者に，「法廷で聞くことだけに注意を払うべきだ」と忠告した。ショーも，ロサンゼルス・タイムズ紙の記者机から，「誤りはある意味，このようなきわめて複雑で議論のある事件において，メディアが，非常に重要で，ときには事実を歪める役割を果たしてきた［そして，今度も果たし続けるだろう］ことの象徴のように思われる」[*29]と述べている。

　メディア，とりわけロサンゼルス・タイムズ紙にとって重要だった事実は，「彼らが印刷し報道した物語と，そうしなかった物語の両方に」[*30]おいて明らかである，とショーは批判した。彼は，事件の初期の段階で，記者も編集者も，彼らが最もたいせつにし，広く宣伝してきた2つの伝統——公正さと批判の精神——を捨ててしまったと記している。メディアは頻繁にヒステリー，すなわち「リンチ群集症候群」[*31]を起こした。

　おそらく，最も悪かったことは，検察官の「主張」を無条件に受け入れたことだろう。それらの主張が，正式な告発——売春，児童ポルノの集団，セックスのために薬物を打たれ取引される子どもたち，さらには殺人に関する多数の告発にいたることはなかった。主張はどれも証拠による裏づけを欠き，それが被告人たちやメディアで報道された人々に対する訴因となることもなかった。

　ある程度の疑念や疑問が生じたにもかかわらず，報道機関は，評決後もセンセーショナルな報道を続けた。少数の記者だけが，メディアは裁判も経ず有罪を推定し続けてきたと批判した。ペギー・マクマーチン・バッキーの弁護人ディーン・ギッツは，初期の段階で，被告人はメディアによって裁判にかけられ，有罪判決を受け，判決を宣告されたと述べた——「それらがすべて，いたるところに記録されていることは否定しがたい」[*32]。

　6年の間，ロサンゼルス・タイムズ紙は，裁判が展開するにつれて検察側の主張——他の小さい地元メディアが素早くそしてめだつように報道したニュース——の妥当性に問題が生じ始めたことについては最小限に報道し，あるいは

その報道を遅らせた。たとえば，メディアが，被告人は有罪であるとの確信から，無実かもしれないと考える方に揺れたのは，トーランス市のデイリー・ブリーズ紙に勤める記者フェイ・フィオールの書いた何本かの記事がきっかけだった[*33]。彼女の記事は，検察官が5人の被告人に対する告発の取り下げを検討していると報じた最初のものである。数か月後，その可能性は現実となった。被告人のうち5人までの無実が問題になる以上，残る2人も無実ではないかという疑念が生じた。また，子どもたちへの面接場面がビデオ録画され，後に陪審に示されたが，そのビデオに関しても，陪審員とメディアの双方から疑問が提起された。いくつかのメディアは，この事件はセンセーショナルな見出しの羅列にすぎないのではないかという報道を始めた。

　告発がすべて取り下げられた被告人の1人を弁護したウォルター・アーバンは，次のように非難した。「われわれはみな，ロサンゼルス・タイムズ紙がいかに重要であるかを認めています。ロサンゼルス・タイムズ紙がもし，確実な調査活動を行ない，児童ポルノはなかった，児童売春はなかった，動物の手足を切断する行為はなかったと，長文の記事を大きく掲載してくれてさえいれば，この事件はずっと早くに収束したでしょう」。しかし，その後1,500万ドルの税金が「浪費」されても，ロサンゼルス・タイムズ紙は検察官側に立ち続けた。態勢を強化した弁護団や報道陣から，ロサンゼルス・タイムズ紙の立場は常に偏っていると言われても，ものともしなかった。

　弁護人たちは，自分の依頼人がメディアによって裁判にかけられ，有罪を宣告されたと力説した。彼らは言わなかったが，その依頼人が陪審によって無罪放免になったということは，メディア側の有罪に向けての努力が奏功しなかったわけである[*34]。公判について最終的な分析をするにあたり，メディアでさえも，自分たちが客観的で偏見にとらわれない報道を行なわなかったという自己批判をするにいたった[*35]。ジャーナリストと編集者は，マクマーチンの被告人らに多大な犠牲を払わせ，市民の影響されやすさにたくみにつけこんだとして批判を浴びたのである。

　ロサンゼルス・タイムズ紙の編集者は，彼らの報道は「全体的に見て，公正でバランスの取れたものだった」と主張した。しかし，被告側弁護人とその支援者，ライバルの記者，2人の検察官，何人かの内部関係者でさえ，「ロサン

ゼルス・タイムズ紙の記事の中から，大なり小なりの欠陥を集めれば，結局のところ不公正と不公平になる」[*36]と指摘した。評決の宣告がなされる前に，次の重要な3点について批判が集中した。それは，(1) ロサンゼルス・タイムズ紙は，特に事件の初期の段階において，告発が正しいということを前提にした多くの報道を行なった。(2) 報道された記事の多くは，被告人に不利な方向での強いバイアスがかかったものだった。(3) 検察官の主張を検証するような，広範な調査に基づく情報はどこにもなかった。

この指摘には，次の点も付け加えることができる。ロサンゼルス・タイムズ紙はまた，(1) マクマーチン事件と，全国で起きた他の類似事件との比較を怠った。(2) ジュディー・ジョンソンの詳細な人物像について，まったく報道することがなかった。(3) 医師の証言を詳細に報道せず，被告人が，メディアの引き起こしたヒステリックな環境の中で，進んで証言してくれる医師を見つけられず苦労していることも報道しなかった。(4) 証言のうち，検察官の意向と矛盾する部分は報道せず，報道するとしても他紙よりはるかに遅らせた。(5) グレン・スチーブンスが検察側の主張を批判的に分析するにあたり作成したテープについては，ほとんど言及しなかった。そして，(6) その他の重要な出来事や公判での展開について，歪曲したり正確に記述しなかったりした。

ロサンゼルス・タイムズ紙でこの事件の主任記者を務めたのは，ロイス・チムニックであったが，彼女は，刑事司法制度に関する報道を経験したことがなく，マクマーチン事件以前に，児童の性的虐待に関する記事を書いたことがあるだけであった。彼女の記事に対する評価にはかなり批判的なものもあった。しかし，ノーマン・カズンズはロサンゼルス・タイムズ紙の「投書欄」において，彼女の報道は，「バランスが取れ，公正で，包括的であり，そのことで貴社の評判は大きく高まった」[*37]と書いている。同様にルイス・ジョイロン・ウエストは，UCLAの精神医学の教授であるが，彼もまた彼女の報道は「まったく偏見にとらわれていなかった」[*38]と評価した。これら2人の「客観的な」読者はともに，彼女は，この報道のためにピュリッツァー賞を受けてしかるべきだと論じた。

これについては，強く異論を唱える人々もいた。たとえば，ロサンゼルス・タイムズ紙の司法担当記者の1人であるボブ・ウィリアムズは，同紙の偏向

をたいへんに懸念し，ロイス・チムニックの担当割り当てを批判するメモを書いた。ウィリアムズは，この事件に強い関心を寄せていたが，担当から外された*39。ここで疑問が生じるだろう。なぜウィリアムズは，司法担当であったのに，仕事を任されなかったのか？　数か月後，ウィリアムズは，マクマーチン事件の被告人が無実であることを確信して，新聞社を去った。

リチャード・バーンズは，この事件の間はほとんど，ロサンゼルス・タイムズ紙の社会部担当編集部に属していたが，いったん事件が刑事司法の中で取り扱われることになった以上，その事件の正当性について新聞が評価しようとするのは適切でないという立場を取り続けた。バーンズは，報道ではなく，法廷が，検察官の主張を評価するのに適した場であると考えており，法執行機関と裁判所だけが召喚状や捜索令状および宣誓の下での証言強制を行なうのであり，新聞にはそのどれもなし得ないと論じた。しかし，新聞が検察側や被告人側証拠を報道するにあたり，偏向し得ることは明らかである。

多くの人々が，いくつかのメディア，とりわけロサンゼルス・タイムズ紙について，検察寄りであると考えたことが指摘される一方，ある新聞記者は，「最終的には，告発を提起したのは——メディアでなく——地方検事であり，事件を裁いたのは——メディアでなく——陪審であって，マクマーチン事件の被告人は誰も有罪にされなかった」*40という。しかし，そもそもメディアの報道がなければ，最初の告発が行なわれることはまずなかっただろうという点が，この見方には欠けている。

メディアに翻弄された一般市民にとっては，公判が終わってもほとんど何も変わらなかった。1986年11月2日，全国放送の番組「60 MINUTES」は，レイモンド・バッキーと，その他最初の被告人となった6人のうちの5人にインタビューを行なった。番組は，彼らの抗弁に同情的な内容であったが，そのことはマクマーチンの評決が下される日には，すっかり忘れられていた。その日，ロサンゼルス・テレビ局のアンケートに回答した13,000人に近い人々のうち約87％が，なおバッキーは有罪であると考えていた——この数値は，公判開始前の調査から，数ポイントしか低くなかった。

メディアは，マクマーチン事件からどのような教訓を学んだだろう？　ロサンゼルス・タイムズ紙の編集者は，マクマーチン事件における集団ヒステリー

を持続させたことについて，ロサンゼルス・タイムズ紙自身が果たした役割に言及することは避けたものの，「警察や検察が，物事を抗しがたいほどセンセーショナルに煽るときは」ジャーナリストとしての懐疑主義がきわめて重要であると述べた[*41]。最終的には，メディアに属する多数の者が，みずからの行動を恥じて遺憾の意を公にしたのである。

3. 不十分な証拠—訴追の脆弱性—

　検察は概して，無罪評決獲得のために被告人側が取った戦略を批判し，彼らはなお有罪であると強く主張した。しかし，過半数の陪審員は，検察官の主張それ自体に欠陥があることを認めたのであった。陪審員のうち7人は，少なくとも数人の子どもたちがほんとうにわいせつ行為を受けたことについては納得したが，その犯罪が幼稚園で起きたとか，被告人の手でなされたとかいう点については何ら説得的な証拠が示されなかったと述べた。「私は無罪に票を入れたのではありません。有罪でないことに一票投じたのです。被告人［レイモンド・バッキー］が犯罪を行なったことは証明されませんでした」，陪審員であったサリー・コードバはこのように述べたとされる[*42]。

　担当検察官の1人であったガンソンは，当初地方検察庁が事件を「大きく誇張して説明した」ことを認めた。しかし彼は，メディア側でもまったく「徹底的な質問」を行なわなかったのだと言って，責任を免れようとした[*43]。ある新聞記事には，地方検事のエレノア・バートレットが，「マクマーチン幼稚園には，何百万という子どものポルノ写真とフィルムがあった」と述べたと報じられている。バートレットが，地方検察庁の沈みゆく船の上で大口を叩いたか，さもなければマスコミが精神の病んだ記者を雇っていたということになる。なぜなら，マクマーチン幼稚園の子どもたちが性的侵害を受けていることを示す写真は1枚も発見されなかったからである。マクマーチンに子どもを通わせていた親たちは，ただの1枚も撮影されることのなかった写真に対して，1万ドルの賞金を提示した。しかし，写真を見つけてそれを受け取る権利は誰からも主張されなかった。

　法律の専門家の間では一般に，本件は検察官が失態を演じた事件だったとい

うことで意見が一致している*44。彼らの行なう批判には,「最初から間違っていた」,「大失態」,また「最悪のシナリオ」などの言葉が使われた*45。陪審員の中には,このような批判に同調する者もいた。そのうちの1人は,これがハリウッドの台本だったなら「子どもが語る大人に不利な物語の中で,子どもたちの側が勝っただろう」と述べた。しかし,マクマーチン事件は,訴訟が迅速かつドラマティックに行なわれるハリウッド映画ではない。「インディ・ジョーンズの冒険ならチケットを売りさばくことができるかもしれないが,現実の世界では,『信じられない物語』を語ることは許されない」し,それを信じるよう期待することもできない,とこの陪審員は述べている*46。

　本件で釈然としない問題の1つは,少なくとも12人を下らないマクマーチンの元園児たちが検察官に話した内容である。彼らは,幼稚園にある落とし戸,トンネル,または秘密の地下室について語っていた。しかし,早い段階で地方検察庁が幼稚園の捜索を行なったのであるが,そこには,通路も,落とし戸も,あるいはタイルが乱れている箇所も,コンクリートで埋め戻した箇所も何も発見されなかった*47。捜査官たちは,特殊な音波探知機を使って幼稚園の建物内とその周辺を探索し,「やわらかい箇所」を探した*48。そういう箇所から,トンネルや通路や部屋,あるいはいったん泥が運び出されおそらく後から埋め戻されたような空間がわかるだろうというわけである。しかし,音波探知機を使った捜査によっても,幼稚園の敷地には,そのような秘密の空間はまったくないという結論にいたった。

　親たちはなおもあきらめきれず,オフィスビルを建てようとしていたその土地の新しい所有者から,地面を掘り返す許可を得た。「私は,あの人たちが,彼らの望むものを発見するために土地に入り,あきらめがつくようにさせてあげてるのです」と言って,所有者は土地の立ち入りを許可した。

　たとえ公式な捜索から,親たちの捜していたものがまったく見つからなかったとしても,いぜん彼らは,その土地に語るべき物語が隠されていると信じていた。彼らは何週間も,雇い入れた専門の掘削業者がその土地を掘り返す様子を見つめて過ごした*49。そのような親たちの1人であるロバート・サラスは,「私たちは,子どもたちの言うことが信用されるべきだと思うので,放っておけないのです」*50と述べている。また別の親であるジャッキー・マクゴーリー

は，「私たちがここで見つけたものによって，事件が一変することは期待していません」と言い，「子どもたちとその信頼性のためにこうしているのです。それが一番重要なことです」*51 と付け加えた。また別の，マクマーチン幼稚園の元園児の親であるジョー・アン・ファーは，「私たちは，裁判のためにこうしているのではありません。子どもたちが言ったことを確認しようとしているのです」*52 と説明した。

その後，マクマーチン園児の親たちが組織した「マクマーチン・トンネル発見計画」をスポンサーとする考古学的調査が実施され，地下トンネルの存在が主張されることになった。マクマーチン幼稚園にトンネルがあるということは，ロナルド・サミット博士によって報告された。同じく，E・ゲーリー・スティッケルによる，「カリフォルニア州マンハッタン・ビーチ市所在の，マクマーチン幼稚園の敷地に関する考古学的調査：概要報告書」には，次のように記載されている。

> 多くの人々は，検察官がマクマーチン裁判において1件の有罪も獲得できなかったことを，子どもの主張が単なる空想だったことの証明であると受け取った。さまざまなジャーナリストたちは，そのような空想を信じることを選択した専門家や親たちに対する制裁を求めている。より最近になって，合衆国内外における別の同種事件でなされる訴えは，マクマーチン事件に照らして審査され，ごくわずかにでも「奇異な」点があれば，その告発を捜査したり裏づけ調査したりすることを毛嫌いするような傾向が生じつつある。この種の事件にかかわった親たちは，三重に裏切られたように感じている。第1に，恐ろしい虐待の発覚により，第2に，法執行官から放置されることにより，そして第3に，虐待を想像で作り上げ，一般市民のヒステリーを煽動したと非難されることによってである。
>
> マクマーチン事件において奇異な点の1つは，おそらく，子どもたちが，地下トンネルに連れて行かれたと言って譲らなかったことであろう。子どもたちは，そのトンネルが虐待の行なわれた地下の「秘密の部屋」に通じていたと説明したし，性的搾取のために利用された敷地外の場所へ通じる堕落への道順をも説明した。捜査官が，それらの物語を空想と考えたことは明らかで，彼らは建物の地下を捜索しようとはいっさい試みなかった……。
>
> 「マクマーチン・トンネル発見計画」により次の事柄が確認された。すなわち，マクマーチン幼稚園の建物の下には，機能するトンネルが，かつて一度は存在し，それは建物の壁の外側に通じていた。またこのトンネルは，1966年に建物が建

てられた後で作られたことに相違なく，その後 1990 年 5 月以前のある時点において，他所から持ってきた土と人工物で埋め戻されたのである。プロジェクトでは，誰が何の目的でこのトンネルを掘ったのかを判断することはできないが，発見された事実は，子どもたちが地下で起きたとして語ったことは空想でしかないという懐疑的な立場とはまったく対照的なものであった。

　子どもたちの物語がにせものの空想であるとすれば，幼稚園の下から発見された［とされる］，トンネル［の存在を調査しなかったこと］に釈明の余地はない。トンネルが現実に存在したとすれば，子どもたちとその親たちのありとあらゆる告発を軽率に退けてしまったことについて釈明の余地はない*53（強調引用者付加）。

　しかし，子どもたちの話す物語を証明するものはほとんどなかった。多くの人工物が発見されたが，そのうちのどれも幼稚園に地下空間があったという親たちの信念を裏づけるものではなかった。親たちは，地方検察庁が実施した捜索に対して，自分たちは 7 フィート掘ったのに，彼らは 6 インチドリルで穴を開けただけだと言い，なお批判的だった。しかし，地方検察庁は，発掘の間に発見されたものはすべて事件とは無関係であったと述べた*54。

　幼稚園が取り壊されるとき，1 人の親がコメントを述べた。「この幼稚園を取り壊すことは，腫れ物を取り去るのに似ています。それを取り除くには，深く掘り下げなければならないでしょうし，痛みを伴うでしょう。しかし，ついには消え去ってしまうのです」*55。

　弁護人のデイビスは，親たちの奮闘について，「これを最後に問題を葬り去ってしまうための浄化活動です。彼らは，自分たちが誤っていたのかもしれない，つまり，どういうわけか自分たちはある話に巻き込まれたが，その話はまるで事実に基づかないサーカスに変貌してしまったと考えることさえ拒絶するのです」と述べた。さらに彼は，親たちによる発掘作業は，マクマーチン事件を取り巻く「魔女狩り伝説」の一部になるだろうと予言していた。「これは，マクマーチン幼稚園に関する長大な物語の一部になるでしょう」*56。

4. 金銭的コスト

　マクマーチンの被告人たちだけが，職，名誉，貯蓄のすべて，家，その他所

有していた財産を失ったわけではなかった。ロサンゼルス住民もまた，長い刑事司法手続きと裁判所における公判手続きのために莫大な経済的損失をこうむった。

　全国的に，郡におかれた下位裁判所は，郡予算から割り当てられる税収によって運営される。1990年には，合衆国内の一般管轄権をもつ州裁判所は2,449あり，そこには9,250人の裁判官が所属し，全公判事件の約28％を取り扱った。裁判官は一般的に，納税者と利用可能な郡の資源の双方から一定の制約を受けることを理解している。そのため，裁判官は訴訟費用に配慮する必要があり，実際にあらゆる公判について，その期間と費用がどの程度，限りある郡の資源に不当な経済的負担をかけることになるかを判断しなければならない。

　ロサンゼルス郡は確かに，他の管轄区に比べてかなり恵まれた経済的・財政的資源を享受している。ロサンゼルス地方検察庁は，現在，郡に散らばる23のオフィスに，国内で最大の900人近い検察官を雇っている。2番目に大きい機関は，ニューヨーク郡地方検察庁で約500人の法曹を抱え，その次は，約200人の検察官が属するダラス郡地方検察庁である[*57]。大部分の逮捕が行なわれる大都市部においては一般に，地方検察庁は法曹を雇い入れる最大の組織の1つとみなされており，多くはロー・スクールを卒業したばかりの地方検事補をずらりと取り揃えている[*58]。それにもかかわらず，耳目を集めた刑事裁判にかかる費用は，上位裁判所の裁判官たちが，「髪をかきむしり」手続きを短縮する決定を下さなければならないほどである——それが，犯罪で告発された人にとって不公平なものになりかねないとしても。

　マクマーチン裁判の訴訟費用は，1989年10月段階で，ロサンゼルス・タイムズ紙の報道によれば，次のような額にのぼった。(1) 裁判所任命弁護人およびそれに関連する費用が6,228,914ドル，(2) 地方検事正が使った費用が3,748,914ドル，(3) ロサンゼルス市裁判所における予備審問の費用が594,321ドル，(4) 郡マーシャルズ・オフィス（警備）に121,837ドル，(5) 公設弁護事務所に174,188ドル，(6) 保安官事務所に，捜査費用と地方裁判所廷吏の費用を含めて1,827,141ドル，そして，(7) ロサンゼルス中央上位裁判所の費用が397,171ドルであった[*59]。1983年7月から1989年10月にかけての，ロサンゼルス郡の総支出額は，13,091,585ドルであった。この経過的集計が行なわ

れた時点では，まだ陪審裁判が進行中であったので，郡の費用はさらに増えるだろうと予測され，マクマーチン事件にかかった総費用は約1,500万ドルと算定された。これらの費用は，ロサンゼルス郡で起きた過去の二大刑事事件の費用を軽く超えるものだった。「夜のストーカー」裁判にかかったのは約180万ドルであったし，「ヒルサイド絞殺魔」裁判は160万ドルとされている[*60]。

しかし，算定された1,500万ドルというのは，刑事手続きの費用を計算したものでしかない。この中には，今後少なくとも10年間は裁判所に係属し続けるであろう民事裁判にかかる費用が含まれていない。郡に対する民事裁判の原告，バベット・スピットラーの代理人であるエリセオ・グアナは，次のような結論を下した。「この事件がけっして終わらないことを確信しています。この事件にかかわった人々が年老いて，そして亡くなるまで，存続し続けるでしょう」[*61]。財政的な損失がロサンゼルス郡に衝撃を与えたとすれば，事件のその他の登場人物たち，すなわち子どもたちと彼らの家族，そして被告人たちを含めて，彼らは皆，動揺，緊張，そして涙で支払いを行なったのであり，その人生と資産が削り取られていったのである。

5. 個人的損失

子どもたちとその親

　子どもたちとその親が司法手続きの被害者であることは明らかであった。合衆国内では，法廷という場に置かれた被害児童の窮状に相当な関心が集中した。子どもはとりわけ傷つきやすく，また認知的・情緒的に未発達であるため，児童性的虐待事件における最も重要な証拠方法としての役割を負わされることで，彼らはすでにこうむっているだろうトラウマに加えて，さらなる恐怖と緊張を経験することになり得る。

　子どもが証言するときの恐れやストレスを軽減するために，連邦政府と多くの州は，彼らを保護するための法律を採用している。1990年児童虐待被害者法の中で，連邦政府は，被害児童および証人のためにさまざまな権利と保護措置を用意した。その措置には，以下の内容が含まれる。

①法廷内での生の証言の代わりに，公判において閉回路テレビを用いるか，またはビデオ録画での陳述を行なうことができる。
②子どもの証言能力の推定
③身元が特定されないためのプライバシーの保護
④子どもの証言時における法廷の非公開
⑤子どもによる，被害の衝撃に関する陳述
⑥被害児童に，医学的，精神保健的サービスを提供するための各種分野の専門家チームの利用，専門家証言，ケース・マネージメント，および裁判官や裁判所職員に対する研修
⑦被害児童の最善の利益を保護する訴訟のための後見人の選任
⑧司法手続きが行なわれる間，子どもに情緒的サポートを行なう付添人の選任
⑨迅速な裁判
⑩子どもに対する性的または身体的虐待事件については，その子どもが25歳に達するまで公訴時効期間を延長する。
⑪人形，パペット，または絵などの証言補助遊具

　これらの改革の多くは，すでに州法で採用されていたものであるが，マクマーチン事件におけるように，子どもたちが証言する際，被告人と直接対面すれば，その経験からよりいっそう恐怖を感じることになるだろう。そして，証言によって受けたマイナスの影響は，長い間，子どもたちの中に残るかもしれない。同じような情緒的な辛さや苦しみは，被害児童の親たちの間でも頻繁に観察される[62]。
　そのため，ひどく取り乱した親たちが，レイモンド・バッキーとペギー・マクマーチン・バッキーに対する強制わいせつ事件の無罪評決に，ショックと憤りを表わしたのは何ら驚くことではない。親と子どもたちのコメントには，彼らが地方検察庁，司法制度，そして公判手続きにより裏切られたように感じていることが明らかに示されている[63]。別の親たちは，わが子に刑事司法手続きを経験させたことに対して自身を責めた。彼らが言うには，司法手続きは大人を対象として設計されているのであって，子どもには向いていない。パウンダース裁判官は，この事件はかかった費用に見合うものだったかと尋ねられ，次のように答えている。「人々は，幼稚園や学校でこの種の犯罪が起こり得る

第 10 章 裁判の余波

ということに，もっと警戒するようになるでしょう。人々はもはや，子どもたちを車から降ろしてすぐ走り去るようなことはしなくなるでしょう。振り返って，危険がないかよく点検するようになるでしょう」*64。

「無罪」の評決が読み上げられたとき，証言を行なった子どもの 1 人は次のように言った。「胸がえぐられたように感じました。涙も出ないほどでした。たぶん，これからの人生ずっと，あの言葉は私に突き刺さったままでしょう。あの 2 つの言葉はけっして忘れません」*65。同じく証言を行なった 15 歳の少年は次のように述べた。「私たちは皆，自分たちが真実を語っていることを知っています。陪審が何と言おうと，誰が何と言おうと，これは真実なのです。私たちは強制わいせつ事件の被害者なのです」。1 人の子どもの母親は，「子どもたちに［強制わいせつ行為］をしてもかまわないということでしょうか。私には信じられない」と言った。

別の親たちが，評決が告げられたとき，「こんなのは正義じゃない」と非難した。1 人の親は，「あの陪審員たちは，子どもは信用できる証人ではないと思うように洗脳されたのです」と言った。また別の親は，「人生はフェアじゃありません。私は自分の子にはいつも，……フェアなんていうものは存在しないのだと教えています」*66 と述べた。明らかに，ある人を救済するために行なわれた，法律または法律家による争いは，ことごとく別の人に痛みを与え――そして深い悲しみの中に陥れることは明らかである。

被告人たち

被告人たちは無罪になったかもしれないが，しかし，彼らの深い悲しみ，涙，そして失ったものは不公正であり耐えがたいように思われた。「子どもに生じ得る最悪の事態は，性的虐待に遭うことでしょう」と，マクマーチン裁判の記者は述べている。「そして，大人に生じ得る最悪の事態とは，そのような憎むべき罪を犯したとして，誤って訴追されることでしょう」*67。

被告人たちは，無罪評決が告知された後，何度も殺しの脅迫を受けたため，南カリフォルニアから引っ越そうと考えていると語った。ペギー・マクマーチン・バッキーは，「私の夫は，昨日裁判所で脅迫を受けました。彼らは夫に向かって『お前を殺してやる』と言ったそうです」*68 と述べている。しかし，

警察は何の捜査も行なわなかったし，地方検事が告発を行なうこともなかった。2人の被告人は素早く攻勢に転じ，CIIとKABCに対して民事裁判を起こした。バージニア・マクマーチンとペギー・アン・バッキーは，1984年に始まり，その後，彼らに対する刑事告発が最終的に棄却される1986年までの間，ことあるごとに，「被告［CIIとロサンゼルスのABCテレビ・ステーション］のエージェントや社員に，小突かれたり，押されたり，蹴られたり，そしてまた，叩かれ，足を引っ掛けられたりしました」[69]と述べている。

レイモンド・バッキーはまた，マクマーチン幼稚園の裁判を，「私の人生を破壊し，子どもたちを混乱に陥れた司法の誤り」と呼んだ[70]。また，「司法制度によって何がなされるのかわかりました。私は，その中で子どもたちがどう取り扱われるのかを見ました。大人たちがどう取り扱われるのかを見ました。司法制度は，適切に機能していません」[71]と嘆いた。マイク・ワレスによるテレビ・インタビューの中で，バッキーは次のように述べている。「かわいそうな子どもたちは地獄を経験しました。彼らは真に地獄を経験したのですが，その原因は私ではありませんし，私の母でもありません。彼らの地獄の原因になるようなことは，あの幼稚園ではいっさい起きていません。原因は，事件を騒ぎたて，あんなふうにしてしまった大人たちが作ったものなのです」[72]。

マリー・アン・ジャクソン

マリー・アン・ジャクソンは，1986年に訴追を免れていたが，最後に残った2人の被告人も無罪とされたことで喜びに震えた。しかし彼女は，刑事司法制度に対する自分の信頼はそれでも失われたし，刑事司法手続きのために消耗したと述べた[73]。「皆さんに私は言いたいのです。覚えていて下さい——どうかこの事件を覚えていて下さい——被告人を覚えていて下さい，6年の間，毎日のように，時には毎時間のように受けた困惑と偏見を覚えていてください。そして私たちが無実だったということを忘れないで下さい」[74]，そう彼女は訴えた。また，「この事件は，廉潔性にも真実発見の確約にも欠ける司法制度の核心に，警告を送るものでしょう」と述べ，さらに「まさに雪だるま式でした。歯止めが利かなくなっていたのです」と付け加えた。彼女はもう一度代用教員の職に就きたいと言ったが，自分を好んで雇う者がいるか懸念していた。

バベット・スピットラー

　最後の被告人2人が無罪評決を得たにもかかわらず，バベット・スピットラーは，いまだ平静でいられなかった。「私たち皆がわかっていた結論を出すのに，これほど長い時間——6年間もかかったことに憤りを感じています」。彼女は，最後の被告人2人がこうむった不当な試練を辛らつに批判した[*75]。彼女が刑事告発に立ち向かっていた2年間，彼女の2人の子どもは，彼女の許可なく，まずCIIで面接を受けるために連れて行かれ，それから児童養護施設に預けられ，最後は親戚と一緒に過ごした。彼女が養子にしようと考えていた孫も，2年以上の間，児童養護施設をたらいまわしにされた。その子は，今でも見知らぬ人を見れば，どこかへ連れて行かれると思って怖がる状態である[*76]。

　スピットラーは夫に，離婚してほしいと頼んだ。そうすれば夫が子どもの親権をもつことができるからである。しかし家庭裁判所は夫に対して，彼自身も親権者に適していないと述べたという。「なぜなら，妻である私が悪い人間であることを知るべきだったから，というのです。私は何も間違ったことをしていないのに」。子どもが家族から引き離されただけでなく，スピットラー夫妻は養護施設のサービスに対する支払いを請求された。1988年7月現在，彼らはまだ郡に対して月額100ドルを支払い続けている[*77]。

　スピットラーに対する告発が1986年に取り下げられた後，彼女と夫は，子どもの親権を回復するため，いくつもの広範囲にわたる心理検査を受けることに決めた。その結果は好ましいものであった。彼らはようやく2人の子どもの親権を取り戻し，後に自分たちの孫を養子にすることも法的に認められた[*78]。

　しかし，このように家庭を失いかけただけでなく，なお告発され，何度も殺すと脅迫され，失業し，そして訴えられたことによる汚名のために，大きな負担を背負い込まされることになった。スピットラーは，検察とメディア双方による事件の取り扱い方を痛烈に批判した。彼女は，「彼らが告発を取り下げるときには，あなたの有罪を立証するのに十分な証拠がなかったと言うだけで，バベット・スピットラーが無実であるとは絶対に言わなかった」[*79]と非難し，また，陪審評決の後にも，「誰も，私に過ぎた時間を返してなんてくれない」と憤った。「私はそれがとても辛い。どうすることもできない。時間は過ぎ去ってしまった」[*80]。

ペギー・アン・バッキー

　ペギー・アン・バッキーは，カリフォルニア州アナハイムで，耳が不自由で学習障害のある高校生を受け持つ教師として復職するための申請を行なった。しかし，彼女に対するすべての刑事告発が取り下げられていたにもかかわらず，最初の申請は却下された。彼女は，その却下決定に不服を申し立て，徹底的な聴聞が開かれた。この聴聞は，本質的に，ミニ-マクマーチン裁判といえるものであり，本来のマクマーチン裁判で行なわれた多くの点が再現された[*81]。

　彼女が教員免許を回復できるどうか判断するための行政聴聞は，3か月近くもかけて行なわれ，39人もの証人が召喚された。証言を行なったのは，マクマーチン幼稚園の元園児であった子どもたちである。彼らのうち数人は，幼稚園で強制わいせつ行為が行なわれたことは一度もなかったし，セックス・ゲームも秘密の部屋も，またトンネルについてもまったく知らないと証言した[*82]。

　州司法省検事のステファニー・ウォルドと，学区教育委員会を代理する弁護士のカイル・D・ブラウンはどちらも，ペギー・アン・バッキーの幼稚園での仕事ぶり——その点に関し彼女は非常に優れた評価を受けていた——に問題のないことは認めるが，彼女に対してマクマーチン幼稚園での強制わいせつ事件の告発がなされた以上，彼女の道徳的品性について疑問が残ると主張した。検察官のウォルドは，告発があったことを根拠に，「州は，バッキーさんが5人の子どもに強制わいせつ行為を行なったと考える。したがって，彼女には，今後いっさい，子どもを教える資格を与えるべきではない」と述べた。検察官はその聴聞が非公開に行なわれることを望んだ。しかし，裁判官は，子どもたちが証言する間のみ非公開とすることを許した[*83]。

　ペギー・アン・バッキーを対象とする民事裁判において，有罪・無罪は，刑事裁判のように「合理的な疑いを超えて」ではなく，「証拠の優越」の基準によって認定される。また，州が告発の立証責任を負うのではなく，彼女の方がその告発の誤りを証明しなければならない。弁護士のジョン・ワーグナーが，ペギー・アン・バッキーの代理人を務めたが，彼はその聴聞を「超現実的」と表現した。「この聴聞手続きは，カフカの悪夢から直接出てきたような不条理劇だ。全能の州が，不合理な告発を私の依頼人に突きつけている。彼女自身が，そこに何らかの真実と意味があることを証明しなければならないのである」[*84]。ペ

ギー・アン・バッキーは,「あきらめて逃げてしまうことは簡単でしょう。しかし,何も誤ったことをしていないのに私を罰しようとし,そして今では私の経歴さえも傷つけようとするなんて,公正ではありません」*85 と述べた。

弁護士のワーグナーは,州側が違法に子どもの証人の何人かを入れ替えたことを批判した。また彼は,州が告発のリスト——そこには,ペギー・アン・バッキー自身が以前に馬を殺したというものもあげられていたが,それは,彼女に対しては一度も主張されたことのなかった事柄であった(ただし,彼女の弟であるレイモンド・バッキーに対してはそのような主張もなされていた)——も訂正したこと,さらには被害者リストには,初めに提出されたリストにも,後から訂正されたものにも,ペギー・アン・バッキーが幼稚園で働いていた時期の名簿に載っていない子どもが含まれていること,うち1人の子どもにいたってはその時に生まれてさえいなかったということを批判した。州側,弁護側の最終弁論の内容はどちらも,彼女の弟と母親に対する予備審問および公判におけるそれに類似していた。

ロナルド・グルーエン裁判官が,その聴聞手続きの裁判長を務めたが,彼はペギー・アン・バッキーに有利な判断を下し,彼女の新しい教員免許の要求を認めるよう勧告した。彼は,CIIが,「誘導と暗示の質問を無差別に使用する」ことで,「予想もつかないほどの損害を与えた」と述べた。また,ビデオ録画された証拠には,「答弁者［ペギー・アン・バッキー］が何らかの不正行為を行なったことを示す証拠が明らかに欠けており,さらには面接を受けた子ども,あるいはCIIの面接技術そのものの価値についてさえ,その信用性に疑問を生じさせるような内容であった」。次の日,教員免許に関する州委員会の会合がサクラメントで行なわれた。1人の委員が棄権し,7対6の票によって,グルーエン裁判官の結論が承認され,彼女の教える権利は回復された*86。

ジョン・D・イールズ牧師

マクマーチン事件の影響は,犯罪で告発された人々以外にも広く及んだ。監督教会派セントクロス教会の牧師ジョン・イールズは,彼の教会で悪魔儀式が行なわれていたといううわさや,疾病を理由にした辞職を迫る精神的圧力と戦いながら,何年も極度のストレスにさらされた。たとえ被告人として名前が挙

がったわけでも，告発を受けたわけでもなかったにせよ，牧師も教会も，マクマーチン事件にがんじがらめにされ，マンハッタン・ビーチ地区の中で弾劾された。祭壇に血液の痕跡はまったく発見されなかったが，告発のあった後，教会の礼拝出席者は極端に減少し，教会が経営していた幼稚園は閉鎖を余儀なくされた。

イールズ牧師は，告発が行なわれてからたくさんの脅迫電話を受けるようになったこと，事件が評決に向かうにつれ，嫌がらせが増えていったこと，教会や司祭館には空き瓶や腐った卵が投げつけられたこと，「この町で，悪魔崇拝は許さない」と落書きされたことを詳細に語った。彼は，自分の健康が，そのようなしつこい嫌がらせや教会に対する破壊行為に耐えられなかったと述べた。また，1人の若い教会メンバーは落胆して次のように述べた。「私たちは，この土地に善良で強い人物を連れてきました。しかし，——そう，この事件が彼をだめにしてしまったのです」[*87]。

マクマーチン事件以来，儀式的，悪魔的な児童虐待の訴えは，多くの数にのぼった。しかし，実際どの程度蔓延しているのかについて初めて実施された実態調査の結果は，それらの物語が絵空事である可能性を示唆するものであった。この問題に関する最初の権威ある全国調査は，1994年に児童虐待および養育放棄に関する全国センターによって実施されたものである。この調査には，6,910人の精神医学者，心理学者および臨床ソーシャルワーカーと，4,655人の地方検事，警察官，および社会サービス機関の職員が関与した。カルトグループにより悪魔崇拝を基礎とした性的虐待が行なわれたという告発は12,264件あることが明らかとなり，それらについての調査が実施されたが，悪魔崇拝による性的虐待の告発を明確に補強する証拠は，どの事件についても確認できなかった。この調査では，単独で虐待行為を行なっていた者が儀式的なことをしていた事例はいくつか発見されたが，組織化された悪魔崇拝集団が性的な児童虐待を行なっていたという実証的報告は1つも得られなかった[*88]。

陪審員

陪審員は，マクマーチン事件に，2年半の辛い時間を費やした。長い陪審裁判後，彼らがいだいた最も強い感情は，自分たちの暮らしを邪魔していた長い

試練が終わりになったという，ある種の安堵感であった。ある陪審員は，「たいへんでした——とてもたいへんでした」と言い，「もうこれ以上耐えられないと思った日は何度もありました。これから現実の世界に戻ることもほんとうにたいへんだろうと思います」[*89]。

　何人かの陪審員は子持ちであり，彼らは，子どもたちが行なった，辛く時には異様な証言を一生忘れることはないだろうと述べた。1人の陪審員は，次のように指摘する。「彼らの証言がいつも頭にあって，自分の子どもたちをもっと注意して見るようになりました」。彼はまた，「今では，他の家の子どもたちにも気を付けるようにもなりました。なぜなら，ちょっとしたことがいかに簡単に，不つりあいに大きくなって，誤解され得るかということに気づいたからです」。また別の陪審員は，「誰もが被害者であるように思います。この事件によって利益を得たり，あるいは勝者となったりした人は誰1人いないと思います。哀しいことです」と述べた。

　マクマーチン事件の陪審員にとってたいへん皮肉であったのは，自分たちが検察側・弁護側証言のすべてを聞いた後に，友人，親戚，そしてまったく見ず知らずの人に，「彼らが有罪でないと，どうして言えるのか」と質問され，責められることだった。陪審員であったバーバラ・セレスチンは，自分たちが無罪という判断を下したために，「誰もが，制度を変えたいと思うようになりました。もし私たちが被告人を有罪と判断していたら，誰も何かを変えたいとは思わなかったでしょう。私はそのことに悩んでいます。私たちは最善を尽くしたのですよ」[*90]。

　陪審員は，自分たちの出した評決について一般市民からの支持をほとんど得られなかった。セレスチンは，自分が陪審員であったことを知らせず，評決についてどう思うか酒屋の店員に聞いてみたところ，彼は即答した。「完全に，……私は，彼らが有罪だと思いますよ」[*91]。しかし，陪審員以上に事件についてわかっている者がいるだろうか？

　他の陪審員と同じく，マーク・バセットは，公判や子どもの証言について誰にも話すことを許されなかった。彼は当時を思い出して次のように述べる。公判には「非常に消耗させられました。きわめて情緒的な問題を扱っていたのです。しかも，そのことを世界中の誰にも話してはならず，『これは辛いよ』と

言って，その理由を話してはいけないのです」*92。彼は，良かった点として，公判を通して人生のさまざまな側面を経験できたこと，そして自信がつき，話し合いについての知識が増え，批判的な考え方を学んだことをあげた。

6. 社会的コスト

　マクマーチン事件が，幼い子どもへの性的虐待の蔓延に対する全国規模のパニックを引き起こしたことで，子どもの世話に従事する者と一般社会の感受性とが強い注目を浴びることになった*93。CIIの所長によれば，性的虐待は，教育や食事，あるいは遊びに関する心配事よりもずっと下に位置すべきところ，親たちの一番の心配ごとになってしまった*94。

　子どもに対する性的虐待の問題一般，とりわけマクマーチン裁判に関する書物や映画が続々と企画されている。メディアは，事件の永久化に手を貸すだけでなく，発行部数や視聴率を押し上げるために，事件を蘇らせるものであれば何でも報道し，いまだに注目を続けている。アビー・マンは，弁護側を援助したのであるが，800ページの出版物を企画し，映画をプロデュースした*95。他に，少なくとも数冊の書籍の出版が企画中であることがわかっている。そのうちの1つは，うわさによれば，ロイス・チムニックが公判を報道した自身の経験に基づいて執筆するらしい。被告側弁護人の1人も執筆中であるとうわさされており，その他の人々についても，今は知られていないが，そういった話の出てくることは間違いないだろう。

　映画の公開に関して，いくつかの法的倫理的問題が現在検討されている。解決されるべき問題の1つは，語られるべき物語は何か，すなわち正義が下されたという物語なのか，あるいは正義は否定されたという物語なのか，である。マンは，「ドキュメンタリーと違い，ドキュメンタリードラマの中で曖昧な立場をとるのは難しい」*96とある記者に語った。マクマーチン事件の話が曖昧なために，正義が勝ったあるいは負けたという比喩では解決され得ないのである。

　それにもかかわらず，映画監督のオリバー・ストーン，ジャネット・ヤング，アビー・マンそしてダイアナ・ポークミーは，最後には，「誘導尋問：けがれ

なき証言者たち」という名のHBOの映画を製作し，1995年5月に放映した。ジェームズ・ウッズは，弁護人のダニエル・デイビスを演じたが，彼は，搾取的な報道に基づいて司法の誤りが起きたこと，報道陣が利益追求に傾斜し，検察官が狭い政治目的に向かったため，デュープロセス（適正手続き）が侵害されたと非難した。

刑事司法制度

　マクマーチン事件が，刑事司法制度にどのような影響をもたらすのかを見極めることは難しい。子どもに対する性的虐待事件における被告人とその被害者とが正当な取り扱いを受け，後の公判において公正な審理を受けるためには，新しい手法が開発されなければならないだろう。

　過去に行なわれた調査によれば，被害者は，刑事司法制度の中で，警察と裁判所によって不名誉な地位に我慢させられたり，二次被害を受けたりすることがしばしば見られる[*97]。被害者のプライバシーは侵害され，彼らの信用性や人格はある批判にさらされ，その名誉が，告発された被告人と同様に，裁判にかけられる場合が多い。誤った告発，誤った逮捕，違法な捜索と差押え，そしてプライバシー侵害から，すべての市民の権利を保護するために，検察，警察，被害者側に，法に則って証拠を収集する義務と，立証責任とが課されていることは否定できない。デュープロセス権が保障されるのに対して，被害者の方は，いきなり法廷の内外でごまかされ，なだめすかされ，せっつかれ，しつこく悩まされ，引っ張りまわされ，不当な扱いを受けるということが時に生じる。

　裁判所はどのような理由により，被害者とされる人々をこれほど無神経に取り扱うのだろうか。裁判所がみずからの規準に即して動くため，事件は可能な限り迅速に処理される。そこではとりわけ，公判を待っている事件が常時詰まっていること，つまり拘置所や留置場の物理的限界が考慮される。被害者が，特に，検察官に答弁取引をしないよう要請したり，裁判官に保釈を認めず予防拘禁するよう要請したりすれば，邪魔だとみなされることが多い。被害者の親が異議を唱えたにもかかわらず，検察官が有罪を確保するため，マクマーチン事件の被告人たちに有罪答弁を行なうよう働きかけていたことが後に明らかになった。被告人たちは答弁を拒絶した。同じく，親たちがバッキーの保釈に反

対しても，パウンダース裁判官は，300万ドルの保証金を付けて被告人たちの身柄拘束を解き，保釈した。

犯罪の中には，かなり日常的であると考えられているものがある。たとえば，強盗，窃盗，秩序を乱す行為，単純暴行などは，機械的に処理される「標準的な犯罪」として取り扱われ，その被害者は，裁判手続きにおいてほとんど不必要な存在とみなされる。近年，児童の性的虐待に関する告発が急増するにつれ，被害者は，単に裁判所が裁量によって召喚する付随的なものとして扱われるようになっている[*98]。そのため，多くの親たちや被害児童たちは，検察官が，子どもに対する性的虐待事件を効果的に処理するために真剣になって取り組んでいるのか疑わしいと考えている。

子どもたちが被害者あるいは証人であるときには，被告側弁護人がその信用性を限界まで押し下げようと徹底的に争う。調査の結果から，6ないし9学年の子どもたちは，大人と同じように正しく認知力検査に回答できることがわかっているにもかかわらず，弁護人は，子どもの真実描写の能力に対し絶えず異議を唱える[*99]。公判の時点で，数人の証人は中学生になっており，幼稚園で何が起きたかを想起し，それに基づいて信用性のある証言を行なうのに十分な年齢に達していた。

別の調査では，陪審員は，年長の子どもによる証言を，年少の子どもによる証言よりも信用性が低いとみなし，後者をより説得的で強力であると考える傾向にあることが指摘されている。マクマーチン裁判で証言した子どもたちの多くは，初めて通園した当時からかなり成長していたので，陪審員たちは，彼らの証言を信頼性が低く説得力がないと考えたのかもしれない[*100]。

被害者は時に，量刑審理の最後に意見を述べることができる。特に，死刑事件の場合はそうであり，裁判官または陪審は，刑の量定を行なうために，その被害者の衝撃に関する陳述を用いることができる。最高裁判所は，1991年6月，殺人事件の被害者の家族は，死刑の量刑手続きにおいて証言することができ，家族が苦痛をこうむったことは当該犯罪の量刑を重くする要素として考慮できると判示した[*101]。しかし，被害者の衝撃に関する陳述は，世間の耳目を集めた子どもに対する性的虐待事件においては，ほとんど使用されたことがない。それは，この種の事件では，検察官が被告人の有罪立証に失敗することが多く，

量刑段階まで達することが稀だからである*102。

　告発が覆される危険のある中で，マクマーチン事件の子どもたちが自尊心を保つには，単に証言する以上のことが必要であった。法曹は，児童心理学者でないのが通常であり，幼い証人の傷つきやすさを正しく理解することができない。最初に告発が提起されたとき，ロサンゼルス地方検事正のロバート・フィリボジアンは，ある記者に，マクマーチン幼稚園での子どもに対する性的虐待事件の裁判は，「全国的に状況を変えました。この事件は，子どもに対する性的虐待事件の［幼い］被害者に，犯罪を隠してしまうのでなく，進み出てみずからの被害を語る勇気を与えたのです」*103 と語った。しかし，彼の話が，子どもに対する性的虐待事件の被害児童とその親たちが経験させられた現実を，正確に反映したものかどうかを確認するには，さらなる調査が必要となるだろう。

性的虐待被害児童の回復と治療産業

　80年代初め以降，ロサンゼルスにおける子どもに対する性的虐待事件の激増が，地方検察庁を当惑させる一方，性的虐待の訴えによる事件負担の増加は，いわゆる「虐待被害児童の回復と治療のためのセンターや診療所」の拡大をもたらした。被害児童とその親の治療や診断，カウンセリング・サービスを提供することを専門とする組織の多くが，政府の資金や私的な助成金を受けるようになり，彼らの産業は繁栄を始めた。

　連邦児童虐待防止・処遇法が1974年に議会を通過して以来，子どもの保護を目的とする州の財源，およびそれに類似した児童虐待に取り組む家族志向の機関に対する州財源を，連邦政府が援助している。焦点は，児童虐待の発見，予防，治療と擁護に当てられている。特に，この法律により，助成金や契約を通して連邦の資金を，（1）地区の教育プログラム，（2）子どもの保護と健康に関するケア・ワーカーの養成，および（3）州に対する，特別な介入プログラムに関する専門的な援助のために利用できるようになった*104。

　同様に議会は，上院法案140号，より知られた名前で言えば1986年児童の正義と援助法を可決した。この法律によってさらに，性的虐待被害児童のトラウマを緩和するための政府助成によるプログラムが創設された*105。さまざま

な州においても，虐待被害児童を保護し，虐待者に対する訴追の成功率を上げることを目的とする類似の法案が可決された。その結果，ロサンゼルス地区においては，CII などの児童治療センターがこのような連邦および州の資金援助を受けることになった。

　1983 年に初めてマクマーチン事件に関与して以来，CII は，さまざまな機関から何百万ドルという助成金や資金を受け取った。その機関には，カリフォルニア州政府，同州内のいくつかの郡，連邦機関，そして私的組織が含まれている。カリフォルニア被害者支援基金は特に，マクマーチン事件の子どもたちに面接を行なったり，彼らを治療したりするセラピストが使うことのできる資金を用意した。治療に関して政府の資金援助を受けるには，被害者が，警察の報告書を提出し，犯罪被害者プログラムへの参加資格を得ることが必要であった。多くの場合，面接者がこれらの情報を被害児童の親に告げたため，CII と，治療を受けた家族は両方とも，政府のプログラムによる資金援助を受けた。子どもに資格が認められなかった場合，子どもたちの加入している保険で治療が受けられないかと尋ねられることが多かった。CII の面接者であるサンドラ・クレブズは，たとえば，マクマーチン事件の親たちに，警察の報告書を提出すれば州の被害者証人基金から治療費の援助が行なわれるので，セラピストへ支払う資金の調達に役立つだろうと教えたと証言している。

　治療産業と州政府との結びつきも強くなった。1985 年に州政府は，虐待被害児童の治療に関する南カリフォルニア訓練センターを設立させるのに CII を選任した。1996 年段階において，CII は，南部カリフォルニア地区でいまだに唯一の州の資金援助を得たプログラムとしてサービスの提供を行なっている。CII のパンフレットには，この地区の児童虐待に対する施設の役割の拡大について，次のように述べられている。

　　　危機に陥っている虐待被害児童とその家族の数は増加しています。──それに対応して，CII のサービス提供能力も充実してきました。2 つ目の施設を設けたことで，……CII は，毎年，これまでより 2,000 人多い人々に「傷を癒す」ための手助けを提供できるようになりました。新しいセンターは，この種の施設としてはロサンゼルス郡南部で唯一のものです。
　　　家族の維持という目標に貢献する，……（CII は）児童虐待と養育放棄の治療

と予防を専門に行なう私的な非営利組織です。CII は，児童サービス部局の委託を受け，子どもとその家族のニーズに適う包括的な社会サービスの提供を行ないます。

政府が治療産業と連携することの是非は，子どもの親たちに与える影響，また親たちから受ける影響が懸念される限り問題となり得る。治療産業は，単に州財政と結びついていただけでなく，親たちに対し警察情報を提供する基盤になっていた。そして親たちは，その情報を利用して地方検察庁に圧力をかけたのである。回復センターは，セラピストや医師を通じて，被害者とされる子どもたちの親に働きかけることができた。マクマーチン事件の子どもたちとその親の多くが，CII 自身の患者でもあったため，親たちは，その地区で成功し名声を得た専門家である彼らの影響力を利用することができた。親には検察官や上位裁判所裁判官もいたので，CII は，その経済的資源を政治的な活動組織の創設に動員した。その組織は，より深く捜査を行なわせるため，検察官に圧力をかけ，メディアに影響を与えた。さらにはマクマーチン事件の被告人の再訴追を積極的に求めた。

CII とそのセラピストからの積極的な支援を得て，マクマーチン事件の子どもたちの親はネットワークを作り，「子どもたちを信じる会」という名の勉強会を立ち上げた。親たちのグループは，1986 年 5 月，ニュー・オーリンズで開催された第一回児童虐待に関する全米会議において，子どもに対する儀式的な性的虐待についての報告を行なった。このフォーラムから，全国に支部をもつ組織が設立された。この組織は現在，子どもに対する儀式的な性的虐待の情報センターとして機能して，講演会事務局をもち，儀式的虐待を取り扱った経験のある心理療法士の紹介業務を行なっている。

マクマーチン事件の親たちのグループはまた，「子どもの人権基金」を通してロビー活動を組織し，法廷での閉回路テレビの活用を求め，被害児童が被告人に対面することなく反対尋問を受けられるようにすべきであると主張した。後にカリフォルニア州において，このような法案が議会を通過したが，みずからの告発者と法廷で対面する被告人の憲法上の権利との関連で，連邦最高裁におけるたいへん大きな議論を引き起こした。

同様に，近隣のマンハッタン・ランチ幼稚園に子どもを通わせている親たち

を含む支援グループが,「クラウト[訳注]」という立法活動組織を作り，後に，児童保護の問題に関してカリフォルニア州議会に陳情活動を行ない，法律の中に次の3項目を入れ込むことに成功した。それらは，(1) 検察官は，子どもの発達レベルに照らして適切でない反対尋問がなされることに異議を唱える権限をもつ，(2) 被告人側の召喚状は，少なくとも証言を行なう日の14日前に被害児童の親に交付されなければならない，(3) 裁判官は，陪審に対して，子どもの証言は大人の証言に劣らず信頼できることを説示しなければならない。

訳注：影響力を意味する。

マクマーチン事件の親たち，彼らのセラピストおよびカウンセラーは，子どものニーズを取り扱うための問題点とその手続きについて議論するため，頻繁に協力し合い，定期的に集会をもった。彼らは，カリフォルニア・コミュニティ財団の助成を得て資金の調達先を探し，調査の提案を行なった。また，全国児童虐待・養育放棄センターを通じた資金援助を確保し，儀式的な性的虐待の問題に関する彼らの調査結果を公表した[106]。

通報を義務付ける法律が制定され，連邦と州からの多額の助成金が診断と治療のためのセンターに割り当てられて以降，子どもに対する性的虐待事件の通報は劇的に増加した。全国的には，1976年に6,000件であったのが，1980年には42,900件に増加し，さらに1986年——マクマーチン裁判が始まる直前であるが，その年には138,000件と3倍に膨らみ，その後も毎年増加を続けた。1988年には，約350,000件の子どもに対する性的虐待事件が通報された[107]。1991年の通報は全部で432,000件にのぼり，23％の増加率であった[108]。現在，85,000人以上の性犯罪者が州および連邦の刑務所に収容されているが，この数は，1988年から1990年の2年間で48％増加した[109]。児童虐待の告発のうち10ないし15％だけが訴追されるのだが，その約90％に有罪判決が下された。より最近の数値によれば，1992年に18歳未満の子どもに対する虐待の疑いのある事件は290万件であった。これら290万件中，約50万件に性的虐待が含まれており，うち128,556件については，性的虐待の「裏づけがとれた」か，あるいは「示唆された」[110]とされる。

しかし，1985年以降，国内で通報された児童虐待件数のうち，65％近くについては根拠のないことが明らかになった。同じく，1990年には，デイケア

保育において行なわれたとされる子どもに対する性的虐待事件の79%が裏づけられなかった。逮捕にいたった全事件の44%において，起訴が行なわれなかった[*111]。もともと，児童虐待の通報は，医者だけに課された義務であった。しかし問題が大きくなるにつれ，州はこの義務を看護師や教師，ソーシャルワーカー，警察官など，子どもと日常的に接する機会のある他の人々にまで広げた。

　通報を義務付ける法律によれば，虐待についての絶対的な確実性は必要とされない。法律は通報者に対して，虐待が生じたと疑うに足りる合理的な信念または合理的な根拠だけを要求している。法的に通報義務が課されていない場合においては特に，虐待が疑われる事案の通報を促進するため，民事上，刑事上の免責制度が設けられた。疑わしい事案を通報しなければ民事上および刑事上の制裁を受けるかもしれないため，圧倒的な数の根拠のない通報が行なわれることになった。そのため，ほんとうに虐待の被害に遭い助けを必要とする子どもたちを危険にさらす結果になった[*112]。

　通報を義務付ける法律と，それによって通報された児童虐待事件の劇的増加は，子どもに対する性的虐待の診断と治療のためのセンターだけでなく，営利企業の一部にも利益をもたらした。児童虐待および養育放棄に関する連盟と，児童虐待防止のための全国委員会は，そのサービスを支えるための安定して持続的な財源を確保し，ニューヨークの住民に，同州において児童虐待事件が多発していることを認識させ，同連盟の予防プログラムの利用を増加させるために，テレマーケティングを行なうリース・ブラザース社と契約した[*113]。

　今日，多くの幼稚園は，子どもたちやその親から民事裁判を起こされる可能性を考えて，そのための損害賠償保険をかけざるをえないと感じている[*114]。性的虐待を受けた子どもとその親に対する専門的援助の必要性は明白であるから，そのような治療の需要は激増したが，個別の専門カウンセリングには1時間100ドルまたはそれ以上の費用がかかるのである[*115]。性的虐待の被害者の中には，非常に深刻な情緒的障害が生じたため，仕事を続けることができず，私的な健康保険制度や，州の暴力犯罪被害者用の基金から支給される生活費に頼らなくてはならない者もいた。子どもに対する性的虐待事件においては，幼稚園の損害賠償保険が，子どもに必要となる高額な専門的治療を賄うための，数少ない有効な手段の1つとなった。

しかし,幼稚園が利用できる多くの保険の財源は,枯渇し始めた。そのため保険会社は,性的虐待のための保険契約を止めるか,またはこれを保険の対象とするために,ほとんどの私立あるいは独立採算の幼稚園が支払えないような額を設定した[*116]。なお性的虐待を契約内容に含める保険会社はいくつかあったが,保険金支払いの上限を設定した。同様に,損害賠償の可能性に備えるため,幼稚園は高くつく事業運営をしなければならず,賠償の財源として,事業資産をあてにしなければならなくなった。

このような財政的締め付けの結果,多くの私立の幼稚園は閉鎖されてしまい,それに代わって,連邦が資金援助し,児童診断施設または治療センターが運営あるいは支援するデイケア・センターが設置された。たとえばCIIは,1976年に初めて乳児のためのデイケア施設を設立し,1979年には,虐待と養育放棄の危険にさらされた乳幼児のための治療的デイケア・センターを増設した。1984年に同センターは,24時間の緊急保護施設と評価センターとして拡大された。恐ろしいマクマーチン裁判が行なわれている間,ロサンゼルス広域において9つの独立採算の幼稚園が閉鎖された。それと入れ替わって,政府の資金援助を受けた機関が設置され,多くの子どもたちやその親へのサービス提供を行なった。このサービスには,閉鎖された幼稚園にかつて求められたのと同じ程度の需要があった。

7. 結　語　…………………………………………………………

助成金と介入が法律上定められた結果,今では,性的虐待の訴えに対する防御が,不可能ではないにせよ,困難になってしまった。たとえば,児童虐待防止および治療に関する法律や多くの州で施行された通報の義務付けに関する法律などの立法的介入は,本来は,性的虐待被害児童を援助するために立案されたものであった。しかし皮肉なことに,法律によるプログラムは,現在,性的虐待被害児童の治療産業に対する,連邦および州政府資金の大規模投入をもたらしている。政府の資金援助を受けた治療と診断のための施設は,特別な診断サービス,教育プログラム,子どものケアに携わる者への講習会を提供することができた。彼らはまた,性的虐待事件の大規模な増加に対応するため施設を

第 10 章　裁判の余波

拡大し，また，州の専門的な介入プログラムを支援した。

　マクマーチン事件は，大都市部における州や地方検察庁の圧倒的な財政力に対して，まがりなりにも防御が均衡を保ち得た最後の児童虐待事件となるかもしれない。この事件によって，最終的には約 1,500 万ドルの郡の予算が費やされ，関与した大部分の人々はその人生と経歴が一変し，そして，児童虐待問題に人々の関心が向けられるようになった。

　5 人の被疑者に対する告発が棄却された時点では，いまだマクマーチン事件は，国の歴史上，最も費用がかかった性的虐待事件にはなっていなかった。しかし，1990 年，陪審によって評決が告げられたときには，この裁判は歴史上最も時間と予算が費やされた刑事裁判になっており，関与したほぼすべての者に害を及ぼしたことは明らかであった。しかしなお，「無罪評決」と，結論に達しなかった訴因は，親たち，子どもたち，被告人たち，あるいは事実上事件にかかわった他のすべての人々を満足させるものではなかった。

　無罪となった被告人たちは，なお情緒的なトラウマと経済的な破綻をこうむっていた。同様に，マクマーチン事件の子どもたちとその親たちは，深刻な人格的，情緒的苦痛を味わった。第一次マクマーチン裁判で展開された防御は奏功したが，事件がもたらした人格的，経済的，社会的損失は測り難いほど大きいものであった。しかし結末はいまだ見えていなかった。次章に示すとおり，レイモンド・バッキーは，第一次公判において陪審が全員一致の判断に到達しなかった 13 の訴因について，第二次公判において審理を受けることになったのである。

第11章　マクマーチン裁判
―第二次公判―

　初めの陪審が行き詰まった13の告発について，レイモンド・バッキーを再び裁判にかけるべきかどうかの判断には多くの問題が絡んだ。検察官の立場から，手続きを進めると判断するには，有罪判決になることが合理的に予測できるかどうかを検討しなければならなかった。第一次公判におけるさまざまな告発について，最初の陪審にどの程度有罪票があったのかということも，これら検討事項の1つであった。最初の評決が出された後で，パウンダース裁判官は，「評決はどちらにもなり得た」という見解を述べた[*1]。この事件については，公式発表によればすでに1,500万ドルの費用をロサンゼルス郡の納税者に支払わせているため，地方検事正はまた無罪となった場合に生じる政治的な問題についても考慮しなければならなかった。

　地方検事正はまた，レイモンド・バッキーを再公判にかければ，メディアに対してきわめて積極的に圧力をかけていたマクマーチン幼稚園園児の親たちをなだめることができると考えたのかもしれない。第二次公判を求める大規模なキャンペーンが，公的支援を求めて参集した親たちと児童保護団体によって進められた。彼らは大量の手紙を送る運動を行ない，また，政治家へのロビー活動を実施し，デモ行進し，テレビのトークショーに出演し，そして記者会見を行なった[*2]。マクマーチン事件を傍観していた者の中にもある程度，財政的，精神的コストに関係なく，またその恩恵は，「自己顕示志向の政治家検察官」――すなわち，アイラ・ライナー検事正――が一身に受けることになると知りつつ，第二次公判を求める声があった[*3]。

　レイモンド・バッキーは，この事件が初めから政治的な意味合いをもってい

たことはわかっていて，再度の陪審裁判も予期していたと述べたが，それはさほど意外なことではない[*4]。地方検事正のライナーは，バッキーを再公判にかけるとの判断に，政治はかかわっていないと繰り返し否定し，「これは政治問題ではないし，そのように取り扱われることもない」[*5]と断言した。彼はまた，州司法長官の職を狙うための政治的な考慮もいっさいしていないとし，「これは政治問題でなく，司法の問題である」[*6]と述べていた。しかし，彼の言葉を信じる者はほとんどおらず，ロサンゼルスの新聞・雑誌，ラジオ，テレビ報道の政治的利用を通じ，そのもったいぶった言動を見せつけられた一般市民はうんざりさせられた。

バッキーは，予測される通り，再公判を求める集会でデモ行進した親たちとその支援者たちを批判した。彼は，親たちのトラウマや窮状に同情的ではあったが，「みな常軌を逸しているのではないか」と辛らつに非難した。「幼稚園で起きたことは何1つ，子どもたちの不幸の原因にはなっていません」と彼は，かつての言葉を繰り返した[*7]。

弁護側は，第二次公判に異議を唱え，迅速な裁判を受けるというバッキーの憲法上の権利の侵害，有罪判決を受けてもいないのに5年間拘置所に拘禁されたこと，高額な保釈金，そして，第二次公判の最終的な結果も間違いなく第一次公判と同じになる——再び評決不能に陥るか，無罪が宣告される——ことについての法的論拠を強く提示した。

1. 再公判の決断

地方検事正アイラ・ライナーは，さまざまな団体による地方検察庁への大規模なロビー活動，被害者とされる子どもの親たちとの協議，証拠の見直し，地方検察庁内のさまざまなメンバーとの活発な議論を経て，最終的にはレイモンド・バッキーの再公判請求を決めた。

再公判は，次のおもな4つの点に基づいて決断された。それは，(1)訴えられた犯罪の重大さ，(2)子どもたちからさらなる証言が得られる可能性があることを含めて，手続きを進めることに対する家族の意欲，(3)一般市民にはこの事件の解決を求める権利があるのだという雰囲気，(4)提出された証拠から

第 11 章　マクマーチン裁判―第二次公判―

みて，評決はどちらにもなり得たという裁判官の評価，である。

　再公判には 6 か月間かかり，訴訟費用は，ひと月あたり約 169,000 ドルとして，少なくとも 100 万ドル必要だろうと算定された[*8]。新しい陪審員の選定のために，公判はさらに長引くだろうと予想された。検察側は，陪審員候補者全員に面接を行ないたいと裁判官に申し入れたが，弁護側はその手続きに反対した。カリフォルニア州提案 115 号は，その後 1990 年夏に州民投票で承認され成立したが，ヴォア・ディール手続きにおいて，弁護人・検察官が直接，陪審員候補者に質問することを禁じている。この提案は直接マクマーチン裁判に影響しないが，その規定は，陪審の構成に対する弁護側の影響力を弱める目的で設けられたものである。弁護側は，事件や第一次公判を巡る報道に汚染されていない，中立な陪審が得られるかどうかについて懸念を表明した。

　第二次公判を開く決定がなされた時点で，検察側は，バッキーに対して残された訴因のうちの 1 つである「共謀の訴因」を撤回することにした。これは後の訴因に関する主張を強化するためであった[*9]。評決にいたらなかった 13 の訴因のうち，もう 1 つの「最初に事件を訴えた子どもに対する肛門性交の訴因」も撤回されることになった[*10]。証言を行なう子どもはもういないだろうという弁護側の予測に反して，検察官は，第二次公判において 5 人の子どもの証人を召喚する予定であると述べた[*11]。

　1 人の子どもの母親は，再公判で証言することになったが，第一次公判の陪審評決を聞いて「ほんとうにショックを受け，驚いた」ので，第二次公判において自分の子どもが証言するのは，「当然になすべきこと」[*12]だと述べた。彼女の娘は，以前は証言を拒んだが，再公判では証言する意思を示した。別の親は，自分たちは「ほんとうにすべてをもう一度やり直したいのか」[*13]どうか考えてみる必要があると言い，第二次公判と有罪評決の可能性に懐疑的であった。

　とはいえ，公判は再び始まった。逮捕から 7 年近く，ほとんどの訴因について無罪評決を得てから 3 か月後に，レイモンド・バッキーの第二次公判は動き出した。残りの訴因に対して有罪評決が下された場合，バッキーには，最高で 22 年の自由刑が宣告される可能性があった。

2. これは正当な訴追であったか？ ………………………………

　地方検事正アイラ・ライナーは，検察側立証には，「事件の初期段階の取扱いで生じた，深刻な証拠上の問題のために」欠陥があることはわかっており，「われわれは，この事件が難しくないなどという幻想はまったくいだいていない。この事件は，厳しい戦いになるだろう」と述べた。しかし，ライナーは，自分と同僚が「少なくとも，有罪評決を得る機会」[*14]はあるように考えていると述べた。

　第一次公判の陪審員たちはインタビューを受けた際，新しい証拠がなければ，第二次公判の陪審も，同一の強制わいせつの訴因について容易に意見が割れ，それで終わりになるだろうとの見解を示した[*15]。ブレンダ・ウィリアムズは前の陪審員であるが，再度訴追が行なわれたのは親たちを満足させるためだと思うと述べた。「誰もがヒステリックで，めちゃくちゃになっている」と彼女は考えていた。「この事件を理性的に扱っている人は誰もいないように見えます。告発に対していったん無罪という判断が下されたなら，告発は打ち切りになるものだと思います。しかし，この事件を打ち切りたい人は誰もいないようです」[*16]。

　前の陪審員であるコールマンも，「すでにあの裁判には十分すぎるお金を費やしたように思います。続けるのは間違いだと思います。新しい証拠が出てくるとは思えません」と述べた。第一次公判の陪審員であったオコーアも同じく，もう一度公判を行なうことによって，子どもたちをさらに苦しい目に遭わせるのではないかとの懸念を示した。第一次公判に携わった陪審員たちの多くが，新しく選定された陪審員も自分たちと同じ問題を抱えるだろうし，同じ結論，すなわち残された訴因について行き詰まるだろうと考えていたのは明らかである[*17]。一方，以前の陪審員で，いくつかの訴因につき有罪票を投じたキンドルは，親たちが再度の裁判を求めたことは正しく，「私は親しだいだと思います。彼らが事件に勝てると思うのであれば，続けたいと思うのであればそうすればよいでしょう。……私も，彼らの立場ならばそうしたと思います」[*18]と述べた。

3. 陪審選定 ••

　陪審員は，裁判所に呼び出された400人もの集団から選ばれた。「ほんとうに偏見のない12人を見つけるのが理想です」と，弁護側の公判コンサルタントである，ジョーエラン・ディミトリウスは報道陣に語った。「しかし，事件が国際的に報道されたことからしても，洞窟で暮らしていたというのでない限り，どのような偏見もない人物を探し出すのは難しいでしょう」[*19]。ヴォア・ディール手続きに入る前に，検察官と弁護人はそれぞれ10人ずつの専断的忌避権，すなわち「理由」を示すことなく陪審員候補者を除外する機会が与えられた。

　第一次公判では3か月かかったのに対し，再公判の陪審選定はたった13日間で終了した。レイモンド・バッキーに対する第二次公判のために選ばれた陪審は，7人の女性と5人の男性で構成され，そのうち3人は黒人であり1人はアジア人であった。半数は大学卒であり，半数は子どもをもつ親であった。この要素は検察官に有利となる可能性があった。

4. 公　　　判 ••

　第一次公判は120人以上の証人尋問を経て2年半かかったのに対し，第二次公判は，43人の証人尋問の末，わずか3か月で結審した。訴追の対象が，もともと11人いる子どものうち2人だけに関係する5つの訴因に減らされるかもしれないという見通しもあった[*20]。最終的には，バッキーに対する訴因は8つに絞られた。検察側は，他の5つの訴因については訴訟維持できないことを示唆し，また，これら5つの訴因を落とすことによって立証が強化されるだろうと考えたのである[*21]。

　こうして最終的にバッキーは，強制わいせつ行為に関するこれら8つの訴因——3人の子どもに対する強姦，肛門性交，口腔性交，指の挿入で再公判を受けることになった。第二次公判における証人はすべて少女であった。マクマーチン幼稚園で事件が起こったとされる当時はよちよち歩きの幼児であった少女3人のうち2人は，第一次公判でも証言したが，もう1人はそうではなかった。

取り下げられた訴因の1つは，約7年前に事件の発端となる最初の訴えを行なった少年に関するものであった。少年は，父親の説得にもかかわらず，再公判において証言することを拒んだのである。

　第二次公判を担当する検察官チームには，第一次公判の検察官2人の代わりに，ジョー・マルチネス，パメラ・フェレロが加わった。もう1人——ラエル・ルビンは，1984年の初期から事件にかかわってきた者であった。マルチネスは，元ソーシャルワーカーであり，23年を地方検察庁で過ごした裁判のベテランであり，かつてニューヨーク州カソリック慈善救済組織の児童虐待担当のソーシャルワーカーとして働き，さらには元陸軍士官でもあった。彼はそれまでに，40近くの殺人事件を含めて何百という裁判を扱っており，他の検察官たちが「負けること必至」と考える事件に勝つというので名声を得ていた。もう1人の担当検察官フェレロは，哲学専攻でウェルズリー大学を卒業しており，他の検察官たちから，熟達した公判弁護士（検事）と評されていた。ただし，新しい検察官チームは，第一次マクマーチン公判の細部にまでは精通していなかった。

　検察側は，第一次公判では15か月費やした証拠提出に，再公判では13日間しかかけなかった。同じく，第一次公判での61人に対して，11人の証人しか召喚しなかった。これら11人の証人は，3人の子どもたち，その親たち，そして彼らを診察した小児科医であった。

　第二次公判は一時，弁護人デイビスの腰痛のために遅れた。第一次公判でも，デイビスがレイモンド・バッキーの弁護人であった。検察側も裁判官も，彼の腰痛は単に訴訟を遅らせるか，あるいはうまく審理無効に持ち込むための策略でしかないと考え，裁判官は彼に解任を示唆して脅しをかけた。このような圧力のもとで，短い治療期間が与えられた後，デイビスはいくらか回復してバッキーの弁護を続け，裁判は進められた。

担当裁判官の選任

　弁護側は，地方検事正，政府，メディア，その他の状況から，レイモンド・バッキーが微妙な位置に立たされていると感じていた。ロサンゼルスの地方検事正は伝統的に野心的であり，より地位の高い職場に移ることを望む傾向があ

第11章　マクマーチン裁判—第二次公判—

る。そのため，弁護側の主たる関心の1つが，第二次公判が主として当時州の司法長官に立候補していたアイラ・ライナーの政治的利益のために行なわれたのではないかということであった。弁護側は，ロサンゼルス地方検事正ロバート・フィリボジアンがかつて試みたのと同じく，アイラ・ライナーも，自分の政治的印象を良くし，来たるべき選挙の勝算を上げるために，マクマーチン事件を選んだのだと考えた。

　ロサンゼルスの裁判官にもまた，従来，派手な自己宣伝を行なう習慣がある。弁護側は，パウンダース裁判官が「オプラ・ウィンフリー」「ナイトライン」「グッド・モーニング・アメリカ」など，いくつもの全国放送番組に出演し，第一次マクマーチン公判や陪審評決について意見を述べたことに懸念をもった。弁護側は，パウンダース裁判官が数々のテレビ番組で行なった発言から，彼が被告人に偏見をもっていることがわかると主張した。特に，パウンダース裁判官は「グッド・モーニング・アメリカ」で，「われわれは実は，有罪の人々を自由にしてしまうようになっているのですよ」と述べたのである。弁護人デイビスは，「裁判官が係属中の事件を論じないというのは絶対に守られるべきことです。いまだかつて，証拠の性質……について，裁判官が全国放送のテレビ番組に出て意見を述べるなどというのは見たことがありません」と言った[22]。

　デイビスはまた，パウンダース裁判官が，自分（弁護人）を「バカ」と呼んだり，被告側申請証人を大幅に割愛したり，重要な被告人側証拠を排除したり，「たとえ君の死体を乗り越えてでも」[23]公判審理を終結させると言明したことをあげ，彼が個人的に，自分に対しても偏見をもっていたと主張した。

　パウンダース裁判官は，被告人またはその弁護人のデイビスに対して偏見はないと否定した。そして，彼が公に発言をし，ラジオ番組やテレビ番組に出演したのは，単に法的な争点を説明するためであり，特に，第一次公判における陪審員と，有罪・無罪を判断する任務に彼らが懸命に取り組んだことを賞賛するためであったと説明した[24]。

　被告人側は彼を信頼しなかった。そこで彼らが第一に行なった申し立ては，第二次公判におけるパウンダース裁判官の忌避であった。上位裁判所裁判官マイケル・ホフは，パウンダース裁判官は被告人に対して偏見をもっていないが，彼の番組出演は，裁判後の事件報道によって汚染されていない新しい陪審員を

選ぶ際に争点となり得るところ，裁判官が事実審裁判官として留まったとすれば，第一次公判後にとったみずからの行動に対して裁定を下すというやっかいな立場に立たされかねないという判断を下した*25。

弁護人デイビスは，パウンダース裁判官に第二次公判の裁判長を担当させないという，その裁定を歓迎した。「私は，3年と3か月かかってやっと自由になりました」と，パウンダース裁判官は大げさに述べてみせた。「私はほんとうに，生き延びられないのではないかと心配していました。ストレスのために亡くなる人もいるのです。法廷では非常に強いストレスにさらされるのですから」*26。しかしながら彼は，この事件を結末まで担当できないのが「残念である」と述べたとも報じられている*27。

次の週には，パウンダース裁判官の代わりとして，上位裁判所判事のスタンレー・ワイスバーグが申し立て審理を担当した裁判官によって選任された*28。ワイスバーグ裁判官に関する知識がほとんどなく，検察側も彼の選任について何のコメントもしなかったので，弁護団は防御のための証拠をさらに固めることになった。ワイスバーグ裁判官は，ロサンゼルス郡で18年間検察官を経験した後，扶養関係に関する家庭裁判所の裁判官を務めた。1986年に市裁判所に昇進し，1988年には上位裁判所判事となった。ワイスバーグ裁判官は後に，非常に悪名高い1991年のロドニー・キング暴行事件，つまりロサンゼルスの4人の白人警官が黒人の自動車運転手を殴打したとして裁判にかけられた事件でより広く名前が知られるようになった。彼は一般に，法廷において，聡明かつ同情的で，能率的な裁判長であるとみなされていた*29。

公訴棄却の申し立て

第二次公判での主たる問題は，3人の幼い証人が，彼女たちがよちよち歩きだった頃に起きたとされる出来事について，乏しい記憶を陳述することであった。彼女たちのうち2人は，第一次公判において述べたのとは異なる出来事を証言し，さらに一度などは，バッキーが訴追されている特定の行為を行なっていないと述べた。そのためデイビスは，8つのうち5つの訴因については無罪の申し立てを行ない，残り3つの訴因についても早めに裁定を求めることがあり得ると述べた。彼は，再公判においても，第一次公判で主張されたのと同一

第 11 章　マクマーチン裁判—第二次公判—

の事実が提示されなければならないこと，第一次公判で対象とされなかった訴因につきバッキーを再公判にかけるのは憲法違反であることを論じた。

　検察官は，詳細においてやや異なる点があるかもしれないことは認めつつ，訴因の大筋は維持されており，陪審によって評価されるべきであると応じた。検察官によれば，重要であるのは，バッキーが，なで回すことであれ挿入することであれ，「14歳に満たない子どもに対する淫らでわいせつな行為」を行なったことだけである。

　検察側の主張の後，弁護側は二重の危険および適正手続き違反を理由に公訴棄却を申し立てた。ワイスバーグ裁判官は，公訴棄却の申し立てにおいて主張された争点は初めて当該裁判所で議論されるものであるから，それらを考慮しなければならないと述べた。

　その後ワイスバーグ裁判官は，弁護側の適正手続き違反および二重の危険の主張は誤りであるとし，弁護側の申し立てを却下した。その判断は，子どもの証言がたとえ列挙された訴因に合致せず，また以前の証言内容から逸れているとしても，以前の証言と今回の証言のどちらも，「14歳に満たない子どもに対する淫らでわいせつな行為」という一般項目に含まれるという彼の考えに基づいている[*30]。

打ち切られた訴因—少年の証言拒否—

　めずらしい戦術であったが，弁護人ダニエル・デイビスはワイスバーグ裁判官に，幼い少年に関連する1つの訴因を棄却しないよう申し立てた。その少年の母親は，幼稚園での強制わいせつの告発を最初に行なった人物である。デイビスは，この訴因が棄却されれば，事件の発端に関する弁護側証拠の提出が妨げられると主張した[*31]。デイビスは，その少年が同じく強制わいせつ行為をされたとして自分の父親も告発したこと，そして彼の母親が，長い間精神障害を患っていたことを指摘した。ワイスバーグ裁判官は，その申し立てを却下した。ただし，弁護側の関連証拠の提出は許されるとして，デイビスがその少年を証人請求しないよううまく抑制した。

有罪答弁取引に関する論争

　地方検事正が被告人レイモンド・バッキーに有罪答弁取引をもちかけたと，再公判の初期段階において弁護人デイビスが主張したとき，また別の論争が起こった。ライナーは，選挙の遊説先で，そのような答弁取引はいっさい行なわれていないと繰り返し主張した。しかし，ロサンゼルス地方検察庁とデイビスとの間でなされた会話が録音されており，地方検察庁が実際に，「不抗争」の答弁を行なうならばすぐに釈放すると提案したことが明らかになった。

　一般に，「不抗争」の答弁によって，被告人は特定の手続きだけを目的として刑事責任を認めることになる。このような答弁には，別の，たとえば民事損害賠償訴訟などにおける有責までは含意されないという実務上の利点がある。また，たとえ「不抗争」答弁の結果が有罪判決であり，被告人には有罪答弁をした場合と同じ量刑が言い渡され得るとしても，この答弁を行なえば，有罪評決はなかったと主張できるのであるから，被告人にとってメンツが立つという仕組みにもなっている。

　強制わいせつ以外の，ある種の犯罪については，「不抗争」答弁はきわめて一般的に行なわれている。たとえば，飲酒運転の告発に対する答弁の半分以上を不抗争答弁が占めている。ジョージア州では，飲酒運転に対する 61,622 件の告発のうち，50％以上（34,642 件）が「不抗争」答弁で終わっている[*32]。法律の世界においては，このような「不抗争」答弁の有用性について意見が分かれている。この答弁は，カリフォルニア州では行なわれているが，約半数の州においては承認されていない。「不抗争」答弁が広く利用されているにもかかわらず，児童に対する性的虐待事件において，この答弁が加害者とされる者を処罰するための十分な手段となるかは不明である。

　地方検事はまた，いわゆる「ウエスト・プリー」——拒絶しがたいほど良い条件を検察側が提案してきたため，被告人が有罪答弁を行なうこと——についても検討した。デイビスがどの訴因に関して不抗争答弁を行なわせたいのかと尋ねたのに対し，担当検察官が，「どれでも，一番都合が良いと思うわいせつ行為を選べますよ」と答えていることが，録音されていた会見記録から明らかになった。また，録音テープからバッキーが性犯罪者として州に登録されることにも同意しなければならなくなるのかどうかという議論がなされたこともあ

きらかになった。

　答弁取引の提示があったことを弁護側が明かしたことで，犯罪が行なわれたとする地方検事の主張を弱めたため，地方検察庁は，その疑惑についてワイスバーグ裁判官と討議するための捜査担当官を任命した。裁判の進行中に，すべての関係当事者による書面の承諾なく，このような接触をもつことはきわめて不公正なこととみなされる。地方検事正のアイラ・ライナーは，彼または検察庁は何の不正も行なっていないと否定し，単に疑惑を正そうとしたにすぎないと述べた*33。他に彼の弁明を信じる者はなく，ロサンゼルス・タイムズ紙の社説は次のように論じた。「強制わいせつ行為を受けたかもしれない子どもたちにとって，憎むべき犯罪につき誤って訴追された可能性のある被告人にとって，そして，検事正に対して私益よりも公益の追求を期待する権利をもつ一般市民にとって，司法を危機に陥れる問題が生じている」*34。レイモンド・バッキーは，陪審による裁判を強く主張し，有罪答弁することをきっぱりと拒絶した。

証人の子どもたち

　第二次公判においても，子どもたちは主要証人であった。3人の少女（裁判当時は10歳から13歳）が証人となり，「ゲーム」をして遊んでいるときに，よくバッキーから性的虐待を受けた，また誰かにそのゲームについて話せば殺すと脅されたと証言した。

　1人の幼い証人は，10歳の少女であったが，バッキーが彼女に向けて放尿し，性的暴行を行ない，もしそれを誰かに言えば両親を殺すと言って脅されたと述べた。彼女は，バッキーがまた，「お尻に鉛筆を突き刺しました」，「鉛筆を取って，ヴァギナに突き刺しました」*35と証言した。彼女はさらに，自分と他の子どもたちがコスチューム店に連れて行かれ，そこでバブルバスに入り，それから飛行機に乗りに行ったと証言した。予備審問において彼女は，その出来事の間，バッキーは洋服を着ていたと述べたが，公判においては，これらの強制わいせつ行為の際に被告人は裸であったと証言した。

　しかし証人は，鉛筆に関する話の部分が思い出せないこともうかがわせた。そして，実際に鉛筆を見たのかどうか尋ねられたのに対し，「そうね，見えま

せん。お尻が身体の一方にあって目はもう一方の側にあるのに，見えるでしょうか」と答えた。

　別の幼い証人は，幼稚園で仕事をしていたとき，バッキーは口ひげとあごひげを生やしていたと証言した。それに続いて，ある合衆国税関検査官が，バッキーのことは何年も前から知っており，彼が海岸を走っているのを見たときに，薄い口ひげが生えているのに気づいたとの証言を行なった*36。2人目の子どもの証人も，バッキーがあごひげを生やしていたと述べたが，後にデイビスは，バッキーが「生まれてこのかた，あごひげや口ひげを生やしたことは一度もない」と述べた*37。

　もう1人の証人の証言は，写実的な部分と概略的な部分があり，以前の供述と矛盾していた。彼女は，バッキーが彼女の両親に危害を加えるといって脅し，また，その脅しを強調するため兎の耳をハサミで切ったと証言した。彼女はまた，「お馬さん」と呼ばれるゲームをしたとき，彼女もバッキーも裸であったと証言した。しかし，質問に対する彼女の回答は，国際子ども研究所（CII）において最初にビデオ録画された面接の際になされた発言，予備審問における証言，そして第一次公判でなされた証言と一貫しなかった。彼女の証言は，強制わいせつの訴因に関して何ら新しい証拠を付け足すものではなく，むしろ弁護側が主張したように，CIIのカスリーン・マクファーレンによる指導の存在を示唆するものとなった。ある人は証言を間近で観察し，次の点を指摘した。セラピストの発言のために，バッキーが悪い人だと思うようになったのではないかと問われたとき，子どもは，被告人をにらみつけ，それから弁護人デイビスに向き直って，かみつくように言い返した。「私はその前から，彼が悪い人だということを知っていました」*38。

　被害者とされる子どもの親の1人からも，同じように感情的な証言がなされた。証言の途中で，バッキーが犯したとする強制わいせつ行為について質問されると，その母親は証言台で泣き崩れた。彼女は被告人をにらみつけ，「今ここで，あなたを殺してしまえるほど，あなたに強い憤りを感じています」*39と答えた。この謀殺の脅迫に対し，法廷警察権に基づく逮捕などは行なわれなかった。

第 11 章　マクマーチン裁判―第二次公判―

繰り返された医学的証言

　アストリッド・ヒーガー博士は，第一次マクマーチン公判で証人となり，第二次公判でも証言を行なった。彼女の証言は，強制わいせつの被害の訴えが，子どもの想像による虚構ではないことを証明するための重要な検察側証拠と考えられていた。彼女は，6年前に行なわれた診断の際に撮影された写真を用い，3人の少女の膣内に傷があり，うち2人の肛門にも傷が見られると述べた。また彼女は，過去の性的虐待を暗示するトラウマを診断するための医学的基準があり，それに従ったことも証言した。
　弁護側はデイビッド・ポール博士を召喚した。彼もまた，第一次公判の証人でもあった。スライドと写真，およびヒーガー博士の報告書を検討した後，ポール博士は，どの子どもについても，何らかの接触や性的虐待を示す証拠はまったくないと証言した。その証言の中で，彼はまた，それらの証人が強姦されたり肛門性交されたりした証跡はまったく見つからなかったとも述べた。このように，医学的証言の対立によって，再び，陪審の公平な判断を下す能力が試されることになったのである。

カスリーン・マクファーレンと CII

　CII のカスリーン・マクファーレンは，第一次公判では検察側証人として5週間証言台に立ち，検察・弁護双方からの質問を受けた。しかし第二次公判では，検察側は彼女を重要証人として召喚しなかった。代わりに，弁護側が再公判で証言を行なうよう彼女を召喚したのである。今回彼女が証言台に立ったのは，わずか2日だった[*40]。
　弁護側はマクファーレンに，論議の対象となっている，彼女が幼い子どもを面接するときの方法について説明するよう求めた。彼女は，子どもたちにまず，自発的に語る機会を与えると述べた。そして，子どもたちが性的虐待の訴えについて反応を示さない場合は，彼女は，自分の方からそのような虐待の話題を持ち出すと述べた。なぜなら，「性的虐待を受けた子どもたちは，自発的に語ることをせず，微妙な話題を避けようとするからです」と。
　弁護側は攻撃を続け，マクファーレンが心理療法士として開業したり，被害者とされる人々に面接したりするための免許を持たないことを指摘した。デイ

ビスは，彼女が自称の専門家で，多額の助成金申請書の作成者にすぎず，児童性的虐待の分野における彼女のそれまでの経歴は，大部分が実務に携わらない管理職であり，理論面でのものであったと述べた。また，彼女とザッツとの恋愛関係について，裁判官は，詳細にわたることは適切でないが，それを陪審員に知らせることは認められると判断した。これは，パウンダース裁判官が，第一次マクマーチン公判において，陪審に示すことを許さなかった情報である。

弁護側は，マクファーレンが刑事手続きで保全的守秘命令の対象となっていた証言および書証を，ABCテレビとその報道記者であったザッツにリークしたと主張した。さらに，マクファーレンがジュディー・ジョンソンの精神的安定性と発言の正確さに疑いをもたらす情報を含めて，証拠を隠匿し，破壊し，改ざんしたと主張した。

マイケル・マロニー

弁護側は，心理学者であり，第一次公判においても証言を行なったマイケル・マロニー博士を召喚した。彼は，子どもに語らせ，その話を続けさせる方法，生じた出来事を自分自身の言葉で言わせ，回答の矛盾を解決する方法を含めて，より広く承認されている面接技術のモデルを再度説明した。そのうえで，彼は，CIIの面接について，面接者が会話中のほとんどの発言を行なっており，場面設定が暗黙のうちに決められていて，また，面接者が幼稚園において「性的接触はなかった」という子どもの報告を受け入れないという点において，不適切であったと証言した。

彼は，面接のパターンがいくつかに分割されており，そのいずれにもレイモンド・バッキーが被告人であるという前提が置かれていると述べた。たとえば，人物の絵を描く，性器をそなえた人形を提示する，人形の身体の各部に名前をつける，「性教育」を行なう，「人形を使って解明する」技法を用いる，クラスの写真，別の子どもを強制わいせつ行為の被害者として紹介する，より年かさの子どもに対し，幼く言語表現が未熟な子どもを助けるためにも「秘密を明らかにする」責任があるのだと言って圧力をかける，秘密のゲームに注意を向けさせる，そして，被告人たちが子どもたちをおびえさせているという前提に立つ，などである。彼は，「人形を使って解明する」技法は，子どもたちに，何

か解明を要する問題があるとの暗示を与えること，別の子どもたちがすでに「秘密の話を語った」と聞かせることによって，子どもたちに社会的・状況的圧力がかかり，より多くの物語を作り上げさせることになると証言した。

　どちらの公判でも，マロニー博士の証言は，CIIの面接技術の信頼性に対して多くの疑念と議論を引き起こした。弁護側はさらに，検察側がマクファーレンを重要証人として召喚しようとしなかったことを指摘し，彼女の信用性に対する疑念はますます強まることとなった。このように弁護側は効果的な戦略を展開し，強制わいせつ行為に関する子どもの報告や説明は，CIIの面接者に指導されその影響を受けたものだということを陪審に説得した。

バージニア・マクマーチン

　元被告人たちは，今度は，レイモンド・バッキーに対する検察側の主張に対峙した。バージニア・マクマーチンは，当時82歳になっていたが，短い時間証言台に立ち，幼稚園では訴えられたような不正は何も起きておらず，実際にも幼稚園は幼い子どもたちの世話をする場所であり，そこの子どもたちは彼女の孫，すなわちレイモンド・バッキーを慕っていたと述べた[*41]。彼女が裁判官の指示を無視して陪審に直接語りかけたため，公判廷での証言の替わりに，以前にビデオ録画されたうち3時間分の証言が用いられた。かくして裁判官は，彼女が直接語ったこと，およびビデオ録画された供述の多くを記録から削除したのである。

バベット・スピットラーとその子どもたち

　バベット・スピットラーおよび彼女の娘と息子が，弁護側証人として証言した。バベット・スピットラーは，彼女の2人の子どもがマクマーチン幼稚園に通っていたこと，彼女の息子が幼稚園に通っていたとき，被告人がそこに勤務していたことを証言した。また，子どもたちがCIIで面接をうけるために連れて行かれたこと，娘がヒーガー博士による検査を拒否したこと，そして2年の間，彼らに対する親権を失ったことを述べた。

　バベットの娘のウェンディ・スピットラーは，園児としてマクマーチン幼稚園に通ったこと，成長した後は，アシスタントとして働くため，母親とともに

幼稚園に戻ったことを証言した。次にバベットの息子のチャド・スピットラーが証言を行ない，被告人が子どもたちにわいせつ行為を行なったり，いやらしい感じで触ったりするところは見たことがないと述べた。スピットラーの子どもたちも，被告人が口ひげやあごひげを生やしているのは，いまだかつて見たことがないと証言した。

ペギー・マクマーチン・バッキー

レイモンド・バッキーの母親，ペギー・マクマーチン・バッキーは，検察側から召喚された。彼女は，ジュディー・ジョンソンによる告訴以前に，どの保護者からもレイモンド・バッキーの幼稚園での行動に関して苦情を受けたことはないと証言した。彼女はまた，子どもたちがよく彼女の息子のひざに座っていたこと，一度，彼が勃起していないかどうか確認したことがあることを述べた。それについて彼女は，親の立場に立って幼稚園を運営しようと心がけており，自分の責務を果たしただけであると説明した。彼女はまた，1人の親が子どもを男性の職員に預けたくないと言ったことについて言及した。

レイモンド・バッキー

かつて第一次マクマーチン公判に出頭した元被告人たちのうち，最後の証人となったのは，レイモンド・バッキーであった。彼は，自分に対するすべての被疑事実を否定するために証言台に立ち，最初に訴追を受けたときから，子どもにわいせつ行為を行なったかどうかをどの警察官からも質問されなかったと証言した。反対尋問において，検察官フェレロは彼に，当時23歳の男性にとって子どもに関心をもつことが正常なのかどうかと質問した。彼女はさらに，「これまで，幼稚園の庭先で4時間もの間立ち止まり，子どもたちを眺めていたことはありますか」と尋ねた。彼の答えは「いいえ」だった。フェレロは，第一次公判において，子どもたちが幼稚園の庭で遊んでいるところをレイモンドが何時間も立ち止まって眺めていて，その間若い女性が通り過ぎても無視したと証言した，私立探偵を召喚する予定であると告げた。

そのときのレイモンドの動機は何であったろう。レイモンドは，時どき下着を着用していなかったことを認めた。「それはわいせつ行為を行なうための用

意だったのですか」という弁護人の問いに対して，彼は笑顔を見せながら「いいえ」と答えた。証言の後，レイモンドは，「サウスベイ地区で，下着を着ない者は私だけではありません。しかし，幼稚園でそれを着なかったということでは，私はおそらく最もばかな男でしょう」と述べ，「今は着ていますよ」＊42 と付け加えた。

最終弁論

　検察側は論告において状況証拠に焦点を合わせ，それらが3人の幼い少女の証言によって裏づけられると考えた。その論告は，論理的にも法的にも弱いものであった。「子どもたちの証言だけに基づいて，本件被告人を有罪にしていただきたいと言うつもりはありません」，フェレロはこのように述べ，陪審員たちに，親や子どもたちを診察した医師の証言も考慮するよう求めた。その一方で，以前の公判では数人の被告人が誤って訴追されたかもしれないが，レイモンド・バッキーを支援する元職員たちの証言もまた，彼らに「思惑が」あるため，その信用性は低いかもしれないと述べた。

　いくつかの証拠に欠陥がある可能性を認めつつも，検察側は，生じた出来事，行動，状況のすべてを総合すれば，バッキーが子どもたちにわいせつ行為をしたという結論になると主張した。「うまく説明しきれないこともあります」と言いつつ，フェレロは，「誘導的な質問によって証言が損なわれるとは思えません」と述べた。結論として彼女は，「本件を煎じ詰めれば，信用性の問題になります。あなた方が子どもを信用するならば，われわれは，この事件を合理的な疑いを超えて証明したことになります」と訴えた。

　マルチネス検事は，たとえ一貫しないところがあるにせよ子どもたちを信じるべきであると強く主張した。「子どもたちは空想をめぐらせるとしても，実際に経験したことの枠内でそうするのです」と，彼は古典的で根拠のない推論を提示した。そして彼は，レイモンド・バッキーの存在なしに，子どもたちがこれだけ詳細に生々しい性的虐待の話を作り上げることができるだろうかと問いかけた。マルチネスは，バッキーは幼い子どもの教育に関心をもっていなかったと述べ，しかし「捕食者は常に獲物の側にいる」のだと論じた。マルチネスは，次のせりふで論告を締めくくった。「子どもたちは，わいせつ行為を受

けました。この子どもたちは，たいへん長い間，不公正を感じ続けており，あなた方に助けを求めているのです。レイモンド・バッキーは以上のようなことを彼らに行なったのです。子どもたちを，否定しないで下さい」。

　弁護側も，鋭い最終弁論を行なった。公判中に「真実が」浮かび上がってくる「機会はまったくなかった」，とダニエル・デイビスは始めた。「バッキー氏を性的行為に結びつける証拠がどこにありますか」，デイビスは陪審に向けて，バッキーと証人たち，あるいはマクマーチン幼稚園に通っていた他の子どもたちとを結びつける物証はまったく見つからなかったと論じた。また，元の教職員たちがみな，彼らは元の被告人でもあったが，幼稚園で性的な行動が行なわれたことはないと証言したことを指摘した。

　デイビスはまた，1人の子どもの証人が，バッキーが彼女に対して行なったとされる特定の行為について，何も思い出せないかあるいは知らないとさえ述べている点を特に強調した*43。さらに，子どもたちを面接し診断を行なった「いんちきな，にわか専門家」によって，子どもたちは——おそらく無意識的に——，まったく記憶のない出来事について供述するよう圧力をかけられたのだと主張した。また巧みにCIIの面接者について言及し，この裁判は，子どもに対するセラピーを介した誤った強制わいせつの告発のせいで始まったのだと主張した。デイビスは，陪審が下すべき適切な判断とは，「もし職務を果たさなかったというのであれば，［地方検察庁の］彼らに，そのことを突きつけてやることです」と述べ，捜査の失敗や，彼に言わせれば信用性のない証人のパレードを指摘した。また，子どもたちの話は，何年にもわたる面接と討議とで台無しになっており，その内容も，時間の経過につれ劇的に変化しているため，子どもたちの証言を信用すべきでないことを強調した。彼は，1人の幼い証人を例にとり，話の変遷について質問されたときに，その子が純真にも，「あの時はそうでしたが，今はこうなのです」と答えたことを示した。そして，元被告人たちに関する子どもたちの話も，これまですでにそうであったように，また将来変わるだろうとし，陪審員の判断によって，20年後の将来，誤りであったと判断されかねない状況を，現時点で正すことができるかもしれないと述べた。

5. 陪審に対する裁判官の説示

　拙速な判断をしないよう注意をうながしつつも，裁判官はレイモンド・バッキーに対して，評決が出されるまで刑事裁判所の建物内にとどまっているよう命じた。明らかに彼は，評決がただちに下されることを予測していたのである。裁判官はまた，各争点について評決に達するか行き詰まってしまうまでは，1日6時間の話し合いを行なうことになると警告し，陪審にも圧力をかけた。

　裁判官は陪審に，バッキーの有罪・無罪を判断するにあたり，「感情，予断，世論，あるいは世間の雰囲気」に影響されてはならないと説示した。加えて，陪審は，「事実と法」にのみ基づいて判断を下さなければならないこと，「陪審が有罪評決を下す前に，合理的な疑い，つまり［レイモンド・バッキー］が有罪であることの道義的確実性を超えた証明をする」[*44]責任が検察側にあることを説示した。

　さらにまた，子どもは「大人と異なる証言の仕方をする」かもしれないが，その証言の信用性は大人と同等なものとして検討すべきであると念を押した。幼い彼らの年齢を考えれば，思い出せなかったこともあるかもしれない。しかし彼の説明によれば，それはあらゆる年齢の証人に当てはまることである。それは陪審員にとって厳しい要求であった──すなわち，有罪とするにはあまりに証拠が少なく，しかし，レイモンド・バッキーが，みずから強く否定する行為に及んだことを指し示す要素はあまりに多いのである。

6. 陪審評議

　第二次公判が始まったとき，陪審員たちは，おそらくバッキーは有罪であると考えていた。しかし，親たち，子どもたち，そして被告人が証言台に上がるにつれて，不安がつきまとい始めた。CIIの面接に関する証言を聞いた後，数人の陪審員は，子どもたちが現実には起きなかった性的虐待について語ることを指導されたのだと考えるようになった。1人の陪審員は，「［施設の］録音テープはひどいものでした」[*45]と述べた。陪審員たちはまた，子どもたちが自発的に新しい事実を語る場面がほとんどなく，「セラピスト」によって話が遮ら

れている点にも関心を示した。

　陪審員たちは，有罪評決を行なうだけの十分な情報が提示されなかったとも感じていた。医学的証言や，性的虐待を示す証拠について対立する医師たちの述べた意見をめぐっても見解の相違があった。ある証人のかかりつけの医師は，強制わいせつを示す証拠はまったく見られなかったと述べた。陪審員はまた，デイビッド・ポール博士の証言全部の朗読を熱心に聞いた。彼はロンドン市の検死官であり，その証言の中で，証人たちが強姦されたか肛門性交された痕跡はいっさい発見されなかったと述べた。陪審員は，目に精液が入ったと述べた1人の幼い少女の証言を読み返した。陪審員は，おそらく子どもたちは強制わいせつ行為を受けたのだろうという結論に達したが，**誰がその虐待を行なったか**については，意見が分かれた。ほとんどの陪審員は，バッキーが虐待に関与したことの裏づけとなる証拠がまるでないことに疑問をもった。

　「陪審の中には，最初から最後まで，両極の議論がありました」と，陪審長を務めたリチャード・ダナムは述べ，「[金曜の，評決当日の]早朝まで，逡巡している者がいました」*46 と語った。別の陪審員の言葉によれば，その評議は「耐えがたい」ものであった。

　2週間の話し合いと議論の末，彼らは訴因の1つについて評決に達した。とはいえ，その後この評決は仮のものと判断されることになった。後に，8つの訴因のうちの1件について，陪審が評決結果を変更したからである。陪審は，さらに評議を続け，別の訴因についてバッキーの無罪の結論に達した後，残る6つの訴因については行き詰まったと裁判官に告げた。

　2つの訴因について評決に到達したが，残る6つの訴因について評決が成立しなかったため，裁判官は，意見の違いが解消されることを望み，陪審にさらに評議を行なうよううながした。このような評議の最後の数時間に，裁判官は陪審に対する説示を付け加えた。陪審はさらになお法的な説示を求め，裁判官は評議を続けて行き詰まりを克服するよう彼らに助言した。

　こうして陪審は評議を続けたが，意見の違いをさらに広げるだけに終わった。事実，再度評議を始めた時点で，陪審は，先に合意を見ていた2つの訴因についても結論を翻したのである！「われわれは，評議を行なうために戻ったはずが，逆の方向に行ってしまったのです。行き詰まりを解消するどころか，さら

に行き詰まってしまったのです」，陪審長はこのように述べた。1人の陪審員は，評議の最後の数時間は「むなしい空気」に包まれていたと言う。最後に，別の陪審員は次のように結論づける。「われわれは全力を尽くさなければなりませんでした。実際には，率直に言って，——当事者双方の人生の成り行きを決するには力不足でした」*47。

7. 評　　決

「バッキー事件の陪審：評決不能，審理無効の宣言」という見出しが躍った*48。第二次公判でのバッキーに対する訴追は，評決不能で終わった。陪審は，「すべての訴因について，結論が下せませんでした。絶望的で再考の余地はありません」*49 と報告した。陪審員たちは全員，合意に達しなかったということに挫折感をいだいた。「われわれは，一生懸命努めました。非常に残念に思います……失敗したかのように」と陪審長は語った。

陪審員は，いずれにせよ決定的な結論に到達できるほどに確実な証言も証拠も提示されなかったと感じていた。1人の陪審員は，「われわれは，半分のカードしか与えられていませんでした。しかし，全部のカードが揃っているようにふるまわなければなりませんでした」*50 と述べた。合理的な疑いが陪審員たちを悩ませ，すべての訴因について評決不能をもたらした。

陪審は，1つの訴因だけに関しては，有罪評決の方向に傾いていた——子どもが，CII の面接中，バッキーから肛門に挿入を受けたと自発的に語ったことに関するものである*51。これとは別の訴因について，陪審員の意見は同数に割れた。そして残る6つの訴因については，陪審が無罪方向に傾いていたことは明らかである。陪審の票は，1つの訴因については7対5であり，別の3つの訴因については11対1であった*52。

第二次公判における陪審の最終的結論は，第一次公判の陪審がいたった結論とほとんど同じであった。もっとも，第二次のほうがより大きく意見が割れたのであるが。陪審員であったイサックソンは，「この問題について，全員一致の結論を下せる12人を集めることができるとは思えません」*53 と語った。ワイスバーグ裁判官は，「陪審が本件について評決に到達しないことは明らか

でしょう。したがって，本件を審理無効と宣言するのが法の要請であり，私はそうします」と言明した。

陪審が評決不能となり審理無効の宣言がなされたため，地方検事正アイラ・ライナーは，第三次公判を提起するかどうかを決断しなければならなくなった。しかし，彼は手を引いた。実のところ彼は，評決が告げられる前に，第三次公判は行なわないと決めていたのである。

翌週，バッキーに対するすべての告発は打ち切られた。ワイスバーグ裁判官は最後に次のように宣言した。「州民対レイモンド・バッキーの事件は，ここに打ち切りを宣言し，被告人に対する訴追は無効とする。よし，以上です。これで本件はおしまいです」。

8. 第二次公判の余波

とはいえ，マクマーチン事件のこじれた関係が，ほんとうに解消されたわけではなかった。刑事訴追という点に関しては終結をみたのかもしれないが，法的そして人間的なトラウマがこの先何年も続くことが予想された。被害者とされる子どもたち，その親，被告人——特にレイモンド・バッキー——がこうむった，また本件に密接に関与したその他の者たちが同様にこうむった個人的損失は，今度は民事裁判の扉を開けた。「マクマーチン時代」は，せいぜい一部が解決したにすぎなかったのである。

親たち

第二次公判の結果に激しい苦痛を感じた親たちは，検察が政治的な意図を満足させるためにバッキーを再公判にかけ，形だけの活動しか行なわなかったと言って批判した。これを「政治目的のごまかし裁判，妥協の裁判」[*54] と呼ぶ親たちもいた。検察側は，主張を縮小整理したおかげで，有罪を獲得する可能性を高めることができたと主張した。検察官のマルチネスは，新聞記者に次のように語った。「われわれは，有罪の獲得に関連するすべての証拠を提示しました。また，陪審を混乱させるかもしれない多くの事柄を差し控えました。……問題は，彼がこれら幼い少女たちに対し強制わいせつ行為を行なったかど

うか，それだけなのです」*55。数人の親たちは，他の多くの子どもたちが補強的な証人として証言したがっていたにもかかわらず召喚されなかったことに憤慨した。何人かの親たちはまた，被告人と直接対面することは，子どもたちにとって負担が大き過ぎると述べた。このように，親たちの多くは，性急に過ぎおざなりに見える裁判によって，裏切られたような気持ちになった。

　子どもの弁護の問題を訴える活動に継続して関与したということに，価値を見出そうとする人もいた。「［関与した家族にとっての］勝利は，法廷からもたらされるかもしれないし，そうでないかもしれない」，記者の１人は，ある親の語った次の言葉を引用している。「勝利として意味があるのは，自分の子どもが強制わいせつの被害を受けたことに気づき，適切な治療を受けさせられたこと，この事件が司法制度に変化をもたらしたことと，現在では児童性的虐待問題に対する関心が非常に高まり，国際的になったことです」*56。また別の親であるマリリン・サラスは，次のように述べた。「われわれがこの事件のことを忘れられないでいるため，それにとりつかれているのだという人がいます。しかし，私はある責任を感じています。この事件は，全国的な注目を集めた唯一の［強制わいせつ］事件です。どこか他所では多くの人たちが，この問題をみずからのものとして抱えているのです。われわれは，たとえこれ［裁判］が終わりになっても，止まるつもりはありません」*57。

証人の子どもたち

　裁判所への出頭をたいへん怖がっていた子どもたちにとって，最も恐ろしいことは，被告人と対面することであった。その恐怖は，学校においてリラックスできなかったり，眠り込んでしまったり，あるいは集中できないといった症状に現われた。多くの子どもたちは，自分たちの恐怖をコントロールできないという無力感を味わった。私生活と裁判所への出頭との間の調整が重要であったが，これらはかみ合わず，平穏がもたらされることもなかった*58。証言する間，被告人を恐れる子どもたちは，質問にはあまり答えることができず，むしろ，証言するということが自分たちに有害な影響をもたらすのだと語っているようであった。少女たちは，特に身の安全について，少年たちよりも不安を示した*59。

第二次公判において，3人の子どもの証人は幼い少女たちであり，すでに法廷で証言を行ない，レイモンド・バッキーにも対面していた。無力感から生じる恐れや怒りは，証言台に立ったこの少女たちを疲弊させた。第一次公判でも証言を行なった11歳の少女は，次のように語った。「落胆していますし，ほんとうに怒りを感じます。陪審員たちは，私を信じて，彼を有罪にしてくれると思っていました。単に，私が子どもで，子どもはみな嘘つきだと思われているせいではないかと思います。しかし，彼は刑務所の中にいてしかるべきなのです。彼は自分が何をしたのかわかっています。自分が悪い人間だと知っているのです」*60。

レイモンド・バッキー

　陪審が評決に達する見込みのないことを告げたとき，レイモンド・バッキーは，葛藤の混じった安堵の気持ちを示した。「有罪が証明されるまで，自分は無実だと考えます」と，彼は述べた。「マクマーチンのようなものから自由になることはできないと思います。それに背を向けることも，そこから離れることもできますし，その陰におびえて暮らさないでもいられます。しかし，この事件は，そこに捕らえられたすべての者に影響を及ぼすのです」*61。「私は怒りも感じましたし，恐怖も経験しました。私の家族にこんな仕打ちをした人々に対して復讐の気持ちさえ感じました」と彼は真剣な面もちで語った。バッキーは，この事件をセイラムの魔女裁判と比べつつ，自分はおそらく，子どもたちが幼稚園でわいせつ行為を受けたと信じる親たちほどには辛くなかっただろうと言い，自分にはまだ，法廷の外に続く「現実の世界」があると述べた*62。

　訴追が失敗したことで，レイモンドは，ロサンゼルス郡と，元の地方検事正ロバート・フィリボジアン，マンハッタン・ビーチ市，その警察署，CIIとカスリーン・マクファーレン，およびキャピタル・シティーズABC局とその記者であるウェイン・ザッツに対し，数百万ドルの訴訟を提起する計画をした。民事訴訟でバッキーを代理するスコット・バーンスタインは，「その大きな理由には，この人と彼の家族が地獄の7年間を経た後，おそらく，ずたずたにされた生活の断片を拾い集め，自分たちの生活が送れるようにすることがあるでしょう」*63と述べた。

それに対してザッツは,「ABCと私が報道したのは，100％の正確さで，明らかになった事実だけです——すなわち，子どもたちが訴えを起こしたこと，レイモンド・バッキーが，2人の地方検事正によって起訴され，訴追されたこと，長い予備審問を経て公判にかけられたことだけです」[*64]と主張した。彼は,ABCと彼自身を法的に追及することは，非難されるべき告発者ではなく単なる使い走りを追いかけることにしかならないと嘆いた。

一般市民

第二次マクマーチン公判に対しても，第一次の評決に対するのと非常に良く似た，強い一般市民の反応が起きた。ある「投書欄」の記事には，子ども時代に性的虐待を受けた被害者として,「レイモンド・バッキーに対する評決不能には吐き気を感じ，激しい怒りを覚えた。バッキーは自分が無実だと訴えている。真に無実であるのは，この事件の無力な子どもたちであり，傷つけられたその家族である……マクマーチン事件の子どもたちとその家族には同情を禁じ得ない。彼らに言いたいのは,『私はあなた方を信じています。私はあなた方が真実を語っていることを知っています』ということだ」[*65]とある。

陪審経験をもつ者の中には，法廷における子どもの権利や，貪欲な報道記者による搾取を大いに懸念する人々がいた。ある投稿者は，次のように述べている。「私としては,広報活動に熱心な親たちのためにトークショー番組やニュースの対談にさらされることにより，子どもたちが搾取を受けているように感じる。これも，程度は低いが児童虐待である」[*66]。なお，別の投稿者は,「マクマーチン裁判は，セイラムの魔女狩りになぞらえることができる。かつての魔女裁判には，政治的な意図で動く検察官がおり，ヒステリックな親たちがおり，不合理な物語があり，幻想の描写があった」[*67]と述べている。

さらに,裁判にかかった費用を心配する者もおり,次のように述べている。「マクマーチン事件の最も忌まわしいところは，信じがたい浪費と能率の悪さである。法的に勝ち目のない事件に対して，何百万ドルがドブに捨てるように費やされたのである。政府は，財政に関して説明責任を果たすべきであり，予算を能率的に運用して費用を抑えるためのあらゆる努力を払うべきである」[*68]。

地方検事正アイラ・ライナー

　第二次公判の評決が告げられると，メディアは，マクマーチン事件の被告人を有罪にできなかったとして，アイラ・ライナーと彼の検察官チームを批判した。「検事正ライナーが失ったのは勝訴だけではないだろう」と，タイムズ紙の見出しは宣言した[*69]。

　マクマーチンの被告人に対する無罪評決は，ライナーにとって，州政治における破滅を意味した。マクマーチン事件は，ライナーにとって，当時のロサンゼルス地方検事正ロバート・フィリボジアンを負かすための政治的な追い風になったが，今度の無罪は，カリフォルニア州司法長官選挙での民主党候補者選びの予備選挙において，サンフランシスコのアルロ・スミスに対するライナーのキャンペーンに傷をつけることになった。「問題なのは，本件が司法長官立候補に向けたライナー氏のキャンペーンに傷をつけるどうかではなく，彼が，ロサンゼルス郡の地方検事正を速やかに退任すべきかどうかなのだ」とスミス側のキャンペーン・マネージャーは言い放った[*70]。アルロ・スミスも，レイモンド・バッキーに関する再公判請求はまったく政治的になされたものだと述べ，そのライナーの判断に対して大陪審による調査を求めた。

　本件を振り返ってみてもやはり，第二次公判を提起するという同じ結論にいたったかと問われ，ライナーは次のように答えている。「私はこの事件のために，かなり深刻な個人的代償を支払いました。もし私がもう一度やり直さなければならないとしたら，その答えがどうなるか言いましょう。同じ判断をしたと思います。もちろん，痛い思いをしたときは，始めから同じことを繰り返せるとしても，もう一度やってみるかどうか確信がもてないでしょう。しかし私はそうすると思います。そうすると確信します」[*71]。最後に彼は，「地方検事正であれば，時に勝ち目のない判断も下さざるを得ないのです。明らかに，この事件がそうです。もちろん，この事件には大きな政治的影響力が伴っていました」[*72]と語った。

　一般市民はみな，アイラ・ライナーが前任の地方検事正から引き継いだこの事件は，「政治的難関」であり，州司法長官選挙の民主党予備選挙における彼の敗北に関して重要な役割を果たしたと考えた[*73]。投票のほんの数週間前には，ライナーはスミスをはるかに引き離していたが，得票数は下回った。1990

第11章　マクマーチン裁判―第二次公判―

年7月，ライナーはカリフォルニア州予備選挙における民主党候補者選びにおいて，アルロ・スミスに敗れたのである。

ライナーの政治的キャリアと法曹としてのキャリアは，トワイライト・ゾーン殺人事件裁判における敗北，ロドニー・キング暴行事件での4人のロサンゼルス白人警官に対する無罪評決とその後のロサンゼルス暴動とがあいまって，終末に近づいていた。ライナーは，ロサンゼルス地方検事正として再選されず，もと筆頭地方検事のジル・ガルセッティに取って代わられた。彼は世界に向かって，O・J・シンプソン事件でのお祭り騒ぎのような訴追を行なって見せた人物である。1994年にはついに，当然のことながら，大陪審がロサンゼルス地方検察庁の効率性について調査を始めた。検察庁は，その方針が，政治的な庇護の関係と，欠陥のある法的論理の影響を受けているとして非難されていた。「大西部のバッファロー・ビルズ」 ᴿ注 と揶揄されることが多い地方検察庁は，連続して「大試合」*74 に簡単に敗れ続けたのである。

訳注：大げさな見世物の意味。

9. 結　語

レイモンド・バッキーにとって，彼はマクマーチン事件の被告人7人のうち最後まで刑事訴追と対峙させられたのであるが，第二次マクマーチン公判の審理無効の宣言は，刑事司法手続きの終結を意味していた。

オレンジ・カウンティ・レジスター紙に寄せられたある投書が，おそらく，マクマーチン事件の結論を最も的確に示したものであろう。「7年の歳月と訴訟費用が1,500万ドル，評決にいたらなかった2度の公判を経て，地方検察庁の検事正は，マクマーチン事件の再公判請求は行なわないが，『しかし，それは彼が無罪であることを意味するわけではない』と述べた。否，否，否。それが意味するのは，まさに被告人の無罪なのだ」*75。

バッキーに不利な証言を行なった子どもたちについては，幼い子どもたちの説明が何の証拠によっても補強されない場合に，彼らに強制わいせつ行為を行なったとされる被告人を審理するための，適切な方法がなお模索されなければならない。捜査過程を調整し，合理化し，さもなければ強化するための努力が

305

払われることは，刑事司法制度と刑事裁判手続きに巻き込まれることになった被告人，被害者の双方にとって利益となるだろう。感情に受ける衝撃は緩和されないかもしれない。しかし，論理的な合理性のレベルの議論は，将来の魔女狩りや魔女裁判の危険を軽減するのに役立つだろう。根本からの改革がなければ，最も重要な子どもたちが裁判所で証言する機会はほとんどなくなり，正義もかなえられないことになってしまうだろう。

　次の第12章では，児童虐待被害者とその加害者とされる者に関する憲法問題に議論を移し，児童性的虐待事件における最近の法律上の争点と裁判所改革について論じる。

第12章　憲法上の権利
―児童虐待の被害者と被疑者・被告人―

　人間の歴史の過程で，広く分散した各社会集団にあっては，歴史的に規定された慣習やコミュニティの伝統，そして大人と子どもの関係として受容される基準は，世俗の力，政治勢力，宗教的心理学的な「道徳性」や警戒心を反映したものであり，そして，その基準が権利や義務，強制的な遵守の方法といったものを承認してきたのである。

　それぞれの社会ないし社会集団は，そういった関係がどうあるべきかについて，それぞれの基準を堅持しているので，何が正しくて何が間違っているか，子どもや親の最善の利益とはどういうものか，そして子どもたちをどう育てるべきかといったことについて，各社会を比較することはできない。子どもと親ないし大人との関係についての普遍的な基準などまったくなく，したがって満足のいく指針についての国際基準もないのだが，マクマーチン事件における申し立てが仮に真実だった場合，それは現代アメリカ社会の社会的道徳観の枠を超えたものだということについては，ほぼ意見が一致している。サラジンは次のように述べている。

> すべての社会は性行動を規制する規範を打ち立てなければならない。そのような規範のうち西洋社会において第一に，かつ最も浸透したものは，性行動はお互いの同意によらなければならない，すなわちお互いが異議を述べないものでなければならない，というものである。強姦はわれわれの社会では激しい怒りを引き起こす。その怒りは，被害者が子どもであるというだけで増幅するのである[*1]。

合衆国では，性的関係の相互性の概念ないし「インフォームド・コンセント」は，年齢，能力そして関係性に関連している[*2]。「同意年齢」は州によってさまざまだが——そしてこの年齢を変更するための法改正をめぐる政治的戦いはとどまるところを知らないようである——すべての州で，大人が 14 歳未満の者と性交渉をもつことは「不自然」ないし「不道徳」であるという法や世論の一致が見られる。「そのような性的行動は実際には子どもたちに有益であり，健全な性行動に入っていく助けとなるものである」などという主張はごく少数にすぎない[*3]。いずれの見方でも，子どもやその性行動に対する大人の統制という問題が主たる関心事となっている。

　実際上，子どもと大人との間の性的接触は，合衆国においては，可能な限り犯罪とされてきている。大人・子ども間の性的遭遇として考えられる類型は無数にあるのだが，最近の法的な区分では特徴的なものとして次の 4 つをあげている。(1) 露出行為，(2) 強制わいせつ，(3) 法定強姦，そして (4) 強姦，である。露出行為は通常，大人が自分の性器を子どもの目の前にさらすことをいう。それに対して，強制わいせつは，大人と子どもの間のある種の実際の性的接触が内容となる。強姦の中で，「法定強姦」は，実力ないし暴力を内容としないものの，子どもが法的に同意できる年齢にないことを理由として同意がなかったことを擬制するものである。暴力的な強姦には同意が存在しない[*4]。

　年齢と合意の欠如ということがマクマーチン事件の中心にあり，児童性的虐待という感情的な負荷のかかった争点を効果的かつ公正に扱う能力が司法制度にあるかが試されたのだった[*5]。不快感と世間の興奮をよそに，ある批評家は，マクマーチン事件を「アメリカ刑事司法制度の礎となる輝かしい例」の証左とした[*6]。刑事司法制度は，マクマーチン裁判において，判明した事実と情緒的道徳主義的な推測とを区別することができ，完全に機能を果たしたとされたのである。

　それに対して，マクマーチン事件は不公正と検察側の誤った事件処理の典型例だと見る者もいた。検察側の裁量権のゆえに地方検察庁が刑事司法の無罪推定を無視することができたと主張する批評家もいたのである。隣のオレンジ郡のサン・スターラ検事は，マクマーチン事件は「自然災害のようなものだ。そんな地震に準備がある者がいるとは考えられない」と表明した[*7]。明らかに，

第12章 憲法上の権利―児童虐待の被害者と被疑者・被告人―

子どもたちやその家族は，ストレスと感情的な世間の圧力にさらされて制度は期待されたようには機能していないという考えで一致していただろう。彼らが求めていたものは有罪評決という結論だったのである。

　マクマーチン事件を受けて，全国の検察官は，児童強制わいせつ事件についてより強い注意をはらって告発を行なっているように思われた。それにもかかわらず，大衆の妄想，悪風感染，そしてヒステリーと隣り合わせたかのような事件はいぜんとして存在した[*8]。たとえば，1991年8月，ノースカロライナ州エデントンでロバート・ケリーの裁判が始まった。ケリーは，今は存在しない「リトル・ラスカルズ・デイ・ケア・センター」のオーナーだったが，1986年から1989年までにした22人の子どもに対する183の性的虐待の訴因で告発されていた。裁判の趨勢は，子どもたちは幼いので性的虐待からの強度の回復セラピーの後で真実がわかるものかどうかということに関して証言した専門家の一団とともに，通所していた子どもたちの証言にかかっていた。同じく，ニュージャージー州メイプルウッドでは，26歳の保育園職員であるマーガレット・ケリー・マイケルズが，ウィー・ケア保育園での3歳から5歳までの子ども20人に対する115の性的虐待の訴因で有罪となった。47年の拘禁刑の判決を受けたが，ニュージャージー州控訴裁判所が有罪判決を破棄した結果，5年後に彼女は釈放された。検察側は州最高裁判所に上訴したが，検察側が本事件の再審理を求めようとするならば，公判前の聴聞を開いて，不適切な面接技術にもかかわらず子どもたちの陳述ないし証言が公判で証人とするに十分な信頼性があることを示さなければならない，と判断された。1994年12月，検察側は被告人に対するすべての告発を取り下げたのである[*9]。

　児童性的虐待の報告件数は増加しているものの，サンディエゴでのアキキ裁判のような若干の例外はあったにせよ，ほとんどの場合，熱心な訴追から反対方向への「揺り戻し」の傾向にあっただろう。マクマーチン事件は刑事司法制度の洗練度を高めるものとなったが，刑事司法制度と子どもたちの双方について，常に，あるいはそもそも信じられるものかどうかという懐疑論を生み出したという論者もある。おそらく，刑事司法制度に携わる人たちは，被害者とされる人たちと犯人とされる人たちとを傷つけている可能性に徐々に気づいていて，自分たちの役割はもっとバランスの取れたところにあると今は見ているの

であろう。

1. 憲法上の問題

　マクマーチン事件を観察して，われわれは，子どもの証人は刑事司法制度が運用される中で傷つけられたと考えている。制度の欠陥には次のようなものがある。(1) 告発があって法廷に持ち出されると，結果として子どもたちは遅々とした，非人間的な刑事裁判所制度に放りこまれる。(2) 多くの子どもたちにとって，恐ろしいとまでは言わないまでも不快だった性的虐待について，何度も正確に思い出すように求められる。(3) 反対尋問によって，子どもたちは世間が押す烙印にさらされる可能性がある。(4) 羞恥心，自己非難，罪の意識，そして恐怖の感覚を募らせる。(5) 法廷の内外で，警察，検察側，メディア，親，そして心理療法士からのプレッシャーを受ける。

　刑事司法制度の遅延ないし遅々とした進行は，傷つきやすい子どもたち，とりわけ年少の者にとって非常に困難なものであることは，繰り返し明らかにされている。彼らはへとへとに疲れ，戦う意欲をなくしてしまうのである[*10]。第二次マクマーチン公判は子どもの証人の徹底的な証言を求めることはなかったが，予備審問と第一次マクマーチン公判の双方にわたって15日間も証言台に立たされた子どももいた。刑事裁判手続きでは，最善の証人を取調べることができるとはいえ，子どもの場合，そのストレスによって統制感や福祉を回復できなくなる。証言することが必ずしもすべての子どもの被害者に情緒的な障害をもたらすわけではないが，明らかに子どもたちは肉体的にも心理的にも癒やしから遠ざけられる[*11]。子どもの証人について証言のもたらす否定的な結果を前提とすれば，多くの親が子どもたちに証言させまいとした理由がわかる。ごく少数の子どもの証人しか証言しようとしなかったことで，訴追側の戦略は相当脆弱になったのである。

　虐待事例において子どもたちの証言を採取する制度についてはどのような改善提案があるだろうか。連邦政府は，1990年児童虐待被害者法において，子どもの被害者と証人について数多くの権利と保護を認めている。マクマーチン児童強制わいせつ裁判ではその改革の多くは採用されなかったが，いくつかの

州の立法府は，1990年連邦法が認めたその多くをすでに採用していた。カリフォルニア州のいくつかの管轄区でも，制定法によって根拠づけられるはるか以前に，非公式ながらそれらを利用していたのである。その中には，ビデオテープないし閉回路テレビによる証言の選択的利用や伝聞証拠の採用などが含まれている。

閉回路テレビ証言

　閉回路テレビは，マクマーチン事件では予備審問においてただ1人の子どもの証人に利用されただけだったが，そのような証言の長所と短所を吟味しておくことは重要である。子どもたちは法廷で証言しなければならない（上述の1人の例外を除いて）という裁判官の予備審問における決定は，子どもや親たちの証言の可能性を劇的に減退させることとなった。

　法廷で被告人と直接対面することから子どもたちを守ろうという意図があることから，この技術は，すべての刑事被告人に告発者と直接対面する権利を保障する合衆国憲法修正6条に重大な脅威をもたらすものとなる。この修正6条の「対質条項」は，修正14条によって州にも適用されるのだが，すべての刑事訴追において，被告人は自分に不利な証人と対面する権利をもつことを規定している。「対質条項」の主たる関心は，証人や証拠方法を，現実の出頭，宣誓，反対尋問，そして被告人や事実認定者による証言当事者の態度観察といった対審手続きという文脈における厳格な吟味にさらすことによって，刑事被告人に不利な証拠の信頼性を確保しようというところにある。ところが事実審裁判所は，証言中の被告人との直接対面から繊細な証人を保護するために設計された技術を実験してきたのである。

　メリーランド州対クレイグ（*Maryland v. Craig*, 497 U.S. 836, 1990）において合衆国最高裁判所は，告発者と対面する被告人の権利について審査し，閉回路テレビは生の法廷証言と「機能的に等価である」と判示した。決定のあった1989年12月31日までに，31の州が閉回路テレビの利用を認める法律をすでに制定しており，36の州が法廷証言に代えてビデオテープによる証言の採取について規定していた。22の州が証言に代わるものとしてこの双方を規定しており，どちらも規定していないのはわずか7つの州にすぎなかった[*12]。

メリーランド州の事例では，被告人は，6歳の子どもに対する性的虐待に関する告発で審理を受けていた。審理の開始に先立って，検察側は，一方向閉回路テレビによる子どもの証言採取を裁判官に認めた州法に基づく手続きを行なうよう求めた。

メリーランド州では，児童性的虐待の事件において，裁判所は，子どもの被害者の証言を法廷外で採取し，閉回路テレビを使ってそれを法廷に映すよう命令することができる。しかしながら，被害者とされる子どもの証言に一方向閉回路テレビを使うことのできる手続きを行なうためには，裁判官は，法廷で子どもの被害者が証言することでその子どもが重大な情緒的困難にさらされることになって十分に意思疎通ができなくなる，ということをまず決定しなければならない。

この手続きが始まると，子どもの証人，検察官，そして弁護人は別室に下がる一方，裁判官，陪審，そして被告人は法廷に残る。それから子どもの証人は別室において主尋問と反対尋問を受け，その証言は録画されると同時にビデオモニターによって法廷にいる人たちに放映されるのである。証言の間，子どもの証人は被告人を見ることはできないが，被告人は弁護人と電子機器を通じて意思疎通ができ，異議についても，証人が法廷で証言しているのと同じようになされ，裁定されるのである。

閉回路テレビで子どもが証言する場合に，子どもと同じ部屋にいることができると法が認めているのは次の者だけである。(1) 検察官，(2) 弁護人，(3) 虐待の治療場面においてその子どもを扱った者など出席することで子どもの福祉に貢献することのできる人物[*13]。

この事件を審査して，最高裁判所は，「われわれは，裁判に登場する証人との直接対面の重要性については再確認するが，そのような対面が修正6条の保障する告発者と対面する権利に不可欠の要素であると言うことはできない」と判示した[*14]。一方向閉回路テレビを利用するメリーランド州の手続きに関して，最高裁判所は次のようにも判示している。

> われわれは，メリーランド州の手続きが対質権のその他の要素のすべてを保護していることは重要であると考える。すなわち，子どもの証人には証言能力

がなければならず，宣誓の下で証言しなければならない。被告人は即時に反対尋問を行なう完全な機会を保証されている。そして，裁判官，陪審および被告人は，証言している証人の態度（および身体）を（ビデオモニターを通じてではあるが）見ることができるのである。直接の対面が対審的刑事手続きに対してもつであろう多くの微妙な効果にわれわれは配慮するものではあるが，これら対審の他の要素——宣誓，反対尋問および証人の態度の観察——があることで，証言が信頼できるものであることと，生の本人による証言の場合といわば機能的に等価な対審による厳格な吟味にさらされることの双方が，適切に確保されるのである[*15]。

5対4と厳しく意見の分かれた判決において，少数側の裁判官たちは，代替技術を利用することで無実の者が悪意ある大人や検察側に指導された子どもたちによって有罪とされ得ること，対質条項はすべての刑事訴追に適用されるべきこと，そして公序の利益において例外を子どもの証人のために築き上げることはできないこと，といった懸念を表明した。少数意見を書いたスカーリア判事は，法廷に登場する証人との直接の対面は修正6条の保障する告発者と対面する権利の不可欠の要素ではないとする法廷意見に反対して，次のように述べた。

　　法廷意見は，対質条項の特徴を焼き直すことによってありもしない妥当性を作り出している。そうすることで，対面は多くの「対面の諸要素」の1つにすぎなくなってしまった。……この理由付けは権利を目的的に抽象化し，そのために権利を排除してしまっている。これは誤りである。なぜなら，対質条項は，信頼できる証拠を保障するものではなく，**証拠の信頼性を確保すると考えられる特別な公判手続きを保障したものだからである**。「直接」の対面がそのようなものであることは否定しようもない[*16]（強調は原著者の付加）。

　一方向閉回路テレビは被告人に「直接」子どもの証人と対面することを許さないが，最高裁判所は，州がその必要性を適切に示した場合には，法廷で証言することによるトラウマから子どもの証人を保護するという州の利益は，閉回路テレビのような手続きの利用を正当化するに十分重要なものだ，と判示したのである。
　カリフォルニア州では，刑法典1347条によって，裁判所はあらゆる刑事手続きにおいて，性犯罪の被害者と思われる未成年者から証言を得るために閉回

路テレビの利用を命令することができる。1993年，カリフォルニア州最高裁判所は，社会福祉局対アーメイド事件（*Dept. of Social Service vs. Armando*）において，閉回路テレビは民事手続きで利用することができ，また，少年裁判所は，証言の真実性を確保するための親の同席なくして未成年者の証言を得るために一方向閉回路テレビの利用を命令する本来的な権限がある，とも判示した[*17]。この事件は父親が娘にわいせつ行為を働いたとされたものであるが，その娘は，親や社会福祉局の代理人を含む大人たちが同席する中で証言することを拒んだのである。裁判所は，被告人の証人対質権および反対尋問権については承認したが，閉回路テレビは適切にその権利を保護するものであると結論づけた。州および連邦レベルの双方で代替技術の利用を許容することに賛成する意見はあるものの，子どもの証人の法廷内証言に代わる措置はいぜんとして最後の手段であるものと思われる。

伝聞証拠

　子どもの証人の証言にまつわる主たる関心事の1つが，子どもの伝聞供述の許容性である。アイダホ州対ライト事件（*Idaho v. Wright*, 110 S.Ct. 3139, 1990）において，合衆国最高裁判所は，医師に対する子どもの供述は，信頼性の要請を満足させるだけの真実性の十分な保障に欠けており，法廷に証拠として提出することはできない，と判示した。この事件では，小児科医に対する子どもの応答内容が，その子どもは法廷で証言することはできないと認定された後で許容されていた。同医師は，自分の質問に対してその子どもが応答した供述について証言することが許されたのである。5対4の判決における少数意見の裁判官たちは，補強証拠を検討することの方が望ましい，なぜなら，そういう証拠ならば被告人と事実審裁判所によって「客観的かつ決定的な方法で」吟味することができるからだ，と主張した。

　最高裁判所は，証言しない子どもの被害者の法廷外供述の許容性を否定したが，マクマーチン事件の予備審問の裁判官は，子どもやその親のした伝聞供述を証拠とすることを許容した。マクマーチン事件の子どもの親たちは検察官に呼ばれて，幼稚園で薬を飲まされてわいせつ行為をされたという子どもの供述を明らかにするよう求められていたのである。もっとも，薬物使用についても

わいせつ行為についても補強となる物的証拠は何もなかった。

　カリフォルニア州では，州最高裁判所が最近，検察官は，親がしばしば「恐怖，羞恥ないし困惑」のために子どもに対する性的虐待犯罪を報告することをためらう旨の専門家証言を提出することができる，と判示している。クララ・B 事件（In re Clara B., 25 Cal. Rptr. 2d 56, 1993）において，カリフォルニア州控訴裁判所は，子どもが親を恐れていることを示す法廷外供述は関連性のある非伝聞証拠として許容される，と判示した。当該事件では，4歳の子どもが，浴室（トイレ）に1人でいると父親にわいせつ行為をされるので怖いという内容の法廷外供述をした。その少女との面接を行なったうえで，サンディエゴ郡の社会福祉局は，父親が性的虐待をしているという理由により彼女は少年裁判所の保護が必要であるとする申し立てを少年裁判所に対して行なった。心理療法士が，その少女は自分に，父親から虐待されていると話したことを証言した。医学専門家も，その少女がわいせつ行為をされていた明白な医学的証拠があることを証言した。

　父親は処女膜の傷は落下事故によるものだと主張したが，医学専門家は，99％，ある種の物体を処女膜部位に挿入しようとしたことによるものだと証言した。父親はまた，そのような証言は価値に乏しく，公判で許容されるべきものではないと主張した。彼の弁護人は，このようなことが許されると，その種の主張があるときには検察側が誰でもきわめて容易に有罪とすることができてしまう，そして，法律でも制定されない限り，多くの無実の人間が彼らに対する嫌疑が指摘されたというだけで刑務所に送られることになる，と主張した。けれども裁判所は，強固な医学的証拠に加えて，子どもの親に対する恐怖を示すそのような法廷外供述も関連性のある非伝聞証拠として許容される，と判示したのである。

　これらの法は確かに被害者とされる子どもを保護するものだが，閉回路テレビによる証言は，被告人に告発者と対面する権利を否定している点で修正6条の下では違憲であるとの主張を続ける批判者もいる。前に述べたように，そのような対質はとりわけ重要である。なぜなら，無実の者が告発されて子どもの性的虐待事件の罠に掛けられる可能性があるからである。無実の者の評判を意図的に破壊することを求める人たちは現におり，そのようなひどい告発が離

婚による子の監護事件でなされたという何百もの例があるのである*18。

2. 検察官の権限濫用 ……………………………………………

　マクマーチン裁判で被告人の憲法上の権利を検討する中で，刑事手続きのいろいろな局面での地方検察庁による裁量権限の濫用にはほとんど目が向けられてこなかった。法廷の内外で，検察側はしばしば，被告人が無実かもしれないことを示す決定的な情報を提供しなかった。長期の法手続きの間何度も，検察側は意図的に，弁護側や陪審が生命線ともいえる情報にアクセスできないようにしていた。若干の情報が，弁護側または裁判官あるいはその双方から繰り返し要求があったときに限って，しぶしぶながら開示されたのである。

　検察側はまた，メディアに対して訴追前の資料開示に裁量的なコントロールを行使し，それによって予想される裁判結果に関する市民の一般的認識に影響を与えた。実際の裁判の1年前に行なわれた世論調査でロサンゼルス住民の優に90％以上が被告人の有罪を固く信じていたという結果が出たことも，驚くにはあたらないのである。

　それでは，実際の地方検察庁による権限濫用はどの程度のものだったのだろうか。そして，濫用があったとして，それは法の下の平等とデュープロセスという被告人の憲法上の権利を危うくする新たな告発を招くものだったのだろうか。問題となる争点をよりよく理解するために，似たような検察官の裁量権限の濫用があった他の重罪事件に目を向けて検討しておく必要がある。

免責証拠

　理論的には，対審的な法手続きは，対立当事者の公平なバランスを確保することに立脚している。しかしながら，刑事事件における合理的で公平な事実認定に対する最大の脅威の1つは，被告人の無実を証明することになりそうな証拠や情報を隠すという検察官の不当行為から生じている。決定的な証拠を弁護側に与えないという検察側の裁量権限の濫用はすべて，対審制度が適切な機能を発揮することを妨げる。それはまた，地方検察庁に対する市民の信頼と敬意を傷つけることにもなる。なぜなら，多くの刑事被告人が不正に有罪とされ，

第12章 憲法上の権利―児童虐待の被害者と被疑者・被告人―

その結果として彼らの自由，財産，そして生命までもが失われることになるからである。

検察側の権限濫用の1つは，無罪証拠が開示されないことで起こり得る。捜査や公判前準備の一般的な過程にあって，あるいは陪審裁判の途中でも，検察官はしばしば刑事被告人を無罪としそうな情報に気づくことがある。法執行機関の捜査資源の優位性や決定的証拠への早期のアクセスということを考えれば，検察官がそのような証拠にアクセスし，あるいは手中にするということは珍しいことではない。

マクマーチン事件において開示されなかった証拠への地方検事のアクセスは，弁護側が裁判へと駆り立てられるような道をつけるものだったのだろうか。マクマーチン幼稚園での児童強制わいせつの最初の告発は，レイモンド・バッキー，ロベルタ・ウェイントラウブ（ロサンゼルス郡教育委員会メンバー），告発人の夫である被害者の父親，そして地域のジムの従業員にとりわけ向けられたものだった。けれども，告発者であるジュディー・ジョンソンの供述の信用性に疑問を投げかける情報は意図的に開示されず，うまく弁護人の手の届かないようにされてしまったのである。そればかりか，ジョンソンのとっぴな告発と物語は国際子ども研究所（CII）の知るところとなり，幼稚園で起こったと思われる強制わいせつの件で，子どもたちに面接するに際して，職員が条件整備をし事前予定を立てる助けとなったようである。息子に関するジョンソンの最初の告発は究明されることも立証されることも，証人や科学的ないし医学的証拠によって補強されることもなかったが，子どもたちの物語はその後の予備審問と公判で提示された。警察，CII職員，そして検察官は一体となって，最初の告発者の息子が写真ラインナップで被告人を特定することができず，実際には別人を指し示していたという証拠を弁護側に違法に隠してもいたのである。

主任検事はまた，ロサンゼルス・タイムズ紙の記者に，レイモンド・バッキーが性的問題を抱え個人的に専門家の助けを求めていたという，確証のない主張を含む極秘情報を漏らしていた。主任検事は，ロサンゼルス・タイムズの首都圏編集者と性的関係をもったといわれている。この編集者は検察寄りの記事を載せ続け，マクマーチン事件の被告人に対して否定的な新聞報道の傾向を作り

あげた。それに加えて地方検察庁は，ジョンソンの2歳の息子に対する強制わいせつを「立証」するためレイモンド・バッキーの同房者を情報提供者として利用したが，この情報提供者は，経済的な利益を与えられ，彼に対する別の刑事訴追を減軽することで検察側と合意したことからバッキーに不利な証言をしたこと——そして地方検事は彼が以前に別の関係のない公判で偽証していたのを知っていたことが明らかとなった。

検察側の非違行為に関するケーススタディ

マクマーチン事件の検察側の非違行為に関して，ここで簡単に，最近の3つの裁判例を見ておこう。それらは共通点のある非違行為に関するもので，そのために裁判所が有罪を破棄して，誤って大陪審に訴追されて公判陪審によって有罪とされ死刑判決を受けた被告人を釈放したものである。これらの裁判例は重罪死刑事件に関するものではあるが，事件の多くの構造面や検察側の非違行為の現われ方は，マクマーチン事件の訴追でのそれを映し出すものである。

(1) テキサス州のランドール・デール・アダムス，(2) フロリダ州のジョセフ・リチャードソン，(3) フロリダ州のジョセフ・ブラウンの刑事事件では，検察官は意図的に証拠に手を加え，偽証を不当に利用し，被告人らの無実を立証することになった決定的証拠を隠したものと認定された。

1977年，ランドール・デール・アダムスは，ダラスの警察官殺人で有罪となり死刑判決を受けた。最初の証言に基づけば，ダラスの警察官は，ヘッドライトをつけていなかったとして彼と同僚が停止させた自動車の運転手に狙撃され殺された。公判で検察側は，おおむね2人の証人の証言に依拠した。(1) デイビッド・ハリス。アダムスの車に同乗しており，事件当時16歳。長い犯罪歴をもっており，被告人を巻き込むことについて検察側と密約を交わしていた。そして，(2) 殺害現場にいた女性目撃者である。当初自白していて，後になって認めたように，実際にはデイビッド・ハリスが警察官を殺害していた[*19]。

刑事公判の間，検察官は，事件の重要な証人であるハリスとの約束に関する情報を意図的に提供せず，彼の長い犯罪歴の情報を陪審に隠しおおせた。公判時，ハリスに対する2つの不法侵入と1つの加重強盗の事件が係属中であり，また，少年保護観察の取消しが申し立てられていた。裁判所は後に，原審でハ

リスがアダムスに不利な証言をしたのは検察官との約束によるものであることを知った。検察官はその約束を否定したが，1977年の証言の後にハリスに対するすべての告発は驚くべきことに撤回され，記録からも抹消されていたのである[*20]。

裁判所はまた，検察側が，事件の重要な目撃者が警察のラインナップでアダムスを同定できず，警察官が彼女に被告人を同定していないと助言したうえで誰を同定すべきか教えた，という証拠を知りつつ隠していたということも知った。そのうえ，アダムスの有罪は，同じ証人が陪審のいないところでした，彼女が警察のラインナップでアダムスを同定したという証言に基づいていたのである。

陪審は死刑を科したが，アダムスの量刑はその後，当時テキサス州で効力のあった死刑法令の違憲性を理由に覆された。裁判所は，検察側の非違行為と偽証を理由に，アダムスのデュープロセスの権利と法の適正な過程が侵害されたと認定した[*21]。アダムスの有罪は覆され，彼は1989年にようやく釈放されたのである。

1967年に，7人の子どもを毒殺したとして有罪とされ死刑を宣告されたジェームズ・ジョセフ・リチャードソンの最初の公判は，貧しい農園労働者であるリチャードソンが，保険金獲得のために子どもたちを殺したという検察官の主張で始まった。被害者は彼の義理の娘とさらに幼い6人の子どもたちであり，そのうち3人はリチャードソンの非嫡出子だった。証拠となる報告書では，7人の子どもすべてが，子どもたちが昼食にとった食べ物に混入された大量のパラチオンという毒物を摂取した後に死んだことを示していた。しかし裁判所は後に，検察官が被告人の無罪を示すことになる証拠の開示を意図的に保留していたことを認定した[*22]。開示されなかった証拠には，検察官が偽証を知っていたこと，検察官による無罪証拠の隠匿，検察側証人の撤回が含まれていた。具体的にいうと，保留された情報には，「自分が子どもたちを殺したというベビーシッターの宣誓証言，リチャードソンを巻き込むために話をでっち上げろと保安官補に暴力を加えられたというリチャードソンの同房者の宣誓証言，リチャードソンが自白したという主張と食い違う他の被収容者の供述，そして，リチャードソンはいかなる保険契約もしていないという事実」が含まれていた

のである*23。

　リチャードソンが最初の陪審によって死刑宣告を受けた後，あと数時間で執行されるというときになって，彼の死刑判決はファーマン対ジョージア州判決（*Furman v. Georgia*, 408 U.S. 238, 1972）によって終身刑に減軽された。リチャードソンにとって幸運にも，ボランティアの弁護士が最終的に決定的証拠を明るみに出すことに成功したのである。1989年，証拠が伏せられたままになされた司法判断に基づく彼の有罪は覆され，フロリダ州の刑務所で21年を過ごした彼は釈放されたのである。

　ジョセフ・ブラウンは，1974年，強盗，強姦，そして殺人で有罪となった。彼は殺人の有罪につき死刑，強盗と強姦の有罪につき，それぞれ逐次執行の終身刑の判決を受けた。州段階の救済を求めた後，彼は1983年に人身保護令状の申し立てを行なった。裁判所は後に，検察官は「重大な偽証が法廷でなされることを知りつつそれを許容し，進んで虚偽を知らせることをせず，偽証であることを知りつつそれを陪審への論告に不当に引用し，もって修正4条のデュープロセス条項を侵害したものである」と認定した*24。

　検察官の非違行為は，検察官と取引きがあったことを偽って否定した重要な検察側証人の偽証と，その事実とは異なる事実を検察官が裁判所に伝えたことを内容としていた*25。その政府側の重要証人は反対尋問で，ブラウンに不利な証言をすれば訴追されないというような約束はしていないと証言し，論告で検察官は，その証人は証言についてどのような約束もしていないと陪審に伝えた。しかしながら，裁判所は後に，その証人は殺人と別の強盗事件について保護観察に付すだけにするという「都合のいい対価」を提供されていたと認定した*26。同様に，検察官は，被害者を殺害した弾丸は被告人の拳銃では装填も発射もできないものだったことをFBIの弾道鑑識報告書がはっきり示していたことを知っていたにもかかわらず，弾道学的には被告人は有罪であるという情報を陪審に提供していた。この点は，検察官はこの報告書を書いたFBI職員を弁護側証人として利用できないようにしていたという主張にもつながっていた*27。ブラウンの殺人での有罪は，電気椅子送りまでわずか15時間というときに控訴裁判所第11管轄区で破棄され，死刑執行は停止されたのである。

　証拠開示は，「他の何にも増して検察官の善意と廉潔性に依存した領域」で

ある[*28]。濫用は，検察官の訴追，公判で被告人を有罪とするために用いる情報の統制，そして陪審に影響を与えるといった権限とあいまって最も頻繁に発生する。しかしながら最高裁判所は，検察官の善意，公正さ，そして廉潔性が劇的にテストされるこの重要な領域を扱うことを怠ってきた。最高裁判所は，検察官の善意ないし悪意は証拠隠しについて無関係だとしてきたのである。考慮すべきは証拠の性格なのであって，検察官の性格ではない。けれども，違反が被告人を害する目的で故意に行なわれたとしても，裁判所は，その証拠が評決を変更することになるほど決定的なものでない限り，救済命令を出そうとしない。だから，検察官には現在も将来もそういった証拠を開示しようという現実的な誘因はないのである。

3. 基本的人権の侵害

児童性的虐待の告発はしばしば，犯人とされる者の基本的人権の侵害を招く。これらの基本的人権の侵害は通常，法律の適用の誤りや誤った解釈，また，法体系の誤った利用や意図的な誤用から生じる。

一般に，アメリカの法的特質たる基本前提は，人は有罪が立証されるまでは無実である，ということである。この法原理は，児童性的虐待が申し立てられる場合にはしばしば無視されてきた。その代わりに，さまざまな地域社会の標準が適用され，大人の証人および／または科学的ないし実質的証拠が欠けているときでも，子どもの説明が信用される。メディアは記録や都合よく解釈した証拠を誤って伝えることがあまりにも多く，さらなる感情的なストレスを（被害者とされる人はいうまでもなく）犯人とされる者に与えている。警察とメディアは一体化して犯人とされる者の評判を落とす傾向を見せており，大陪審が正式訴追をする環境を作り出し，有罪が証明される前に被告発者の活動を制約したり身体を拘束したりしているのである。

不公正に告発されたと感じる親やその他の人たちを手助けするために，最近２つの組織が児童虐待事例の最前線で活動している。「児童虐待法制被害者の会」(VOCAL：Victims of Child Abuse Legislation) はカリフォルニア州オレンジベールに本部を置き，多くの州に支部を置いて活発に活動している。

VOCALは，たとえば，マクマーチン事件の被告人に精神的組織的両面で支援を提供した。この組織は，広く知られたミネソタ州ジョーダンでの不幸な複数の被害者を出した事件を受けて設立された。児童性的虐待や養育放棄で誤って告発された親やその他の人たちへの支援を提供し，リーガル・カウンセリングや専門家証人への紹介をしている。全国に展開する支部を使って，VOCALは保護的な法制を通すべく州立法府に働きかけ，児童性的虐待事件での個人の権利を確保するのに成功してきた。もう1つのグループ，イリノイ州クリスタルレークに本部を置く「家族の権利連合（the Family Rights Coalition）」は，政府機関から家族に対して不当かつ不公正な活動のあった事例に関する情報提供機関として活動している。

確かに，熱心すぎる検察官，技能もなく訓練も受けていない警察やソーシャルワーカーが，被害者やいかなる故意犯罪についても無罪である人たちに対して修復しがたい害悪をなしてきた事例はたくさんある。たとえば，1984年，風呂あがりの裸の娘の写真を撮ったとして父親がわいせつ図画の罪で有罪となった。写真のネガを見た薬局の店員が警察に通報し，児童性的虐待で逮捕され取調べを受けたのである。犯罪者プロファイルに適合する者向けの罠が仕掛けられていた。それはいわゆる「治療国家」が企画したものだが，ある反対者から簡潔にしてドキッとさせる文章で次のように批判されている。

> 警察はしばしば夜中に襲ってくる。あなたの子どもは奪われて秘密の場所へ連れて行かれる。州の医師の手元に置かれるのだが，医師は子どもの着ているものを脱がせ，特に生殖器に注意を払いつつ徹底的に調べ上げる。その一方で，あなたは裁判所に連れて行かれ，あなたの性格についての糾問的聴聞に直面させられる。あなたを告発した人は完全な匿名性と法的保護を享受する。あなたの有罪は本来的に推定されている。伝聞証拠の禁止を含む多くの標準的な証拠法則は打ち捨てられる。あなたが利用できないものとしては，夫婦間ないし医師・患者間の秘匿・守秘義務といった古典的な特権もそうである。困難をものともせずどうにか無実を立証して子どもを取り返した人たちの中でさえ，多くの人が逃れることができるのは，州の指示した心理カウンセリングに同意した場合だけである。そこではセラピストが人の心と価値観を再構成しようと立ち働いている。……過去20年以上，家庭内暴力という複雑な社会問題に対する正当な関心が魔女狩りへと転換されてきた。憲法と，治療国家の手先にその生活を粉砕された何千もの罪のない家族の行く末を荒廃させながら[*29]。

地方検察庁は，あったかもしれない児童性的虐待の嫌疑を報告するには正当な場所だが，申し立ては虚偽であるかもしれないし，それに続く捜査や予想される起訴はしばしば告発された者を情緒的にも経済的にも破壊へと導くかもしれないのである。

ミネソタ州ジョーダンで申し立てられた児童性的虐待の事件は，その地域の児童性交愛好者集団への積極的な参加者であると誤って告発されるという災厄をも描き出した。ジョーダンでの推移と状況証拠は，マクマーチン児童強制わいせつ事件のそれと酷似していた。1983年，清掃作業員でベビーシッターのジェームズ・ジョン・ラッドは2人の幼児に対するわいせつ行為で逮捕された。拘束された後，彼は，刑期を短くする代わりに，その地域の多くの親で構成されている児童性交愛好者集団への関与を明らかにするという取引きを検察側と行なった。実質的にはそれ以上の捜査はなされないまま，警察は即座に新たに告発された人々を逮捕し，子どもを取り上げた。子どもたちは，福祉当局の保護下に置かれたが，医療専門家に無理やりに調べられ，繰り返し警察の捜査官の取調べを受けた。しかし子どもたちは，性的虐待は何もなかったと強く否定したのである。

裁判を受けた最初のカップルは陪審に無罪とされた。別の裁判が始まろうという前に，ジェームズ・ラッドがラジオのインタビューで，愛好者集団について嘘を言っていたことを認めた。けれども，地方検察庁は，被告人たちは児童性的虐待で有罪であるとやみくもに主張した。検察側が申し立てられた犯罪を裏づける補強証拠が絶無であることを悟ったとたん，地方検事は被告人に，他の被告人に不利な証言をすることを条件とした答弁取引きを持ちかけた。この答弁取引きは，引越し，新しい名前と身分証明，そして経済的な報償の提供を内容としていた。すべての被告人がこの申し込みを拒絶し，陪審裁判を要求した[*30]。ミネソタ州司法長官府が介入してようやく，ミネソタ州の小さな町を襲った恐怖支配は終わりを迎えたのである。

魔女狩りが別の名前でされたこの事件は，ミネソタ州ジョーダンの一般市民にとってすべての被告人は無実であることが明らかと見えたにしても，熱心すぎる訴追と地方検察庁の裁量権限の誤用についてのもう1つの例を描き出している。このよく知られた，複数の被害者を生み出した事件の後，児童に

対する性的虐待や強制わいせつで誤って告発された被害者を支援するために，VOCALが創設されたのである。

犯人とされた者の評判

　真実だけが傷ついた者に惜しみなく自由を与えてくれるかといえば，必ずしもそうではない。児童性的虐待で告発された者にとって，その結果はしばしば荒廃したものとなる。無罪と認定されたものの個人的な生活は，徹底的に破壊される。地域では子どもにわいせつを働いた者というレッテルを貼られる。家庭は崩壊する。個人や職業的な評判は失われるのである。

　新聞コラムニストのアン・ランダースは，児童強制わいせつの告発内容が立証されないことに付随する問題の一部を描き出したいくつかの手紙を発表した。「私たちについて，みなさんとしては何もできないというのはわかります。でも，おそらくこの手紙を発表することで，告発内容について有罪と立証されないことを示す助けにはなるでしょう」と，ある手紙では言っている。手紙の中で詳しく触れられているが，セラピーの途中で，ある若い女性は，2歳から11歳までの間，父親からわいせつ行為をされていたことを突然「思い出した」。父親は強くそのような行為を否定したが，家庭は無残に引き裂かれた[*31]。

　別の手紙では，訓練を受けていない者が子どもに対して，誰も「あなたの体に触っては」いけないと教えることの問題を伝えている。孫娘と「せっせっせ」をして遊んでいた祖父が，その子どもと母親にわいせつ行為で告発された。この祖父が言っているように，「こういった若い保育園の職員の中には，心理学者の役割を演じようとするベビーシッターにすぎない者もいる。彼らは，取扱いの難しい情報をどのように子どもたちに提供するか知らないし，こういう素人は間違った観念を子どもたちに植えつけてしまう」。祖父は続けて，孫娘に教え込まれたこの不幸な「世界」観のために，娘と自分の間にひどい感情問題が今でもあると書いている[*32]。

　そのほかに生じる問題として，リハビリのためのセラピーと，有罪かもしれないのか無実なのかを訓練された捜査官が決定することとの区別が曖昧となり，無実の人が告発されるだけでなく，審理を待つ間何年も拘禁されることにつながっている，ということがある。何の証拠もなさそうで，告発された人が強く

告発事実を否認していたとしても，子どもの話した内容がなお拘禁への鍵となっているのである。こうして，児童強制わいせつの罪で刑事的には何ら有罪とは認定されていなくても，拘置所で時間を費やす人たちがいるのである。

4. 子どもたちと刑事司法過程

　マクマーチン事件の被告人は，シェークスピア——私の財布を盗む者はがらくたは盗むかもしれないが私の評判までは盗まない——を訂正したいと思うだろう。一度盗まれると間違いなく貧窮が後に続くのである。

　マクマーチン事件は他のものまで盗み去った。「子どもは，性的虐待によっては無邪気さを奪われなかったかもしれないが，その無邪気さは，訴訟が結論にいたるまで6年を要した法制度によって盗み去られた」とあるコラムニストは哀れんでいる。「ある子どもの証人は，虐待があったといわれるときには4歳，最初にそれをソーシャルワーカーに話したときに7歳，大陪審にその話をしたのが8歳，裁判官に話したのが10歳，そして最後に，評決を出した陪審にその話をしたのは11歳のときだった」*33。明らかなことだが，児童虐待事件で意味のある司法にしたいというのであれば，決定にかかる時間を短くしなければならない*34。

　より長期的な観点に立ったとき，マクマーチン事件が示唆するその他の改革とはどのようなものだろうか。裁判官，検察官，そして弁護人は，刑事司法制度やそこにかかわる多くの機関が性的虐待を受けていたかもしれない子どものニーズに十分応えていないことについては意見が一致している。子どもたちは，知っていることや体験したことを表現する語彙に欠けているのである*35。

　記憶されたことが言語記述に固まるまでの間に，その姿は他からの影響によって曖昧になったり鮮明になったりしたものかもしれない。そして法過程のタイムレコーダーはそれとしての経過をたどったものだろう。マクマーチン幼稚園の子どもの親やその他の人たちは，それにもかかわらず，児童強制わいせつ事件についての6年という時効期間は変更されるべきと考えている。彼らは，虐待があったとされる時点で子どもたちの一部はとても幼く，証言するには幼すぎると主張している。証言できる年齢になるのを待っていたら時効が成立し

てしまっていたというのである*36。マクマーチン幼稚園のある園児の父親は，時効法令の結果，「子どもたちには基本的人権がない。これは完全犯罪だ。なぜなら，誰も不利な証言ができないのだから」と言っている*37。カリフォルニア州の立法府に聞かせたいものである。

5. マスメディア

　1910年，G・K・チェスタートンは，「現代世界には，おそらく歴史上初めて，起きるべきことがいいことなのか悪いことなのか，うまくいくものなのかいかないものなのか，こっちの当事者にとってよいものなのかあっちの当事者によいものなのか，といったことに関心をもつのではなく，単に起きるべきことに関心をもつ種類の人々が登場した」と述べている。この「種類の人々」が強力な官僚制を構成して，ニュースをそれら起きるべきことという型にはめてそれらの出来事を情緒的に一般市民に大きく伝えると，起きるべき出来事は，伝達者および報道者双方としてのメディアによって，現に起きることとなる。これがメディア創設の真髄である。強烈な出来事は，メディアによって現実に起こったものとして描写される——すなわち，ぞっとするような歪曲がそこにはあるのである。

　型にはめられてメディアが報じた出来事として，マクマーチン事件は，官僚的なメディアがジャーナリズム特有の懐疑的態度と客観的な調査報道という目的を失ったときに，何が起こり得るかということについて，最悪のものを描き出した。彼らの報道した内容は，告発された者の有罪を前提においたうえで，公判もなしに被告人たちを有罪にしようとしたものであり，犯罪で告発された7人に加えて他の多くの人たちも合わせて有罪だと訴えたものだった*38。

　メディアは一般的に，マクマーチン事件のニュースのように熱を入れて選別した内容を報道するときに，憲法修正1条の言論および報道の自由の権利を持ち出すが，それはまた，ヒステリックな雰囲気を醸成することで，不合理な捜索，逮捕・押収に対して身体，住居，書類および所持品の安全を保障される被告人の修正4条の権利を危うくする一因となり，修正6条の権利である公平な同僚陪審による公正な裁判を受けることがほとんどできなくなり，制限はされない

までも，自由および財産を奪う際のデュープロセスという修正14条の権利を弱めるものとなる。メディアは裁判を開き，レポーターが告発内容を申し立て，偏った事実を証言し，証拠を作り上げることで，一般市民は，貪欲とは言わないまでも不公平に，情緒的に興奮しながら被告人を裁こうとするのである。

しかし彼らは，自分たちの領域を著しく踏み越えており，証人が証言期日の決まる前にメディアの接触を受けた若干の事例に言及した，パウンダース裁判官の次のような発言を招いている。「レポーターがレポーターと捜査官を兼ねることを決めたとき，多くの人々は裁判所に来て証言するのが嫌になったのである」*39。

6. 予断をもたらす資料の影響を遮断するための裁判所の措置

児童性的虐待事件における憲法上の問題の検討について結論を出す前に，本章の最後の節で，告発された者と申し立て犯罪について予断をもたらす資料の影響を遮断するため，裁判所が取り得る多くの措置と戦略について提示する。

最初に，マクマーチン事件はメディアによるイベントだった。広範に報道された事件では，印刷メディアや電子メディアが流す予断をもたらす資料が流布し，その流れとそれらへのアクセスを裁判所が制限することは難しい。裁判所は２つの基本戦略を範とした。第１の方法は予防的なもので，予断をもたらす可能性のある資料をメディアが利用できないように制限しようとする。第２は対処的なもので，メディアが流してしまった後でその資料の影響を遮断しようとするものである。メディアが裁判所手続きや証拠にアクセスするのを統制するために裁判所は予防的・対処的双方の措置を活用したことから，マクマーチン児童強制わいせつ裁判で採用されたこれらの戦略のいくつかと，それらの他の広範に報道された裁判への適用可能性を議論することが重要なのである。

マクマーチン裁判における予防的措置

第１の予防的戦略のもとでは，予断をもたらす情報だと考えた場合，裁判所は，メディアがその情報へアクセスすることと，その情報を報道することのい

ずれかを制限するために行動を起こす。しかしながらこのアプローチは，報道の自由に対する修正1条の保護に直接に抵触し，メディア側の厳しい反発にあっている。また，裁判所が好む戦略ではなかったし，それは，この予防的戦略が採用された場合の不服審査というテストケースで合衆国最高裁判所がより厳格であったことにも現われている。

予防的戦略は，被告人と申し立てられた犯罪に関して予断をもたらす情報の獲得・利用を制限するための次の3つの措置を内容としている。それぞれの措置とも，裁判所命令を用いて，いくつもの段階でメディアが刑事事件を報道する範囲を制限するものである。それらは，(1) 司法手続きに外部の者を出席させないようにする法廷の非公開，(2) メディアが情報を報道することに対する差止命令，(3) 通常最も一般的な予断をもたらす情報源であることから，関係者の法廷外での発言を事実審裁判官が禁止する発言禁止命令，である。

法廷非公開はマクマーチン事件では採用されなかったが，これはおそらく裁判所の賢明な動向である。ガネット社対ディパスカル (*Gannett Co. v. DePasquale*, 443 U.S. 368, 1979) において，合衆国最高裁判所は，一般社会の構成員とさらに広げてメディアは，公判前の審問に出席する憲法上の権利があると判示していた。本件では，メディアが，修正6条の規定する公開裁判への権利に基づいて刑事手続きにアクセスする一般市民の権利を主張した。最高裁判所は，修正6条の公開裁判の規定は被告人の利益のためにのみ存在するもので，メディアにも一般市民にも憲法上のアクセス権を与えるものではないと判示したが，非公開とする際の基準は示さなかった。事実審裁判へのアクセスの権利に関しては1980年，最高裁判所はリッチモンド新聞社対バージニア州 (*Richmond Newspaper v. Virginia*, 448 U.S. 555) において，メディアと一般市民には裁判にアクセスする権利があり，アクセスは恣意的に，理由なくして奪われることはない，と判示した。さらに，最高裁判所は，非公開を求める当事者に，メディアのアクセスが修正6条のデュープロセスの保護を失わせる結果となることを示すべき立証責任を課したのである。

予防的戦略の第2の措置である差止命令は，メディアが情報を報道しないようにするためのものである。差止命令についての最近の司法上の支持は，シェパード対マクスウェル (*Sheppard v. Maxwell*, 38 U.S. 333, 1966) に淵源をもつ。

そこで最高裁判所は，事実審裁判官に手続きの間メディアを統制する直接責任をもたせた。差止命令がめったにない状況でしか許されないという立場は，ランドマーク・コミュニケーションズ対バージニア州（*Landmark Communications v. Virginia*, 435 U.S. 829, 1978）とスミス対デイリー・メール出版社（*Smith v. Daily Mail Publishing Co.*, 443 U.S. 97, 1979）で強化された。この2つの最高裁判所判決は，明確な優越的必要性が欠けているとして下級裁判所の差止命令を覆した。そのうえ，差止命令の自由な利用に関するより最近の裁判所の判断は力を得ておらず，最高裁判所は一般的には差止命令という措置には反対で，メディア側に軍配をあげている*40。

このように，下級裁判所は手続き非公開とすでに報道された情報の影響を遮断するためのものとして議論の少ない対処的措置に多く目を向けてきた。マクマーチン事件で裁判官は，予備審問と陪審裁判の双方において，写真を含め子どもである証人を特定することのできるいかなる情報をも公表しないようメディアに求めた。これは検閲の一形態であるが，裁判官は全般的に，被告人および申し立てられた犯罪に関する情報について差止命令を出すことはしなかったのである。

予断をもたらす情報の獲得・利用を制限するための第3の裁判所の措置は，発言禁止命令である。裁判所関係者の発言を制限するための法原理は，彼らが刑事事件に関して特権的な情報をもっており，もはや市民一般と同じように発言をする修正1条の権利をもっていない，というものである。最近では，事実審裁判官が被告人を除いた公判関係者の発言を制限することは，手続きを非公開としたりメディアが予断をもたらす資料や発言を公表するのを制限したりするよりもやりやすくなっている*41。マクマーチン事件の裁判所は，予断をもたらす情報が印刷・電子マスメディアの手に届かないようにするための発言禁止命令を活用した。残念なことに，CII面接者や地方検事といった関係者は，裁判所が出した発言禁止命令にもかかわらず，情報を提供した。最高裁判所は最近，発言禁止命令を差止命令よりもよいものとする見解を示しているが，事実審裁判所が，発言禁止命令という手段をとる前に対処的戦略のような議論の少ない他の措置をまず追求しなければいけないかどうかについては，なお不明確な部分が残っている*42。

マクマーチン裁判における対処的措置

　事実審裁判所はまた，マスメディアによって予断をもたらす可能性のある情報の影響を遮断するために数多くの対処的措置を発動することができる。一般的に，対処的措置は予防的措置よりも好まれている。それは，マスメディアの活動を直接制限することがなく，したがって修正１条の報道の自由の権利を侵害しないですむからである。対処的措置は，一般市民はメディアによる予断をもたらす情報や報道によって影響を受けて偏見をもつことがあるとしても，偏見のない陪審を招集して偏見のない公判を行なうことはできる，という前提に依拠している*43。

　報道された予断をもたらす資料や情報の影響を遮断するための裁判所の対処的措置は，次の５つの戦略を内容としている。(1) 陪審席から予断をもった陪審員をより直截に排除するためのヴォア・ディール陪審選定手続き，(2) 裁判地変更，(3) 裁判手続きの延期，(4) 刑事公判の全過程での陪審員の隔離，そして (5) 陪審評決への報道の影響を減殺するための陪審への特別説示。これらの戦略のいくつかは，マクマーチン事件でも実際に使われた。もっともその効果については弁護側からなお疑問が呈されている。

　陪審選定手続きでは，検察官と弁護人は，陪審を排除するための正当な理由を述べなければならない理由つき忌避か，理由を必要としない専断的忌避のいずれかによって，陪審員が陪審を務めないようにすることができる*44。陪審選定手続きは，事件について知っていて予断をもっているのを認めた陪審員を特定するのみであり，陪審員が自分は偏見をもっていたらそれを認めるだろうという前提を基本としている。先に述べたように，２つのマクマーチン裁判では，個別化され隔離されたヴォア・ディール手続きで弁護人は，直接の質問と事前の質問票への記入結果によって指名された陪審員の偏見を批判的に評価することができた。

　別の対処的措置として，審理前の取材報道とその影響が被告人にとって公平な審理ができるまでに沈静化したと考えられるまで審理開始を遅らせる，裁判手続きの延期がある。この実務は，事件へのメディアの関心は衰えるものであり，陪審員は事件についての過去のメディアの報道の詳細を忘れるだろうという前提を基礎としている。裁判手続きの延期の有利な点は，より偏見のない陪

審員を集める可能性が高いことにあるが，迅速な裁判を受ける被告人の権利と相反し，遅くなると利用できない証人や証拠が出てくるという弱点がある。ロサンゼルスにおける児童強制わいせつという争点をめぐる一般市民の敵意の性質を前提とすると，手続き延期はマクマーチン事件の被告人と彼らが申し立てられた犯罪について予断をもたらす資料と情報の影響を減殺するために効果的な対処的方法ではなかったかもしれない。多くのロサンゼルス住民が感情的な興奮状態を続けていたことだろう。

　裁判地変更は，報道された予断をもたらす資料の影響を遮断するための別の措置である。裁判地変更は，事件が大量のメディア報道にさらされている地域から，それほど報道されていないために陪審員候補者があまり偏見をもっていないと考えられる地域へと審理が移されるときに行なわれる。裁判地変更は，それが必要と考えられたことからいくつかの広く報道された事件で認められてきた。たとえば，1991年のロドニー・キング殴打事件の4人の白人警察官に対する最初の州の裁判は，ロサンゼルス郡からベンチュラ郡に移された。1980年代後半のヴィンセント・チン市民権裁判も，デトロイトからシンシナティに移された。マクマーチン裁判で弁護側は，ロサンゼルスでインタビューを受けた中で90％を優に超える人たちがマクマーチン事件の被告人は告発事実について有罪だと考えているという調査結果が出たことから，裁判地変更を請求した。その調査は実際の裁判の1年前に行なわれたものだったが，裁判地変更の申し立ては棄却された。裁判地変更の効果についてはなお議論の余地があるが，このような対処的な司法的措置は，より公平で偏見のない陪審員の候補を確保できる点で弁護側に利益をもたらすものだったかもしれない。

　隔離は，メディアによる予断をもたらす資料の影響を遮断するためのさらに別の対処的な方法である。陪審に届く情報を統制するために陪審を隔離するものである。この方法は，陪審裁判の前に陪審が予断をもたらす資料や情報にさらされていない場合には効果をもち得る。隔離は，財政的な点からも個人の犠牲という点からも負担がかかる。第二次マクマーチン公判では，陪審員は数か月にわたって隔離され，家族や恋人との接触が制限された。このように，隔離は多大なコストがかかり，陪審員にとっては破壊的なものであり，場合によっては被告発人に対する敵意を生み出す*45。

陪審への説示は，メディアによる被告人に関する予断をもたらす資料の影響を遮断するために発動することのできる，おそらくは最も費用のかからない司法的措置であろう。説示とは，裁判についてのメディアの報道を無視し，事件について誰とも議論してはならないように陪審員に伝えるものである。メディアや外部情報源に関する標準的な警告は，メディアによる大量の詮索と報道にさらされた多くの裁判で当然のこととしてふつうに与えられてきた。マクマーチン裁判も例外ではなかった。過去の調査では，標準的な陪審への警告は，完全には報道による偏見を排除できないことが示されており，陪審員は説示にもかかわらず，被告人や申し立てられた犯罪に関する予断・偏見をもたらす情報について議論していることを示す研究もある[*46]。
　メディアの公判証拠へのアクセスを統制し，予断をもたらす資料の影響を遮断するために多くの予防的・対処的な裁判所の措置があるが，それら戦略の効果は，検察側，弁護人の双方からなお疑問が呈されている。
　マクマーチン事件のように大量の報道があった事件において，対処的方法は予防的方法よりも容易に適用することができるけれども，予断をもたらす恐れのある資料へのメディアのアクセスを統制し，メディアによる予断をもたらす情報の流布と否定的影響を遮断するためのものである予防的・対処的双方の司法的措置の有用性と効果を検証することが重要である。

7. 結　　語

　マクマーチン事件の悪名を前提としても，それが児童性的虐待の申し立てを将来扱うための，道しるべを与えてくれるものかどうかははっきりしない。ラエル・ルビン検察官は，「われわれは開拓者である。われわれは，何をすべきか，子どもたちの権利の必要性をどのように認識し，それと被告人と権利とのバランスをどのようにとるかについて教訓を得ようとしているところだ」と主張して，この事件が新たな法的地平を開くものだと述べている[*47]。
　被害者とされる人と犯人とされる人の双方が，おそらく彼女には強く反対するだろう。しかし，明らかにマクマーチン事件は，刑事司法制度で使われる手続きに影響を与えている。申し立てのあった性的虐待事件は，今ではほとんど

第12章 憲法上の権利—児童虐待の被害者と被疑者・被告人—

の場所で以前とは違う取り扱いがされている。たとえば、カリフォルニア州オークランドで児童虐待を扱うある検察官は、通常の警察の刑事に任せるのではなく、今では大半の告発が、幼児に慎重を要する質問をする方法について教育を受けた捜査官に送られている、と述べている。面接内容は最初からテープ録音され、子どもが強制されているとか指導を受けているとかいう反対の訴えに応えることができるようになっている*48。

トーランス市警察署のマイク・ハーチカは、児童虐待事件に積極的にかかわってきたが、このような事件は、地方検察庁ではなく、そのための訓練を受けた捜査官のいる警察署が扱うべきだと言っている。また、CIIのような外部機関は通常、彼らが生み出す「証拠」を裁判所手続きにおいて効果的に利用され重要な証言と認められるように、訓練をすることはできないだろう。

ハーチカはまた、マクマーチン事件の検察側チームの準備不足を批判している。「例によって、この事件に関与した者の中で、誤りを犯したことを認める者はいないだろう。常識が命ずるのはそうでないところなのに。しかしながら、望むらくは、われわれが教訓とするところに従って、再び同じ状況を招かないようにすることだ」*49。

マクマーチン事件はまた、合衆国における手続き的正義という基本原則の1つ、人は有罪が立証されて認定されるまでは無罪とされる、ということにもっと強い注意が払われる必要がある、ということをも描き出している。児童強制わいせつはほとんど例外なく虐待された子どもに恐怖とトラウマを与えるものではあるが、犯人とされる人の憲法上の権利は、司法がその義務を果たそうとするのであれば、踏みにじられることがあってはならない。同様に、裁判所がとる多くの司法上の戦略や措置は、被告人や申し立てられた犯罪について報道された予断をもたらす資料の影響を遮断するためのものと考えなければならない。

確かに、子どもと子どもに影響を与える大人の双方に、性的虐待について誤った告発を行なうことについていろいろな動機がある。だから、その告発が誤りかもしれないという不断の警戒と認識が必要になってくるのである。けれども、実際にわいせつ行為を受けた子どもを保護するに適した措置もなければならない。明らかなのは、捜査手続きと訴追手続きにおいてよりよく訓練された

専門家が必要だということであり，そうすることで，児童性的虐待事件において矛盾する物語の中からどのように真実を発見するかということを最もよく理解することができるのである。

　マクマーチン事件を詳細に観察したある者は，わいせつ事件の告発とそれに関係するいろいろな証言内容——マクマーチン事件の被告人が素手と野球バットで馬を殺したといったような——の誤りが立証されるのであれば，子どもは偽証で訴追され刑務所に送られるべきだと主張している*50。そのうえ彼は，もし親が子どもにそのような誤った告発をするようにけしかけたのであれば，その親もまた偽証で訴追されなければならないと主張する。裁判所がそこで親と子どもが虚偽供述をしていると確定するのであれば，少なくとも親は拘禁刑を招き得る結果を受けるべきだろう。「セラピスト」やソーシャルワーカー，地方検察庁の非良心的な法律家に加えて，親が刑を宣告されたり拘禁されたりすることがいくつかでも広く知られるようになれば，起こるかもしれない誤判が速やかになくなっていくのを見ることができるかもしれない。

　主要な2人の被告人の近親者は，事件の早い段階で次のように言っている。「マクマーチン裁判がいつまでも続く運命にあるのは残念なことだ。さらにとても残念なのは，このとんでもないでっちあげに責任をもつ人たちが，彼らが作り上げた悪に見合った適正な刑罰を受けることはないということだ。それが果たされるべき正義なのに」*51。

第13章　被害者と犯人とされる人の権利
―可能な改革への処方箋―

　今日まで，児童強制わいせつや虐待を説明したり定義したりする適切な理論を展開しようとする研究は，ほとんどなされてきていない。合衆国での日常生活の中で，それらが繰り返されていることをどのように説明するかについても同じである。児童性的虐待に焦点を当てるときの視点は，ほとんどの場合，家庭状況，子どもに行き過ぎた行動をとる病理，子どもの接している環境，そして強制わいせつにつながるいわゆる機会解析に集中している。その診断結果は通常逸話的なもので，個別の説明を，現象を拠り所とした一種の百科事典として項目化したものである。そして，大人・子ども間の性衝動ないし虐待という，それに続く経験は，そのような先例を「説明する」それら自身の内的証明として扱われる。

　だが，そういった事典のような要約と検索体系は，それ自体が障害としてはたらく。警察の捜査の建前，ソーシャルワーカーの報告，リハビリの「専門家」やセラピストの指導をする専門家に対して子どもがする漠然としていて複雑な説明，そして自身の不可解な規則と法律万能主義に目をふさがれた裁判所の手続き志向の過程を切り落とすことはまれにしかないのである。

　しかしながら，明らかなのは，どんな初期捜査も性衝動や性的虐待，児童虐待についてまず定義できなければならず，それから法科学的証拠やその他虐待を補強する証拠の問題点に向かわなければならないということである。虐待に敵対することは，いぜんとして政治的には安全な反応であり安定である。パトリシア・シュレーダー下院議員（民主党・コロラド州選出）は，「性的虐待

が悪だということについて人々を納得させる必要はない。ある点で社会的に認められている，タバコを吸うのとはわけが違う。アメリカには，児童虐待者であることを社会的に認める余地はない」*¹。しかしながら，この争点について政治的には一致していても，合衆国性的虐待・養育放棄諮問委員会（U.S. Advisory Board on Child Abuse and Neglect）がいうように「国家的緊急事態」であると宣言されているにもかかわらず，この問題と戦うための法的・後方支援的解決法を見出すことに向けた進展はほとんどない。

　現代社会では，児童性的虐待は，マスメディアの注意を引くとともに政治的事項となっている。性的虐待の専門家であるゲレスは，次のように結論づけている。

　　　20年の議論や論争そして活動によって，私は，容認された，あるいは容認し得る虐待の定義は出てこないだろう，なぜなら，虐待は科学的な用語でも臨床的な用語でもないからだ，という結論に達した。虐待は本質的に，定義を適用するに十分大きなグループあるいは十分な政治権力によって，逸脱した，あるいは害悪を与えると考えられるあらゆる行為のことである。虐待は，視聴者の注意をつかもうとするジャーナリストにとっては使える用語である。一般市民の注意をつかむだけの軽蔑的な含意をもつがゆえに，政治的にも有効な用語である。残念ながら，虐待として特徴づけることができるといった以上に一定の客観的な行為があるわけではなく，虐待と定義されるものは，政治的交渉の過程に依存しているのである*²。

　このような交渉は，もはや信頼できるセーフティネットが存在しない社会で行なわれる。伝統的な家族の結束，制度的支援のネットワーク，地域社会の組織，教会，そして学校の浸食は，社会的基準が変化しつつあることを反映したものである。家族の流動性が進むことで子どもたちは追い出され，デイケア・センターに置かれ，鍵っ子となって自足するようになる。そのことが結果として，虐待や性的虐待にさらされる機会を生み出しているのである。

　これらが，マクマーチン幼稚園事件のより広い背景を描写した全部分である。その中で，連動した社会的，個人的，そして地域社会によるプレッシャーが，あるジャーナリストが次のように様式化したものを生み出した。「悪夢，恐怖，託児室の壁に映る暗い影。投獄と破産。自殺。搾取。破壊された経歴と友愛。

第13章 被害者と犯人とされる人の権利―可能な改革への処方箋―

失われた子ども期。史上最大の強制わいせつ事件を生み出した，陽射しの強い海岸通の町にかかる雲」*3。これらは少なくとも，ある親が「7年間の地獄への道行き」と述べたものだった。

マクマーチン事件のエピソードは，簡単に現代アメリカの肖像画へと姿を結んでいくようなものでもない*4。マクマーチン事件のゴタゴタの中で子どもたちは，他のどんな関係者よりも傷ついた。実際のところ，子どもたちは助け出されたことで最も傷ついたのかもしれない。虚偽の告発はしばしば，概して思いやりがなく分別のない法制度にさらされることに加えて，いたいけな子どもたちが必要もなく里親に出されるといった事態を招く*5。「真の解決を見つけ出すステップは，『常識テスト』を子ども救済者の見解に当てはめることである」*6。

マクマーチン事件から得られる教訓は他にもある。見落とされてきた中でおそらく最大のものは，親，セラピスト，そして検察官は，犯人だけが幼い子どもを恐れさせ，混乱させ，その他操作することができると想定していることだろう。子どもたちが犯罪者によって操作され得るという想定が正しいとしても，間違いなく，善意のセラピストや警察官，検察官によっても操作され得るのである。このような可能性があるならば，将来の児童虐待の告発は，感情を越え，理性を高めた方法で取り扱うべきだということを明確に認識しなければならない。児童性的虐待への認識が高まり，児童性的虐待の申し立てを適切に捜査する新たな技術の開発の必要性が広く知られるのでなければ，将来明らかに，児童性的虐待をした人だと申し立てられたもっと多くの人たちが裁判にかけられることになるだろう。その多くは解放されるだろうが，間違いなくますます多くの反訴が裁判所に申し立てられることになるだろう。

1. 反　　訴

本章の最初の節では，最初の被告人たちの反訴，それら訴えの評価と，裁判所の決定の概要を提示する。訴追当局に対する反訴によって，多様な裁判官が出した決定を興味深く概観できる。マクマーチン事件という大河小説では，これら決定のすべてがこれまでに，メディア，告発をした親や子ども，セラピスト，

捜査官,警察,そして検察官を免責した。裁判官たちによるそれぞれの決定は,すべての告発者や検察官の「善意」を推定したものだった。もっとも,この善意の推定には,被告人たちだけでなく,このエピソードを詳細に観察した者たちからも疑問が呈されている。

バージニア・マクマーチンと元被告人たち

　1986年4月,バージニア・マクマーチン,ペギー・アン・バッキー,そしてバベット・スピットラーは,マクマーチン幼稚園の児童強制わいせつで不当に起訴されたことで自分たちの生活が破壊されたと主張して,ロサンゼルス郡に対する訴訟を提起した。彼らに対する告発は結局取り下げられたのだが,バージニア・マクマーチンの職業的評判,彼女の学校,弁護費用を払うため失った彼女の海に面した家の損失を埋め合わせはしなかった。

　1986年5月,上位裁判所のウォーレン・デーリング裁判官は,誤った逮捕,プライバシー侵害,そして名誉毀損を主張する提訴は時効が完成しており,また,原告は,申し立てた不法行為の後100日以内にその訴訟を提起しなかったことについて,証拠能力がある証拠による弁明を示さなかった,と決定した[*7]。しかしながら,その不当行為が提訴の100日以内にある部分の範囲では,被告に対する訴訟の中でその主張を法廷で争うことができた。そしてその訴えは,本案について棄却された。

　争点となったのは,時効の成立時期だった。検察側――この訴訟では被告――は,時効は被告人が最初に逮捕されたときから進行すると主張したのに対して,被告人側――現在の原告――は,すべての告発が棄却されたときだと主張した。ここには誤った告発と政府に対する不服を救済する権利を命じる権利章典との間に解決されていない関係があるように思われる。

　法は,被告人が刑事告発の進行中は検察側に対する訴訟を提起できず,公判ないし告発の棄却後訴訟を提起するまで100日という期限内に提訴しなければならないとしていることは比較的明らかだと思われる。この要請は,カリフォルニア州の政府法典945.3条に対するデービス修正で明記されている。この法的指針の期限内の訴訟提起であるにもかかわらず,裁判官は被告に対する訴えを棄却したのだった――マクマーチン事件の原告が正当な法的期限内に訴訟を

第13章　被害者と犯人とされる人の権利―可能な改革への処方箋―

提起しなかったことを理由としていた。それにもかかわらず，彼らはなお，共同謀議と基本的人権侵害の訴訟を提起することができたのである。

　同様に，他の被告人と家族も，デービス修正に基づく政府の不法行為訴訟提起法による救済を求めて訴訟を提起した。たとえば，1986年3月，バベット・スピットラー，ドナルド・スピットラーとその子どもたちであるチャド・スピットラー，ウェンディ・スピットラーは，地方検察庁の不法行為となる活動，すなわち警察捜査の怠慢と憲法に反する警察活動による損害を主張して，ロサンゼルス郡に対する訴訟を提起した。バベット・スピットラーは，1984年3月から1986年1月まで続いた悪意ある訴追による損害を主張した。ドナルド・スピットラーは，同様の主張をロサンゼルス郡に対して行ない，2人の子どももマンハッタン・ビーチ市に対して同様の主張をした。

　告訴内容は次のようなものである。検察側は合理的な事実的基礎や実質的証拠なしに捜査に着手することを決め，適正な捜査手続きを履行しなかった。証拠は国際子ども研究所（CII）を含む不適切な機関によって明らかにされたものであり，資格のない心理療法士によって行なわれた，子どもたちに対する面接のビデオに依存していた。そして，KABC-TVが，操作を加え，事実をゆがめ，誇張したマクマーチン事件のニュースの筋書きによって「侮辱的な活動」を表出した，ということである。結論として，原告たちは，自分たちは「雇用と収入の喪失，辱めと困惑，一般市民の非難，失業，経済的貧窮，張り詰めた家族関係と社会関係，自尊心の喪失，そして収入の可能性の永続的減損に耐え忍ぶ中での厳しい感情的苦痛」に苦しんだと主張した[*8]。そのすべてが，ロサンゼルス郡とマンハッタン・ビーチ市に対する訴訟提起を求めたのである。しかしながら，訴えは棄却された。

　スピットラーの子どもたちについて言えば，再訴可能なものとしてその訴えが棄却された。1987年1月，原告たちは，決定公示に対する異議を申し立てた。公示が裁判所決定を正確に反映していないことを理由とするものだったが，選択的なものとして，追加的な新証拠に基づく再検討を求めた。この異議申立ては棄却された。再検討の申し立てについても次の2つの理由で棄却された。(1) 時機を逸したものである，そして，(2) 合理的な注意を払っても最初の聴聞では提示することができなかったような新しい事実は何ら提示されていない。

彼らは控訴したが，カリフォルニア州控訴裁判所第二管轄区は1988年10月12日，原審決定を支持した。控訴裁判所は次のように判示した。(1) 法で定めた期間内に申立書を提出することを求めているデービス修正は，刑事訴訟が係属しているために民事訴訟が提起できないとしても，刑事手続きを理由とする申し立てをする申し立て人の平等保護を否定したものではない。(2) デービス修正は，修正5条の自己負罪拒否特権を侵害するものではない。そして，(3) 申し立ては，訴訟提起の遅延が原告自身の責めに帰すものではないことを立証していない[*9]。

ペギー・アン・バッキー

　自分の母親と弟が無罪となった後，ペギー・アン・バッキーは，アナハイム市ユニオン高等学校区（教育委員会）に対して，5年分，すなわち立証されなかったマクマーチン事件の告発のために教鞭をとることができなかった期間の補償を求めて提訴した[*10]。法的「論理」を用いて，裁判官は223,000ドルの補償請求を棄却した。もっとも，州教育委員会との闘いの後，彼女は地位を回復し教職に復帰していた。彼女の請求を棄却した裁判官は，教員資格証明書が失効する前に聴聞の機会が与えられなかったとしても，彼女は**自発的**意思で教員資格を失効させたのだ，と述べた。彼女は結局教員資格を再取得したのだが，彼女の経済的損失と職業的評判は完全に回復することはなかった[*11]。

　ペギー・アン・バッキーはまた，誤った訴追について1,000万ドルを求めて訴訟を提起した。被告には，ロサンゼルス郡，CII，そのセラピストであるカスリーン・マクファーレン，マンハッタン・ビーチ市，テレビのレポーターであるウェイン・ザッツとそのテレビ局であるKABC，検察側の医学専門家証人で子どもたちを検査したアストリッド・ヒーガーとブルース・ウッドリング，前地方検事正のロバート・フィリボジアン，ロサンゼルス郡のブロック保安官，その他のマクマーチン性犯罪事件の告発をセンセーショナルに扱うのを助長した人たちが含まれていた[*12]。ペギー・アン・バッキーは，オレンジ郡の高校で聴覚障害の子どもたちを教えるという職を失い，教職資格と長年の貯蓄を「魔女狩り」によって失ったと訴えた[*13]。彼女の訴えはまたも，正式事実審理を経ることなく棄却された。

第13章　被害者と犯人とされる人の権利—可能な改革への処方箋—

ペギー・マクマーチン・バッキーとレイモンド・バッキー

　1990年1月19日に陪審の評決が言い渡された直後，ペギー・マクマーチン・バッキーもまた，ロサンゼルス連邦裁判所で損失補償を求めて数百万ドルの連邦訴訟を提起した。被告として相手どった中には，その警察署が200人の親に最初の手紙を送付したマンハッタン・ビーチ市，ロサンゼルス郡とその前地方検事正ロバート・フィリボジアン，キャピタル・シティーズABC社とその元レポーターであるウェイン・ザッツおよびそのロサンゼルスABC放送局が含まれていた。

　ペギー・マクマーチン・バッキーの訴訟は，彼女の基本的人権がウェイン・ザッツとカスリーン・マクファーレンが恋愛関係をもったことによって侵害されたとする主張によるものだった。この2人の恋愛関係によってマクファーレンは正式訴追の前に情報を提供し，ザッツはKABC-TVでその情報を報道し，結果として一般市民の激情と熱心すぎる訴追という結果をもたらしたというのである*14。

　第二次公判のほぼ直後，レイモンド・バッキーもまた，母親と同じような数百万ドルの訴訟を提起した。それに対し地方検察庁は，生活にひどい損害を与え，法制度に過大な要求をした7年間の試練を終わらせるには，これらの提訴を棄却するのが「結局は最善」なのだと主張した*15。

　しかしながら，レイモンド・バッキーが訴訟を提起した2日後，連邦裁判所の裁判官は，ペギー・マクマーチン・バッキーは検察官に対して訴えを起こすことはできないと決定した。陪審は彼女を無罪にしたからというのが理由だった。彼女はそれに対して上級審に控訴した。

　ペギー・マクマーチン・バッキーはまた，告訴状に名前のあげられた被告の一部は，そうするだけの事実的な基礎がなかったのに，マクマーチン事件について手続きを進めるだけの不純な動機があったと主張した。1980年代初頭，CIIはその事業を破産から救うためにスキャンダルを掘り起こす必要があった。フィリボジアンは，来る選挙戦に備えて自分に有利な状況を必要としていた。キャピタル・シティーズABCは，センセーショナルな話を売りたいがために責任あるジャーナリズムの限界を超えることをいとわず，その結果，単に報道するだけでなくニュースを作り出した。そして，すべての被告は共同謀議のう

え，バッキーの正式訴追の前にマクマーチン事件の出来事を公にした，というのである[16]。

1992年2月19日，合衆国控訴裁判所第九管轄区のリチャード・A・ガドボイス裁判官は，彼女の訴えを棄却した。警察と検察官は彼女を逮捕して裁判にかけるだけの十分な理由をもっていたと彼が判断したことを理由としていたが，同裁判官は，もし彼女が有罪と認定されていたら訴えを起こすことができたかについては示さなかった[17]。

裁判官は，告発を行なうに十分な理由をもつと目される検察官は民事訴訟の責めを負わないとする，長く確立した法原理に従った。もちろん，このことが最終的に意味するものは，どれほど悪意があり，あるいはどれほど能力がなくても，どんな検察官も悪意ある訴追に関して提訴されることはない，ということである。このことはまた，バッキーが訴えたように，警察，検察官，その他評判を傷つけ，経済的損失の原因を作り出した者による偏見による見せかけだけの捜査があっても，その行ないの責任を取る必要は何もないということをも含意しているのである。

他の反訴

訴訟の最も重要な目的の1つは，元被告人たちの評判を回復し，彼らが児童強制わいせつで告発されることはもうなく，法的に無罪を宣告された結果，彼らは無実であると公式に宣言されたという事実を繰り返して確認することにある。

訴訟それ自体が，児童性的虐待で告発された者に立証責任を課す，不愉快でひどい負担となる出来事である。彼らは一見したところ，カリフォルニア州では頼みの綱がないようだが，それは，州法が児童ケアワーカーはいかなる虐待の嫌疑でも報告しなければならないと要請しており，告発を行なう者を法的責任から保護しているからである。法執行機関の職員も同様に，彼らが告発された人にもたらした可能性のある害悪について，民事責任と刑事責任の双方から保護されている。過去の最高裁判所の決定では，法執行機関職員とともに働く人も責任は負わないことが示されている。

1989年8月，州控訴裁判所は，マクマーチン事件の被告人たちが申し立て

第 13 章　被害者と犯人とされる人の権利―可能な改革への処方箋―

た一連の不服を斥け，ロサンゼルス上位裁判所のカート・J・ルイン裁判官による原審の棄却判断を支持した。バージニア・マクマーチンとペギー・アン・バッキーは上級の連邦裁判所に控訴した。しかしながら，1989 年 11 月，連邦控訴裁判所第二管轄区により審査は棄却された。

　原告たちは，次のような事実に基づいて被告に対する違法行為の主張を裏づけた。

① CII はマンハッタン・ビーチ市とロサンゼルス郡に委任されて，児童虐待の被害者とされる者に面接をし，検査をし，質問して評価を行ない，また，市と郡に児童虐待があったかどうか，犯人は誰かについて報告していた。
② CII は，正式に権限を与えられた役員やカスリーン・マクファーレン被告を含む職員を使って活動していた。
③ CII は，マクマーチン幼稚園でおびただしい数の児童虐待行為があり，原告たちが犯人である，あるいは犯人の可能性があると市と郡に報告していたが，CII は原告たちに接触しておらず，その報告がされた時期に原告について特別の知識をもってもいなかった。
④ CII は，児童虐待の被害者とされる者に面接する際のすべての基準にほとんど違反していた。
⑤ CII のセラピストは，そうすることで個人的に有利になることから，その不適切な活動に従事していた。
⑥ CII の活動の結果，原告は誤って起訴され，児童虐待の告発事実で予備審問を受けることとなった。
⑦マクファーレンは，刑事手続きで発言禁止命令が出ていたのに供述証拠や証拠書類を ABC テレビジョン社とそのニュースレポーターに漏らしていた。
⑧マクファーレンその他は，1983 年の原告に対する最初の訴えを提出した証人であるジュディー・ジョンソンの精神的安定性と誠実さについて疑いをさし示す証拠を隠し，破壊し，操作した[*18]。

しかしながら，控訴裁判所のローウェン裁判官は次のように判示した。

①非営利法人としての CII とその従業員は，児童虐待報告法制によって民事責任について絶対的に免責される。
②彼らの特権は裁判所で放棄されていない。

③CII 法人とその従業員は，マクマーチン幼稚園でデイケアをしていた職員が自分たちに対して親が起こした民事訴訟において支払いを求められるかもしれないあらゆる損害賠償金に関して，職員に対する分担金や公正な損失補償についての責任を負うことはない。
④CII 法人とその従業員は，子どもたちの観察結果を当局に報告するという形で準訴追的機能を果たすにあたって免責を与えられる。
⑤マクマーチン幼稚園の職員は，犯罪組織等事業浸透取締法に基づく請求原因を述べることはなかった。
⑥マクマーチン幼稚園の職員は，みずからの告訴主張を修正する許可を与えられていない[19]。

　裁判所はまた，児童虐待の発生を自発的に報告した一般市民は法で保護されているが，その民事的・刑事的責任の免除は絶対的なものではないとも判示した。一般市民は，それが虚偽であることを知りつつ，あるいは真実か虚偽かについてまったく注意を怠って報告した場合には保護されない可能性がある。しかしながら裁判所は，CII とその従業員は絶対的免責条項によって保護されると述べた。CII は「独立した専門的な偏向のない組織として市民に貢献するカリフォルニア州の非営利法人で，実際に児童虐待があったのかどうかを評価する作業についての専門機関である。……また，マクファーレンは，正式に権限を与えられた役員であり職員であるものと認められる」。そのうえで裁判所は，マクファーレンは面接を行なう適切な資格をもっていなかったということに対して，「児童ケアの資格は，必ずしも免責保護を得るための前提条件ではない」と述べたのである[20]。
　このように，州と連邦の裁判所は双方とも，マクマーチン事件の本案について決定することはなく，連邦控訴裁判所は単純にも，レポーターが最初に情報を流したテレビ局に加え，非営利組織である CII に対しても包括的免責を規定するカリフォルニア州法を支持したのである[21]。

2. 改革への処方箋

　無罪評決と評決不能により，被告人たちの長年の悪夢は終わりを迎えたが，

第13章 被害者と犯人とされる人の権利―可能な改革への処方箋―

　7年以上にわたる激烈な捜査と公判によってもたらされた情緒的経済的な破壊はほとんど拭い去ることのできないものだった。検察官の告発と証拠や検察側の児童セラピストの技術の非常識さがすべて明るみに出たとき，マクマーチン事件の教訓によってこのようなむごい失敗が繰り返されることはないだろうと言われた[*22]。合衆国中の人々には，マクマーチン事件の被告人たちを襲った侵害を明らかに見てとることができたのだが，舞台である地元でこれに最もかかわった人たちにはそうではなかったようである。

　このようにマクマーチン事件は，児童虐待事件における裁判所や司法制度の将来的に可能な改革を求める構造的ジレンマを描き出している。われわれは，取扱いの難しい争点に触れている，広く報道された事件において公平な審理を確保するためにいくつかの特定的な改革を提案する。これらの提案は，検察側の事件処理や，正式訴追前に証拠立てることのできない資料を選択的に開示する決定が，被告人の有罪無罪についての一般市民の認識に重要な影響を及ぼす――再び及ぼし得る――以上，決定的に重要である。

　以上から，われわれは次のような改革を提示する。

①高度に緊張して感情を抱え込んだ状況では，被告人になるかもしれない者に対するニュースを型にはめてメディアを利用しようとする地方検察庁や他の政府組織からの政治的介入を排して，警察の捜査は職業的な倫理規定や方法を用いながら進められなければならない。

②事件は，大人の証人，強固な法科学的ないし実質的証拠や，重罪が行なわれて被疑者が実際にその犯罪を行なったということを信じるに足る理由が存在する場合にのみ，大陪審に提出されなければならない。州法ないし連邦法は，地方検察正や他の政府機関職員が刑事事件でその事務所を政治的および／または個人的な利益のために用いることを犯罪であると明確に規定しなければならない。

③メディアは，犯罪行為の被疑者に対して向けられた証拠および告発の基礎の双方を検討するために，大陪審の聴聞が開かれるよりも前に，警察の捜査官や地方検察庁の接触を受けてはならない。したがって，地方検事や捜査官が，告発の申し立てを正当化し，被疑者を正式訴追し，有罪として刑を宣告する裁判官や陪審のごとくふるまうため，メディアを操作することによって自分たちの主張を強化することを重罪とする法律が制定される必要がある。

④地方検事正やメディアが被告発人の権利を侵害している事件においては，公

判の裁判地を変更する申し立てが首尾よくできるように，弁護側に法的な権利が与えられなければならない。マクマーチン事件の児童強制わいせつの審理の顚末はメディアによって絶え間なく報道されたのであるから，審理を被告人にとって公平なものとする方法を検討するのは重要なことであり，裁判地変更は，被告人を裁くために公平な偏見のない陪審を選別する可能性のある，弁護側に残された数少ない選択肢の1つである。

⑤開示，差止命令，そして発言禁止命令といった他の裁判所の措置は，証拠となる情報にメディアがアクセスするのを統制し，予断をもたらす恐れのある資料の流通を遮断し，被告人が公正な審理を受ける機会を拡大するために，児童性的虐待事件において検討され適用される必要がある。

⑥そのような事件においては，以下のことをするために弁護側には裁判所による資金が提供されなければならない。
　(1) 資格のある公正な陪審員としての活動のできそうな偏見のない住民のいる地域を探し出すための社会調査を行なうこと。
　(2) そのため，次の3段階の制度を立案すること。a 偏見のない陪審員候補者を得るため，隣り合った管轄区を対象地域に含めることによって，地理的範囲を拡大すること。b 偏見のない陪審員が当該裁判所の管轄する地域内に居住していない場合に，裁判官が裁判地変更を認めるのを法的に義務付けること。c 偏見のある陪審員の選別を排除するために，より小さい対象地域で選別が一度行なわれている場合には標本数確率対応法を用いたクラスター・サンプリングを必要的にするなど，より洗練されたサンプリング手続きを基礎として，資格のある陪審員のさらなる無作為選別ができるようにすること[*23]。

⑦児童強制わいせつ事件においては，弁護側に以下の法的権利が与えられなければならない。
　(1) すべての法科学的証拠ないし実質的証拠，自白，その他事件に関係する，関連ある情報ないし内密情報，そして子どもの証言を吟味するため，地方検事正の記録にアクセスし，審理前の開示を利用すること。
　(2) 裁判官に法科学証拠や子どもの証言を陪審に提示する前に審査してもらうこと。
　(3) メディア，一般市民，そして地方検察庁から遠ざけるために，陪審を即時隔離すること。
　(4) 子どもの証言が大人の証言，法科学証拠その他状況証拠によって補強されていない場合に，首尾よく審理無効の申し立てをすること。
　(5) 予定されている専門家証言および／または拘置所の情報提供者の実体に関する証言内容について，陪審に提示される前に裁判官に審査してもらうこと。

第13章　被害者と犯人とされる人の権利―可能な改革への処方箋―

⑧弁護側には，特に際立った刑事裁判において，陪審員候補者を評価し，その被告人や申し立てられた犯罪に対する潜在的な偏見や予断を査定することができるように，拡大されたヴォア・ディール選任の手法や系統的科学的な陪審選定の技術を利用する法的権利が与えられなければならない。被告人や申し立てられた犯罪について大量の報道があるために，事件を公平かつ予断なく見ることのできる陪審員候補者を選び出すのはきわめて難しくなる。したがって，広く報道された裁判においては，被告人に偏見のない公平な陪審員たちによる公正な裁判を受ける機会を与えるために，陪審選定手続きの条件を拡大することが要請されなければならない。

⑨被害者とされる子どもの妥当性や信頼性を評価するに当たって，妥当性評価技術のより系統的で科学的な利用法が用いられ，場合によっては命じられなければならない。裁判所と立法者の双方がそのような手法の利用について評価し，児童性的虐待の被害者とされる者から，より信用でき信頼できる情報を得るに当たって，その適用を検討する必要がある。子どもから信用でき信頼できるデータや供述を得るために，より科学的な手法を系統的に適用していかなければ，被害者とされる子どもに面接する者の広範な裁量権が，審理の結果，ひいては犯人とされる者の運命に影響を与えることにもなる。同じく裁判所が，被告人の適正手続きと平等保護の権利を侵害する立場に立つことにもなる。

3. 結　語

　訴訟，反訴，映画，書籍，そして要領を得なかった2つの陪審裁判は，マクマーチン事件が完全に解決することはないだろうということを意味するものだった。われわれのマクマーチン事件の検討は，このことがいつまでもそのままになりそうだということを示している。今日にいたるまで，その無実を確固とした信念としてもち続けている人たちがいる一方で，この事件について実際には何の知識ももたない多くの人たちが，被告人たちは有罪であると非難してやまないのである。

　われわれのマクマーチン事件の検討では，マクマーチン幼稚園に通っていた子どもたちの何人かはわいせつ行為を受けていたかもしれないということも暗示された。しかしながら，7年間の証言や何百万ドルもの費用にもかかわらず，次のような重大な疑問が残っている。これらの子どもたちがわいせつ行為を受

けたとするならば，**いつ，誰**にされたのだろうか。何らかのわいせつ行為が幼稚園でなされたこと，および／または幼稚園の関係者によってなされたことについて，納得のいく法科学的証拠は何も出てきていない。したがって，最も詳細に証拠に通じている人たち——2つの公判の陪審員——もわれわれと同じ結論に達したのである。

　これまでに検討されていないのは，アメリカの法制度は大人の証人による証言を念頭に設計されたということである。近年の児童性的虐待事件の増加によって，大人の証人の制度理念に対して，子どもである証人の証言を受け入れて正確に解釈することや，子どもたちの特別のニーズを組み入れることが要求されている。子どもたちがしばしば証言台に立つようになって以来，立法や裁判所の実務が裁判の公平さにつながる最も正確かつ完全な証言を促進することがますます重要になってきたのである。

　同様に，たび重なる検察官の裁量権限の濫用は，告発された人にとっての公正な裁判という理念に有害であることが実証されている。確かにこのことはマクマーチン事件ではその通りだったと思われる。検察官の告発権限は，刑罰を発動するか控えるかについての実質的な自由裁量であるがために，人々の生活を統制し破壊する権限となっているが，検察官はなお法的非違行為を行なったことについて個人としての責任を問われていない。そのうえ検察官は，みずからの非違行為に起因する民事責任からも保護されており，免責があることで検察官の非違行為に対する何の威嚇もないのである。

　このように，とんでもない非違行為を行なった検察官に課される可能性のある罰の利用可能性と妥当性に焦点を当てることは重要なのである。確かに，上訴審は，同じ行動を再びしないように警告し，事件を破棄し，非違行為を行なった検察官の氏名を明らかにするという形で検察官を罰することができる。そのような罰が不適切あるいは非倫理的に活動することを検察官に思いとどまらせるには十分なものでない以上，上訴審には，検察官の非違行為に威嚇を与えることに意味のある抑止力を提供する権限が与えられなければならない。残念ながら，マクマーチン事件に関する限り，上訴審は将来の検察官の非違行為をやめさせるだけの意味のある解決を示さなかった。そしてカリフォルニア州の民事裁判所は，公正さを保障する司法の目隠しをその目から取り除いたうえで，

告発された人や子どもとその親に害悪をなした法的に疑問のある実務に携わった検察官と「治療的」臨床医の側に司法の天秤を傾けたのである。

第14章　エピローグ

　「正義」の追求は時として，圧制に行き着くことがある。より広く弾劾的な範囲から掘り起こされた少しばかりの証拠は，それ自体では，十分な有罪証明にたどり着く司法というジグソーパズルのピースを埋めるものではない。そのような証拠のつぎはぎは，「事象」の追求になるのであって，それは通常，多かれ少なかれ，これらの出来事にかかわった人々の追求につながっていく。

　レンズも曇らされることがあって，その結果，曖昧さは「証拠」による未完成のモザイクというお決まりのパターンに変わっていく。正義の追求の名において人々を探し出して告発するため，そのような事象を曖昧に寄せ集めたものに依拠することは，実際のところ，政治的感情的なごまかしのもととなる。しかしそれはまた，法的圧制の一形態でもある。そのような不正義の可能性があると考えたことが，この研究を生み出したのである。

1. 終 結 後

　1990年に最後のマクマーチン裁判が終わって以来，主要な登場人物たちは人々の目に映らなくなっていった。

　ラエル・ルビン主任検事は，ロサンゼルス中央管区からサンタモニカ管区に異動したが，全国最大の地方検察庁検事だったキャリアとしては，栄転とは言いがたい[*1]。

　その報道が1983年に大衆の興奮状態に火をつけたウェイン・ザッツは，1992年12月，47歳で死去した[*2]。

3年後の1995年12月,最初のマクマーチン7の1人でマクマーチン幼稚園の共同創設者だったバージニア・マクマーチンが88歳で死去した。信心深いクリスチャン・サイエンスの信者だった彼女は,病床にありながら入院を拒んでいた[*3]。

カスリーン・マクファーレンは1990年に国際子ども研究所（CII）を辞め,別の議論の多い分野で働き始めた。他の子どもに対してわいせつ行為を働いた子どもの問題を扱う分野である。悪魔儀式の虐待の主張と同様に,わいせつ行為をした子どもというテーマは,きわめて議論が多く,科学的な実態が明らかになっていない[*4]。最初の公判の直後,マクファーレンと,1985年にマクファーレンと一緒に働き始めたトニ・カバナー・ジョンソンは,わいせつ行為をした子どもについての自分たちの仕事について,サンディエゴでの専門家会議で発表した[*5]。悪魔儀式の虐待の恐怖におけるのと同様に,彼らは「これまで,比較的注意を引かずにきた」ということを認めつつ,問題は非常に大きいと主張した[*6]。

そして1995年,マクマーチン7と一緒にマクマーチン幼稚園児に対してわいせつ行為をはたらいたとして告発された夫婦は,民事裁判で勝訴した。陪審は最終的に,彼らに1,000万ドルを支払うようにとの裁定を出したのである[*7]。

****

1980年代前半,子どもを性的虐待から守ろうとする努力は,それを支持するメディアの広範な報道を受けた。この注意喚起に引き続いたのが,一般市民の認識の高まり,子ども保護のための資金提供の増加,そして,虐待の疑いがある事例を報告するよう命じる新たな法的根拠の採用だった。印刷メディアや電子メディアは概して,意識の高まりにつれて,被害者への支援や資金その他の資源の増加に向けた支援を広げていくことを奨励した。その連環は,マクマーチン事件のような詳しく描き出された児童性的暴行事件が生み出した大量の報道によって完結した。アメリカでは実際のところ,児童性的暴行事件が蔓延していると人々に信じさせたのである。

しかしながら,1980年代末に向けて一般市民の認識が変化するにつれて,「子

ども保護制度」についてのメディアの報道は，徐々に否定的，懐疑的なものになっていった[*8]。このネットワークは1692年のセイラム魔女裁判と同じく，根拠のない魔女を追及するものだと主張する記者もいたのである[*9]。

　虐待と保護に気づいていく足跡を表わしてきたこのジグザグな道筋はかなり明確なものである。児童性的虐待は1960年代前半に最初に「発見された」のだが，1970年代後半になってようやく，迅速な国内的，国際的保護が要請されている社会問題と認識されるようになった[*10]。専門組織である国際児童虐待・養育放棄予防協会（International Society for Prevention of Child Abuse and Neglect）がChild Abuse & Neglect: The Internationalという機関誌とともに設立されたのがようやく1977年である。10年後の1987年，アメリカ児童虐待専門家協会（American Professional Society on the Abuse of Children）も結成された。そしてそれ以来，子どもに対する性的な虐待への認識が高まり，子どもを保護するために拡大する全国的な緊急行動の一部となったのである。

　そのうえ，1980年代中葉までに，刑事裁判所のいくつかの管轄区で，児童性的虐待事件において異なる取扱いを始めた。以前は大半の虐待事件を排他的に家庭裁判所が扱っていたが，それは主として，虐待は親その他の保護者が与える害悪を包含する「家族問題」を扱う家族法の一部と認識されていたからである[*11]。児童性的暴行事件の取扱いについて最も代表的な改革は，犯罪化，訴追，厳格な事実認定に新たな焦点をおくもので，他の形態の児童虐待との闘いでとられていたアプローチとはまったく違うものだった。1980年代に採用された主要な法改革と革新的アプローチには次のようなものがある。(1) 特別な行政府の児童虐待訴追部門，(2) 子どもの証言に対する州が必要とする証言能力の要請の排除，(3) 子どもの証言の閉回路テレビないしビデオ録画の裁判所による利用，(4) 児童性的虐待被害者の典型的な行動に関する専門家の法的証言，そして (5) 特別な児童虐待事件における伝聞法則に対する例外の裁判所による許容[*12]。

2. 政府側の権限濫用と非違行為

　高まる一般市民の恐れの声は，訴追，迅速な裁判，そして犯罪化の拡大の必要性を強調するものだった。それはまた，刑事司法制度の廉潔性についての論争をも生んだ。厳しい検察側の活動が一般的となったが，それは全国的な社会的危機を伴い，そして刑事事件に関係する政府職員による権限濫用や非違行為の機会が拡大したのである。

　新たな環境での論理は，新たなアプローチを要請した。1980年代前半の後，世論は徐々に，伝統的なデュープロセス志向の刑事司法モデルから犯罪統制・予防を強調するモデルに支持を移していった。勇気づけられた検察官は，「犯罪に厳罰で対処する」訓練と経験をもつ中心的な存在として姿を現わした[*13]。この新たな努力に呼応して，司法部は，デュープロセス（適正手続き）や一定の状況で獲得された証拠の排除法則に具体化されたような憲法上の保護を弛緩させ，法令や証拠法則を検察側に有利に広く解釈し始めた。裁判所はまた，非違行為が問題となる事件であっても検察官がきわめて容易に有罪を勝ち取ることができるようにもした[*14]。「検察側のあらゆる形態の裁量への服従を拡大させることによって，裁判所は『目的が手段を正当化する』という法執行の心性を刺激したのだった」とある法律の大家は語っているが，次のように付け加えている。「検察官は，行なわれた犯罪によって誰が生き，誰が死ぬかという問題について，最も権力のある存在となった」[*15]。過去数十年におけるこの検察官の権限と威信の劇的な拡大によって，検察官はみずからの行動を縛る倫理的抑制から徐々に解き放たれていったのである。

　新たな検察側の精神は，最も近年の州や国の子ども保護の努力を反映したものでもあった。例として，より厳罰的な法執行規程を反映した州の活動がある。たとえば，ワシントン州では一連の法制定によって，刑期が終了した後でも長期処遇のために犯罪者を施設に収容するようになった[*16]。現在ニュージャージー州では警察に，危険性の高い児童強制わいせつの経歴のある者が近隣に釈放されてくるということを，その地域の一軒一軒に知らせるように要請している[*17]。「ミーガン法」と呼ばれるこのニュージャージー州の法律は，7歳のミーガン・カンカが2度の有罪歴のある性犯罪者に誘拐され，強姦されたうえ殺害

された後に制定された。その性犯罪者は，自分の身元と有罪歴を隠して，彼女の家の向かいに引っ越してきていたのである。

　1993年12月20日，クリントン大統領は，FBIの犯歴記録保存システムの増強を図る1993年全米子ども保護法に発効のための署名をした。その後，1996年5月に，議会が，性犯罪者に関する情報を開示する法執行官の裁量を拡大して，一般市民を保護するほか，正当な法執行の目的に資すると考えられる場合には，性犯罪者が地域に住んでいることを法執行官が近隣に告知することを認める法案を可決した[*18]。これらのアプローチは，既知の性犯罪者に対する合法化された社会監視という形態の，より厳しい法執行が児童性的虐待に対処する最も効果的な方法であるとする，最近の精神を描き出したものなのである。

3. 厳罰的な検察官

　最もよく人々の目に映る司法の手は，検察官から伸びてきたそれである。犯罪や犯罪者から一般市民の利益を保護するために，社会がもつ深い文化的価値を侵害した犯罪で告発された者には，しばしば過酷なものである。あらゆる犠牲を払ってでも有罪を勝ち取ろうとする行き過ぎた熱意が児童性的暴行事件を覆っているときはいつでも，検察官のほとんど限界のない権威がしばしば，魔女狩りを発動することのできる現代的メカニズムとしての特徴を備えてきたのである。

　厄介で有害なことに，そのような追及はしばしば，虐待された子ども本人への損害となるだけでなく，刑事司法制度や刑事裁判所手続きの廉潔性に対する二重の損害ともなる。それらは，虐待された子どもの時宜を得た保護と処遇よりも，一般市民の通報，広範な捜査，そして告発された人の偏見のある訴追と関連した，高圧的な介入を強調する傾向にある[*19]。刑事司法，精神医療，そして子どもの保護と福祉の制度の間での緊密な活動の関係を強調するといった，いわゆる子どもに優しいアプローチを取ることに新たに焦点が当たるようになってはきているものの，性的虐待事件で優勢な措置は，いまだに厳罰的な介入と訴追のままなのである[*20]。

この訴追の精神が，マクマーチン事件の背景にある。マクマーチン事件の経験が，他の児童性的暴行事件の正当で合法的な訴追につながっているかどうかということについては，本章の前半部分で探求されている。サンディエゴを中心としたある児童性的暴行事件は，マクマーチン裁判がいまだ進行中のときに始まった。それは身体障害をもつデール・アキキに関するものだったが，彼は，教会が運営する幼稚園でボランティアとして教えているときに子どもにわいせつ行為を働いたとして告発されていた。ロサンゼルスとサンディエゴの検察官と，子ども保護機関の緊密かつ密接な活動関係によってその事件が明らかにしたことは，マクマーチン事件の経験は，政治的な訴追と捜査の非違行為がつきまとう児童性的虐待事件を扱うにあたって，慎重に手続きを進めるということにおいて，カリフォルニア州の法執行機関の目を開かせるにいたっていないということだった。

　ロサンゼルス地方検察庁をめぐって議論が続く中で，地方検事正は広く報道され詮索されたO・J・シンプソン裁判で有罪を確保することができず，それによってマクマーチン事件と批判的な比較をすることが可能となった。後半部分でまとめられるように，捜査官の非違行為に積極的に際限なく染まって，マクマーチン事件とシンプソン事件の検察官は，これら刑事事件の告発の地ならしに際して，さらに優勢な手段をもったのである。その究極的な権威と自律性は，メディアが影響したセンセーショナルな雰囲気の中で，公正な裁判を確保する被告人の能力という争点を提起すると同時に，地域住民代表としての同僚陪審を確保するための科学的陪審選定手法という盾を，告発された人に利用可能にする必要性を生み出しているのである。

4. 憂鬱な前途

　他の児童強制わいせつ事件を訴追するにあたっての前途は，どのようなものだろうか。センセーショナルに広く紹介された事件では，法的活動はしばしば，子どもの最善の利益と福祉に焦点を当てたものというよりは，政治的なフットボールであるように見える[*21]。倫理規程は，検察官や他の職員は有罪だけでなく正義を追求しなければならないと命じているが，地方検事が，自分たちが

政治的訴追に携わったり，被告人の公正な裁判への権利を不公正に害する動機をもったりすることを，頑として否定し続けることも驚くにはあたらない*22。

明らかにマクマーチン事件のエピソードは，過去10年間にロサンゼルスや他の地域で申し立てのあった児童強制わいせつの唯一の事件ではない。たとえば，マクマーチン裁判係属中のロサンゼルスでは，ロサンゼルス南中央地区のある小学校の教師が，12歳の子どもとの性交渉を含む児童強制わいせつの複数の軽罪訴因で告発された。告発された人物は，ロサンゼルス郡のマクマーチン幼稚園の近くの町，レドンドビーチに住んでいた*23。

1990年9月，20の強制わいせつの重罪告発が，ロサンゼルス裁判所児童局の元監督官（Los Angeles Court Children's Services Supervisor）に向けて行なわれ，彼は不抗争答弁を行なった。彼は子どもや性体験に関するリベラルな見解で知られていたが，次のように書いている。「この社会における青少年の非暴力的な性愛の経験について，われわれの規範は現実の実態を反映したものではない」。自分の見解について他の監督官や職員に宛てて書いただけでなく，彼は明らかにそれを実践していたのである*24。

1980年代後半から1990年代初頭に認識された悪魔的恐怖と闘うため，近接しており協働関係にあったロサンゼルスとサンディエゴの双方は，儀式的虐待に関する特別委員会を設置した。ロサンゼルスの特別委員会は，主としてセラピストで構成されたが，ロサンゼルス女性委員会によって1988年に立ち上げられた。サンディエゴのグループは，ロサンゼルスのものをモデルとして，郡の児童・青少年委員会によって1991年に結成された。サンディエゴの委員会は，主として白人地域で，上流の社会経済的階級の多くの子どもが籍を置いている幼稚園で，強制わいせつが報告されたことから活動を開始した。当初より，検察側は，児童虐待の捜査を法執行官ではなく児童心理学者やセラピストに預けた。サンディエゴ・モデルとして知られるこのアプローチが基礎としていたのは，子ども専門家の学際的なチームであれば，法執行官よりも，幼い被害者から正直で正確な情報を聞き出すことができる，という前提だった。

サンディエゴとロサンゼルスで連携した職員，検察官，そしてセラピストは，共通した思想に基づいて，緊密なネットワークを形成していた。ハリー・エリアスは，告発された児童ケアワーカーであるデール・アキキが逮捕されたとき，

地方検察庁の児童虐待部門の長を務めていた。エリアスは、サンディエゴでの悪魔儀式の横行だけでなく全国的な児童虐待の同時発生の問題にも夢中になっており、後にカスリーン・マクファーレンと結婚した。彼女はそれまでに、全国的な児童虐待の同時発生、悪魔的なカルト儀式の横行、そして、児童性的虐待に対する子どもの保護制度を確立することの重要性に関して議会証言を行なう重要証人だった。共同執筆した論文で、彼は次のように強く主張している。「過去10年間に合衆国において児童虐待や養育放棄の疑いの報告数が劇的に増加した結果として、多くの専門家が対応を迫られてきた。学際的なチームが、最大限の子どもの保護という目的を共有しつつ、捜査を改善するための共同作業を始めている」[*25]。

それにもかかわらず、アキキ事件が描き出しているように、サンディエゴの公務員は、マクマーチン事件のエピソードから、あったとしてもごくわずかしか教訓を得ていなかった。ゴシップやメディアの介入、そして法的機構のジグソーパズルが地域の「リーダーたち」によってつなぎあわされていたために、そこでもたらされたイメージが示すのは、彼ら自身が器用にも生み出したのかもしれない犯罪者のタイプにアキキが合致するということだった。

デール・アキキに対する最初の申し立てが提起されたのは、1989年8月、マクマーチン裁判がまだ続いているときだった。アキキはヌーナン症候群という稀な遺伝性の障害をもって生まれており、まぶたが垂れ下がり、頭部の肥大と胸部の陥没を伴っていた。彼はまた脳水腫を患っていて幼少期から9回の手術を受けていたが、その1つは、脳内の髄液を血流に流すための脳側副血行路を埋め込むというものだった。

アキキは、サンディエゴの海軍施設で民間事務員として働いていた。1988年4月から1989年4月までの1年間、毎週日曜日の夜、彼の通っていた教会であるスプリングバレー郊外のフェイス・チャペルで、幼稚園児の聖書のクラスで教師の助手としてボランティア活動をしていた。彼は、1989年4月、日曜夜の90分間の礼拝の最中に子どもたちの面倒を見る仕事を解任されてしまった。これは、何人かの親から、彼の奇妙な容姿のために子どもたちが悪夢を見たり夜尿をしたりすると不満が出たからだった[*26]。

母親からの徹底的な質問を受けて、ある3歳児が、アキキがクラスで陰部を

露出したと話した。アキキはその話を強く否定したが,彼は教会を去るよう求められ,公式の捜査が始まった。事件を担当したサンディエゴ保安官補キャシー・ドビンズは,アキキについて他の子どもたちに質問を始めた。そしてある4歳の男児が,アキキがクラスでパンツを5回下ろしたとドビンズに話したのである。この子どもたちの話は,次の礼拝の最中に数千人の礼拝者に告知された。

1989年秋までに,数多くのフェイス・チャペルの子どもたちが心理療法士やソーシャルワーカーによる面接を受けていた。児童保護・児童ホスピタル・センター (Children's Hospital Center for Child Protection) での最初のビデオ録画された面接の中で,ほとんどの子どもたちは,アキキが自分たちに虐待したことを否定していた。しかしながら,徹底的なセラピーのセッションによって,後に子どもたちは,アキキが教室で生きている兎や,鶏,亀,小犬,何人かの赤ちゃん,象,そしてキリンを殺したと,さらに,アキキとその婚約者がその後で動物の血を飲んだと話した。アキキがフレディ・クルーガー[訳注]のお面を使って,自分たちを怖がらせて黙らせようとしたと語った子どもたちもいたのである。

訳注:ホラー映画の人物。

告発は,アキキが90分間のうちに,子どもたちの一団をフェイス・チャペルの外に連れ出し,バンやトラックの中に連れ込み,ヘアアイロンやおもちゃの消防車のはしごなどの物体を使ってひどい虐待をし,クラスに連れ戻したという訴因を内容としていた。アキキが子どもたちに放尿し,血を飲んだり糞を食べたりするよう強制したと話す者もいた[*27]。アキキは障害のため自動車はまったく運転できなかったのだが,それにもかかわらず彼は,誘拐,児童虐待,そして強制わいせつの52の訴因に直面することになった[*28]。

マクマーチン事件とほとんど同じだったのは,検察側に対する子どもたちの親の強烈な影響が事件を継続させたことであり,セラピスト,ソーシャルワーカーや検察官の間に緊密な協働関係があったことである。このようにして,1990年2月,フェイス・チャペル教会信者であるジャクソンとマリーのグッドール夫妻は,サンディエゴ地方検事正エドウィン・ミラーと面会し,事件が悠長に扱われているとする彼らの懸念について議論した。グッドール夫妻──レス

トラン・チェーン「ジャック・イン・ザ・ボックス」の親会社であるフードメーカー社のオーナーであり，野球球団サンディエゴ・パドレスの共同オーナー——は，アキキのクラスに2人の孫がいたほか，性的虐待を打ち明けた子どもと近しい関係にあった。

マリー・グッドールは予備審問の証言で，個人的に子どもたちを知っていると述べた。その子どもたちは「拷問され，男色行為の対象となり，強姦され，オーラルセックスをするよう強要され，監禁されて殴られたのです。私はミラーさん（サンディエゴ地方検事正）に，強姦のためにオムツがはずされた17か月の赤ちゃんのことについて話しました」[*29]。

最初の検察官の1人だったサリー・ペンソ——後に，「事件の実体に関する，少なからぬ懸念」をいだいていたと証言した——はすぐにミラーに解任されており，ミラーは代わりにサンディエゴ児童虐待予防財団（San Diego's Child Abuse Prevention Foundation）の創設者の1人であるマリー・アベリーを任命した。この財団は，ジャクソン・グッドールが理事会の議長を務めており，エドウィン・ミラーが名誉理事になっていた。

マリー・アベリーは，子どもたちは虐待について嘘をつくのは稀であると主張する論文を発表して，児童強制わいせつ事件の分野で地位を得ていた。彼女の発言は，児童性的虐待順応症候群に関するサミット博士の証言をなぞっていた[*30]。

マリー・アベリーとマリー・グッドールはともに，サンディエゴ儀式的虐待特別委員会（San Diego Ritual Abuse Task Force）の委員だった。この（私的）委員会はその後解散したが，「誘拐者や『繁殖者』から，いけにえとなる人たちを供給するのに手慣れた者がいる」多くの悪魔的カルトが存在していると主張していた。繁殖者とは，性的虐待の対象やいけにえとするための子どもを産むとされる女性のことである[*31]。

この告発に関与する人々の集団が大きくなってくるにつれて，その個性も多様性を帯びてきた。アベリーは，事件の顧問として，臨床ソーシャルワーカーでサンディエゴ儀式的虐待特別委員会の共同設置者の1人であるリンダ・ウォーカーを指名した。ウォーカーは多くの子どもたちをセラピストに送ったが，その中に同僚で特別委員会委員のパム・バドガーがいた。セラピストたちは，

第 14 章 エピローグ

50 万ドルをフェイス・チャペルから，35 万ドルをカリフォルニア犯罪予防被害者会（California's Victims of Crime Prevention）から受け取った[*32]。また，ウォーカーとフェイス・チャペルの親たちは，特別委員会の 1991 年のハンドブック，『儀式的虐待：処遇，介入と安全指針（*Ritual Abuse: Treatment, Intervention and Safety Guidelines*）』の執筆を援助した。これは，同じく議論を巻き起こしたロサンゼルス儀式的虐待特別委員会が著したものにならって作られたもので，巧妙な秘密カルトのネットワークに関する理論や警告を内容としたものである。

調査や上級審の決定，そして印刷メディアによる悪魔的な神話の正体の暴露が，児童強制わいせつ事件を取り巻くヒステリックな雰囲気を和らげることに，必然的につながっていたはずの時点に捜査が達していたにもかかわらず，こういった結びつきは，デール・アキキを血祭りにあげるためのものだった。アキキの 1993 年の裁判は 7 か月続き，サンディエゴ史上最長で，概算で 230 万ドルという最も費用のかかった刑事裁判の 1 つとなったのだが，陪審はわずか 7 時間ですべての告発について彼を無罪としたのである。

いかなる犯罪についても有罪とされることなく，2 年半を拘置所で過ごした後，アキキはすぐに市を相手どって，誤った逮捕と拘禁，名誉毀損，そして基本的人権侵害に対する損害賠償として，1 億 1 千万ドルを求める訴訟を提起した[*33]。52 歳のケン・ボークはアキキの裁判支援者の 1 人だったが，次のように述べている。「ロサンゼルスでは，マクマーチン幼稚園事件に 1,500 万ドル以上が投じられた。同じ状況がこの事件にもある。セラピストの関与，影響されやすい子どもたち，激昂した親たち，そして頑固でばかげた訴追である。何の勝利もあり得ない。それなのにどうしてそれがわからないのだろうか」[*34]。

アキキ事件における非違行為とセラピストやソーシャルワーカーの偽証に関する鋭い非難を受けて，サンディエゴ郡大陪審はようやく，子ども保護局（CPS：Child Protective Service）と公正に子どもや家族を保護するその能力に対する一連の調査を開始した。大陪審はそれから，事件の集中的調査に 9 か月をかけた。その調査は，カリフォルニア州において，社会福祉局（DSS：Department of Social Services）と CPS の制度を再構築する動きの基盤となったのである。

サンディエゴ郡大陪審から，カリフォルニア州下院議員で下院公共安全委員会の委員長であるジョン・バートンに宛てた手紙は，ソーシャルワーカーたちが強制わいせつのシナリオで頭がいっぱいになって客観性を装うことができなくなったことを示す証拠を，大陪審は目にしたということを表明して，捜査官や検察官の権限濫用や非倫理的活動を明らかにしている。大陪審の手紙は，次のような言葉でその体験を明らかにしている。

①裁判所への報告書や，実際のところ法廷証言においても，ソーシャルワーカーたちが偽証を繰り返す情景を目にした。
②弁護士など代理人や裁判所指名のセラピストが，ソーシャルワーカーの勧告に従わなかった場合に彼らを裁判所認定リストからはずすとソーシャルワーカーたちが脅していた，と証言するのを聞いた。
③その子どもについてまったく問題がないときでさえ，ソーシャルワーカーの勧告にきちんと従わない家族は，子どもたちを引き離してしまうと，ソーシャルワーカーたちが脅していた，という証言を聞いた。
④個々のソーシャルワーカーについて，専門家によって問題を指摘する報告書が繰り返し出されても，懲戒なしという結果になるという証言を聞いた。
⑤最もひどい権限濫用に直面したとき，それでも依頼人のために何もすることができないという旨の代理人の証言を聞いた。
⑥クライエント（患者・依頼人）の「否認を受け入れ」たり「真の所見」に疑問をいだいたりしたと報告すると，彼らのキャリアをめちゃめちゃにするとソーシャルワーカーたちが脅したことを，セラピストが証言するのを聞いた。
⑦実親家族との再統合が進んでいる最中なのにもかかわらず，ソーシャルワーカーの家族関係者にその子どもを養子に出せるよう，ソーシャルワーカーたちが共謀していたという証拠書類を見た。
⑧そうすると家族再統合の可能性がなくなるのに，ソーシャルワーカーたちが特定の里親家庭に子どもを出していたという証拠を見た。
⑨ソーシャルワーカーたちが養子に出される子どもたちの過去の履歴について，養親に嘘をついているという証言を聞いた。
⑩ソーシャルワーカーたちが実親に対して，公開養子縁組に必要な同意を得るため，法はそのような権利を保障していないのに，親は子どもの生活に永続的な役割をもつことができると誤った説明をしていたという証言を聞いた。
⑪ソーシャルワーカーたちがもう１人の親への明らかな報復として，子どもを

不適格なほうの親の監護下においているという証拠を見た。
⑫ソーシャルワーカーたちによって書かれた,ほのめかしや虚実ないまぜの記述で埋まった多くの社会調査報告書を読んだ,云々。

　この法律によってこの問題は完全に修正することはできないが,管理部門のソーシャルワーカーやすべての部局の長の間にいくらかでも説明責任があることを意味するものとなるだろう。これにより,権限濫用をしたソーシャルワーカーが排除されて制度は自浄作用を果たし,法の基準の枠内で生きていこうとする者がふさわしく残っていくことになるだろう。社会福祉という,とりわけ慎重を要し非常に傷つきやすいこの分野は,権限濫用があるべき場所ではない[*35]。

　結論は何か。裁量権の無制限の利用に身を固め,アキキ児童強制わいせつ事件の捜査に深く関与したソーシャルワーカーと検察官は,司法運営に衝撃を与えた大きな論争の源となっていた。大陪審は,社会的損害を助長し,その原因を作り出したソーシャルワーカーや検察官に絶対的免責がある場合,同じ類型の圧力や操作をうまく使うことができないようにし,それによって彼らの変化への障害を除去することがきわめて重要である,と警告していた。

　現職という有利さもまた,アキキ事件の訴追の結果として浸食された。エドウィン・ミラーはサンディエゴ地方検事正を24年間務めたが,その直後の予備再選挙で11％足らずの票しか得られず,地すべり的にその職を失うことになった[*36]。

5. 危機に立つ公正な裁判
─O・J・シンプソン裁判とロサンゼルス地方検察庁─ ……

　ロサンゼルス地方検察庁についての絶え間ない議論は,同じ管轄区と裁判所に対するより広い焦点を提供している。メディアがかきたてることによって生じる賞賛と栄誉は,地方検察庁が,利己的な目的を達成する機会を得る代償として,繰り返しメディアに対して極秘情報を提供するよう,仕向けることになった。これはしばしば,告発された者が公正な裁判を受けることをきわめて難しくするものである。この研究が強調しているように,マクマーチン事件のエピソードは,地方的にも全国的にもメディア報道をすぐにひきつけて,弁護

人は被告人の公正な裁判を受ける権利が脅威にさらされていることを理由に，裁判所に対しメディアによる情報の公表を制限する命令を求めざるをえなくなった。O・J・シンプソンの苦難はデジャブだったのである[*37]。

マクマーチン事件当時，主任地方検事の1人だったロサンゼルス地方検事正ジル・ガルセッティが，自分に関する集中的メディア報道がこっけいなほど好きであることが知られてしまったのは，約7,000万人と推定される全米のテレビ視聴者が——その多くが1994年NBA決勝戦の最後の瞬間を見ていた——突然，ロサンゼルスの高速道路でロサンゼルス警察がシンプソンを低速追跡している場面を視聴させられたときだった。ハンサムで滑舌よく，ガルセッティはテレビに登場し，シンプソンは，前妻のニコル・シンプソンと彼女の友人のロナルド・ゴールドマン殺害の告発に対して「メンデンデズ型弁護」を使うだろうと示唆した[*38]。ガルセッティは，選挙区住民の支持を集めるため，家庭内暴力に特別の関心があることを誇示する踏み台として，シンプソン事件を効果的に利用した。彼は，その殺人事件の前に，家庭内暴力の重罪事件のみについて，予備審問から公判まで活動する法律家のチームを指名することで，その種の事件を扱う手続きを推進していたと語った[*39]。

ガルセッティは，市民保護者および犯罪者告発者の両者として自分を市民の意識の中心におくため，法のさいころを振った。前任者のフィリボジアンやライナーと同じように，シンプソン事件の陪審が11対1で無罪寄りの評決不能になったとしたら再審理はどうするか仮定的に事前決定を求められたとき，彼は公判の早い段階のうちに記者会見で，事件は再審理されると発表した[*40]。

マクマーチン裁判に匹敵し，あっという間にそれを凌駕したメディアによる強力な集中報道に直面して，O・J・シンプソンの弁護人は，適切な陪審選定のためには候補を隔離した状態で拡大されたヴォア・ディール選定手続きを行なうよう，首尾よく主張し，見込みのある陪審員を選定するため，私的な陪審コンサルタントに頼った[*41]。それに対しガルセッティは，おそらくは有罪評決獲得に自信をもちすぎて，カリフォルニア州トーランス市にある無料公益コンサルタント法人デシジョンクエストのドナルド・ビンソンからの陪審選定に関する助言を受け入れなかった[*42]。

誠実で徹底した調査が必要なことは明らかだった。陪審選定が行なわれる前，

第14章 エピローグ

　被告人や公判証拠に対する意見や態度を得て検討するために，弁護側はランダム・ディジット・ダイアリング電話法により，およそ1,600人のロサンゼルス住民の調査を進めた。重要な調査結果の1つは，黒人女性は虐待や家庭内暴力の問題について白人女性よりもはるかに中立的だということだった。絶え間ない市民の詮索のために，個別化され隔離されたヴォア・ディール選定手続きの選定条件なくしては，公平な陪審員を選び出すことは不可能になっているということも，調査結果から示された。それは，マクマーチン事件の陪審選定段階で必要とされた条件とまったく同じものである。

　ヴォア・ディール選定手続きに先立って弁護側は，シンプソン事件のための潜在的陪審員すべてに配布して記入してもらう75ページにわたる質問票を起草した。質問票はマクマーチン事件のものにならって作ったものだが，ヴォア・ディール手続き前の質問票は，想定される公判結果について潜在的陪審員の認識を問うようなものを含む一連の社会統計的な，態度に関する質問をするものだった。

　　　この事件について見たり聴いたり読んだりしたものの結果として，あなたはO・J・シンプソンがどうなると思いますか。[(1) 無罪，(2) 有罪よりは無罪になりそう，(3) 無罪よりは有罪になりそう，(4) 有罪，(5) 意見なし]。

　その他に質問票での態度測定は次のようなものを内容としていた。

- O・J・シンプソンがフットボールで卓越していたという事実は，彼が殺人を犯すなどということはありえないと思わせるものですか。
- O・J・シンプソンに対するあなたの感情を基礎として，彼が告発されている犯罪で無罪であると信じたいですか。
- この事件に関する商品を何か購入したり入手したりしたことはありますか（たとえば，Tシャツ，本，ビデオやトレーディングカード）。
- 被告人がロナルド・ゴールドマンとニコル・ブラウン・シンプソン殺人で告発されたと知った後，あなたの彼に対する気持ちは変化しましたか。

　他に家庭内暴力や暴力を使うことについての潜在的陪審員の考えを検討するための測定法は次のようなものである。

- 成長中，あるいは大人として，あなたの家庭で家庭内暴力を経験したことがありますか。
- たとえ逮捕されなかったとしても，配偶者やその他の大事な人に，理由はどうあれ警察を呼ばれたことがありますか。
- 虐待的関係から抜け出せないという問題を抱えている人を誰か知っていますか。
- コンタクトスポーツをしている男性のプロ選手は他の人より個人生活において攻撃的である。［強く同意　同意　意見なし　不同意　強く不同意］のどれですか。
- コンタクトスポーツをしている男性のプロ選手は女性に対してより攻撃的である。［強く同意　同意　意見なし　不同意　強く不同意］のどれですか。
- 人種間の婚姻についてどう思いますか。
- 家族の一員や親戚が違う人種の人と結婚することになったらどのように思いますか。

　シンプソン事件が人種的偏見のある捜査手法や訴追という問題を提起して以降，質問票には，法執行や刑事司法制度に対する潜在的陪審員の態度を評価するために以下のような質問が加えられた。

- ロサンゼルス警察を含む法執行機関について，よい，あるいは肯定的な経験をしたことがありますか。
- 家族の一員や親しい友人で誰か，ロサンゼルス警察を含む法執行機関について，よい，あるいは肯定的な経験をした人がいますか。
- あなたか家族の一員が，家族支援，消費者詐欺，あるいは被害者証人の部門など，地方検察庁のサービスを利用する機会をもったことがありますか。
- 被告人がアフリカ系アメリカ人であることを理由に，検察側に法で求められているよりも高い基準を守らせようと思いますか。
- 違う人種の人から怖い体験をしたことがありますか。
- 南カリフォルニアで，アフリカ系アメリカ人に対する人種差別はどのくらい大きな問題だと思いますか。
- 犯罪の被害者になったことがありますか。もしある場合，警察がそのときにした仕事についてはどう思いましたか。十分なものでしたか。不十分なものでしたか。

第14章　エピローグ

　調査結果の中には次のようなものがあった。75％の人がシンプソンはフットボールで卓越していたから殺人をしそうにないと信じていた。42％が家族に対して腕力を使うことを容認できると考えていた。42％が自分や家族が否定的な法執行の経験をしたといった。そして100％が定期的には新聞を読んでいないと答えた。

　シンプソン事件での陪審選定に当たって，もう1つ弁護側が関心をもっていたのは，少数派の被告人と白人の殺人被害者がかかわった刑事事件での過去の陪審の判断記録だった。シンプソン事件の構造分析が提示したのは，人種的少数派の被告人が白人殺害で告発されているという最悪の事件シナリオだった。過去の研究は，白人殺害で告発された黒人の被告人は，黒人殺害で告発された白人の被告人よりも有罪とされ死刑を言い渡される可能性が高いことを示していた[*43]。この事件に当てはまる証拠に加えて，人種間犯罪にかかわって量刑が不均衡となる2つの主要因は，依然として検察官の告発裁量と陪審の構成なのである[*44]。

　従来，検察官は，白人の被告人とは違って，黒人被告人に対して不釣合いに多く死刑を求めてきた。たとえば，1930年以来強姦で死刑が執行された455人の男性のうち，405人（89％）が黒人であり，大多数の事件で，告訴したのは白人だった[*45]。ジョージア州だけで見ると，検察官は黒人が被告人で白人が被害者である事件の70％で死刑を求刑したのに対し，白人の被告人で黒人が被害者である事件では19％だった[*46]。

　このような過去の傾向はシンプソン事件にも影響を与えた。検察側は黒人男性の激情に関する婉曲表現を用い，ほとんどの白人が黒人の特徴をよく表わしていると考える殺人道具である錘刀（先の鋭い細身の短剣）をシンプソンが使ったと非難した。検察側は，2つの殺人は大きく非常に鋭利なナイフで行なわれたこと，加害者は意図的に複数の切り傷や刺し傷を被害者に残したこと，そして殺害行為は告発された者の特別な憎悪を示す攻撃の残虐さをもって近距離で行なわれたことを主張した。このように，シンプソンに対して死刑を求刑しないという検察官の決定は，個別の状況，犯罪の性質，そして人種間事件の歴史に明らかに一致しないものだった。

　だから，歴史が唯一の指針というわけではなかった。1994年9月，1995年

1月にシンプソン裁判が始まるはるか以前，ガルセッティは死刑を求めないことを発表した[*47]。ガルセッティの決定は，ロサンゼルスやその近郊における社会不安の潜在的脅威について地方検事正が懸念をいだいていたことを反映したものだったのだろうが，彼の選択は，死刑該当事件において死刑を求刑するか否かを決定するに際しての検察官の巨大な自由と裁量を描き出すものである。同様に，人種差別が死刑該当事件において現われ続けているその多様な形態を考慮すると，被害者と被告人の人種に基づく，死刑宣告の人種的不均衡について抗しがたい統計的証明が得られる理由を理解する助けになる[*48]。
　ガルセッティは，殺人が起こったロサンゼルス郡内で的確に裁判の場所を選択することもできた。殺人現場のブレントウッドは，上流階級の白人を住民とする排他的な孤立地区であった。1990年の合衆国国勢調査によれば，ブレントウッド市内には，黒人は全部でわずか63人，地域住民の0.83％だった[*49]。しかしながらガルセッティは明らかに，ロサンゼルスのダウンタウンでの公判を望んでいた。そこは陪審に少数人種が含まれる可能性がより高い地域であり，ここでも検察側の計算と裁量を描き出したのである[*50]。
　さらに，シンプソン事件の陪審が選定されてからも，電子メディアと印刷メディアの双方とも，陪審選定手続きは人種的少数派の「過剰代表」を招いたとする鋭い批判を続けた。実際，12人の陪審員と12人の代替要員のうち，15人が黒人（62.5％），5人が白人（20.8％），3人がヒスパニック（12.5％）で，1人はアメリカ先住民（4.2％）だった。しかしながら，メディアが言及しなかったこととして，これらの人種的民族的少数派は，ロサンゼルス市とロサンゼルス郡の双方においてすでに住民の多数派を構成しているということがある（1990年合衆国国勢調査によれば，それぞれ57.2％と55.0％）。同じように裁判所から数マイルしか離れていない東ロサンゼルスでも，白人人口は18歳以上の住民のわずか3.7％にすぎないのである（93.0％がヒスパニック）。ロサンゼルス郡南部のイングルウッド市では，黒人は18歳以上の住民の51.9％を数える。言い換えれば，ガルセッティが選択したダウンタウンの裁判所に接する近隣地域の住民の多数派は，人種的民族的な少数派を構成する人たちだったのである[*51]。
　ロサンゼルス上位裁判所における人種的少数派の過剰代表は，ロサンゼルス

郡の他の上位裁判所や市裁判所における人種的構成の現実を反映したものではない。そして陪審選定制度に関する多くの後方支援の問題や手続き上の欠陥によって，陪審への参加から大きな割合の人種的少数派がなお排除されているのである[*52]。代表的でない陪審につながる１つの重要な要因は，ロサンゼルス陪審コミッショナー事務所が特に採用した「照準法」といわれる陪審員候補者選出方法で，これが人種的代表性をさらに歪めている。ロサンゼルス郡は30以上の上位裁判所と市裁判所をもち，管轄区が重なっているためである。照準法による選出システムは，郡内の個別の裁判所それぞれに対する住居の近さに基づいて陪審員の候補者を抜き取るために特に考案されたものである。

この陪審選定手続きは，ねじれているうえにムラがある。ロサンゼルス中央上位裁判所は，まず裁判所に最も近接した所に住んでいる人たちから陪審員候補者を抜き取り，それから順次同心円状に広げた地域の住民から抜き取るのである。中央上位裁判所が黒人や他の民族的少数派が優勢な住民であるダウンタウン中心部に位置しているため，人種的少数派はここでの陪審員候補者の多数を占めることになる[*53]。照準法の欠陥はよく知られており，経験的に実証され，引証されてきた。距離に基づく選出制度では，ロサンゼルス郡内の他のすべての上位裁判所と市裁判所は，ごく少数の人種的少数派である陪審員しか得られないことになり，人種的少数派の陪審員の代表性について重大な欠陥を生み出しているのである[*54]。

結果として，照準法は裁判所で何度も批判と異議にさらされてきた。もっとも，これまでのところ，陪審選任に対する異議申し立てはどれもこの制度の廃止に成功していない。裁判所からの居住地の距離よりも大きな地理的範囲をカバーするための国勢調査標準地域のランダム・サンプリングに依拠したクラスター・サンプル法など，他の方法は提案されてきている[*55]。しかしながら，そのような選定方法はロサンゼルスや他の大きな首都圏管轄区ではいまだに採用される兆しはない。

陪審員候補者選出方法の偏りによって，ロサンゼルスでの今後の刑事事件においては，人種的少数派に属する被告人は主張を提出して聞いてもらい，ロサンゼルス中央上位裁判所で審理してもらうよう勤勉に活動する以外に，ほとんど何の選択肢も残されていない。さもなければ，自身の同僚のバランスを反映せ

ず，地域の代表性を反映していない陪審に直面することになるのである。地方検察庁は被告人とは違う人種グループの裁判地を選択することができるのに，少数派被告人が，少数派が優勢な陪審に審理される保障はいまだにないのである。

6. 結　語

　この研究からどのような教訓を引き出すことができるだろうか。
　過去10年間，メディアは児童強制わいせつの問題に熱心に焦点を当ててきた。そしてメディアの報道と詮索は圧倒的なものだった——新聞記事，雑誌レポート，テレビ番組，映画，著名人の告白，そして児童強制わいせつとされた事件の抑圧された記憶がほとんど毎日のように流れてきたのである。しかしながら，そのような劇的な注目は，子どもに強制わいせつを働いたと告発された人たちの個人的，社会的そして経済的な破壊という問題を提起し，刑事司法制度の廉潔性に重大な疑いをいだかせるという形で，定期的に予期に反した結果をもたらした。
　マクマーチン事件の被告人たちについていえば，裁判後，彼らに対する「犯罪」が顕在化した。彼らやその同僚たちは刑事告発について身の証を立てたにもかかわらず，窮乏が続き，社会的にも感情的にも拘禁と社会的非難という過去のトラウマに苦しんでいるのである。
　一般市民は，メディアや警察がこのエピソードを児童性的虐待の究極と誤認し続けているために，彼らを解放していない。過去10年は，児童性的虐待と闘う力が強められていくさまを目の当たりにしてきた。けれども，そこには否定的な側面がある。最もうまくまとめるならば，検察官が，適切な証拠的基礎もなしに根拠のない告発の地ならしをすることによって，一般の印象や政治的野心を高めることができるようになったということである。告発された者の有罪を明らかにする十分な証拠とそのような証拠の欠如との間の線をひとたび踏み越えてしまえば，法無視の秩序に沿った告発の枠組みが作られるのである。
　われわれは，刑事司法制度と刑事裁判所手続きの正当性を効果的に浸食することで，マクマーチン事件は児童強制わいせつで告発された者に起こり得る最

悪の面を描き出したものと考えている。われわれの考えるところでは，マクマーチン事件は，メディアや突出した重要な事件参加者，とりわけ，ロサンゼルス・タイムズやKABCのレポーター，地方検事やいく人かのマクマーチン幼稚園児の親たちにとってはそうでなかったにしても，たいしたことのない事項，おそらくは重要でない出来事だったはずのものである。けれども事件やその派手に過ぎた報道が検察側や裁判所手続きを支持しようという全国的な合意を固定化してしまい，児童性的虐待の被疑者の告発へと高まっていったのである。

マクマーチン事件の経験は，重要な教訓を将来の性的虐待事件を取り扱う検察官に与えてくれるだろうか。検察官の行き過ぎた熱心さをそぎとることができるだろうか。単に有罪を勝ち取るのではなく，正義を求めるものになるのだろうか。

アキキ事件に関する限り，上の問いに対する答えは，はっきりとした「否」になりそうである。

それでは，われわれのうち誰かがそのような事件で将来の衡平や公正さを確保するために何かできるのだろうか。訴追のための適当な証拠が欠けている限り，あるいはその収集方法やその内容の質，補強的な性格が異議を申し立てるほどに疑わしい限り，検察官は何らかの高いレベルでの公民的権力に統制される必要がある。検察官の権限を制限することが重要なのである。

倫理的な要素もある。極悪非道の犯罪で告発されたマクマーチン事件の元被告人たちを襲った人的苦難を理解するために，マリー・アン・ジャクソンの簡潔な申し立てをもってこの説明の結論とする。彼女は最初の被告人の1人で予備審問のときに，裁判官の判断に先立って次のような陳述を読み上げた。

> 私は，祖国とその法は無実の者を守るためのものだと信じて育ちました。……この何か月もの裁判所手続きを通して私が見てきたものは，真実と正義を探求するものではなく，絶えることのないお芝居じみた演技でした。私は，メディアの大宣伝のために，告発され，迫害され，訴追され，悪口を言われ，脅かされ，しつこく質問され，嫌がらせを受け，メディアによる裁判を受けて，メディアによって有罪と認定されました。私たち被告人は，我慢の限界まで追いやられ，そしてこの窮地にあって，ほとんどの人が経験したことのない教訓を学び取りました。それは私たちがまさに生き残るためのものでした。私たち

の何人かは，強制収容所を生き延びた人たちの本や日記を読みました。それは私たちに勇気や希望を与えてくれました。……この悲劇のマラソンで真に英雄的な人物は被告人たちなのであり，いつの日か時が，それが真実であることを明らかにしてくれるでしょう*56。

われわれは，かなり先のことであっても，その日がいずれはマクマーチン事件の生存者たちにやってくることを信じている。

Notes

■ 第1章

1 Narina Nunez Nightingale, "Juror reactions to child victim witnesses: Factors affecting trial outcome," *Law and Human Behavior* 17(1993): 679-694; Meridith Felise Sopher, " 'The best of all possible worlds': Balancing victims'and defendants' rights in the child sexual abuse case," *Fordham Law Review* 63 (1994): 633-664; Wendy Anton Fitzgerald, "Maturity, Difference, and Mystery: Children's Perspectives and the Law," *Arizona Law Review* 36(1994): 11-111. も参照。

2 カリフォルニア法はまた「違法に拘束されている間に，その人の秘部」に触れる行為を性的暴行と定義する。カリフォルニア刑法典 243.4 章参照。

3 John Doris, *The Suggestibility of Children's Recollections* (Hyattsville,MD:Copies from APA Order Dept, 1991). 詳しくは次の文献を参照。Michael R. Leippe, Andrew P. Manion, and Ann Romanczyk, "Discernibility or discrimination? Understanding juror's reactions to accurate and inaccurate child and adult eyewitnesses," in Gail S. Goodman and Bette L. Bottoms, eds., *Child Victims, Child Witnesses: Understanding and Improving Testimony* (New York: The Guilford Press, 1993).

4 L. M. Duggan III, M. Aubrey, E. Doherty, E. Isquith, M. Levine, and J. Scheiner, "The Credibility of Children as Witnesses in a Simulated Child Sex Abuse Trial," in S. J. Ceci, D. F. Ross, and M. P. Toglia, eds., *Perspectives on the Child Witness* (New York: Springer-Verlag, 1989), pp. 71-91; G. S. Goodman, B. L. Bottoms, B. B. Herscovi, and P. Shaver, "Determinants of the Child Victim's Perceived Credibility," in Ceci et al., eds., *Perspectives*, pp.1-22. 参照。なお, Michael Quinn Patton, *Family Sexual Abuse: Frontline Research and Evaluation* (Newbury Park, CA: Sage Publications, 1991); Joel Best, *Troubling Children: Studies of Children and Social Problems* (New York: Adaldine De Gruyter, 1994) も参照。研究対象としてのマクマーチンの子どもたちに関しては、以下の文献を参照。Jill Waterman, Robert J Kelly, Mary Kay Oliveri, and Jane McCord, *Behind Playground Walls: Sexual Abuse in Preschools* (New York: Guilford Press, 1994); Debbie Nathan and Michael Snedeker, *Satan's Silence: Ritual Abuse and the Making of a Modern American Witch Hunt* (New York: Basic Books,1995)．な お, Lucy McGough, *Child Witnesses: Fragile Voices in the American Legal System* (New Haven: Yale University Press, 1994) も参照。

■ 第2章

1 ロクサン・アーノルド & カスリーン・デッカー「マクマーチン事件：切り裂かれた地域社会」(Roxane Arnold and Cathleen Decker,"McMartin case: A community divided," *Los Angeles Times* (*LAT*), April 29, 1984.)

2 同上

3 ドロシー・タウンゼント「裁判官はマクマーチン教師を保釈せず」(Dorothy Townsend, "Judge will not free McMartin teacher," *LAT*, May 30, 1984.)

4 このグレン・スチーブンスその人が，後に地方検察庁検事の職を辞し，弁護側に加わり，弁護人の一員として働くことになった。

5 ロイス・チムニック「マクマーチン事件で，新しい容疑者」(Lois Timnick, "New Suspect in McMartin case named," *LAT*, August 3, 1984.)

6 アーノルド＆デッカー「マクマーチン事件」(Arnold and Decker, "McMartin case.")

7 同上

8 テッド・ローリック「マクマーチン児童虐待事件で93件の新しい起訴」(Ted Rohrlich, "93 new charges filed in McMartin child abuse case," *LAT*, May 24, 1984.)

9 この事件には重要な政治的意味合いもあった。バッキー一家に対して訴追を行なっていたまさにそのとき，ロサンゼルス地方検事正のロバート・フィリボジアンは再選の選挙運動を行なっており，選挙情勢は不利であった。フィリボジアンは一連の逮捕が政治的な動機によるものであるということを否定した。この後（1984年），フィリボジアンは再選に失敗し，アイラ・ライナーと交代することになった。

10 その後の展開を考えると，正確で客観的な報道のため，審問は公開で行なわれるべきであるとLAT（ロサンゼルス・タイムズ紙）が主張したことは，皮肉なことである。同様に皮肉なのは，タイムズ紙による，この特定の日の報道がロイス・チムニックによってなされたことである。彼女の報道は後に，被告人に対し著しく偏向的であったと批判された。

11 ロバート・W・スチュワート「マクマーチン被告人に追起訴」(Robert W. Stewart, "McMartin suspects face added counts," *LAT*, May 18, 1984.)

12 テッド・ローリック「マクマーチン事件で新たに30人が捜査対象に」(Ted Rohrlich, "30 more probed in McMartin case," *LAT*, July 11, 1984.)

13 ロイス・チムニック＆ビクター・メリナ「虐待事件で新たに9か所が捜査を受ける」(Lois Timnick and Victor Merina, "9 new areas raided in molestation case," *LAT*, July 17, 1984.)

14 同上

15 ロイス・チムニック「マクマーチン保護者グループが写真に懸賞金」(Lois Timnick, "McMartin parents group offers reward for photos," *LAT*, November 13, 1984.)

16 ロイス・チムニック「自分たちを信じられなくなった街」(Lois Timnick, "A town that no longer trusts itself," *LAT*, July 29, 1984.)

17 同上

18 アレキサンダー・コックバーン「マクマーチン事件：子どもたちを起訴せよ，親たちを勾留せよ」(Alexander Cockburn, "The McMartin case: Indict the children, jail the parents," *Wall Street Journal* (*WSJ*), February 8, 1990.)

19 マーク・アラックス「虐待の証拠を求めて敷地を捜索」(Mark Arax, "Officials search lot for abuse evidence," *LAT*, March 18, 1985.)

20 同上

21 テッド・ローリック「マクマーチン事件での捜索で，兎の耳と黒いマントを発見」(Ted

Rohrlich, "McMartin case raid yields rabbit ears, black robes," *LAT*, February 19, 1985.)

22　キャロル・マクグロー & ポール・フェルドマン「虐待目的で子どもたちを交換していた，と州は主張」(Carol McGraw and Paul Feldman, "Children were swapped for sexual abuse, state alleges," *LAT*, August 4, 1984.)

23　ロイス・チムニック「別の幼稚園で，補助職員が虐待の疑い」(Lois Timnick, "Aide charged in molestation at another beach preschool," *LAT*, June 27, 1984.)

24　「幼稚園の補助職員，35件の虐待で裁判へ」("Preschool aide faces trial on 35 molestation charges," *LAT*, December 14, 1984.)

25　マクグロー & フェルドマン「虐待目的で」(McGraw and Feldman, "Children were swapped.")

26　「幼稚園の補助職員」("Preschool," *LAT*.)

27　ロイス・チムニック「別の幼稚園で」(Timnick, "Aide charged.")

28　チムニック & メリナ「虐待事件で新たに」(Timnick and Merina," 9 new areas.") 検察側による正式な捜査と保護者については，マーク・アラックス「虐待の証拠を求めて敷地を捜索」(Mark Arax, "Officials search lot for abuse evidence," *LAT*, March 18, 1985.) を参照のこと。

29　マクグロー & フェルドマン「虐待目的で」(McGraw and Feldman, "Children were swapped.")

30　「令状に，虐待事件の被疑者が出頭」("Suspect in molestation surrenders on warrant," *LAT*, June 17, 1994.)

31　同上

32　ドロシー・タウンゼント「裁判所の相反する決定が，マクマーチン事件の保釈の行方を不明瞭に」(Dorothy Townsend, "Conflicting court actions cloud bail status in McMartin case," *LAT*, June 2, 1984.)

33　テッド・ローリック「マクマーチン幼稚園教師に逮捕状」(Ted Rohrlich, "Warrant issued for McMartin Pre-School teacher," *LAT*, June 16, 1984.)

34　ジーン・ブレーク「マクマーチン事件で，教師の釈放を裁判官が命令」(Gene Blake, "McMartin teacher released by judge," *LAT*, June 5, 1984.)

35　「令状に」("Suspect," *LAT*.)

36　「40万ドルを積んで，スピットラー保釈」("Spitler freed after posting $400,000 bail," *LAT*, June 20, 1984.)

37　テッド・ローリック「マクマーチン事件で弁護側が地方検事の適格性を争う」(Ted Rohrlich, "Attorney seeks to disqualify D.A. in McMartin case," *LAT*, May 25, 1984.)

38　タウンゼント「裁判官は」(Townsend, "Judge.")

■第3章

1　スコット・ハリス「裁判の終わりは，テレビ番組化交渉の始まり」(Scott Harris, "Trial finale is only the beginning of TV deals," *LAT*, January 21, 1990.)

2　ドロシー・タウンゼント「幼稚園事件の詳細，封印される」(Dorothy Townsend, "Details in preschool case remain sealed," *LAT*, May 19, 1984.)

3 「性犯罪事件で非公開審理を求める」("Closed session to be sought in sex case," *LAT*, May 3, 1984.)

4 「虐待事件の裁判で，裁判官がＴＶカメラを禁止」("Judge prohibits TV in molestation case," *LAT*, June 15, 1984.)

5 ロイス・チムニック「マクマーチン事件の審問, 公開される予定」(Lois Timnick, "McMartin case will have open hearing," *LAT*, August 14, 1984.)；ロイス・チムニック「裁判所が, マクマーチン事件の審問に公開命令」(Lois Timnick, "Court orders McMartin hearing opened," *LAT*, September 11, 1984.)；ロイス・チムニック「マクマーチン事件の審問, 再び一般に公開」(Lois Timnick, "McMartin hearings reopened to public," *LAT*, October 2, 1984.)

6 ロバート・リンゼイ「記者の手帳：カリフォルニアの事件の6か月」(Robert Lindsey, "Reporter's notebook: 6 months of California case," *New York Times* (*NYT*), February 13, 1985.)

7 同上

8 トーマス・Ｂ・ロゼンスチル「あざといニュース：被害者は食いものにされたのか？」(Thomas B. Rosenstiel, "Lurid news: Are victims exploited?," *LAT*, May 11, 1984.)

9 同上

10 同上

11 同上

12 マクマーチン対国際子ども研究所 (*McMartin v. Children's Institute International,* 261 Cal. Rptr.437, 1989)

13 モーガン・ゲンデル「KABCは,「20/20」とは別の番組を放送予定」(Morgan Gendel,"KABC plans to preempt '20/20' show," *LAT*, December 24, 1984.)；ピーター・Ｗ・キャプラン「ABC傘下の局が,「20/20」放送を拒絶」(Peter W. Kaplan, "ABC station rejects a '20/20' report," *LAT*, December 27, 1984.)

14 ロバート・Ｗ・スチュワート「「20/20」番組はマクマーチンの録画テープを入手可能と，レポーター」(Robert W. Stewart, "Reporter claims '20/20' can get McMartin tapes," *LAT*, May 10, 1984.)；上位裁判所ロジャー・Ｗ・ボーレン判事による「保護命令」("Protective Order" by Superior Court Judge Roger W. Boren, February 28, 1986.)

15 ゲンデル「KABCは」(Gendel, "KABC plan.")

16 ハワード・ローゼンバーグ「「20/20」はマクマーチン事件の一方的な見方しかしていない」(Howard Rosenberg, " '20/20' takes a limited view of McMartin case," *LAT*, January 2, 1985.)

17 同上

18 同上

19 ポール・エベール＆シャーリー・エベール「無実の者への人身攻撃：マクマーチン幼稚園裁判」(Paul Eberle and Shirley Eberle, *The Abuse of Innocence: The McMartin Preschool Trial* (Buffalo, NY: Prometheus Books, 1993), p.91.)

20 デイビッド・ショー「タイムズによるマクマーチン報道は偏向していたとの批判」(David Shaw, "Times McMartin coverage was biased, critics charge," *LAT*, January 22, 1990.)

21 しかしながら，オレンジ郡のある裁判官が，ジョージは資格停止にされる必要はないと判断した。以下も参照。ロバート・Ｗ・スチュワート「マクマーチン補助職員の弁護士がテープを批判」(Robert W. Stewart, "McMartin aids attorney criticizes tape," *LAT*, May 11,

1984.)

22 1984年5月24日に，ダニエル・デイビスによって提出された「地方検事の資格停止に関する通告と申し立て，事実の陳述，論点と権威に関するメモランダム」

23 「虐待事件の裁判で，裁判官は」("Judge prohibits," *LAT*.)

24 ロバート・W・スチュワート「マクマーチン事件で，弁護士が地方検事正の排除を求める」(Robert W. Stewart, "Attorney calls for D.A.'s ouster in McMartin case," *LAT*, June 14, 1984.)

25 David Finkelhor, Linda M. Williams, and Nanci Burns, *Nursery Crimes: Sexual Abuse in Day Care* (Newsbury Park, CA: Sage Publications, 1988), p.238.

26 同上

27 これらの数字は，1990年の国勢調査からの情報に基づいている。

28 ハワード・ローゼンバーグ「メディアの見せ物と化したマクマーチン事件」(Howard Rosenberg, "McMartin case as media spectacle," *LAT*, June 20, 1984.)

29 アン・ランダース「行きすぎた虐待の恐怖」(Ann Landers, "Abuse fears carried too far," *San Bernardino Sun*, April 29, 1991.)

30 スチュワート「マクマーチン補助職員の」(Stewart, "McMartin aids.")

■ 第4章

1 この節の情報は，ロサンゼルス・タイムズ紙によって実施された，全国電話世論調査に基づいている。この調査は，LAT調査No.98という番号がつけられている。

2 ロイス・チムニック「教育学者の研究で，マクマーチン事件に新たな論争」(Lois Timnick, "Educator's study stirs new McMartin controversy," *LAT*, November 11, 1986.)

3 Hiroshi Fukurai, Edgar W. Butler, and Richard Krooth, *Race and the Jury: Racial Disenfranchisement and Search for Justice* (New York: Plenum Press, 1993.)

4 同上

5 同上

6 Don A. Dillman, *Mail and Telephone Surveys: The Total Design Method* (New York: Wiley, 1978).

7 Fukurai et al., *Race and the Jury*.

8 チムニック「教育学者の研究で」(Timnick, "Educator's study.")

9 これら2つの記事は，以下のとおり。ロイス・チムニック「調査対象の22%は子どもの時に虐待被害」(Lois Timnick, "22% in survey were child abuse victims," *LAT*, August 25, 1986.)，ロイス・チムニック「子どもたちの虐待の話は信頼できる，多数の意見」(Lois Timnick, "Children's abuse reports reliable, most believe," *LAT*, August 26, 1986.) チムニックは，彼女とロサンゼルス・タイムズ紙が児童期の性的虐待に関する調査を実施するのは適切であるが，特に得られた情報が弁護側によって使われることがある場合に，他の人たちは調査を行なうべきでない，と考えたのかもしれない。

10 この情報は，1986年11月13日に放送された「KABCイブニングニュース」番組の報道に基づいている。

11 チムニックとタイムズ紙の批判にもかかわらず，何人かの人たちから質問なしに出てきた回答は，質問紙は中立性を守るように作られていて，質問紙の中の質問項目は客観的で偏向がないように計画されていたということを示唆している。
12 この節で報告されている調査回答者からの反応は，スペルの誤りだけを訂正している。
13 この質問紙で使われた質問については，いくつかの回答を選んで，第7章でさらに検討を加えた。マクマーチン事件で用いられた弁護側の科学的陪審選定法も，そこで議論している。

■ 第5章

1 「マクマーチン主任検察官，侮辱罪で200ドルの罰金」("Chief McMartin prosecutor fined $200 for contempt," *United Press International*, November 18, 1984.)
2 キャロル・マクグロウ「マクマーチン，自分で弁護したい」(Carol McGraw, "McMartin seeks to act as own attorney," *LAT*, May 24, 1985.)
3 キャロル・マクグロウ「バージニア・マクマーチン，法廷で激怒」(Carol McGraw, "Virginia McMartin in courtroom outburst," *LAT*, May 25, 1985.)
4 リンゼイ「記者の手帳」(Lindsey, "Reporter's notebook.")
5 ロイス・チムニック「マクマーチン事件，遅れで1987年までかかるか」(Lois Timnick, "McMartin case: Delays may drag it on until 1987," *LAT*, September 17, 1984.)
6 テッド・ローリック「マクマーチン園児の面接テープ，裁判官が利用制限」(Ted Rohrlich, "Judge limits access to interview tapes of McMartin pupils," *LAT*, May 23, 1984.)
7 「面接テープで，弁護側への命令を維持」("McMartin defense tape order stayed," *LAT*, August 4, 1984.)
8 ローリック「マクマーチン園児の面接テープ」(Rohrlich, "Judge limits.")
9 マーシア・チェンバース「虐待事件で，弁護側の動議を却下」(Marcia Chambers, "Judge's ruling stops defense in abuse case," *LAT*, December 25, 1985.)
10 *Cal Jur 3d [Rev] Criminal Law* 2076-2079. 参照。
11 速記録 (*Transcript*, p. 19, September 12, 1984.)
12 ロイス・チムニック「マクマーチン事件の審問，公開される予定」(Lois Timnick, "McMartin case will have open hearing," *LAT*, August 14, 1984.)
13 速記録 (*Transcript*, pp.6-7, September 18, 1984.)
14 同上
15 速記録 (*Transcript*, pp. 5-6, September 18, 1984.)
16 テッド・ローリック「マクマーチン事件の審問で，最初の親が証言」(Ted Rorhlich, "Court hears first parent testify in McMartin hearing," *LAT*, June 27, 1984.)
17 チムニック「マクマーチン事件の審問」(Timnick, "McMartin case.")
18 ロイス・チムニック「マクマーチン園児は薬で，検事主張」(Lois Timnick, "McMartin children drugged, D.A. says," *LAT*, August 9, 1984.)

19 マーシア・チェンバース「性的虐待事件で, 弁護側はセラピストを非難」(Marcia Chambers, "Sex-case defense assails therapists," *NYT*, December 15, 1985.)
20 速記録 (*Transcript*, p. 22, September 18, 1984.)
21 速記録 (*Transcript*, p. 23, September 18, 1984.)
22 チムニック「マクマーチン事件, 遅れで」(Timnick, "McMartin case: Delays.")
23 たとえば, 速記録 (*Transcript* on January 14, 1985.) 参照。
24 速記録 (*Transcript*, pp. 12-17, January 14, 1985.)
25 速記録 (*Transcript*, p. 62, January 14, 1985.)
26 A.Couch and K. Keniston, "Yeasayers and naysayers: Agreeing response set as a personality style," *Journal of Abnormal and Social Psychology* (1960): 151-174; D. Crowne and D. Marlowe, *The Approval Motive* (New York:Wiley, 1964); John H. Freeman and Edgar W. Butler, "Some sources of interviewer variance in surveys," *Public Opinion Quarterly* 40: 79-91, 1974.
27 速記録 (*Transcript*, pp.3-54, September 7, 1984.)
28 速記録 (*Transcript*, p. 23, September 7, 1984.)
29 速記録 (*Transcript*, pp.24-25, September 7, 1984.)
30 Kee MacFarlane and Jill Waterman, *Sexual Abuse of Young Children* (New York: Guilford Press, 1986), pp. 87, 99-100.
31 チェンバース「性的虐待事件」(Chambers, "Sex-case defense.") 信頼性の問題は, ビデオテープ証言で例証された。そこで1人の被害者は, レイモンドについて裸のゲームの写真は撮らなかったと言ったが, 法廷では撮ったと証言した。たとえば, キャロル・マクグロウ「子ども証人への質問の限界を問う」(Carol McGraw, "Child witness questioning limits asked," *LAT*, May 12, 1985.) 参照。
32 合衆国憲法の修正6条ならびに14条は, 刑事事件の被告人につき自己に不利益な証人を反対尋問できると規定する点に注目せよ。児童性的虐待事件における, いわゆる対審条項は, 第12章で詳しく検討される。
33 ロバート・リンゼイ「性的虐待裁判での少年の答えは法的問題を強調」(Robert Lindsey, "Boy's responses at sex abuse trial underscore legal conflict," *NYT*, January 27, 1985.)
34 皮肉なことに, ロサンゼルス・タイムズ紙の論説は,「第一証人, 自分のストーリーに固執」(1985.1.24) と名づけられた。その記事は, 主任のロイス・チムニックによって書かれている。
35 リンゼイ「性的虐待裁判での少年」(Lindsey, "Boy's responses.")
36 ロバート・リンゼイ「性的虐待裁判での少年, 加害の脅しを供述」(Robert Lindsey, "Boy in sex case describes mutilation threat," *NYT*, February 20, 1985.)
37 「雑貨商も仲間に入ったとマクマーチン事件の証人」("Grocer joined sex games, McMartin witness says, " *LAT*, February 16, 1985.)
38 ロイス・チムニック「マクマーチン事件の証人, 雑貨商も見ていた」(Lois Timnick, "McMartin witness claims grocer watched sex games," *LAT*, February 7, 1985.)
39 リンゼイ「記者の手帳」(Lindsey, "Reporter's notebook.")
40 キャロル・マクグロウ「マクマーチン事件の園児, 10歳, 奇怪な儀式を証言:血を飲まされた」(Carol McGraw, "McMartin pupil, 10, tells of bizarre rite: Forced to drink blood witness

claims," *LAT*, February 21, 1985.)

41 チムニック「マクマーチン事件の証人」(Timnick, "McMartin witness claims.")

42 ロイス・チムニック「マクマーチン事件の証人のためのセラピー，法廷でビデオを上映」(Lois Timnick, "Court sees videotape of a therapy session for McMartin witness," *LAT*, March 6, 1985.)

43 ロイス・チムニック「マクマーチン事件の子ども，ウソを認める」(Lois Timnick, "Lies admitted by McMartin case child," *LAT*, March 12, 1985.)

44 キャロル・マクグロウ＆ロイス・チムニック「証人，9歳，虐待の嫌疑について詳細に証言」(Carol McGraw and Lois Timnick, "Witness, 9, gives detailed account of alleged abuse," *LAT*, March 14, 1985.)

45 キャロル・マクグロウ「マクマーチンの映画が売られるのを見たと少年が証言」(Carol McGraw, "Saw McMartin movie sold, boy testifies," *LAT*, March 15, 1985.)

46 ロイス・チムニック「マクマーチン事件の証人，5歳，レイプと肛門性交の証言を維持」(Lois Timnick, "McMartin witness, 5, holds to tale of rape and sodomy," *LAT*, April 5, 1985.)

47 キャロル・マクグロウ「少女，5歳，バッキーによる虐待と脅しについて証言」(Carol McGraw, "Girl, 5 tells of abuses, threats by Ray Buckey," *LAT*, March 27, 1985.)

48 キャロル・マクグロウ「マクマーチン事件，判事は今回の証人の信憑性に疑問」(Carol McGraw, "Judge questions the credibility of latest witness in McMartin case," *LAT*, April 13, 1985.)

49 速記録 (*Transcript*, pp.20-21, April 23, 1985.)

50 キャロル・マクグロウ「ひどいウソだ,法廷でマクマーチンが叫ぶ」(Carol McGraw, "Awful lies, McMartin screams in courtroom," *LAT*, April 16, 1985.)

51 「カルトの話はナンセンス，とマクマーチン関係者」("This cult stuff is nonsense, figure in McMartin case says," *LAT*, February 20, 1985.)

52 キャロル・マクグロウ「墓地で気味の悪い儀式とマクマーチン事件の証人」(Carol McGraw, "Macabre cemetery rites told by McMartin witness," April 25, 1985.)

53 速記録 (*Transcript*, pp. 62-64, April 24, 1985.)

54 速記録 (*Transcript*, pp. 18-69, May 3, 1985.)

55 速記録 (*Transcript*, pp. 11-19, May 20, 1985.)

56 ロバート・リンゼイ「少年，7歳，カリフォルニア児童虐待事件で証言」(Robert Lindsey, "Boy, 7, is witness in Calfornia child abuse case," *NYT*, December 23, 1985.)

57 同上

58 ロイス・チムニック「マクマーチン事件で新しい障害，テレビを使っても子どもに証言はさせないと親たち」(Lois Timnick, "New snag in McMartin case: Parents won't let child testify, even over TV," *LAT*, September 5, 1985.)

59 国民対ケリー (*People v. Kelly*, 130 Cal. Rptr. 144, 1976)

60 ロイス・チムニック「マクマーチン事件，証言が終了」(Lois Timnick, "Testimony ends in McMartin child-abuse case," *LAT*, January 9, 1986.)

61 「マクマーチン事件，魔女狩りの分析」("McMartin: Anatomy of a witch-hunt," *Playboy*, June(1990): 45,49.)

Notes

62 速記録 (*Transcript*, pp. 159-160, January 9, 1985.)
63 速記録 (*Transcript*, p. 48, January 9, 1985.)
64 速記録 (*Transcript*, p. 48, January 10, 1985.)
65 John B. Williamson, David A. Konk, and John R. Dalphin, *The Research Craft* (Boston: Little, Brown, 1977).
66 Chava Frankfort-Nachimias and David Nachmias, *Research Methods in the Social Sciences* (New York: St. Martin's, 1992).
67 ローリック「マクマーチン事件での捜索で」(Rohrlich, "McMartin case raid.")
68 キャロル・マクグロウ&ロイス・チムニック「カルトの話はナンセンス、とマクマーチン関係者」(Carol McGraw and Lois Timnick, "This cult stuff is nonsense, Figure in McMartin case says," *LAT*, February 20, 1985.)
69 同上
70 ロイス・チムニック「マクマーチン事件の弁護人は、違法な遅延を批判」(Lois Timnick, "McMartin case attorney charges illegal delays," *LAT*, November 23, 1985.)
71 同上
72 同上
73 ロイス・チムニック「マクマーチン事件で担当検察チームが交代か」(Lois Timnick, "New D.A. team may take over McMartin case," *LAT*, October 13, 1985.)
74 同上
75 同上
76 マーシア・チェンバース「西海岸での虐待事件で疑問が浮上」(Marcia Chambers, "Questions raised on coast molestation case," *NYT*, October 22, 1985.)
77 同上
78 ロイス・チムニック「保釈を申し立て：依頼人はいまだ勾留されている2人のうちの1人で、不公平だと弁護人」(Lois Timnick, "A plea for bail: Lawyer calls it unfair that his client is 1 of only 2 McMartin defendants still in jail," *LAT*, November 17, 1985.)
79 州憲法 (the California Constitution, Article I, 12.) 参照。
80 チムニック「保釈を申し立て」(Timnick, "A plea for bail.")
81 同上
82 ロイス・チムニック「マクマーチン事件で、郡の支出は400万ドルを超える」(Lois Timnick, "County's expense in McMartin case above $4 million," *LAT*, December 29, 1985.)
83 ノエル・M・ラグスデイル&ウィリアム・J・ゲネゴ「マクマーチン事件の爆弾：必要で公平で、そして勇敢」(Noel M. Ragsdale and William J. Genego, "The McMartin bombshell: Necessary, fair—and brave," *LAT*, June 16, 1985.)
84 同上
85 チムニック「マクマーチン事件で新しい障害」(Timnick, "New snag.")
86 同上
87 ロイス・チムニック「マクマーチン事件でさらに2人の証人がやめる：取りやめる子ど

もたちで 18 のテレビ証言がなくなる」(Lois Timnick, "Two more McMartin witnesses out: Dropping of children to eliminate 18 TV testimony counts," *LAT*, September 7, 1985.)

88 キャロル・マクグロウ＆ロイス・チムニック「マクマーチン事件で，50 件の新しい起訴を求める」(Carol McGraw and Lois Timnick, "50 new counts sought in the McMartin case," *LAT*, June 14, 1985.)

89 同上

90 しかしながら 1985 年 10 月に，8 歳の子どもが閉回路テレビで証言した。

91 エドワード・J・ボイヤー「マクマーチン事件で，7 人中 5 人の起訴を取りやめることを検事が検討とされる」(Edward J. Boyer, "Deputy D.A. allegedly considered dropping 5 of 7 McMartin cases," *LAT*, September 28, 1985.)

92 ジャネット・ラエ・デプリー「マクマーチン事件の親たち 5 人が州による地方検察庁の調査を求める」(Janet Rae Depree, "Five McMartin parents call for state probe of D.A.'s office," *LAT*, October 20, 1985.)

93 テッド・ローリック＆ロイス・チムニック「マクマーチン事件の欠陥：証拠に穴」(Ted Rohrlich and Lois Timnick, "McMartin flaw: Gaps in evidence," *LAT*, January 27, 1986.)

94 マイケル・リーゼ「児童虐待事件が空中分解：証拠の不存在」(Michael Reese, "A child-abuse case implodes: Absence of evidence," *Newsweek*, January 27, 1986.)

95 テッド・ローリック＆ロイス・チムニック「マクマーチン事件の欠陥：証拠に穴」(Ted Rohrlich and Lois Timnick, "McMartin flaw: gaps in evidence," *LAT*, January 27, 1986.)

96 ロクサーン・アーノルド「なぜ，なぜ，落胆した親たちは尋ね，調査を求める」(Roxanne Arnold, "Why? Why, Distraught parents ask, seek inquiry," *LAT*, January 18, 1986.)

97 同上

98 デブラ・カッセンス・モス「子どもたちはウソをついているのか？」(Debra Cassens Moss, "Are the children lying?," *American Bar Association Journal* 58 (1987): 1-17.)

99 ロイス・チムニック「マクマーチン事件で検察官の 1 人が辞任，ほとんどの被告人は有罪とは思えないとの意見を表明していた」(Lois Timnick, "1 of McMartin case prosecutors resigns: Deputy D.A. had expressed doubt that most defendants were guilty," *LAT*, January 1, 1986.)

100 テッド・ローリック「マクマーチン幼稚園事件で，裁判官は弁護側立証を終わらせる」(Ted Rohrlick, "Judge in McMartin Pre-School hearing rests defense case," *LAT*, December 25, 1985.)

101 チムニック「マクマーチン事件，証言が終了」(Timnick, "Testimony ends.")

102 同上

103 チェンバース「性的虐待事件で，弁護側は」(Chambers, "Sex-case defense.")

104 モス「子どもたちはウソをついているのか？」(Moss, "Are the children lying?," pp. 1-17.)

105 Marc Miller, "Pretrial detention and punishment," *Minnesota Law Review* 75 (1990): 335.

■第6章

1 ロイス・チムニック「マクマーチン事件が5年目に，裁判官は目標を達成できるか」(Lois Timnick, "Trial judge may not achieve goal as McMartin case enters fifth year," *LAT*, December 28, 1987.)
2 マイケル・リーゼ「児童虐待事件が空中分解：証拠の不存在」(Michael Reese, "A child-abuse case implodes: Absence of evidence," *Newsweek*, January 27, 1986.)
3 ロイス・チムニック「ペギー・バッキーの起訴に偏向ありと攻撃」(Lois Timnick, "Bias in prosecution of Peggy Buckey charged," *LAT*, February 5, 1987.)
4 ロイス・チムニック「マクマーチン事件で，2人の裁判を始める決定が支持される」(Lois Timnick, "Decision to try two in McMartin case upheld," *LAT*, February 18, 1987.)
5 マーシア・チェンバース「検察官による映画の話が，虐待事件の妨げに」(Marcia Chambers, "Prosecutor's film story snags molestation case," *NYT*, November 30, 1986.)
6 マーシア・チェンバース「脚本家，前検察官が児童虐待事件で契約したことを明かす」(Marcia Chambers, "Screenwriter says ex-prosecutor made a deal on child abuse case," *NYT*, November 17, 1986.)
7 チェンバース「検察官による映画の話」(Chambers, "Prosecutor's film.")
8 同上
9 同上
10 同上
11 チェンバース「脚本家，前検察官が」(Cambers, "Screenwriter says.")
12 ロイス・チムニック「地方検事正，マクマーチン事件で公訴棄却申し立てを却下するように求める」(Lois Timnick, "D.A. urges rejection of dismissal motion in the McMartin case," *LAT*, December 6, 1986.)
13 マーシア・チェンバース「児童虐待事件で，検察官は裁判官に裁判の開始を求める」(Marcia Chambers, "Prosecutors in child molestation case ask judge to start trial," *NYT*, December 6, 1986.)
14 マーシア・チェンバース「幼稚園虐待事件を裁判官は公訴棄却にせず」(Marcia Chambers, "Judge won't dismiss preschool molestation case," *NYT*, December 9, 1986.)
15 同上
16 ロイス・チムニック「マクマーチン事件の弁護側，不正行為を非難し公訴棄却を求める」(Lois Timnick, "McMartin attorneys charge misconduct, seek case dismissal," *LAT*, November 13, 1986.)
17 ロイス・チムニック「裁判官は，マクマーチン事件を取りやめず」(Lois Timnick, "Judge won't quit McMartin school case," *LAT*, November 15, 1986.)
18 チムニック「マクマーチン事件の弁護側」(Timnick, "McMartin attorneys charge.")
19 マーシア・チェンバース「裁判官が性的虐待事件の審理をとめない決定」(Marcia Chambers, "Judge declines request to halt sex abuse case," *NYT*, December 10, 1986); ジョージ・ハチェット＆ジャネット・ハック「子どもの虐待かそれとも大人の妄想か」(George Hackett and Janet Huck, "Child abuse or adult paranoia?," *Newsweek*, December 15, 1986.)

20 マーシア・チェンバース「性的虐待事件で，紛失された書類が問題に」(Marcia Chambers, "Lost document discussed in sex abuse case," *NYT*, December 16, 1986.)

21 ハチェット＆ハック「子どもの虐待か」(Hackett and Huck, "Child abuse.")

22 ロイス・チムニック「裁判官，マクマーチン事件であらたな延期を認める」(Lois Timnick, "Judge grants new delay in McMartin school trial," *LAT*, January 12, 1987.)

23 ロイス・チムニック「マクマーチン事件で事実を隠した：前検察官」(Lois Timnick, "Withheld facts in McMartin case—ex-prosecutor," *LAT*, January 21, 1987.)

24 ロイス・チムニック「マクマーチン事件でデータを隠した：前検察官」(Lois Timnick, "Data held from McMartin defense, ex-prosecutor says," *LAT*, January 13, 1987); ロイス・チムニック「失われたテープが見つかり，裁判所は大騒ぎに」(Lois Timnick, "Lost McMartin tape surfaces, court thrown into Pandemonium," *LAT*, January 24, 1987.)

25 チムニック「マクマーチン事件で事実を」(Timnick, "Withheld facts.")。以下も参照，エベール＆エベール「無実の者への」(Eberle and Eberle, *Abuse*, p.32.)

26 マーシア・チェンバース「虐待事件で，証拠の扱いでの怠慢を認める」(Marcia Chambers, "Negligence on evidence admitted in abuse case," *NYT*, December 18, 1986.)

27 エベール＆エベール「無実の者への」(Eberle and Eberle, *Abuse*, p.34.)

28 同上 (p.176.)

29 パウンダース判事は，その記録がなかったことが予備審問手続きにおける弁護の反証にインパクトを与えたかもしれない，と語っている。チェンバース「虐待事件で，証拠の扱い」(Chambers, "Negligence.") も参照。

30 ロイス・チムニック「裁判官，マクマーチン事件で」(Lois Timnick, "Judge grants.")

31 ロイス・チムニック「マクマーチン事件の前検察官，審問でほとんどの質問に答えず」(Lois Timnick, "Ex-McMartin prosecutor refuses to answer most questions at hearing," *LAT*, January 10, 1987.)

32 同上

33 ロイス・チムニック「マクマーチン事件の関係者，司法免責を求める」(Lois Timnick, "Immunity sought for McMartin case figure," *LAT*, January 14, 1987.)

34 エベール＆エベール「無実の者への」(Eberle and Eberle, *Abuse*, p.33.)

35 同上 (p.34.)

36 マーシア・チェンバース「虐待事件の審問で秘匿された証拠が表に」(Marcia Chambers, "Abuse hearing is told of withheld evidence," *NYT*, January 21, 1987.)

37 マーシア・チェンバース「虐待事件，検察が問題」(Marcia Chambers, "Prosecution an issue in abuse case," *NYT*, January 19, 1987.)

38 チムニック「マクマーチン事件でデータを」(Timnick, "Data held,")

39 同上

40 同上

41 ロイス・チムニック「マクマーチン事件で地方検察庁による証拠隠匿はなかったと裁判官が判示」(Lois Timnick, "D.A. didn't withhold evidence from McMartin defense, judge rules," *LAT*, March 10, 1987.)

42 ロイス・チムニック「マクマーチン事件の中心的告発者が死亡しているのが見つかる」(Lois Timnick, "Key McMartin case accuser found dead," *LAT*, December 21, 1986.)

43 ロイス・チムニック&キャロル・マクグロウ「マクマーチン事件関係者の死亡原因は不明：この母の告発から虐待事件の捜査が始まった」(Lois Timnick and Carol McGraw, "McMartin figure's death cause unclear: Mother's complaint triggered molestation investigation," *LAT*, December 21, 1987.)

44 チェンバース「虐待事件の審問で」(Chambers, "Abuse hearing.")

45 チムニック「マクマーチン事件の前検察官」(Timnick, "Ex-McMartin prosecutor.")

46 Hiroshi Fukurai, Edgar W. Butler, and Richard Krooth, "Rodney King Beating Verdicts," in Mark Baldassare, ed., *The Los Angeles Riots: Lessons for the Urban Future* (Boulder, CO: Westview Press, 1994), pp. 73-102.

47 この申し立ては、ジョン・B. マコナヘイが1986年12月4日にサインをし、1987年1月に裁判所に提出された。

48 ロイス・チムニック「裁判官、マクマーチン裁判の管轄地変更申し立てを棄却」(Lois Timnick, "Judge rejects defense bid to move McMartin trial," *LAT*, March 27, 1987.)

49 同上

50 スウェイン対アラバマ州 (*Swain v. Alabama*, 380 U.S. 202 1965.)

51 数字は、全米陪審プロジェクトによって集められた調査データであり、また国民対ウィリアムズ (*People v. Williams*, 29 Cal. 3d 392 1981) におけるアミカス・ブリーフ（法廷助言者による意見書）の基礎としても利用された。

52 "The public image of the courts: Highlights of a national survey of the general public, judges, lawyers, and community leaders" (paper prepared for the National Center for State Courts by Skelley Yankelovich and White, Inc., March 1978), p.6.

53 D. Strawn and R. Buchanan, "Jury confusion: A threat to justice," *Judicature* 59 (1977): 478: B. Sales, et al., *Making Jury Instructions Understandable* (Charlottesville, VA: Michie Company, 1981)

54 Craig Haney, "Affidavit of Dr Craig Haney in support of defendant's motion regarding *voir dire procedures*," *Maryland v. Sails* (Circuit Court, Prince Georges County, Md, No. 80-352, 1982) 参照。

55 Fukurai et al., *Race and the Jury*.

56 陪審構成に対する異議申立て書は、著者らによって準備された。

57 結果は、不均衡計測の比較に基づいている。国民対アレクサンダー (*People v. Alexander*, 163 Cal. App. 3d 1189, 210 Cal. Rptr. 306 (1985) (34.5%)); クレイフゲン対合衆国 (*Kleifgen v. United States*, 557 F.2d 1293 (9th cir. 1977) (27.1%)); 合衆国対ブテラ (*United States v. Vutera*, 420 F.2d 564 (1st Cit. 1970))。他の理由で棄却；バーバー対ポンティ (*Barber v. Ponti*, 772 F.2d 982 (1st Cir. 1985) (32.7%))。

58 Fukurai et al., *Race and the Jury*.

■第7章

1. 本章のもとになった原稿は,「行動する社会学者:マクマーチン性的虐待事件, 訴訟, 司法, そして大衆ヒステリー」("Sociologists in action: The McMartin sexual abuse case, litigation, justice, and mass hysteria," *American Sociologist* 25:44-71) において報告されたものである。
2. こういった事例をいくつか検討したものとして,Fukurai et al., *Race and the Jury* 参照。
3. 同上参照。さらに James Levine, *Juries and Politics* (Pacific Grove, CA: Brooks/Cole Publishing Co., 1991) も参照。
4. Fukurai et al., *Race and the Jury*.
5. Jon M. Van Dyke, *Jury Selection Procedure* (Massachusetts: Ballinger Publishing Company, 1977), pp. 181-183.
6. Hiroshi Fukurai, Edgar W. Butler, and Jo-Ellan Dimitrius, "Spatial and Racial Imbalances in Voter Registration and Jury Selection," *Sociology and Social Research* 72 (1987): 33-38; Hiroshi Fukurai, Edgar W. Butler and Richard Krooth, "Where did black jurors go? The theoretical synthesis of racial disenfranchisement in the jury system and jury selection," *Journal of Black Studies* 22 (1991a): 196-215; Hiroshi Fukurai, Edgar W. Butler, and Richard Krooth, "A cross sectional jury representation or systematic jury representation? Simple random and cluster sampling strategies in jury selection," *Journal of Criminal Justice* 19 (1991b): 31-48; Hiroshi Fukurai and Edgar W. Butler, "Organization, labor force, and jury representation: Economic excuses and jury participation," *Jurimetrics* 32 (1991a): 49-69; Hiroshi Fukurai and Edgar W. Butler, "Computer-aided evaluation of racial representation in jury selection," *Computers, Environment and Urban Systems* 16 (1991b): 131-155; Hiroshi Fukurai and Edgar W. Butler, "Sources of racial disenfranchisement in the jury and jury selection system," *National Black Law Review* 13 (1994): 238-275.
7. Fukurai et al., *Race and the Jury*, pp. 39-80.
8. マクマーチン裁判の間,全米センサス (国勢調査) 1990 の情報は入手できなかったため,これらの数字は全米センサス 1980 に基づいている。
9. 4つの統計的手法を論じたものとして,Fukurai et al., *Race and the Jury*, pp. 202-203 参照。
10. Hiroshi Fukurai, "Is O.J. Simpson verdict jury nullification? Legal concepts, racial acquittals, and jury performance in a racially sensitive case" (paper presented at the Academy of Criminal Justice Sciences meeting in Las Vegas, Nevada, March 1996).
11. Royce Singleton, Bruce C. Straits, and Margaret Miller Straits, *Approaches to Social Research* (New York: Oxford University Press, 1993), pp. 260-277.
12. Fukurai et al., *Race and the Jury*, pp. 159-160.
13. ベバリー・ベイエッテ「陪審員の試練:マーク・バセットは陪審勤務を気楽に考えていた。マクマーチン裁判が終わって,彼は少し賢くなった」(Beverly Beyette, "A juror's trials: Mark Bassett thought jury duty might be a lark. After the McMartin trial, he knew better," *LAT*, February 1, 1990.)
14. 「歴史をつくる,ちょっとおかしな」("Making history—of a dubious sort," *U.S. World News & World Report*, May 1, 1989); ジェイ・マシューズ「33 か月もたつと,陪審員は現実社会に戻るのが難しい」(Jay Mathews, "After 33 months, return to 'real world' a problem for jurors," *Washington Post, January* 19, 1990.)

15 ベイエッテ「陪審員の試練」(Beyette, "A juror's trials.")

16 同上

17 「幼稚園虐待事件はまもなく審理無効に」("Mistrial seen near in preschool molestation case," *NYT*, July 25, 1989); ロイス・チムニック「マクマーチン裁判, 審理無効に近づく」(Lois Timnick, "McMartin case closer to mistrial," *LAT*, September 1, 1989.)

18 Fukurai et al., *Race and the Jury*.

19 Michael J. Saks, "Blaming the jury," *Georgia Law Journal* 75 (1986): 702.

20 陪審制の簡潔な歴史として, Levine, *Juries*, pp. 22-39 参照。

21 Shirley S. Abramson, "Justice and juror," *Georgia Law Journal* 20 (1986): 257-259.) 科学的陪審選定に対する批判としては, さらに, Jeffrey Abramson, *We the Jury: The Jury System and the Ideal of Democracy* (New York: Basic Books, 1994), pp. 143-176 も参照。

22 アーウィン対ダウド (*Irvin v. Dowd*, 366 U.S. 717 722 1961.)

23 ストローダー対西バージニア (*Strauder v. West Virginia*, 100 U.S. 303 1880.)

24 Jeremy W. Barber, "The jury is still out: The role of jury science in the modern American courtroom," *American Criminal Law Review* 31 (1994): 1225-1252.

25 たとえば, Fukurai et al., "Where did black jurors go"; Fukurai and Butler, "Organization"; Fukurai and Butler, "Computer-aided evaluation" 参照。

■第8章

1 チムニック「マクマーチン事件が5年目に」(Timnick, "Trial judge.")

2 ロイス・チムニック「マクマーチン裁判, さらなる告訴断念」(Lois Timnick, "More charges in McMartin case dropped," *LAT*, October 13, 1988.)

3 ロイス・チムニック「マクマーチンの裁判官, 手続きの迅速化に努める」(Lois Timnick, "McMartin judge tries to speed up proceedings," *LAT*, August 23,1987.)

4 速記録 (*Transcript*, p.14954, July 13, 1987.)

5 速記録 (*Transcript*, p.14975, July 13, 1987.)

6 速記録 (*Transcript*, p.14977, July 13, 1987.)

7 同上

8 エベール & エベール「無実の者への」(Eberle and Eberle, *Abuse*, p.42.)

9 同上 , pp.42-43.

10 ロイス・チムニック「マクマーチンの母親証言,『洗脳』の話に異議」(Lois Timnick, "McMartin mother's testimony disputes talk of 'brainwash,'" *LAT*, March 30, 1988.) ダニエル・ゴールマン「研究の結果, 悪魔儀式虐待の訴えに疑い」(Daniel Goleman, "Study casts doubt on claims of satanic ritual abuse," *San Francisco Chronicle (SFC)*, November 11, 1994.) も参照。

11 ロイス・チムニック「マクマーチン最初の証人が証言を終える：疲労はあるが動じない」(Lois Timnick, "1st McMartin witness steps down—tired but unshaken," *LAT*, August 9, 1987.)

12 後の反対尋問で, レイダーは子どもに指を挿入したことはないと述べた。

13 ロイス・チムニック「11 歳の少女，強制わいせつ証言のいくつかを撤回」(Lois Timnick, "Girl, 11, recants some molestation testimony," *LAT*, August 18, 1987.)

14 ロイス・チムニック「マクマーチンの裁判官，少女の証言テープ放映を禁じる」(Lois Timnick, "McMartin judge bars tape of girl's testimony," *LAT*, July 21, 1988.)

15 速記録 (*Transcript*, p.17478, July 1987.)

16 速記録 (*Transcript*, p.17480, July 1987.)

17 ロイス・チムニック「マクマーチンの 3 人の子ども証人，証言を拒否」(Lois Timnick, "3 child witnesses in McMartin case refuse to testify," *LAT*, August 9, 1988.)

18 ロイス・チムニック「マクマーチン裁判，さらなる告訴断念」(Lois Timnick, "More charges in McMartin case dropped," *LAT*, October 13, 1988.)

19 ロイス・チムニック「マクマーチン裁判開始にあたり信頼と裏切りが問題」(Lois Timnick, "Trust, betrayal cited as McMartin trial opens," *LAT*, July 14, 1987.) ;「費用をかけた長い準備の末，カルフォルニア性的虐待裁判が開始される」("After long, costly preliminaries, California sex abuse case opens," *NYT*, July 14, 1987.)

20 キャロル・マクグロウ＆ロイス・チムニック「マクマーチン幼稚園強制わいせつ裁判でレイモンド・バッキーが証言する，と弁護士の言」(Carol McGraw and Lois Timnick, "Raymond Buckey to testify in McMartin preschool molestation trial, lawyer says," *LAT*, July 22, 1987.)

21 速記録 (*Transcript*, pp.15187-15188, July 21, 1987.)

22 ロイス・チムニック「マクマーチンの裁判官，少女の証言テープ放映を禁じる」(Lois Timnick, "McMartin judge bars tape of girl's testimony," *LAT*, July 21, 1988.)

23 速記録 (*Transcript*, p.15184, July 21, 1987.)

24 速記録 (*Transcript*, pp.15185-15188, July 21, 1987.)

25 速記録 (*Transcript*, p.17350, July 21, 1987.)

26 テッド・ローリック＆ロイス・チムニック「マクマーチン事件の欠陥：証拠に穴」(Ted Rohrlich and Lois Timnick, "McMartin flaw: Gaps in evidence," *LAT*, January 27, 1986.)

27 同上

28 速記録。他に 3 人の医者が証言したが，彼らの見解にはばらつきがあった。(*Transcript*, p.14969, July 13, 1987.)

29 エーベル＆エーベル「無実の者への」(Eberle and Eberle, *Abuse*, p.307.)

30 速記録 (*Transcript*, p.56630, August 18, 1989.)

31 速記録 (*Transcript*, p. 56631, August 18, 1989.)

32 同上

33 速記録 (*Transcript*, p.14750, July 8, 1987.)

34 ローランド・サミット博士の理論は他の研究者から批判されている。Lee Coleman, *Reign of Terror*.（Boston, MA: Beacon Press, 1984) を参照。

35 マロニー博士はさらに次のように述べた，
私はおよそ 40 〜 50 人の子どものテープを見ました。そして，ここでスクリプトと呼んでいるものを見出したのです。……スクリプトと呼ぶ理由はこうです。子どもへの面接においては，通常，子ども自体に焦点が当てられます。つまり，子どもに応じて面接を

行なうわけですが，その対極が，あらかじめ定められたプログラムに従うことなのです。スクリプトという言葉は，そのプログラムを指しています。けれど，そればかりではありません。多様な子どもに多様な面接者が面接を行なったにもかかわらず，彼らが用いる言葉は非常に似かよっています。それで，スクリプトという言葉を使ったのです。彼らはまるでスクリプト(台本)を読んでいるみたいでした……」。

36 マロニー博士はさらに，いかなる査定面接であれ，スクリプトを用いることは根本的かつ本質的に誤りである，と述べた。

37 第 11 章では，面接者がアナトミカル・ドールを用いて子どもから応答を得た場合の，子どもの証言の妥当性と許容性に焦点を当てる。

38 マロニー博士は最終的に次のように結論した。CII の面接は，情報をこのように子どもたちへと提供した。そのため，彼らがそれを体験したのかしなかったのか，誰にもわからなくなってしまった。つまり，子どもたちから引き出した情報を，信頼できず妥当性のないものにしてしまったのである。

39 ロイス・チムニック「マクマーチン裁判は審理無効になる可能性あり，との裁判官の言」(Lois Timnick, "McMartin case faces mistrial, judge says," *LAT*, October 6, 1987.)

40 同上

41 ロイス・チムニック「マクマーチン裁判で令状発行」(Lois Timnick, "Warrant in McMartin case issued," *LAT*, October 9, 1987.)

42 Clifford S. Zimmerman, "Toward a new vision of informants: A history of abuses and suggestions for reform," *Hastings Constitutional Law Quarterly*, 22(1994): 81.

43 同上

44 ロイス・チムニック「ペギー・バッキーの訴追手続き，バイアスが非難される」(Lois Timnick, "Bias in prosecution of Peggy Buckey charged," *LAT*, February 5, 1987.)

45 ロイス・チムニック「強制わいせつ犯と知られるレイモンド・バッキー，と検察官：バージニア・マクマーチンの日記，証拠として提出される」(Lois Timnick, "Raymond Buckey known as molester, D.A. says: Virginia McMartin's diaries put in evidence," *LAT*, September 11, 1987.)

46 同上

47 ロイス・チムニック「マクマーチンの裁判官，弁護側の『不適切な質問』を非難」(Lois Timnick, "McMartin judge blasts defense's 'improper' question," *LAT*, October 21, 1987.)

48 ロイス・チムニック「バッキー，53 の訴因すべてを否認」(Lois Timnick, "Buckey denies all 53 charges against him," *LAT*, July 28, 1989.)

49 速記録 (*Transcript*, pp.54372-54373, July 27, 1989.)

50 興味深いことに，この裁判を追っているロサンゼルス・タイムズ紙の記者ロイス・チムニックは次のように報道した。「[レイモンド]バッキーは厳しい尋問を受けたが，証言は静かで明快であった」，と。「バッキー，53 の訴因すべてを否認」を参照。

51 同上

52 「マクマーチン裁判の証人，明らかに自殺」("McMartin case witness is an apparent suicide," *LAT*, December 11, 1987.)

53 ロイス・チムニック「マクマーチン裁判を活気づけた証拠の箱」(Lois Timnick, "Boxes of

evidence enliven McMartin Trial," *LAT*, April 30, 1988.)

54 同上

55 彼の証言により，ファデルのマーケットで強制わいせつがあったと述べた少年は，かつてファデルにより盗みのかどで告訴されていたことが明らかになった。Eberle and Eberle, *Abuse* を参照。

56 ロイス・チムニック「レイ・バッキーと性交渉があったと女性が証言」(Lois Timnick, "Woman testifies that she had sex with Ray Buckey," *LAT*, August 22, 1989.)

57 チムニック「マクマーチン裁判は審理無効に」(Timnick, "McMartin case closer to mistrial.")

58 リチャード・ビーン「マクマーチンの元生徒の父親，口頭誹毀の疑いで裁判に」(Richard Beene, "Father of McMartin ex-student is hit with suit alleging slander," *LAT*, February 8, 1990.)

59 キャロル・マクグロウ「マクマーチンの面々，民事訴訟で1ドルの勝訴」(Carol McGraw, "McMartin figures win $1 in civil trial," *LAT*, May 8, 1991.)

60 第18節，pp.3141-3150 を参照。

61 ロイス・チムニック「4年間の拘置の後，バッキーの保釈金は300万ドルと決定」(Lois Timnick, "After 4 years in jail, Buckey has bail set at $3 million," *LAT*, December 18, 1987.)

62 同上

63 同上

64 ロイス・チムニック「裁判官，レイモンド・バッキーの保釈金を半分の150万ドルに」(Lois Timnick, "Judge halves bail to $1.5 million for Raymond Buckey," *LAT*, December 7, 1987.)

65 ロイス・チムニック「バッキーは自由の身で法廷に初めて現われた：『まだぼーっとしているよ』」(Lois Timnick, "Buckey makes his 1st trial appearance as free man: 'still numb,'" *LAT*, February 17, 1989.)

66 ニールソン・ヒメル「5年間の拘置の後，バッキーは150万ドルの保釈金で自由に」(Nielson Himmel, "Buckey freed on $1.5-million bail after 5 years in jail," *LAT*, February 16, 1989.)

67 チムニック「バッキーは自由の身で」(Timnick, "Buckey makes.")

68 同上

69 同様に，マクマーチン裁判における中心人物間の協力体制や親交についての情報は，陪審に与えられなかった。

70 ロサンゼルスにおける別の性的強制わいせつの裁判，国民対レオン (*People v. Leon*, 214 Cal.App.3d 925, 263 Cal.Rptr. 77, Ct.App.1989) を参照。カリフォルニア法廷は，国民対レオン以前においては，一般に，子どもの性的虐待順応症候群について専門家証人を用いることは修正可能な誤りだと判断していた。国民対ジェフ (*People v. Jeff*, 204 Cal.App.3d 309, 251 Cal.Rptr. 135. 1988)，および *In re Sara M.* 194 Cal.App.3d 585, 239 Cal.Rptr. 605, 1988 を参照。サラ M. 事件では，「その症候群が真理追究の手続きではなく，治療的な助けとして起きたのであれば，それは別の目的，すなわち強制わいせつが起きたという証拠として用いることはできない」と述べられている。国民対ロスコー (*People v. Roscoe*, 168 Cal.App.3d1093,215 Cal.Rptr. 45, 1985 [Bledsoe のもとでは認められない]) と (191 Cal.App.3d 682, 236 Cal,Rptr.623, 1987 [アナトミカル・ドールの使用は新しい科学的方法であり，ケリー＝フライエ基準は確立されていなかったため，判決は破棄された]) も参照。

71 1992年，ペンシルバニア最高裁判所は同州対ダンクル (*Commonwealth vs. Dunkle*, 604A.2d 30) の下級審判決を破棄し，この症候群について専門家証人を認めたことは，修正可能な誤りだと決定した。合衆国対リマッシュ (*State v. Rimmasch*, Utah, 775 P.2d 388, 401 1989) も，以下のように決定した。虐待を受けた子どもが家族による虐待について報告するのが遅れる理由——虐待の詳細を割愛してしまう理由，性的虐待を受けた子どもが虐待のあった日時について思い出せない可能性がある理由——についての専門家証言は「平均的一般人の領域をこえるものではない」ので，専門家証言の主題としてふさわしくない。

■ 第9章

1 Fukurai et al., *Race and the Jury*, pp.71-74.
2 ビバリー・ベイエット「陪審員の試練：マーク・バセットは陪審勤務を気楽に考えていた。マクマーチン裁判が終わり，彼は少し賢くなった」(Beverly Beyette, "A juror's trials: Mark Bassett thought jury duty might be a lark. After the McMartin trial, he knew better," *LAT*, February 1,1990.)
3 トレイシー・ウィルキンソン＆ジェイムズ・レイニー「子どものテープは多くの陪審員にとり決定的だった」(Tracy Wilkinson and James Rainey, "Tapes of children decided the case for most jurors," *LAT*, January 19,1990.)
4 キャロル・マクグロウ「マクマーチン訴訟は何年も続くだろう」(Carol McGraw, "McMartin lawsuits may go on for years," *LAT*, January 20,1990.)
5 ロイス・チムニック＆キャロル・マクグロウ「正義：陪審決定により史上最長かつ最も費用のかかった刑事裁判に幕。レイ・バッキーの未評決の13訴因については再度公判を行なうか否か未定」(Lois Timnick and Carol McGraw, "Justice: The jury's findings close the longest and costliest criminal trial in history. No decision has been made on retrying Ray Buckey on 13 undecided counts," *LAT*, January 19,1990.)
6 リック・オリオヴ「証拠は十分。陪審はどう決定することもできただろう，と裁判官」(Rick Oriov, "Judge says evidence was enough for jury to decide either way," *Los Angeles Daily News*, January 19, 1990.)
7 ロイス・チムニック＆キャロル・マクグロウ「正義」(Lois Timnick and Carol McGraw, "Justice.")
8 同上
9 ジム・トランクアダ「裁判は最初からミスでだいなしだった，と陪審員たち」(Jim Tranquada,, "Mistakes marred case from the start, jurors say," *Los Angeles Daily News*, January 19, 1990.)
10 チムニック＆マクグロウ「正義」(Timnick and McGraw, "Justice.")
11 ウィルキンソン＆レイニー「子どものテープ」(Wilkinson and Rainey, "Tapes of children.")
12 トランクアダ「裁判は最初から」(Tranquada, "Mistakes marred.")
13 ウィルキンソン＆レイニー「子どものテープ」(Wilkinson and Rainey, "Tapes of children.")
14 同上
15 同上

16 同上
17 同上
18 ロイス・チムニック「マクマーチンの陪審員は，休日開けに評議を再開」(Lois Timnick, "McMartin jurors resume deliberations after holiday break," *LAT,* January 3, 1990.)
19 チムニック&マクグロウ「正義」(Timnick and McGraw, "Justice.")
20 「陪審員は解放され裁判は終了。早く元の生活に戻りたい」("Jurors relieved trial is over, anxious to get on with lives," *Los Angeles Daily News*(*LADN*), January 9, 1990.)
21 トランクアダ「裁判は最初から」(Tranquada, "Mistakes marred.")
22 チムニック&マクグロウ「正義」(Timnick and McGraw, "Justice.")
23 リンダ・ドイッチ「マクマーチンの2人無罪：最長の裁判，13の訴因で陪審は行き詰まり」(Linda Deutsch, "McMartin pair acquitted: Jury deadlocks on 13 counts in longest trial," *Orange County Register,* January 19,1990.)
24 同上
25 同上
26 トランクアダ「裁判は最初から」(Tranquada, "Mistakes marred.")
27 ドイッチ「マクマーチンの2人無罪」(Deutsch, "McMartin pair acquitted.")
28 チムニック&マクグロウ「正義」(Timnick and McGraw, "Justice.")
29 ドイッチ「マクマーチンの2人無罪」(Deutsch, "McMartin pair acquitted.")

■第10章

1 ロバート・サフィアン「みんな真実を望んだが，正義で我慢しなくてはならない」(Robert Safian, "We All Wanted the Truth, But Must Settle for Justice." *LAT,* January 19, 1990)
2 「非常に哀しい事件での評決（社説）」(" A verdict in a very sad case," (editorial), *LAT,* January 19, 1990.)
3 マクマーチン事件の被告人たちによる訴訟についての，カリフォルニア最高裁判所の次の分析を参照。249 Cal.Rptr. 57 1988; 261 Cal.Rptr. 437 1989; 14 Cal.Rptr.2d 197 1992.
4 同上
5 アラン・シトロン「マクマーチン事件は，マンハッタン・ビーチで痛み続ける傷」(Allan Citron, "McMartin remains a festering, open sore in Manhattan Beach," *LAT,* November 19, 1989.)
6 同上
7 同上
8 同上
9 同上
10 ジェームズ・レイニー「マクマーチン事件の陪審員たちは，一般大衆の評決への怒りを感じている」(James Rainey, "McMartin jurors feel ire of public over their verdicts," *LAT,* January 20, 1990.)

11 「読者の投稿：マクマーチン裁判は法的なまやかしの薬」("Letters to the editor—McMartin trial a legal witch's brew," *WSJ*, February 28, 1990.)
12 同上
13 同上
14 「読者の投稿：マクマーチン幼稚園裁判」("Letters to the editor—McMartin preschool trial," *San Bernardino Sun* (*SB Sun*), February 3, 1990.)
15 同上
16 「読者の投稿」("Letters to the editor," *WSJ*.)
17 「読者の投稿」("Letters to the editor," *SB Sun*.)
18 マーク・レイシー「500人がマクマーチン事件の評決に抗議してデモ行進」(Mark Lacey, "500 Marchers protest verdict in McMartin case," *LAT*, January 29, 1990.)
19 ロイス・チムニック＆フレデリック・M・ミュア「親と支援者団体がマクマーチン事件の13の訴因について再公判を求める」(Lois Timnick and Frederick M. Muir, "Parents, abuse groups push for retrial of 13 McMartin charges," *LAT*, January 31, 1990.)
20 デイビッド・ショー「マクマーチン裁判での無罪評決：メディアの懐疑主義はどこに？」(David Shaw, "McMartin verdict: Not guilty: Where was skepticism in media?," *LAT*, January 19, 1990.)
21 同上。同じく、デイビッド・ショー「記者の初期のスクープが、メディアの騒ぎの引き金に」(David Shaw, "Reporter's early exclusives triggered a media frenzy," *LAT*, January 20, 1990); デイビッド・ショー「マクマーチン事件が長引くにつれて、メディアの懐疑主義が広がる」(David Shaw, "Media skepticism grew as McMartin case lingered," *LAT*, January 21, 1990); デイビッド・ショー「タイムズ紙のマクマーチン事件報道は偏向していたと批判者たち」(David Shaw, "Times' McMartin coverage was biased, critics charge," January 22, 1990.)
22 ショー「記者の初期のスクープ」(Shaw, "Reporter's early exclusives")
23 同上
24 バージニア・マクマーチン対国際子ども研究所 (*Virginia McMartin et al., v. Children's Institute International*, 261 Cal.Rptr. 437, 442, 1989.)
25 ショー「記者の初期のスクープ」(Shaw, "Reporter's early exclusives".)
26 同上
27 ショー「記者の初期のスクープ」(Shaw, "Reporter's early exclusives.")
28 同上
29 同上
30 同上
31 同上
32 同上
33 ショー「マクマーチン事件が長引く」(Shaw, "Media skepticism.")
34 アル・マルチネス「またもやニュース・メディアの問題」(Al Martinez, "The news media did it again," *LAT*, January 20, 1990.)
35 同上

36 ショー「タイムズ紙のマクマーチン事件報道」(Shaw, "Times' McMartin coverage.")
37 ノーマン・カズンズ「ロイス・チムニック」(Norman Cousins, "Lois Timnick," *LAT*, February 23, 1990.)
38 ルイス・ジョイロン・ウエスト「タイムズ紙のマクマーチン報道」(Lois Joylon West, "Times' coverage of McMartin case," *LAT*, February 8, 1990.)
39 ショー「タイムズ紙のマクマーチン事件報道」(Shaw, "Times' McMartin coverage.")
40 同上
41 ショー「タイムズ紙のマクマーチン事件報道」(Shaw, "Times' McMartin coverage.")
42 「検察側，敗北に制度改革の呼びかけで対応」("Prosecution tempers loss with calls for reform of system," *Register*, January 19, 1990.)
43 「マクマーチン裁判での無罪評決」(Shaw, "McMartin verdict.")
44 テッド・ローリック「法の専門家，事件の扱いに失策があった」(Ted Rohrlich, "Legal experts believe case was bungled," *LAT*, January 19, 1990.)
45 同上
46 ベイエット「陪審員の試練」(Beyette, "A juror's trials.")
47 「マクマーチン事件の親たちが敷地を調査」("McMartin parents search site," *Associated Press (AP)*, April 30, 1990.)
48 スチーブン・R・チャーム「親たちはあきらめずに証拠を求めて掘り続ける」(Steven R. Churm, "Parents dig persistently for evidence," *LAT*, June 5, 1990.)
49 ジョン・M・グリオンナ「最後の手段：マクマーチン幼稚園跡地の下で手がかりを探す」(John M. Glionna, "Last-ditch search: Crew looks for clues below McMartin school site," *LAT*, May 28, 1990.)
50 「マクマーチンの親たち」("McMartin parents," *AP*.)
51 グリオンナ「最後の手段」(Glionna, "Last-ditch search.")
52 ロイス・チムニック「マクマーチン幼稚園は跡形もなく」(Lois Timnick, "McMartin Pre-School reduced to rubble," *LAT*, May 30, 1990.)
53 E. ゲーリー・シュティッケルによる，考古学的調査の概要報告書は公表されていない。著者らは，1995 年 2 月に，ロナルド・シュミット博士から当該報告書の写しを得た。
54 チムニック「マクマーチン幼稚園」(Timnick, "McMartin Pre-School.")
55 グリオンナ「最後の手段」(Glionna, "Last-ditch search.")
56 チャーム「親たちは」(Churm, "Parents.")
57 Freda Adler, Gerhard Mueller, and William Laufer, *Criminal Justice* (New York: McGraw-Hill Inc., 1994.)
58 同上
59 キャロル・マクグロウ「マクマーチン訴訟は何年も続くだろう」(Carol McGraw, "McMartin lawsuits may go on for years," *LAT*, January 20, 1990.)
60 同上
61 同上

62 Helen Dent and Rhona Flin, *Children as Witnesses* (New York: John Wiley and Sons, 1994)
63 レネ・リンチ「親たちはまだ子どもがわいせつ行為を受けたと信じている」(Rene Lynch, "Parents still believe children were molested," *Los Angeles Daily News*, January 19, 1990.)
64 チムニック&マクグロウ「正義」(Timnick and McGraw, "Justice.")
65 同上
66 リンチ「親たちはまだ」(Lynch, "Parents still believe.") 多くの親たちはいまだ，自分の子どもが被告人から強制わいせつ行為を受けなかったことを認めていないのであるが，そのなかでも有力な者は，1995年5月の初めころ，ミリシャ（自称民兵集団）集会において次のように語っている。「［合衆国］政府内部の得体の知れない悪魔的な筋が，オクラホマ市の連邦ビルを爆破した」。ジョン・J・オコナー「マクマーチン幼稚園事件：狂信的な肖像」(John J. O'Connor, "McMartin Preschool Case: A Portrait of Hysteria," *NYT*, May 19, 1995.) 参照。
67 マーガレット・カールソン「拷問による6年間の裁判」(Margaret Carlson, "Six years of trial by torture," *Time*, January 29, 1990.)
68 ロイス・チムニック「マクマーチン被告人たちが数百万ドルの損害賠償請求」(Lois Timnick, "McMartin case defendants sues for millions," *LAT*, January 20, 1990.)
69 マクマーチンとバッキー対国際子ども研究所ら (*McMartin and Buckey v. Children's Institute International et al.*, 261 Cal.Rptr. 437 443 fn6, 1988.)
70 「バッキー，司法制度が機能していない」("Buckey says justice system failed," *AP*, March 5, 1990.)
71 同上
72 *AP* (March 5, 1990) に引用。
73 ジェームズ・アンダーソン「われわれが潔白であったことを忘れるな」(James Anderson, "Remember we were innocent," *Register*, January 19, 1990.)
74 同上
75 同上
76 ボブ・ウィリアムズ「聴聞による裁判：虐待事件での元被告人，教職復帰を望む」(Bob Williams, "Trial by hearing: Ex-defendant in molestation case wants to teach again," *LAT*, July 12, 1988.)
77 ボブ・ウィリアムズ「破片を拾い集める：釈放されたマクマーチン幼稚園教師は，ぶち壊された家族生活によって，いまだ悩まされる」(Bob Williams, "Picking up the pieces: A freed ex-McMartin Pre-School teacher still haunted by her family's shattered life," *LAT*, July 17, 1988.)
78 同上
79 同上
80 アンダーソン「われわれが潔白で」(Anderson, "Remember.")
81 ジョン・ケンダール「ペギー・アン・バッキー，教職聴聞で，被害者とも虐待者とも呼ばれる」(John Kendall, "Peggy Ann Buckey hears self described as victim, molester at hearing for credential," *LAT*, November, 11, 1988.)
82 同上

83 ボブ・ウィリアムズ「バッキーの教職聴聞問題で別の長期の手続きが始まる」(Bob Williams, "Buckey teaching credentials issue spawns another long proceeding," *LAT*, June 20, 1988.)

84 同上

85 ウィリアムズ「破片を拾い集める」(Williams, "Picking up.")

86 モス「子どもたちはウソをついているのか」(Moss, "Are the children lying," pp. 1-17.)

87 ショーン・ハブラー「マクマーチン事件によって，牧師が悪影響を受ける」(Shawn Hubler, "McMartin fallout takes its toll on minister," *LAT*, January 22, 1990.)

88 ゴールマン「研究の結果」(Goleman, "Study casts doubt.") また Jeffrey Victor, *Satanic Panic* (Chicago, IL: Open Court, 1993), Nathan and Snedeker, *Satan's Silence*.) も参照。

89 オリオヴ「証拠は十分」(Oriov, "Judge says evidence.")

90 レイニー「マクマーチンの陪審員」(Rainey, "McMartin jurors.")

91 同上

92 ベイエット「陪審員の試練」(Beyette, "A juror's trials.")

93 ショー「マクマーチン裁判で無罪評決」(Shaw, "McMartin verdict.")

94 同上

95 ハリス「裁判の終わりは」(Harris, "Trial finale.")

96 同上

97 R. Lynch, "Improving the treatment of victims: Some guide for actions," in W. McDonald, ed., *Criminal Justice and the Victim* (Beverly Hills, CA: Sage, 1976), pp. 165-176; Roberts (1982); T. Miethe and D. McDonald, "Contextual effects in models of criminal victimization," *Social Forces* 71 (1993): 741-759; C. Widom and M. Ames, "Criminal consequences of childhood sexual victimization," *Child Abuse & Neglect* 18 (1994): 303-318.

98 Freda Adler, Gerhard Mueller, and William Laufer, *Criminology* (New York: McGraw-Hill, Inc, 1994).

99 B. Marin, D. Holmes, M. Guth, and P. Kovac, "The potential of children as eyewitness," *Law and Human Behavior* 3 (1979): 295-305; Duggan III, et al., "The credibility of children as witnesses in a simulated child sex abuse trial," in Ceci et al., eds., *Perspectives*, pp. 71-99; G. S. Goodman, B.L. Bottoms, B. B. Herscovi, and P. Shaver, "Determinants of the child victim's perceived credibility," in Ceci et al., eds., *Perspectives*, pp. 1-22; John C. Yuille, Robin Hunter, Risha Joffe, and Judy Zaparniuk, "Interviewing children in sexual abuse cases," in Goodman and Bottoms (eds.) in *Child Victims*, pp. 95-115.

100 ナイチンゲール「陪審員の反応」(Nightingale, "Juror reactions," pp.679-694.)

101 たとえば，ペイン対テネシー州 (*Payne v. Tennessee*, 501 U.S. 808, 1991) における連邦最高裁判所の判示を参照。

102 リンチ「親たちはまだ」(Lynch, "Parents still believe.")

103 ドイッチュ「マクマーチンの２人無罪」(Deutsch, "McMartin pair acquitted.")

104 連邦法 (b) 節には，次のような資金援助要件の概要が定められている。州は，以下のことを行なわなければならない，(1) 実質的に児童虐待に取り組むための法律を制定する，(2) 虐待あるいは虐待が疑われる事案の通報について定める，(3) 通報を受けた後の捜査につ

いて定める，(4) 州が，虐待に対応するための手続き，規則および専門家を備えていることを証明する，(5) 記録の秘密を保護するための措置を有する，(6) 法執行官と社会サービス機関との連携制度について定める，(7) 訴訟のための後見人について定める，(8) 一般市民への情報提供について定める，(9) 可能であれば，家族支援機関への資金供与を優先させる，(10) 資金を受領した後18か月以内に，その資金を各組織に分配する，(11) 州の資金を，1977年に支出した総額から下げてはならない。

105 子どもの正義法の目的は，「州によって子どもを保護するための諸改革が制定されることを促進し，児童虐待事件の捜査および訴追に関する司法手続きおよび行政手続きの改善を図る」ことであった (Children's Justice Act, PUB. L. NO 99-401, 100 Stat. 903 (1986))。

106 全国児童虐待・養育放棄センターからの資金援助を得て実施された調査に基づき，多くの論文や書籍が公表されている。その調査者たちに共通する1つの前提は，サンプルとして面接を行なった子どもたちは皆，性的虐待の被害者だということである。たとえば，彼らがマクマーチン事件の子どもたちに焦点を当てて行なった調査においては，300人以上の子どもたちが，マクマーチン事件の被告人から性的虐待を受けた被害者として分類されたのである。ウォーターマンほか (Waterman, et al., *Behind the Playground Walls*.) 参照。

107 カールソン「拷問による6年間」(Carlson, "Six years.")

108 Adler et al., *Criminology*, pp. 241-243.

109 同上

110 カールソン「拷問による6年間」(Carlson, "Six years.")

111 Terese L. Fitzpatrick, "Innocent until proven guilty: Shallow words for the falsely accused in a criminal prosecution for child sexual abuse," *University of Bridgeport Law Review* 12 (1991): 175.

112 Douglas J. Besharov, "An overdose of concern: Child abuse and overreporting problem," *Regulation* 9 (1985): 25-28. 参照。

113 マルチナ・ミロ「テレマーケティングは児童虐待を防ぐ手助けをする」(Martina Millot, "Telemarketing helps prevent child abuse." *Telemarketing Magazine* 11 (1993): 28-29.)

114 マクマーチン幼稚園は，子ども1人あたり100万ドルの損害賠償保険をかけていた。被告人が有罪になっていたら，親たちはグループを作り，何百万ドルもの保険金支払いを求めて保険会社を訴えていただろう。たとえば，Paul Eberle and Shirley Eberle, *The Politics of Child Abuse* (Secaucus, NJ: Lyle Stuart Inc., 1986), p.61.

115 John B. Mitchell, "What would happen if videotaped depositions of sexually abuse children were routinely admitted in civil trials? A journey through the legal process and beyond," *University of Puget Sound School of Law* 15 (1992): 261. 1995年3月時点で，CIIにおいては，個別のカウンセリングの費用は，1セッションあたり90ドルであり，グループ・セッションでは54ドルである。

116 同上

■第11章

1 チムニック&ミュア「親と支援者団体が」(Timnick and Muir, "Parents, abuse groups.")
2 ロイス・チムニック&ジェームズ・レイニー「レイ・バッキー，13件で再度の公判」

(Lois Timnick and James Rainey, "Ray Buckey to be retired on 13 count," *LAT*, February 1, 1990.)

3　バージニア・D・ドノヒュー「タイムズ紙によるマクマーチン事件の報道」(Virginia M. Donohue, "Times' coverage of McMartin case," *LAT*, February 8, 1990.)

4　ロイス・チムニック＆エドワード・J・ボイアー「殺人事件のベテランがバッキー事件の検察官に」(Lois Timnick and Edward J. Boyer, "Murder trial veteran will prosecute Buckey," *LAT*, February 1, 1990.)

5　チムニック＆レイニー「レイ・バッキー，13件で」(Timnick and Rainey, "Ray Buckey.")

6　同上

7　「60 MINUTES」のマイク・ワレスによるインタビューから引用。

8　ドーン・ウェバー「マクマーチン再公判も長期で高費用の可能性」(Dawn Webber, "McMartin retrial likely to be long, costly," *LAT*, February 5, 1990.)

9　ドーン・ウェバー「検察側，レイモンド・バッキーに対する1件をあきらめる」(Dawn Webber, "Prosecution to drop one charge against Raymond Buckey," *LAT*, March 1, 1990.)

10　チムニック＆ミュア「親と支援者団体が」(Timnick and Muir, "Parents, abuse groups.")

11　「バッキーに関する共謀容疑での起訴はとりやめ」("Conspiracy count against Buckeys will be dropped," *LAT*, March 1, 1990.)

12　チムニック＆レイニー「レイ・バッキー，13件で」(Timnick and Rainey, "Ray Buckey.")

13　同上

14　同上

15　同上

16　同上

17　ひとたび地方検事正アイラ・ライナーが，陪審が合意に達しなかった訴因に関する第二次公判を求めるとの決断を行なうと，議論が起きた。ある投稿者が指摘したように，――「この新しい裁判がまたしても茶番劇になってしまえば，ライナーはもはや，彼の前任者に対する批判を無視できなくなることが確実である。われわれは，このすべてにいったいいくら支払えばよいのか」。アレン・R・マクマホン「タイムズ紙によるマクマーチン裁判の報道」(Allen R. McMahon, "Times' coverage of McMartin case," *LAT*, February 8, 1990.)

18　チムニック＆レイニー「レイ・バッキー，13件で」(Timnick and Rainey, "Ray Buckey.")

19　ロイス・チムニック「レイ・バッキーに対する8件の再公判が今日はじまることに」(Lois Timnick, "Retrial for Ray Buckey on 8 counts set today," *LAT*, April 9, 1990.)

20　ノーマ・メイヤー「マクマーチン事件の裁判官，交代させられる」(Norma Meyer, "McMartin judge removed from retrial," *LAT*, February 22, 1990.)

21　ロイス・チムニック「バッキーに対して8件が残される」(Lois Timnick, "8 counts remain against Buckey," *LAT*, March 7, 1990.)

22　メイヤー「マクマーチン事件の裁判官」(Meyer, "McMartin judge.")

23　ロイス・チムニック「パウンダース判事，バッキー裁判から外れる」(Lois Timnick, "Judge Pounders is taken off Buckey's retrial," *LAT*, February 22, 1990.)

24　ロイス・チムニック「マクマーチン事件の公判裁判官，偏向を否定し，弁護側批判に反論」

(Lois Timnick, "McMartin trial judge denies bias, rebuts defense accusations," *LAT*, February 16, 1990.)

25 メイヤー「マクマーチン事件の裁判官」(Meyer, "McMartin judge.")

26 同上

27 チムニック「パウンダース判事」(Timnick, "Judge Pounders.")

28 「児童虐待事件の再公判で，裁判官を選任」("Judge selected for retrial of child-molestation case," *Associated Press*, February 27, 1990.)

29 Fukurai et al., "Rodney King," pp.73-102.

30 ロイス・チムニック「マクマーチン，孫のために長広舌」(Lois Timnick, "McMartin a talkative witness for grandson," *LAT*, June 6, 1990.)

31 チムニック「バッキーに対して8件が」(Timnick, "8 counts remain.")

32 アダムス・ゲルブ「ジョージア州のDUI（酔払い運転）スキャンダル」(Adams Gelb, "Georgia's DUI scandal," *Atlanta Journal and Constitution*, November 4, 1991, p.1.)

33 ポール・フェルドマン「ライナー，裁判官はマクマーチン事件での検察側活動を誤解している」(Paul Feldman, "Reiner says judge 'misunderstood' action in call on McMartin case," *LAT*, May 25, 1990.)

34 「ライナーと，優先順位のつけ方」("Reiner and the art of setting priorities," *LAT*, May 23, 1990.)

35 キャロル・マクグロウ「10歳の少女，バッキーにかけられた虐待嫌疑に関する証言を取り消す」(Carol McGraw, "Girl, 10, recounts alleged molestation by Buckey," *LAT*, May 25, 1990.)

36 ロイス・チムニック「第二次マクマーチン公判で，主要な証人が脇役を与えられる」(Lois Timnick, "Key witness plays lesser role in second McMartin trial," *LAT*, June 2, 1990a); ロイス・チムニック「バッキー裁判の検察側立証が終わり，親たちは「ごまかし」と批判」(Lois Timnick, "Parents call it 'sham' as Buckey prosecution rests," *LAT*, June 2, 1990b.)

37 マクグロウ「10歳の少女」(McGraw, "Girl, 10.")

38 ロイス・チムニック「幼稚園でバッキーにレイプされた，と少女が証言」(Lois Timnick, "Child says Buckey raped her at pre-school," *LAT*, June 1, 1990.)

39 同上

40 チムニック「第二次マクマーチン公判で，主要な証人が」(Timnick, "Key witness.")

41 チムニック「マクマーチン，孫のため」(Timnick, "McMartin a talkative.")

42 ロイス・チムニック「バッキーの弁護人，立証を終える」(Lois Timnick, "Buckey's defense rests case," *LAT*, June 27, 1990.)

43 ロイス・チムニック「バッキーに対する嫌疑と反論のまとめ」(Lois Timnick, "Case for, against Buckey recapped," *LAT*, July 3, 1990.)

44 ロイス・チムニック「感覚でなく法に従うように，バッキー裁判の判事が陪審に説示」(Lois Timnick, "Follow law, not feeling, judge orders Buckey jury," *LAT*, July 10, 1990.)

45 キャロル・マクグロウ「結局，陪審は混乱に負けてしまった」(Carol McGraw, "In the end, jury gave in to confusion," *LAT*, July 28, 1990.)

46 同上
47 同上
48 ロイス・チムニック「バッキー事件の陪審：評決不能，審理無効の宣言」(Lois Timnick, "Buckey jury deadlocks; Mistrial is declared," *LAT*, July 28, 1990.)
49 マクグロウ「結局，陪審は」(McGraw, "In the end.")
50 チムニック「バッキー事件の陪審」(Timnick, "Buckey jury.")
51 マクグロウ「結局，陪審は」(McGraw, "In the end.")
52 同上
53 同上
54 チムニック「バッキー事件の陪審」(Timnick, "Buckey jury.")
55 同上
56 チムニック「感覚でなく法に従うよう」(Timnick, "Follow law.")
57 チムニック「バッキー事件の陪審」(Timnick, "Buckey jury.")
58 Gail S. Goodman and Beth M. Schwatrz-Kenney, "Why knowing a child's age is not enough: Influences of cognitive, social, and emotional factors on children's testimony," in Dent and Flin, eds., *Children as Witnesses*.
59 Louise Dezwirek-Sas, 1994. "Empowering child witnesses for sexual abuse prosecution," in Dent and Flin, eds., *Children as Witnesses*. また Joel Best, *Troubling Children: Studies of Children and Social Problems* (New York: Aldine de Gruyter, 1994.) も参照。
60 チムニック「バッキー事件の陪審」(Timnick, "Buckey jury.")
61 テリー・プリスティン「もの思うバッキーは，7年にわたる苦難が終わることに安堵を表明」(Terry Pristin, "A philosophical Buckey expresses relief his 7-year ordeal is ending," *LAT*, July 28, 1990.)
62 同上
63 ロイス・ウェバー「マクマーチンの職員，訴訟を提起」(Lois Webber, "McMartin teacher to file suit," *LAT*, July 31, 1990.)
64 ロイス・チムニック「バッキーに対する起訴が棄却される」(Lois Timnick, "Charges against Buckey dismissed," *LAT*, August 2, 1990.)
65 「タイムズ紙への投稿：バッキーの再公判は結論が出せずに終わる」("Letter to the Times—2nd Buckey trial ends in deadlock," *LAT*, August 8, 1990.)
66 同上
67 同上
68 同上
69 キース・ラブ「検事正ライナーが失ったのは勝訴だけではないだろう」(Keith Love, "D.A. Reiner might have lost more than a case," *LAT*, January 19, 1990.)
70 同上
71 ポール・フェルドマン「ライナーは以前から三度目の公判を求めないことを決めていた」(Paul Feldman, "Reiner decided earlier against a third trial," *LAT*, July 28, 1990.)

72 同上

73 同上

74 ロン・カラン「ガルセッティの裁判：ロサンゼルス大陪審が地方検事正の刑事裁判記録を精査」(Ron Curran, "Garcetti on trial: An LA grand jury probes the DA's criminal prosecution record," *California Lawyer* July (1994).)

75 アール・W・サッセル「マクマーチン事件の大敗」(Earl W. Sasser, "The McMartin debacle," *LAT*, August 7, 1990.)

■ 第12章

1 Edward Saragin, *Current Perspectives on Criminal Behavior: Essays on Criminology* (New York: Alfred A. Knopf, 1981), p. 203.

2 A. W. Burgess, A. N. Groth, L. L. Holstrom, and S. M. Sgroi, *Sexual Assault of Children and Adolescents* (Lexington, MA: Lexington Books, 1978); Florence Rush, *The Best Kept Secret: Sexual Abuse of Children* (Englewood Cliffs, NJ: Prentice Hall, 1980); Holly Smith and Edie Israel, "Sibling Incest: A Study of the Dynamic Impact of 25 Cases," *Child Abuse and Neglect* 11 (1987): 1001-108.

3 Richard J. Gelles, "Child Abuse: An Overview," in Robin E. Clark and Judith Freeman Clark, eds., *The Encyclopedia of Child Abuse* (New York: Facts on File, 1989), p. xvi.

4 Saragin, *Current Perspectives*, pp. 203-204.

5 リンゼイ「記者の手帳」(Lindsey, "Reporter's notebook.")

6 サフィアン「みんな真実を望んだが」(Safian, "We All Wanted.")

7 ダナ・ウェア「教訓がオレンジ郡の事件に影響した」(Donna Ware, "Lessons affected OC Cases," *Register*, January 19, 1990.)

8 アン・ハゲドルン「無罪評決で,児童虐待事件の告発が慎重に」(Ann Hagedorn, "Prosecution of child molestation cases grows more wary in wake of acquittals," *WSJ*, April 15, 1991.)

9 「カロライナ性的虐待事件で，裁判官が公訴棄却を追加（ロバート・F・ケリー・ジュニアに対する，リトル・ラスカル・デイケア・センターに関する告発が棄却される）」("Judge drops more charges in Carolina sex abuse case (charges against Robert F. Kelly Jr. are dropped in Little Rascals day-care center case)," *NYT*, December 18, 1991)。「性的虐待事件での告発の一部が取り消される（ノース・カロライナ州エデントンのリトル・ラスカルズ・デイケア・センター事件でロバート・F・ケリー・ジュニア）」("Some charges dropped in sexual abuse case (Robert F. Kelly Jr. of the Little Rascals Day Care Center in Edenton, North Carolina)," *NYT*, December 12, 1991)。「虐待事件の裁判で，元保育士が証言（ノース・カロライナ州ファームビルでのロバート・F・ケリー・ジュニア裁判）」("Abuse trial hears ex-day care worker (Robert F. Kelly Jr. trial in Farmville, North Carolina)," *LAT*, August 21, 1991.)

10 Sas Dezwirek, "Empowering child witness for sexual abuse prosecution," in Dent and Flin, eds., *Children as Witnesses*.

11 J. F. Tedesco and S. V. Schnell, "Children's reactions to sex abuse investigation and litigation," *Child Abuse and Neglect* 11 (1987): 267-272; D. K. Runyan, M. D. Everson, G. A. Edelsohn, W. M.

Hunter and M. L. Coulter, "Impact of legal intervention on sexually abused children," *Journal of Pediatrics* 113 (1988): 647-653.

12 Debra Whitcomb, "Legal reforms on behalf of child witnesses: Recent developments in the American courts," in Dent and Flin, eds., *Children as Witnesses*.

13 *Maryland Cts. & Jud. Proc. Code Ann.*, Section 9-102, 1989. 参照。

14 (497 U.S. 836 849 850, 1990.)

15 同上 (497 U.S. 836 851, 1990.)

16 同上 (497 U.S. 836 862, 1990.)

17 *Dept. of Social Services v. Armando*, 19 Cal. Rptr. 2d 404, 1993. また Spencer and Flin, 1990; G. S. Goodman, M. Levine, G. B. Melton, and D. W. Ogden, "Child witnesses and the confrontation clause: The American Psychological Association Brief in Maryland v. Craig," *Law and Human Behavior* 15 (1991): 13-29. も参照。

18 虚偽告発は、離婚や監護に関する事件で最もよく起こるようである。児童性的虐待の報告数が増えるにつれて、家庭裁判所における性的虐待の訴えの数も増えている。Nancy Thoennes and Jessica Pearson, "Summary of findings from the sexual abuse allegations project," in E. Bruce Nicholson with Josephine Bulkley, eds., *Sexual Abuse Allegations in Custody and Visitation Cases: A Resource Book for Judges and Court Personnel* (Washington, DC: American Bar Association 1988.) 参照。性的虐待の申し立てに関する調査によると、「ほとんどの裁判所では、監護もしくは訪問またはその双方が問題となっている家庭裁判所の全事件のおよそ 2% から 10% が、性的虐待の告発も伴っている」(Thoennes and Pearson, "Summary," p. 4)。最近の統計によると、カリフォルニア州では、監護事件において性的虐待の訴えがある割合はもっと高くなっている。Office of Family Court Services が行なった調査では、1988 年から 1990 年の間に、子どもの監護に関する調停事件が 24% 増加し、1,700 件の監護事件の 26% で身体的ないし性的虐待が問題となっている (「監護事件が急激に増加」 "Custody battles increase sharply," *LAT*, November 10, 1991)。Ralph Wakefield and Ralph Underwager (*The Real World of Child Interrogations*, Springfield, IL: Thomas, 1991) によると、離婚に伴う監護および訪問が争われている最中になされた、子どもの性的虐待の申し立てのうち 80% が明らかな虚偽である。

19 かなり確かなのは、法廷戦術が、カリフォルニア州刑法典が避けるべきとしていること——子どもに対する心理的害悪を確実に招き得るということである。憲法上の保護は、告発が性的虐待や子どものいずれかを含んでいるからといって見過ごされてはならない。「ここにはより広い社会的問題がある」と主張するのはマリー・アン・ジャクソンの弁護人であるウィリアム・パウエル・ジュニアである。「その問題とは、児童強制わいせつ事件では、子どもの証言のような特に感情に訴える証言を間違って扱うことによって、無実の人々を恐怖に陥れてはならないということである」(*LAT*, May 11, 1984)。

20 ハリス対テキサス州 (*Harris v. Texas*, 784 S.W.2d 5, 1989.)

21 アダムス対テキサス州 (*Adams v. Texas*, 768 S.W.2d 281 284, 1989.)

22 リチャードソン対フロリダ州 (*Richardson v. Florida*, 546 So.2d 1037, 1989.)

23 同上 (*Richardson v. Florida*, 546 So.2d 1037, 1989.)

24 ブラウン対ウェインライト (*Brown v. Wainwright*, 785 F.2d 1457 1458.)。また、モラン・マルコルム 「無罪の者を処刑する恐怖が、問題の評決が復活」 (Moran Malcolm, "Tainted verdicts resurrect specter of executing the innocent," *NYT*, May 3, 1989.) も参照。

25 ブラウン対ウェインライト (*Brown v. Wainwright*, 785 F.2d 1457, 1458.)

26 同上。また、バリー・シーゲル「間違った人に死刑判決：刑事司法制度の事例研究」(Barry Siegel, "Sentencing the wrong man to die (case study; examination of criminal justice system)," *LAT*, May 10, 1987); Joseph M. Giarratano, "To the best of our knowledge, we have never been wrong: Fallibility vs. finality in capital punishment," *Yale Law Journal* 100 (1991): 1005-1011. も参照。

27 ブラウン対ウェインライト (*Brown v. Wainwright,* 785 F.2d 1457, 1461.)

28 ベネット・L・ガーシュマン「検察庁での職権濫用」(Bennett L. Gershman, "Abuse of power in the prosecutor's office," *The World & I,* June 1991, pp. 477-487); Bennett L. Gershman, "The new prosecutors," *University of Pittsburgh Law Review* 53 (1992), 393-458. 参照。

29 アラン・C・カールソンによる論文、Allan C. Carlson, "Family abuse," in the 1986 May issue of the magazine, *Reasons.* 参照。ここでの話は、マクマーチン事件の当初の被告人であるバベット・スピットラーの経験と似ている。彼女の2人の子どもは家から当局者によって連れ出され、親の許可なしにCIIの職員によって、あったかもしれない児童性的虐待について面接を受け、医療専門家に無理やり調べられ、警察や福祉ワーカーに繰り返し取り調べられ、挙句の果てには里子に出されたのである。

30 詳しい情報については、「性的虐待の告発は誤り、と訴えられた男」("Man says his charges of sex abuse were false," *NYT*, November 29, 1984), 「児童性的虐待事件で、40年の判決」("Figure in child sex case is sentenced to 40 years," *NYT*, January 19, 1985.) 参照。

31 ランダース (Landers, *LAT*, December 17, 1990.)

32 同上

33 カールソン「拷問による6年間」(Carlson, "Six years.")

34 ロサンゼルス郡上位裁判所のリチャード・P・バーン判事は1989年、間違いなく「複雑な刑事事件をどのように迅速に処理するかについての教訓は、マクマーチン事件から得ることができる」と語っている。しかしながら彼は、時間をかけてでも被告人の権利は保護されなければいけないこと、有罪か無罪かは裁判所で同僚たる陪審によって決定されなければいけないということをもあわせて主張している。「そのようにわが陪審制度は機能しなければならず、現に機能しているのである――どんなに時間がかかろうと」。また、チムニック＆ミュア「親と支援者団体が」(Timnick and Muir, "Parents, abuse groups.") も参照。

35 マーシア・チェンバース「児童虐待事件における手続きは司法制度の大きな課題」(Marcia Chambers, "Procedures in child abuse cases challenge the legal system," *NYT*, February 11, 1986.)

36 ドゥプリー「マクマーチン事件の親たち5人」(Dupree, "Five McMartin.")

37 同上

38 KABC-TVの世評は、その体質がマクマーチン事件でのみそうだったのではなく、他の例でも同じだったことを証明している。あるLATのレポーターは、KABC-TVは「視聴率のためなら、ほとんどどんなことでもしたことで知られている」と言っている。たとえば、ハワード・ローゼンバーグ「7チャンネルは、反対意見を聞こうとしない」(Howard Rosenberg, "Channel 7 doesn't hear the voices of dissent," *LAT*, February 26, 1991.) 参照。

39 リック・オリオブ「証拠は十分。陪審はどう決めることもできただろうと裁判官」(Rick Oriov, "Judge says evidence was enough for jury to decide either way," *Los Angeles Daily News*, January 19, 1990.)

40 D. Apfel, "Gag orders, exclusionary orders, and protective orders: Expanding the use of preventive remedies to safeguard a criminal defendant's right to a fair trial." *American University Law Review* 29 (1980): 456-459.

41 バッキー対ロサンゼルス郡 (*Buckey v. County of Los Angeles et al.*, 957 F.2d 652, 1992.)

42 Apfel, "Gag orders," pp. 439-484.

43 同上

44 バトソン対ケンタッキー州 (*Batson v. Kentucky,* 106 S.Ct. 1712 1986.)。陪審員を，人種や性別に基づいて，専断的に忌避することはできない。

45 D. Pember, *Mass Media Law* (Dubuque, Iowa: William C. Brown, 1987).

46 Valerie Hans and Neil Vidmar, *Judging the Jury* (New York: Plenum Press, 1986); G. Kramer, N. Keer, and J. Carroll, "Pretrial publicity, judicial remedies, and jury bias," *Law and Human Behavior* 14 (1990): 409-438.

47 チェンバース「児童虐待事件における手続き」(Chambers, "Procedures.")

48 「教訓を全国的に残した児童虐待裁判」("The child-abuse trial that left a national legacy," *U.S. News and World Report*, January 29, 1990.)

49 マイク・ハーチカ「タイムズ紙への投稿：バッキーの再公判は結論が出せずに終わる」(Mike Hertica, "Letters to the *Times*, 2nd Buckey trial ends in deadlock," *LAT*, August 8, 1990.)

50 コックバーン「マクマーチン事件」(Cockburn, "The McMartin case.")

51 バージニア・J・オストランダー「マクマーチン笑劇（読者の投稿）」(Virginia J. Ostrander, "The McMartin farce"(letter to the editor), *Herald-Express*, August 5, 1987.)

■第13章

1 マーレン・シモンズ「児童虐待を防止するための新しい連邦予算は期待できない」(Marlene Cimons, "No new federal funding seen to combat child abuse," *LAT*, April 17, 1991.)

2 Gelles, "Child Abuse," p. xvi.

3 「裁判は終わった、でもマクマーチン事件に終わりは来ない」("Trial may be over—but McMartin will never end," *LAT* July 29, 1990.)

4 同上

5 Richard Wexler, *Wounded Innocents: The Real Victims of the War Against Child Abuse* (Buffalo, NY: Prometheus Books, 1991a.).

6 同上。リチャード・ウェクスラー「児童虐待のヒステリーが，罪のない犠牲者を罠にかける」(Richard Wexler, "Child-abuse hysteria snares innocent victims," *WSJ*, June 4, 1991b.) も参照。

7 マクマーチン他対ロサンゼルス郡他 (*McMartin et al., vs. County of Los Angeles, et al.*, 249 Cal.Rptr. 53, 1988.)

8 ロイス・チムニック「3人のマクマーチン元被告人が，数百万ドルの訴えを起こす」(Lois Timnick, "3 ex-McMartin defendants file suit for millions," *LAT*, May 30, 1986.)

9 マクマーチン他対ロサンゼルス郡他 (*McMartin et al., vs. County of Los Angeles, et al.*, 249 Cal.Rptr. 53, 1988.)

10 「虐待事件の関係者たちが教員資格を回復」("Figures in molestation case regains teaching credential," *NYT*, January 7, 1989.)

11 デイビッド・グリーンワルド＆マリリン・カウファス「弁護人は連邦公民権法に基づく訴訟を計画中」(David Greenwald and Marilyn Kalfus, "Attorney plans federal civil-rights suit," *Register*, January 19, 1990.)

12 チムニック「3人のマクマーチン元被告人」(Timnick, "3 ex-McMartin defendants.")

13 「虐待事件の関係者たち」("Figures in molestation," *NYT*, January 7, 1989.)

14 グリーンワルド＆カウファス「弁護人は連邦公民権法に」(Greenwald and Kalfus, "Attorney plans.")

15 「刑事裁判が終わり，バッキーは訴訟を起こす」("Buckey case ends: He files suit," *Associated Press*, August 2, 1990.)

16 バッキー対ロサンゼルス郡 ほか (*Buckey v. County of Los Angeles, et al.*, 957 F.2d 652 653, 1992.)

17 同上 (957 F.2d 652, 1992.)

18 マクマーチンとバッキー対国際子ども研究所ほか (*McMartin and Buckey v. Children's Institute International et al.*, 261 Cal.Rptr. 437 439 440, 1989.)

19 同上 (261 Cal.Rptr. 437, 1989.)

20 同上 (261 Cal.Rptr. 437 441 442, 1989.)

21 反訴のメディア報道については，デイビッド・G・サベージ「公民権に関し，最高裁はマクマーチン訴訟上告を取り上げず」(David G. Savage, "High court refuses to hear McMartin suit on civil rights," *LAT*, March 27, 1990)，ドーン・ウェバー「マクマーチン被告人たちの訴訟に連邦最高裁はノーと言う」(Dawn Weber, "US Supreme Court says no to McMartin defendant's lawsuit," *Los Angeles Daily News*, March 27, 1990)，マリタ・ヘルナンデス「バッキー女史による公民権訴訟が棄却される」(Marita Hernandez, "Civil rights lawsuit by Mrs. Buckey dismissed," *LAT*, August 7, 1990)，「ペギー・バッキーが悪意的訴追を受けたとして，訴訟を起こす」("Peggy Buckey files suit for malicious prosecution," *LAT*, September 27, 1990.) 参照。

22 ドロシー・ラビノヴィッツ「親たちと子どもたちが裁判にかけられる」(Dorothy Rabinowitz, "Parents and children on trial," *WSJ*, May 6, 1991.)

23 標本数確率対応法を用いたクラスター・サンプリングに関するこれ以上の議論については，以下の第7章を参照。Fukurai et al., *Race and the Jury*, pp. 165-192.

■第14章

1 エベール＆エベール「無実の者への」(Eberle and Eberle, *Abuse*, p. 361.)

2 ケネス・レイス「ウェイン・ザッツ：マクマーチン事件をスクープしたTVレポーター」(Kenneth Reith, "Wayne T. Satz: TV reporter who broke the McMartin story," *LAT*, December 26, 1992.)

3 デイビッド・スタウト「バージニア・マクマーチン88歳で死去：児童虐待事件の関係者」(David Stout, "Virginia McMartin dies at 88: Figure in case on child abuse," *NYT*, December 19, 1995.)

4 ジュディス・レヴィン「虐待の問題」(Judith Levine, "A question of abuse," *Mother Jones*, July/August (1996), pp. 33-70.)

5 同上 (p. 36.)

6 同上 (p. 36). カスリーン・マクファーレンの1996年の著書 (Kathleen MacFarlane, *When Children Abuse*.) から引用。

7 ゲイル・ダイアン・コクス「LAの起訴取り下げの虐待事件で1,000万ドルの賠償：マクマーチン騒ぎに巻き込まれた2組のカップルに対して、陪審は補償金を認め、同情を表わした」(Gail Diane Cox, "L.A. abortive abuse case leads to $10 million award: jury awards compensation, feels for two couples 'caught' in the McMartin frenzy," *National Law Journal*, v17: A11, May 9, 1995.)。1995年4月12日、ロサンゼルス上位裁判所ノーウォーク支部の民事陪審は、証拠不十分で取り下げられた強制わいせつの告発事実で11年前に逮捕された2組のカップルに、740万ドルの損害賠償を支払うよう郡に命じた。弁護費用は査定が続けられたが、1990年［ママ］^{訳注}、裁判所は200万ドルと設定した。ティモシーとヘレン・オキーフ夫妻とその隣人であったホセ・バレンティンとミルナ・マレイブは、世界的なセンセーションを巻き起こしたマクマーチン幼稚園事件の児童虐待の正式起訴のちょうど6週間後である1994年［ママ］4月初めに強制捜査の標的となった。後に取り消された子どもたちの証言に基づいて、4人は、少なくとも11人の男女児を家に連れ込んで肛門性交をしたりオーラルセックスをさせたりしたとして告発されたのだった
訳注：原著の数字にいくつかタイプミスがあるように思われるので［ママ］をつけた。

8 ショー「記者の初期のスクープ」(Shaw, "Reporter's early exclusives.")

9 たとえば、Nathan and Snedeker, *Satan's Silence*. を参照。

10 Lloyd deMause, *The History of Childhood: The Untold Story of Child Abuse* (New York: P. Bedrick Books, 1988); Erna Olarson, David L. Corwin, and Roland C. Summit, "Modern history of child sexual abuse awareness: Cycles of discovery and suppression," *Child Abuse and Neglect* 17 (1993); 7-24.

11 Ellen Gray, *Unequal Justice: The Prosecution of Child Sexual Abuse* (New York: Free Press, 1995); Gregory J. Skibinski, "The influence of the family preservation model on child sexual abuse intervention strategies: Changes in child welfare worker tasks," *Child Welfare* 74 (1995); 975-989.

12 より詳細な議論については、第11章・第12章を参照。

13 Gray, *Unequal Justice*.

14 Bennett L. Gershman, "The new prosecutors," *University of Pittsburgh Law Review* 53 (1992): 393-458.

15 同上 (p. 394.)

16 「(合衆国司法長官) リノが性犯罪者法の立法を推進」("Sex-offender laws pushed by Reno," *SFC*, April 8, 1995.)

17 しかしながら，ある連邦裁判官は1995年3月に，有罪となった性犯罪者が地域に釈放されるときに法執行当局が一般市民に告知するよう要請するニュージャージー州の「ミーガン法」は違憲であると裁定した。しかしこの裁定は，1994年10月にミーガン法が制定される以前に犯罪を行なった当該犯罪者にのみ適用される。「ニュージャージー州の性犯罪者法は憲法違反と裁判官が判示」("New Jersey's sex offender law is unconstitutional, judge rules." *SFC*, March 1, 1995) を参照。

18 タイラ・ルシール・ミード「性犯罪者の隣人たちに通知する法案を上院委員会が上程予定」(Tyra Lucile Mead, "Senate panel to take up bill on notifying sex offenders' neighbors," *SFC*, May 9, 1996.)

19 Roger Levesque, "The sexual use, abuse and exploitation of children: Challenges in implementing children's human rights," *Brooking Law Review* 60 (1994): 959.

20 Roger Levesque, "Prosecuting sex crimes against children: Time for 'outrageous proposals'?," *Law and Psychology Review* 19 (1995): 59-91.

21 同上

22 Gray, *Unequal Justice*.

23 この事件を報じたLATの記事は，その日のマクマーチン事件の報道の隣にあった。マクグロー&フェルドマン「虐待目的で子どもたちを交換」(McGraw and Feldman, "Children were swapped.") を参照。

24 1980年代から1990年代の間に，マクマーチン事件と似た別の事件が発生し，ロサンゼルスや近隣の郡で広く報道されていた。校長，教師，ベビーシッター，父親，義父，その他の家族に虐待されたとされる人たちである。以下を参照，「校長が14件の虐待で告発される」("Principal now faces 14 charges of molestation," *LAT*, May 3, 1984); マーク・ランズバウム&ジェフェリー・A・パールマン「オレンジ郡地方検事正は虐待容疑の教師の起訴をあきらめる」(Mark Landsbaum and Jeffery A. Perlman, "Orange County D.A. abandons molestation case against teacher," *LAT*, May 24, 1984); テリー・プリスティン「生徒を虐待したとされる教師が21件の重罪で告発される」(Terry Pristin, "Teacher accused in molestation of students charged with 21 felonies," *LAT*, August 4, 1987); ティム・ウォーターズ&ロイス・チムニック「ベビーシッター・サービスが捜査対象」(Tim Waters and Lois Timnick, "Baby-sitting service under probe," *LAT*, March 23, 1985); シェリル・ストールバーグ「7歳の女児，証言を取り消す：里親による虐待の捜査を地方検事正が中止」(Sheryl Stolberg, "Girl, 7, recants: D.A. calls off abuse probe of foster father," *LAT*, August 11, 1990.)

25 Patricia A. Toth and Harry Elias, 1991, "Gathering legal evidence," in Kathleen Murray and David A. Gough, eds., *Intervening in Child Sexual Abuse* (Edinburgh: Scottish Academic Press, 1991).

26 マイケル・グランベリー「元学校ボランティア，児童虐待裁判で無罪評決」(Michael Granberry, "Ex-school volunteer acquitted of child abuse charges," *LAT*, November 20, 1993.)

27 Jason Fine, "Seeking evidence: The hell of prosecuting satanic ritual abuse," *California Lawyer* July (1994).

28 しかしながら，若干名の教会メンバーが，アキキ裁判が始まった後に名乗り出て，彼が運転しているところを見たのを思い出したと申し出た。これは4年間の捜査期間中には明らかにされることがなかった情報である。

29 Fine, "Seeking evidence."

30 Mary Avery, "The Child abuse witness: Potential for secondary victimization," *Criminal Justice*

Journal 7 (1983): 1, 10-13.

31 Fine, "Seeking evidence."

32 同上

33 同上。1994 年，サンディエゴ郡はアキキの請求を否認した。しかしながら，1994 年 6 月 1 日，サンディエゴの大陪審は，検察側の事件の取り扱いを批判する報告書を提出し，次のように述べた。「親たちは，裁判に使うことのできる内容の話をもっともっと出すように子どもたちをせきたてた。……悪魔儀式による児童強制わいせつの理論や児童虐待事件の訴追をさらに追求することを正当化することはできない」。

34 マイケル・グランベリー「子どもを虐待したとされる教会ボランティアの裁判は魔女狩りか」(Michael Granberry, "Is a trial of church volunteer accused of abusing children a witch hunt?," *LAT*, June 28, 1993.)

35 サンディエゴ郡大陪審によって 1992 年 4 月 20 日に書かれた書簡

36 グランベリー「子どもを虐待した」(Granberry, "Is a trial of church.")

37 シンプソン裁判の前，ロサンゼルス郡法曹協会 (Los Angeles County Bar Association) の実務法曹からなる諮問委員会による 5 か月間の調査が，法廷での選任手続きや士気，訓練について評価を加えている。それによると，ロサンゼルス地方検察庁は，代理人（検事）に不十分な訓練しか与えていなかった。Cindy Collins, "More training recommended for L.A. district attorney's office," *Lawyer Hiring and Training Report* 12 (1994):8. を参照。委員会が準備した包括的な報告書の一部では，地方検察庁に検事の活動を評価するため，各部局に訓練監督官を置くよう助言している。しかしこの勧告はほとんど無視された。

38 Charles B. Rosenberg, "The law after O.J.," *ABA Journal* 81 (1995): 72.

39 同上

40 ジル・ガルセッティは，シンプソン裁判後の記者会見で，評決は「理性を押さえつけた感情に基づく」ものだと表明した。Henry J. Reske, "Observers say prosecution lost the case over a bloody glove, racist cop," *ABA Journal* 81 (1995): 48. を参照。ミシガン大学ロースクール教授イエール・カミサールは，ガルセッティは「まったくもってほんとうに窮地に陥っている。辞任について考えなければならない」と述べた (p. 48)。

41 ジョーエラン・ディミトリアスは「ドリームチーム」の私的な陪審コンサルタントとして，シンプソン事件の陪審選定に関わった。したがって，この節で提供される情報はほとんど，彼女の裁判への関与によってもたらされている。

42 元南カリフォルニア大学のコミュニケーション教授であるビンソン博士は，最も成功し利益をあげている陪審コンサルタント事務所 Litigation Science Inc. (LSI) の創設者である。

43 Donald Black, *Sociological Justice* (New York: Oxford University Press, 1989).

44 Fukurai et al., *Race and the Jury*.

45 合衆国対ワイリー (*United States v. Wiley*, 492 F.2d 547, 555 (D.C.Cir. 1974).)

46 マクレスキー対ケンプ (*McCleskey v. Kemp*, 481 U.S. 279, 387, 1987.)

47 ビル・ボヤルスキー「ガルセッティのまわりは，どっちを向いても政治的陥穽」(Bill Boyarsky, "Garcetti faces political pitfalls at every turn," *LAT*, September 11, 1994); ジム・ニュートン&ラルフ・フラモリーノ「検察側は死刑を求刑せず」(Jim Newton and Ralph Frammolino, "Prosecution won't seek death penalty," *LAT*, September 10, 1994.)

48 David C. Baldus, George Woodworth, and Charles A. Pulaski, Jr., "Reflections on the 'inevitability' of racial discrimination in capital sentencing and the 'impossibility' of its prevention, detection, and correction," *Washington and Lee Law Review* 51 (1994): 359-428.
49 7,563 人のうち，黒人住民はわずかに 63 人，すなわち全市の地域の 0.83%である。
50 Fukurai et al., *Race and the Jury*, p. 63.
51 したがって，第一次マクマーチン公判において，陪審員として指名された白人がわずか 43.4%だったことも驚くにはあたらない。その後の，最終的な陪審の半数も，人種的民族的少数派を構成する人たちだった。
52 Fukurai and Butler, "Sources of racial disenfranchisement," pp. 238-275.
53 同上
54 Fukurai et al., *Race and the Jury*.
55 標本数確率対応法を用いたクラスター・サンプリングに関するこれ以上の議論については以下の第 7 章を参照。Fukurai et al., *Race and the Jury*, pp. 165-192.
56 Eberle and Eberle, *Politics*, p. 89.

事項索引

■ あ

赤狩り　185
悪魔儀式　3, 14, 39, 41, 48, 57, 113, 121, 128, 144, 214, 223, 265, 352, 358, 387, 408
悪魔崇拝　23, 266
アナトミカル・ドール　199, 200, 207, 227, 235, 239, 389
アンジェラ・デイビス裁判　148

■ い

医学鑑定人　3, 29, 80
医学的証言　79, 222, 291, 298
医学的（な）証拠　7, 9, 40, 109, 111, 113, 157, 182, 185, 204, 227, 229, 240, 244, 315, 317
いけにえ　2, 3, 23, 87, 96, 113, 121, 128, 144, 360
一般市民（大衆・公衆）　9, 10, 33, 41, 46-49, 51, 52, 55, 56, 60, 64, 65, 69, 73, 80-82, 113, 114, 117, 121, 147, 150, 171, 177, 234, 247, 253, 267, 280, 303, 304, 326, 327, 330, 331, 336, 339, 341, 344-346, 352, 354, 355, 370, 392
インフォームド・コンセント　308

■ う

ヴォア・ディール（陪審選定）　5, 133, 135, 137-140, 143, 145, 148, 151, 154, 160, 161, 163, 166-173, 231, 281, 283, 330, 347, 364, 365
ウンデッドニー裁判　148

■ え

ABCネットワーク　32, 36
FBI　20, 21, 163, 183, 355

■ お

O・J・シンプソン裁判　148, 363, 368

■ か

改革　344
科学的（な）陪審選定　60, 148, 152, 175-178, 356, 378, 387
〜手続き　177, 178
下級裁判所　258
家庭裁判所　263
カリフォルニア刑事法　6
カリフォルニア州社会福祉事業部　24, 25, 27
管轄区　4, 61-64, 138, 145
管轄地変更　9, 133, 385

■ き

偽証　5
基本的人権　321
行政聴聞　264
共謀の訴因　238, 281
金銭的コスト　257

■ け

警察署　302
刑事司法過程　325, 269
KABC-TV　16, 34, 35, 37, 41, 62, 65, 159, 211, 249, 262, 292, 302, 303, 343, 339-341, 371, 376, 377, 403
ケリー・フライエ・テスト　110
検察官　4, 10, 11, 76, 144, 269, 273, 384, 385
〜の権限濫用　316
〜の予備審問　5
憲法　7, 19, 130, 135, 180, 192, 224, 273, 306, 311, 315, 322, 339, 379, 381, 402
〜修正1条　326, 328-330
〜修正5条　141, 209
〜修正6条　141, 143, 176, 313, 327, 328
〜修正14条　141
〜上の権利　10, 280, 316, 328, 333
〜上の保護　354
〜上の問題　5, 310, 327

■ こ

合意の形成　237

411

公開　80
公正な裁判　363
公設弁護事務所　258
公設弁護人代理　77
公訴棄却　286
控訴裁判所　28, 343
公訴事実　9
拘置所　208
拘置所の情報提供者　5, 179, 185, 210, 227
公判　283
公判前手続き　148
勾留　27
国際子ども研究所（CII）　2, 16, 35-37, 39, 40, 45, 73, 78, 79, 86-89, 94, 97, 99, 101, 108, 109, 112, 114, 119, 131, 132, 139, 144, 179, 182-190, 193-195, 197-199, 203, 206-208, 215, 221, 222, 227, 228, 239, 249, 262, 263, 265, 268, 272, 273, 276, 290-293, 296, 297, 299, 302, 317, 329, 339, 340, 341, 343, 344, 352, 376, 389, 393, 395, 397, 403, 405
告発の取り下げ　117
個人的損失　259
子どもたちを信じる会　273
子ども（たち）の証言　3, 4, 7, 10, 29, 33, 75, 82, 88-90, 95, 118, 150, 160, 179, 180, 182, 185, 240, 243, 260, 267, 270, 310, 346, 353
子どもの人権基金　273

■さ
最高裁判所　10, 28
最終弁論　221, 295
裁判官　199, 286
　　〜の説示　10, 297
裁判所侮辱罪　76, 79

■し
CII →国際子ども研究所
時効　338
自己負罪拒否特権　130
事後法の禁止　118
市裁判所　27-29, 45, 78, 258, 286, 369
　　〜判事　20
「60 MINUTES」　39
児童性的虐待　353
司法免責　130
社会的コスト　268
州控訴裁判所　315, 340, 342, 343

州司法長官　4, 44, 119, 125, 130, 204, 280, 285
　　〜選挙　304
　　〜府　323
上位裁判所　3, 27-29, 45, 57, 59, 60, 73, 79, 82, 117, 123, 127, 133, 134, 142, 143, 147, 152, 161, 170, 231, 258, 285, 338, 343, 368, 369
　　〜管轄　52
　　〜裁判官　4, 140, 224, 273
証言　9
証拠
　　〜の隠匿　128, 131
　　〜の開示　317, 320
　　〜の評価　234
証拠法　181
照準法　369
情報開示　129, 316
審理無効　300
心理療法士　4, 6, 8, 9, 29, 36, 38, 41, 62, 86, 87, 89, 90, 92, 93, 97-99, 101, 103, 108, 109, 113, 115, 121, 125, 131, 139, 166, 179, 185, 188, 193, 198, 200, 206, 239, 272-274, 290, 291, 297, 310, 315, 322, 334, 335, 337, 340, 357, 359, 360-362, 379

■せ
積極的弁護　76
セラピスト→心理療法士
1984年保釈修正法　225
潜在的陪審員　156, 160
専断的忌避　136, 152, 154, 161-163, 166, 330, 404
専門家証人　206

■そ
訴因　117
捜査　183
損害賠償　276

■た
対質　311-313, 315
対審　311, 313, 316, 379
第二次公判　4, 5, 10, 279, 393
大陪審　16-18, 33, 39, 75, 101-103, 107, 157, 189, 194, 243, 305, 318, 321, 325, 345, 361-363, 401, 408

事項索引

タイムズ紙　42, 43, 53, 63, 304, 376, 378, 393, 394, 398, 404
多元主義　175
担当裁判官の選任　284

■ち
地方検察庁　2, 4, 5, 11, 16, 18-22, 24, 26, 27, 32, 44, 46, 71, 78, 115, 116, 118-121, 124, 125, 129-131, 143, 144, 190, 192, 204, 210, 211, 254, 255, 257, 258, 260, 271, 273, 277, 280, 284, 288, 289, 296, 308, 316, 318, 323, 333, 334, 339, 341, 345, 346, 351, 356, 358, 363, 366, 370, 382, 384, 403, 408
地方検事　8, 16, 100, 114, 116, 125-128, 131, 139, 157, 163, 183, 222, 253, 254, 262, 266, 288, 289, 317, 318, 323, 356, 364, 371, 374, 375
地方検事正　2, 3, 5, 14, 39, 40, 44-47, 71, 72, 117, 119, 120, 172, 234, 249, 258, 271, 279, 280, 282-285, 288, 289, 300, 302-305, 340, 341, 345, 346, 356, 359, 360, 363, 364, 368, 374, 377, 383, 398, 401, 407
地方検事補　258
地方新聞編集長　4
治療産業　8, 10, 271, 245

■て
デイリー・ブリーズ紙　43
デューク大学　61
伝聞
　　～供述　83, 85
　　～証言　188, 189
　　～証拠　10, 80, 109, 112, 214, 215, 311, 314
　　～法則　353

■と
「20／20」　35
当事者主義　144, 176
当初選定陪審員　169
トラウマ　259
トンネル　39, 41, 182, 183, 223, 255-257, 264

■に
人形，パペット　260

■は
陪審員　169, 266
　　～候補者　4, 138, 369
　　～団　153
　　～の偏見　159
　　補充～　169, 243
陪審忌避　9
陪審義務　57
陪審構成　140, 385
陪審コミッショナー事務所　58
陪審コンサルタント　171, 177, 232
陪審制　176
陪審選定　58, 61, 132-135, 137, 140, 141, 143, 148, 150, 152, 154, 159, 171, 176, 249, 283, 330, 333, 347, 364, 365, 367, 368, 369
陪審評議　297
陪審評決　10, 233
陪審プロフィール　60
バッキー事件　400
反訴　337

■ひ
非違行為　354
被害者　335
被告人たち　261
ビデオ
　　面接の～　9, 32, 35, 40, 78, 79, 88, 98, 112, 114, 115, 116, 121, 184, 189, 199, 206, 222, 233, 235, 237, 239, 251, 265, 290, 339, 359, 376, 378, 380, 388
　　～による証言　10, 81, 87, 197, 353
非伝聞証拠　315
秘密のトンネル　3

■ふ
ブラック・パンサー裁判　148

■へ
閉回路テレビ　78, 79, 81, 82, 107, 118, 260, 273, 311-313, 315, 353, 380, 382

■ほ
保安官　23, 24, 26, 27, 132, 211, 258
法医学的証拠　83, 120, 160
冒頭陳述　181

413

補強証拠　182
保釈　27, 116
保釈金　28, 117
ポルノ
　幼児・児童～　16, 18, 20, 21, 24, 36, 56, 94, 100, 184, 208, 250, 251
　～雑誌　219

■ま

マクマーチン7　10
マクマーチン幼稚園　2, 11, 13-18, 20, 21, 23-27, 31, 36-38, 40, 42, 44, 45, 47, 48, 51, 56, 61, 69, 70, 82, 85, 113, 120, 125, 127, 128, 143, 144, 150, 156, 179, 181, 183, 186-188, 194, 198, 200, 204, 208, 215, 219, 223, 228, 233, 236, 238, 244-246, 247, 254-257, 262, 264, 271, 279, 283, 293-295, 317, 325, 326, 336, 338, 343, 344, 347, 352, 357, 361, 371, 388, 394, 395, 397, 399, 406
魔女狩り　20, 31, 41, 185, 257, 303, 306, 322, 323, 340, 353, 355, 380, 408
魔女裁判　302, 306
マンハッタン・ビーチ　2, 13-16, 21, 24, 26, 27, 38, 44, 47, 72, 82, 86, 104, 120, 162, 166, 218, 220, 226, 245-247, 256, 266, 302, 339-341, 343, 392
　～警察　7, 13, 14, 20, 22, 26, 84, 85, 183, 197, 236
　～市長　23

■み

ミーガン法　354, 407
民主主義　175

■め

メディア　1, 6-10, 16, 19, 20, 25, 29, 31-34, 37, 38, 41, 43, 44, 46-49, 51-53, 56, 60, 62, 64-66, 73, 78, 80-83, 92, 113-115, 121-123, 131, 134, 137, 139, 145, 148, 149, 152, 154, 155, 158, 163, 165, 169, 172, 173, 178, 180, 181, 183, 185, 216, 217, 232, 244, 247-254, 263, 268, 273, 279, 284, 310, 326-332, 336, 337, 345, 346, 352, 353, 358, 363, 364, 368, 370, 371, 377, 393, 405
メディア開示　29
免責証拠　316
免責特権　209

■ゆ

有罪答弁取引　288

■よ

予断　327
予備審問　3, 9, 19, 28, 29, 32, 39, 46, 73, 75-78, 80-82, 91, 108, 109, 115, 118, 120-122, 126, 132, 143, 144, 179, 182, 190, 191, 193-195, 197-199, 204, 243, 289, 290, 310, 311, 329, 343, 360, 364, 371, 384
予防勾留　225

■ら

ラインナップ　129, 143

■り

理由付き忌避　151, 152, 161, 166, 330
リンチ群集症候群　250

■れ

連邦控訴裁判所　344
連邦裁判所　341
連邦大陪審　16

■ろ

ロサンゼルス郡　47, 258
ロサンゼルス・タイムズ紙　17-19, 23, 31, 32, 37, 41, 49, 51, 62, 81, 159, 219, 244, 248, 250-253, 258, 289, 317, 371, 374, 377, 379, 389

人名索引

■あ
アイラ・ライナー　3, 39, 40, 47, 115, 119, 121, 162, 172, 240, 279, 280, 282, 285, 288, 289, 300, 304, 305, 364, 374, 398-400
アストリッド・ヒーガー　88, 109-112, 188, 198, 202-205, 222, 291, 293, 340
アビー・マン　124
アビバ・ボブ　19, 32, 46, 76, 78-82, 90, 91, 93, 96, 109, 111, 117, 120
アレクサンダー・H・ウィリアムズ三世　127

■い
イールズ牧師　265

■う
ヴァン・デキャンプ　119, 248
ウイリアム・パウエル・ジュニア　77, 80, 86, 95, 402
ウイリアム・パウンダース　123, 124, 127, 128, 130, 131, 133, 135, 140, 175, 180, 188-190, 193, 195, 197, 198, 209, 210, 213, 216, 218, 219, 221, 224-226, 228, 234, 240, 244, 249, 260, 270, 279, 285, 286, 292, 327, 384, 398
ウェイン・ザッツ　16, 34, 35, 37, 41, 211, 248, 249, 302, 303, 340, 341, 351, 406
ウォルター・アーバン　39, 77, 95, 245, 251

■え
エド・ラックナー　212
エリセオ・グアナ　28, 32, 77, 259

■お
O・J・シンプソン　305, 356, 364-367

■か
カスリーン・マクファーレン　16, 45, 78, 79, 87, 89, 90, 101, 103, 108, 112, 114, 115, 179, 180, 186-188, 193-195, 198-201, 203, 222, 227, 249, 290, 291, 293, 302, 340, 341, 343, 344, 352, 358

■く
クリスティン・ジョンソン　100, 115, 123, 131, 143
グレン・スチーブンス　6, 16, 20, 78, 79, 81, 83, 92, 93, 105, 106, 115, 120, 123-127, 143, 130-132, 184, 252, 374

■し
ジェーン・コマード　90
ジャン・マトシンカ　45
ジュディー・ジョンソン　13, 14, 78, 108, 109, 121, 123, 128-132, 143, 144, 196, 237, 252, 292, 294, 317, 318, 343
ショーン・コナリー　98, 198
ジル・ガルセッティ　115, 305, 364, 368, 401, 408

■す
スタンレー・ワイスバーグ　286, 287, 289, 299

■た
ダニエル・デイビス　45, 46, 77, 85, 96, 102, 104, 114, 117, 127, 163, 166, 184, 185, 188, 191, 193, 196, 200, 208, 210, 212, 213, 216, 217, 222, 225, 226, 257, 269, 284-288, 290, 291, 296, 377

■て
ディーン・ギッツ　77, 85, 91, 97, 98, 101, 102, 105, 107, 116, 124, 132, 135, 179, 183, 184, 186, 192, 199, 200, 205, 206, 213, 214, 222, 250, 292
デイビット・ポール　291, 298
デイビット・ローゼンウェイグ　43

415

■と
ドナルド・スピットラー　339

■は
バージニア・マクマーチン　3, 11, 15, 17-19, 29, 40, 76, 77, 92-94, 106, 186, 223, 224, 262, 293, 338, 343, 352, 406
バベット・スピットラー　15, 17-19, 28, 32, 77, 117, 259, 263, 293, 294, 338, 339, 403
ハリー・エリアス　357
ハワード・ローゼンバーグ　37

■ふ
フォレスト・ラティナー　44, 77, 94, 96, 105, 106, 114, 120
ブラドレー・ブルノン　77, 93, 95
フランク・リシュリュー　42, 215, 216

■へ
ペギー・アン・バッキー　17, 18, 29, 77, 94, 96, 97, 99, 106, 213, 214, 223, 262, 264, 338, 340, 343
ペギー・マクマーチン・バッキー　3, 14, 17-19, 29, 41, 56, 61, 65, 72, 85, 91-93, 115-117, 120, 123, 124, 128, 143, 164, 166, 169, 170, 182, 183, 187, 189, 190, 192, 195, 207, 214-216, 220, 221, 223, 233, 234, 236, 238, 240, 241, 250, 260, 261, 269, 280, 287, 294, 298, 299, 341, 389, 395, 399, 404, 405
ベッテ・レイダー　15, 17-19, 28, 39, 77, 95, 97, 99, 104, 117, 119, 191, 192

■ま
マイケル・マロニー　180, 206-208, 221, 227, 292, 293, 388, 389
マリー・アン・ジャクソン　15, 17-19, 29, 77, 80, 86, 95, 117, 118, 262, 371, 402

■み
ミラ・マン　124

■ら
ラエル・ルビン　19, 24, 27, 35, 38, 40, 42, 43, 45, 76-78, 85, 98, 109, 113-115, 126-131, 135, 143, 181, 182, 188, 190-192, 195, 198, 209, 210, 215, 218, 220, 229, 237, 239, 240, 284, 332, 351

■る
ルイス・チャン　172, 174, 231, 235, 238

■れ
レイ・ファデル　21, 95, 96, 120, 220
レイモンド・バッキー　2-5, 9, 10, 13, 14, 17-20, 23, 24, 29, 33, 35, 41, 42, 45, 46, 56, 65, 77, 83-85, 92-101, 104, 106, 107, 113, 115, 117, 119, 121, 123-126, 128, 129, 132, 134, 135, 141-143, 163, 164, 166, 169, 170, 179, 182, 184-195, 197, 207, 208, 212-219, 224-226, 229, 233-235, 237-239, 241, 246, 253, 254, 260, 262, 265, 277, 279, 281, 283, 284, 288-290, 292-297, 300, 302-305, 317, 318, 341, 342, 388, 389, 395, 397, 398

■ろ
ロイス・チムニック　42, 43, 62, 63, 252, 268, 374-385, 387-389, 392-395, 397-400, 403, 405, 407
ローランド・サミット　90, 179, 180, 206, 228, 388
ロジャー・ガンソン　120, 209, 249, 254
ロナルド・ジョージ　27, 28, 45, 47, 79, 82
ロバート・フィリボジアン　39, 44-46, 71, 162, 249, 271, 285, 302, 304, 340, 341, 364, 374
ロベルタ・ウェイントラウブ　130, 143, 317

編訳者あとがき

「魔女狩り」は通常，少数派がスケープゴートにされて迫害される状況を比喩的に指すことが多く，そういう意味で特定の裁判を形容する場合も少なくない。しかし本書を読めば，マクマーチン事件はほんものの魔女狩りであったことがわかる。疑われた児童虐待は単なる虐待ではない。悪魔儀式が地域社会のあちこちで毎日のように行なわれており，時には赤ん坊を生けにえにして，その血を飲むという，想像を絶するような告発がなされたのである。そんな魔女狩りの先頭に立った人たちの中には地域社会のリーダーもいた。資格は疑わしいが，心理学者と呼ばれる人たちもいたのである。

中世ヨーロッパでは魔女狩りが頻繁に起きていたといわれる。時には異端の人たちが，時には少数派が，そして時に精神に障害をもつ人々が，この独特の形式の宗教的迫害の被害者になった。歴史の教科書によれば，1692年に大規模な魔女狩り事件が北米植民地で起こった。この年，マサチューセッツのセイラム（Salem）で，20人が死に追いやられたという。それ以来，セイラムの地名は魔女狩りの代名詞となった。これほどの規模ではないものの，米国での魔女狩りはその前でも後でも，さして珍しいものではなかった。そして，17世紀末の魔女狩りといっても，法にしたがって裁判が行なわれていたのである。本書からわかるように，1980年代のカリフォルニアで起きた事件でも，その点で同じであった。

心理学のなかに「偽りの記憶」論争がある。子どもの頃の虐待の記憶が抑圧され，それが心理療法によって回復されると考える人たちと，抑圧後の記憶回復という現象を疑わしいと考え，虐待そのものが存在しない場合に，不適切な心理療法によって偽りの記憶が植えつけられるケースが少なくないと考える人たちの間で，激しい論争になった。マクマーチン事件においても抑圧された記憶が回復されたとされる。しかし，この事件での児童虐待と記憶抑圧は悪魔儀式と同列の議論である。セラピストたちの主張は，悪魔信仰という文脈におかれて当時のカリフォルニアで信憑性が増したかもしれないが，異なる宗教・文化のなかで暮らす者には，控え目に言って，強い違和感が感じられる議論である。

これらのことから，合衆国は病的な社会だという安易な，ステレオタイプ的結論を出す前に考えてほしいことがある。地域社会を悪魔・魔女から守るとして，狂信的活動を行なっていた人たちと，それを政治的に利用しようとした人たちにストップをかけたのは，同じ地域社会から選ばれた12人の普通の市民たちであった。17世紀植民地のセイラムと比べ，それが進歩であろう。ひるがえって，わが国は「魔女狩り」と無縁であろうか。いくつかの著名な外国人被告事件，注目をあびた少年事件，それにオウム関連の事件などで，違法捜査がまかり通り，メディアを使って人々の不安をあおり，政治的に利用することが続いている。魔女狩りは形を変えて存在するが，それと認識されていない。そのうえ，ロサンゼルス市民12人にできたことが，わが国の裁判所では何もできていないように思われる。

　この原稿が書かれている時点で，新しい裁判制度＝裁判員制度の詳細が検討されている。その大きな論点の1つに裁判後における裁判員の守秘義務がある。裁判の公開は憲法に明確に規定されているのだから，裁判員が職務上で知りうる秘密などありえないはずではないか。もし秘密があるとすれば，憲法に違反する裁判になっているに違いない。わが国では秘密主義と，それによる責任逃れが蔓延している。それが官僚主義と同根であり，今度の司法制度改革によって克服されるべきものの1つであったことは明白である。

　わが国とは対比的に，本書を読めば，米国の陪審員に事後の守秘義務などまったくないことがわかる。もちろん，注意深く読めば，本書に収録された陪審員の評決後のコメントは，ほとんどが新聞等で報道されたものである。また，評議で有罪を主張した少数派陪審員は匿名のままであり，彼らの意見は注意深く言及されていることにも気づくであろう。陪審員が体験を語り，意見を述べることで，裁判の結果が社会に影響を与える。陪審員が評決後に表明した意見によって，児童虐待の捜査方法が変更され，心理療法やカウンセリングが変わり，州や郡の行政組織や運営に変化が起こり，地方検察庁は「責任」を問われることになった。裁判はただ単に「犯罪」と被告人を裁くだけのものではないのである。

　少し前に首都ワシントン近郊で起きた狙撃殺人事件で，バージニア州の陪審は被告人に対して先日，死刑の答申を行なった。その直後の記者会見で，陪審

編訳者あとがき

長と陪審員有志が真摯にていねいに記者たちの質問に答える場面が，CNN によって全国に生放送された。わが国では残念ながら，裁判官はもちろん，政治家や官僚にもほとんど見ることができない，堂々とした態度と，論旨が通り誠意のこもった回答にアメリカ社会の象徴を見る思いがした。

　被害者も被疑者も被告人も守らず，責任逃れのためでしかない守秘義務という時代錯誤の官僚主義的因襲を打破し，バージニア州の普通の市民たちにできたように，国民を代表して社会のために働き，発言する陪審員（裁判員）がわが国にも生まれることを期待したい。原書はマクマーチン事件の不運な被告人たちに捧げられたが，同時にこの訳書は，12 人ずつでチームを作り，時に多大な犠牲をはらい，与えられた仕事を黙々と果たし，一時的な脚光はあびても無名のまま消えていく，ごく普通の無数の市民たちに対し，深い敬意を捧げる。

　2003 年 12 月

　　　　　　　　　　　　　　　　サンタクルズにて

　　　　　　　　　　　　　　　　　　黒沢　香（訳者を代表して）

原著者紹介

エドガー・バトラー（Edgar Butler）
 カリフォルニア大学リバーサイド校社会学名誉教授
 南カリフォルニア大学社会学部大学院修了（Ph. D.）
 著書に『都市クライシス』，『都市社会学』，共著に『メキシコ・メガシティー』など

ヒロシ・フクライ（福来　寛；Hiroshi Fukurai）
 カリフォルニア大学サンタクルズ校社会学准教授
 カリフォルニア大学リバーサイド校社会学部大学院修了（Ph. D.）
 共著に『人種と陪審』（グスタボ・マイヤー賞受賞），『コモン・デスティニー』，『陪審員選択とアファーマティブ・アクション』。日本語論文に『チェック＆バランスを機能させる陪審制度』（法学セミナー，2001年11月号）など

ジョー＝エラン・ヒューブナー＝ディミトリウス（Jo-Ellan Huebner-Dimitrius）
 陪審裁判コンサルタント
 クレアモント大学政治学部大学院修了（Ph. D.）
 O・J・シンプソンやロドニー・キング裁判等の陪審コンサルタントを務める
 共著に『ベスト・インプレッション』など

リチャード・クルース（Richard Krooth）
 弁護士，元ゴールデンゲイト大学・大学院非常勤講師
 ウィスコンシン大学マディソン校ロースクール修了（J.D.）
 カリフォルニア大学サンタバーバラ校社会学部大学院修了（Ph. D.）
 著書に『メキシコとNAFTA』，共著に『自由への探究』，『中近東の政治事情』など。

訳者紹介

編訳者	黒沢　香（東洋大学社会学部教授）	第2章，第3章，第4章
	庭山　英雄（弁護士，元専修大学教授）	第1章，第5章
訳　者	四宮　啓（弁護士，早稲田大学法科大学院教授）	第6章
	本庄　武（一橋大学大学院法学研究科専任講師）	第7章
	仲　真紀子（北海道大学大学院文学研究科教授）	第8章，第9章
	徳永　光（甲南大学法学部助教授）	第10章，第11章
	正木　祐史（静岡大学人文学部助教授）	第12章，第13章，第14章

法は言うまでもなく人間の現象である。そして心理学は人間の現象にかかわる科学である。それゆえ法学と心理学はおのずと深く関わりあうはずの領域である。ところがこの二つがたがいに真の意味で近づき、交わりはじめたのはごく最近のことにすぎない。法学は規範学であり、一方で心理学は事実学であるという、学としての性格の違いが両者の交流を妨げていたのかもしれない。しかし規範が生まれ、人々のあいだで共有され、それが種々の人間関係にあてはめられていく過程は、まさに心理学が対象としなければならない重要な領域のひとつであり、その心理学によって見出された事実は、ふたたび法の本体である規範に組みこまれ、その規範の解釈や適用に生かされるものでなければならない。

　「法と心理学会」はこうした問題意識のもとに、2000年の秋に立ち上げられた。時あたかも20世紀から21世紀へと移る過渡であった。法の世界も心理学の世界もいま大きく変わりつつあり、そこに問題は山積している。二つの世界にともにかかわってくる諸問題を学際的に共有することで、現実世界に深く関与できる学を構築する。そのために裁判官、検察官、弁護士をはじめとする法の実務家を含め、法学と心理学それぞれの研究者が双方から議論を交わし合う。そうした場としてこの学会は出発した。この学会はその性格上、けっして学問の世界で閉じない。つねに現実に開かれて、現実の問題を取りこみ、現実の世界に食いこむことではじめてその意味をまっとうする。

　以上の趣旨を実現する一環として、私たちはここに「法と心理学会叢書」を刊行する。これは私たちの学会を内実化するためのツールであると同時に、学会が外の現実世界に向かって開いた窓である。私たちはこの窓から、法の世界をよりよき方向に導き、心理学の世界をより豊かにできる方向が開かれてくることを期待している。

2003年5月1日

法と心理学会
http://www.u-gakugei.ac.jp/~ktakagi/JSLP/

［法と心理学会叢書］

マクマーチン裁判の深層
全米史上最長の子ども性的虐待事件裁判

2004年3月25日　初版第1刷印刷	定価はカバーに表示
2004年4月1日　初版第1刷発行	してあります。

原　著　者　　E.W. バトラー
　　　　　　　H. フクライ
　　　　　　　J-E. ディミトリウス
　　　　　　　R. クルース
編　訳　者　　黒　沢　　　香
　　　　　　　庭　山　英　雄
発　行　者　　小　森　公　明
発　行　所　　㈱北大路書房
〒603-8303　京都市北区紫野十二坊町 12-8
　　　　　　　電　話 (075) 431-0361 ㈹
　　　　　　　F A X (075) 431-9393
　　　　　　　振　替 01050-4-2083

© 2004　　　制作／T.M.H.　　　印刷・製本／㈱太洋社
検印省略　落丁・乱丁本はお取り替えいたします。
ISBN4-7628-2366-X　　　　　　　Printed in Japan